CLÉMENT D'ALEXANDRIE

OUVRAGES DU MÊME AUTEUR :

LES PÈRES APOSTOLIQUES ET LEUR ÉPOQUE (Cours d'éloquence sacrée fait à la Sorbonne en 1857-1858). 2e édition. 1 fort vol. in 8. — 6 fr.

LES APOLOGISTES CHRÉTIENS AU IIe SIÈCLE, 1re série : SAINT JUSTIN (Cours de la Sorbonne en 1858-1859). 2e édition. 1 fort vol. in-8. — 6 fr.

LES APOLOGISTES CHRÉTIENS AU IIe SIÈCLE, 2e série : TATIEN, HERMIAS, ATHÉNAGORE, THÉOPHILE D'ANTIOCHE, MÉLITON DE SARDES, etc. (Cours de la Sorbonne en 1859-1860). 2e édition. 1 vol. in-8. — 6 fr.

SAINT IRÉNÉE ET L'ÉLOQUENCE CHRÉTIENNE DANS LA GAULE pendant les deux premiers siècles. (Cours de la Sorbonne en 1860-1861). 2e édition. 1 vol. in-8. — 6 fr.

TERTULLIEN (Cours d'éloquence sacrée fait à la Sorbonne pendant l'année 1861-1862). 2e édition, 2 vol. in-8. — 12 fr.

SAINT CYPRIEN ET L'ÉGLISE D'AFRIQUE AU IIIe SIÈCLE (Cours de la Sorbonne en 1863-1864). 1 vol. in-8. — 6 fr.

ORIGÈNE (Cours de la Sorbonne en 1866 et 1867). 2 vol. in-8. — 12 fr.

PREMIER ET DEUXIÈME PANÉGYRIQUES DE JEANNE D'ARC, prononcés dans la cathédrale d'Orléans. 2e édition. 2 in-8. — 1 fr. 60.

DISCOURS SUR L'HISTOIRE DE LA SORBONNE, prononcé en l'église de la Sorbonne. In-8. — 1 fr.

ORAISON FUNÈBRE DE SON ÉM. LE CARDINAL MORLOT, prononcée à Notre-Dame de Paris. In-8 avec portrait. — 1 fr. 50.

EXAMEN CRITIQUE DE LA VIE DE JÉSUS DE M. RENAN. 15e édition. In-8. — 1 fr. 50.

CONFÉRENCES SUR LA DIVINITÉ DE JÉSUS-CHRIST, prêchées à l'église Sainte-Geneviève de Paris, 3e édition. 1 in-12. — 3 fr.

EXAMEN CRITIQUE DES APÔTRES de M. Renan. In-8. — 2 fr.

SERMONS PRÊCHÉS A LA CHAPELLE DES TUILERIES, pendant le carême de 1862. 1 in-8. — 4 fr.

DISCOURS ET PANÉGYRIQUES. 2 vol. in-8. — 10 fr.

Abbeville, imp. Briez, C. Paillart et Retaux.

CLÉMENT

D'ALEXANDRIE

COURS D'ÉLOQUENCE SACRÉE

FAIT A LA SORBONNE

PENDANT L'ANNÉE 1864-1865

PAR MONSEIGNEUR FREPPEL

ÉVÊQUE D'ANGERS.

DEUXIÈME ÉDITION

PARIS

BRAY ET RETAUX, LIBRAIRES-ÉDITEURS

82, RUE BONAPARTE, 82.

1873

(Droits de traduction et de reproduction réservés).

CLÉMENT D'ALEXANDRIE

PREMIÈRE LEÇON

Coup d'œil général sur l'école chrétienne d'Alexandrie. — Rôle qu'elle a joué dans cet espace de temps qui sépare les Pères apostoliques des orateurs et des théologiens du ɪᴠᵉ siècle.—L'école d'Alexandrie a pour mission d'établir les rapports de la science et de la foi, de montrer l'accord de la religion avec la vraie philosophie. — Influence du génie des races sur les productions de la science et de l'art. — En quoi les Alexandrins diffèrent des écrivains de l'Asie-Mineure et des théologiens de l'Église d'Afrique. — Comment Alexandrie était devenue l'un des centres principaux du mouvement scientifique et littéraire dans le vieux monde. — Difficultés que rencontrera sur son chemin l'école chrétienne d'Alexandrie en voulant opposer la véritable science de la foi à la fausse gnose.—Action salutaire de l'Église de Rome au milieu du travail des esprits qui se manifeste dans les Églises de l'Asie-Mineure, dans l'Église d'Afrique et dans celle d'Alexandrie.

Messieurs,

C'est par les écrivains de l'école d'Alexandrie que nous terminerons l'histoire de l'éloquence chrétienne dans les trois premiers siècles de l'Église. Cette marche était indiquée par l'ordre des matières comme par celui des temps. En complétant nos études antérieures, le travail que nous allons entreprendre nous conduira sans interruption jusqu'au seuil du ɪᴠᵉ siècle ; car c'est à Alexandrie même, là où Clément et Origène ont vécu et enseigné, que les grandes luttes de l'arianisme ouvriront une nouvelle période pour la science et la littérature chrétiennes.

Lorsqu'on s'arrête devant un monument dont les vastes proportions frappent le regard, le premier mouvement de l'esprit n'est pas d'en examiner les détails, mais de l'embrasser dans une vue d'ensemble. Subjugués par la grandeur du spectacle qui s'offre à nos yeux, nous commençons par contempler l'édifice du sommet à la base ; nous observons les lieux où il s'élève, le fond sur lequel il se détache, ce qui l'avoisine et l'entoure. Puis, sous cette masse imposante, nous cherchons l'idée qu'elle exprime, le caractère qui la distingue, son but, sa raison d'être. Alors seulement, nous pénétrons dans l'intérieur pour analyser nos impressions et en vérifier la justesse. Ainsi en est-il des ouvrages de l'esprit, de ces créations bien autrement hautes que nous rencontrons sur le sol de l'histoire. Avant de les étudier pièce par pièce, nous aimons à nous rendre compte de leur apparition, afin d'en saisir, par ce premier coup d'œil, l'étendue et la portée. Donc, pour m'en tenir au sujet qui nous occupe en ce moment, à cette illustre pléiade d'écrivains qu'on appelle l'école d'Alexandrie, je me demande tout d'abord quelle place elle est venue occuper dans l'histoire littéraire des premiers siècles. Quel est le sens et le caractère de son œuvre ? Par quoi les Alexandrins, Clément et Origène à leur tête, se distinguent-ils des écrivains qui les ont précédés ou suivis? A quels besoins des esprits, à quelles conditions de l'époque répondaient la nature et la tendance particulière de leurs travaux ? En un mot, je me propose aujourd'hui de déterminer le rôle qu'a joué l'école d'Alexandrie dans cet espace de temps qui sépare les Pères apostoliques des orateurs et des théologiens du ive siècle.

Si j'ai réussi, Messieurs, à vous donner une idée exacte des travaux de l'éloquence chrétienne pendant l'époque que nous venons de parcourir, vous avez dû remarquer qu'ils se rapportaient à un triple objet, selon qu'il s'agissait de maintenir la foi et la discipline au sein de l'Église, de défendre la religion chrétienne contre le polythéisme, ou de réfuter les hérésies. Depuis les écrits des Pères apostoliques jusqu'aux œuvres morales de Tertullien et de saint Cyprien, toute une série de lettres et de traités a pour but de régler la vie chrétienne par l'application des préceptes de l'Évangile. Ce qui domine dans ces instructions pour la plupart courtes et familières, c'est le ton de l'homélie ou de la parénèse. Exhorter à la pratique des vertus chrétiennes, réveiller la foi dans le cœur des fidèles, réprimer les désordres qui se glissaient parmi eux, faire ressortir l'efficacité des moyens de salut tels que la prière et les sacrements, assurer par les recommandations les plus pressantes le maintien de la discipline et le respect de la hiérarchie, tel est le thème habituel de cette littérature tout imprégnée de la séve du christianisme naissant. Certes, l'éloquence sacrée n'aurait pu remplir une plus noble tâche : les épîtres de saint Ignace et du pape saint Clément, ainsi que les lettres pastorales de saint Cyprien, sont restées à cet égard autant de modèles qu'il serait difficile de surpasser.

A côté de ces belles productions de l'esprit chrétien, qui rentrent davantage dans le genre didactique, les besoins de la religion persécutée avaient donné naissance à une nouvelle branche de la littérature ecclésiastique. Il n'était pas moins nécessaire, en effet, de repousser l'assaut des ennemis du dehors, que d'entretenir et de développer la vie religieuse dans l'intérieur de la société chrétienne. Alors les apologistes s'étaient levés avec l'ardeur qu'inspire la défense de la plus sainte des causes ; et, depuis saint Justin jusqu'à Tertullien, une deuxième série d'écrits avait fait revivre les formes de l'art antique rajeuni par un esprit nouveau. Ici, ce n'est plus l'homélie ou l'exhortation morale, avec les transports d'une foi vive et les doux épanchements de la charité, mais le plaidoyer de l'orateur qui, fort des droits de la conscience et de la vérité, flétrit les violences d'une procédure inique, démontre l'absurdité de superstitions dégradantes, réfute les calomnies inventées contre ses frères, et oppose aux vices des tyrans l'innocence et la sainteté des victimes. Tel est le cadre où devait se déployer l'apologétique, dont la tâche principale consistait à prouver, d'un côté, la fausseté du polythéisme, de l'autre, la divinité de la religion chrétienne. Enfin, Messieurs, la lutte de l'Église avec les hérésies avait obligé l'éloquence chrétienne à se produire sous une troisième forme. Car, s'il est vrai que le paganisme s'attaquait à l'existence de la société nouvelle, les sectes la menaçaient d'un danger non moins grand, en s'efforçant de la dénaturer dans son dogme et dans sa morale. De là ces ouvrages de controverse, ces travaux d'une analyse si patiente et si ferme, qui déchirent les rêveries de la gnose, soit qu'ils les confondent dans une réfutation générale, comme le traité de saint Irénée *contre les Gnostiques* ou le traité *des Prescriptions* de Tertullien ; soit qu'ils les détruisent par des attaques partielles, à la manière des écrits où le prêtre de Carthage combat chaque hérésie prise isolément. En résumé, controversistes, apologistes, moralistes, tous avaient mis la main à l'œuvre : ceux-ci pour faire triompher l'Évangile des passions humaines, ceux-là pour venger le christianisme des calomnies de ses persécuteurs ou pour arrêter l'action dissolvante des sectes ; et les défenseurs de l'Église, fidèles à ce triple devoir, pouvaient se flatter de n'avoir reculé devant aucun effort, et d'avoir su faire face à tous les périls.

Il semblerait donc, Messieurs, que l'activité théologique et littéraire des trois premiers siècles, telle que nous l'avons étudiée jusqu'ici, se fût exercée dans tous les sens, et qu'il ne restât plus de place pour quiconque essaierait de frayer des voies nouvelles au travail de l'esprit chrétien. Et cependant, comment le supposer, si l'on considère quelle puissante impulsion l'intelligence humaine avait reçue du christianisme, et quelles vastes perspectives la foi ouvrait devant elle ? Comment supposer que la raison, placée devant ce nouvel ordre de choses et d'idées, ne chercherait pas à creuser une mine si féconde, pour enrichir le trésor des connaissances humaines ? Sans doute, l'esprit aventureux des gnostiques s'était perdu dans ces hautes régions désormais accessibles à la spéculation ; mais, sans imiter leur témérité, ne pouvait-on pas renouveler leur tentative avec plus de succès, en se laissant diriger par le fil conducteur de la foi ? Et d'ailleurs, quel moyen plus sûr pour désabuser tant d'esprits éblouis par les systèmes de ces faux savants, que d'opposer à une gnose pseudonyme la véritable gnose, la science de la foi, la philosophie de la religion ? N'était-ce pas en même temps la meilleure réponse à faire aux Grecs, qui, enflés de leur culture intellectuelle, méprisaient le christianisme comme incapable d'élever ses adhérents au-dessus d'une foi aveugle ? Les apologistes chrétiens, Tertullien surtout, avaient prouvé par le tableau des erreurs du vieux monde combien la raison humaine est faible, quand elle reste abandonnée à elle-même ; mais, tout en laissant ces conclusions intactes, n'était-il pas possible de montrer d'autre part que la philosophie ancienne, dans ce qu'elle avait de vrai et de légitime, préparait les voies à l'Évangile ? Au lieu de creuser un abîme entre le passé et le présent, ne valait-il pas mieux jeter un pont de l'un à l'autre, et sans méconnaître ce qui devait diviser les esprits, ne rien négliger de ce qui pouvait les rapprocher ? L'unité de l'histoire ne deviendrait-elle pas plus manifeste par ces harmonies providentielles, et dès lors le plan divin ne se déroulerait-il pas avec plus de majesté et d'ensemble ? Le polythéisme avait abusé de tout, de l'art, de la littérature, de la philosophie ; mais était-ce une raison pour se priver de ressources précieuses, qui, mises au service de la vérité, tourneraient à son profit en facilitant son triomphe ? Vous le concevez sans peine, la direction que j'indique ne pouvait manquer d'être suivie par l'un ou l'autre groupe d'écrivains dans les trois premiers siècles. Il y avait là une place à prendre, une mission à remplir, mission qui allait être féconde en résultats. Supposez donc des hommes qui, par la tendance philosophique de leur esprit et par le milieu auquel ils appartiennent, inclinent davantage à saisir la doctrine chrétienne par les côtés que je viens de décrire : ils chercheront à établir les rapports de la science et de la foi, à montrer l'accord de la religion avec la vraie philosophie ; ils essaieront d'approfondir les dogmes révélés, de les justifier aux yeux de la raison, et de les coordonner entre eux dans une vaste synthèse ; ils rattacheront à la théologie toutes les branches des connaissances humaines pour les faire servir d'auxiliaires à la foi ; ils recueilleront toutes les semences de vérité éparses dans le vieux monde comme autant de rayons émanés du Verbe, soleil unique des intelligences ; et portant ainsi dans la doctrine et dans l'histoire ce coup d'œil large et pénétrant, ils élèveront en face des écoles de la Grèce et des sectes gnostiques, le majestueux édifice de la philosophie chrétienne. Voilà ce que les Alexandrins ont osé : leur gloire est d'avoir entrepris cette tâche, comme c'est leur mérite d'avoir su la remplir dans la mesure que les ressources du temps et les difficultés de l'œuvre marquaient à leur génie.

Et pourquoi un tel rôle était-il dévolu de préférence aux écrivains de l'école d'Alexandrie ? Nous l'avons dit, Messieurs : le milieu où ils ont vécu devait leur en suggérer l'idée, et la trempe particulière de leur esprit les en rendait capables. Lorsqu'on étudie les productions de la science ou de l'art aux différentes époques de l'histoire, il est impossible de méconnaître qu'elles se modifient suivant le génie des peuples et sous l'empire de circonstances qui servent à en expliquer l'origine. Je n'ignore pas que de nos jours on a souvent exagéré l'influence du caractère des races sur les ouvrages de l'esprit, l'action des temps et des lieux sur le développement des idées : l'auteur d'une *Histoire de la littérature anglaise* a poussé, il n'y a pas longtemps, ce genre d'explication jusqu'aux dernières limites de la fantaisie. Mais ces exagérations, dont Montesquieu avait donné l'exemple, ne doivent pas nous faire perdre de vue le rôle que jouent ces causes secondaires dans le plan de la Providence. Là où l'école fataliste essaie d'introduire une sorte de géométrie inflexible, qu'elle transporte mal à propos du règne de la matière dans l'ordre moral, nous plaçons le jeu libre des forces humaines dirigées par une main invisible vers une fin générale. Il en est des races comme des individus : Dieu proportionne leurs aptitudes à la mission qu'il leur confie. L'une reçoit dans une plus grande mesure le sens pratique, l'esprit d'ordre et de discipline ; l'autre, le génie de la spéculation, le goût des recherches et le don de l'initiative. Celle-ci est plus propre aux travaux qui exigent une application opiniâtre, une grande patience d'analyse ou d'érudition ; celle-là réussit mieux à prêter aux doctrines l'éclat de la forme, le charme du langage. Ici, l'activité extérieure absorbe davantage l'énergie des âmes ; là, une vie plus concentrée, appelle de préférence les méditations de l'esprit. Admirable économie de la Providence qui, maintenant l'équilibre entre des forces si opposées, les distribue ou les rallie, les groupe ou les disperse sur le vaste échiquier de l'histoire ! Et ne croyez pas, Messieurs, que cette loi ne s'applique qu'à l'ordre naturel. Non, saint Paul l'a dit : Dans la société chrétienne, où les individus et les peuples viennent se réunir sans se confondre, l'Esprit de Dieu se manifeste également par la variété de ses dons [1]. En recevant de l'Église le principe de vie qui la transforme, chaque race y porte à son tour ses qualités natives, qu'elle met au service de la foi. Elle a sa part d'action dans le travail général de l'esprit chrétien, dans les progrès de la science et de la vie religieuses, et cette part répond à ses aptitudes spéciales, suivant cette loi qui veut que la grâce s'adapte à la nature, et que l'ordre divin vienne se greffer sur l'ordre humain. Si donc nos adversaires croient nous embarrasser en répétant que le sens pratique de la race latine, le génie organisateur de Rome, les habitudes mystiques de l'Orient et l'esprit philosophique de la Grèce se sont rencontrés dans l'Église primitive, pour y exercer une action puissante, ils se trompent beaucoup. Qui a jamais nié que Dieu fasse entrer dans le mouvement de l'histoire, comme autant de ressorts visibles ou cachés, les facultés intellectuelles et morales qu'il lui plaît de départir aux hommes ? Cela est dans la nature des choses. Mais ce qui n'est pas naturel, c'est que ce mélange d'éléments

---

[1] Ire aux Corinthiens, XII.

disparates, au lieu d'engendrer la confusion, ait pu aboutir à l'unité ; que des forces si contraires, venant à s'entre-choquer, n'aient pas fait voler en éclats l'œuvre naissante ; que des parties si hétérogènes, si rebelles à toute cohésion, aient pu former un ensemble harmonique et bien ordonné ; que l'Église, tiraillée en tant de sens divers, ne se soit pas dissoute en mille sectes, renouvelant ainsi le spectacle qu'avaient offert les religions anciennes. Ce qui n'est pas naturel, c'est que des races tellement divisées par le caractère et par le génie aient pu s'embrasser et vivre côte à côte au sein d'une même société religieuse ; et qu'enfin, au milieu de ce conflit d'Orientaux, de Grecs, de Latins, jusqu'alors si désunis, l'Église se recrutant parmi toutes les nations de la terre ait su laisser à chacune sa physionomie propre, et les rassembler néanmoins autour d'un symbole de foi identique et sous l'empire d'une même hiérarchie. Voilà le miracle d'unité que l'opposition des races et leurs qualités distinctives ne font que rendre plus éclatant, bien loin de l'expliquer ; et c'est en présence de ce fait unique, immense, humainement impossible, que le bon sens et la logique obligent de conclure à la divinité de l'Église.

Cela posé, je reprends l'idée que je développais tout à l'heure. Oui, il est vrai de dire que les ouvrages de l'esprit portent le plus souvent l'empreinte fidèle des temps et des lieux qui les ont vus naître. Vous ne serez donc pas étonnés, Messieurs, que je veuille trouver dans le caractère des Alexandrins et dans le milieu où ils vivaient une première explication du rôle qu'ils ont joué dans l'histoire des lettres chrétiennes. La raison qui nous porte à chercher auprès d'eux un système scientifique embrassant les données de la foi dans un ordre plus ou moins rigoureux, cette même raison, dis-je, nous éloigne des contrées que nous avons parcourues jusqu'ici. Assurément, il serait téméraire d'affirmer que des essais de ce genre n'auraient pu être tentés qu'à Alexandrie. Gardons-nous bien d'employer des formules aussi absolues, lorsqu'il s'agit des œuvres de l'éloquence ou des travaux de la philosophie.

Tout en conservant à chaque race les traits qui la distinguent, n'oublions jamais que le génie le plus spéculatif des quatre premiers siècles après Origène, saint Augustin, a vécu en Afrique, et que le moraliste le plus pratique qui ait paru dans le même espace de temps, saint Jean Chrysostôme, appartient à l'Orient. L'ordre intellectuel n'admet pas des lignes de démarcation si précises : l'esprit souffle où il veut, dit l'Évangile, et la direction qu'il suit échappe trop souvent aux calculs de l'homme. Cependant, ne confondons pas non plus l'exception avec la règle, et en voulant éviter toute appréciation exclusive, n'allons pas méconnaître les lois qui président au développement de l'intelligence. Ainsi, par exemple, je serais fort surpris de rencontrer dans l'une des Églises de l'Asie-Mineure les spéculations de l'école d'Alexandrie. Ce qui domine dans ce groupe de communautés chrétiennes, formées par les Ignace et les Polycarpe, c'est le sens conservateur et traditionnel. Saint Irénée en est le représentant le plus vrai et le plus complet. Certes, aucun Alexandrin n'égalera le disciple de saint Polycarpe dans l'analyse et dans la réfutation des hérésies. Cet explorateur infatigable de toutes les doctrines, comme l'appelle Tertullien[1], avait fouillé les coins et les recoins de la gnose avec une patience et une sagacité qui éloignent toute comparaison. Mais, par contre, ne demandez pas à cet esprit si sobre et si ferme, la hardiesse ni l'élan vigoureux des Clément et des Origène. Irénée est par excellence l'homme de la tradition, dont il développe les enseignements avec une admirable sûreté de coup d'œil, pour les opposer aux systèmes des novateurs. Mais ce n'est pas lui qui emploiera son éloquence à marquer les rapports de la science et de la foi, à établir l'accord de la religion avec la philosophie, à présenter les vérités révélées dans leur enchaînement logique, à montrer comment le vieux monde avait servi de préparation doctrinale et historique au monde nouveau. Ni le genre de travail auquel il s'est livré, ni les

---

1. Omnium doctrinarum curiosissimus explorator (*adv Valent*).

circonstances de sa vie ne le mettaient en face des problèmes qu'allait aborder l'école d'Alexandrie. Autre était la nature de son talent ; autre aussi le milieu où s'était faite son éducation religieuse.

J'en dirai autant, Messieurs, de cette partie de l'Église d'Afrique, dont Carthage était la tête. Entre Carthage et Alexandrie, ces deux reines du littoral africain, il n'y avait que les sables de la Libye ; mais quelle distance, si l'on envisage les qualités et les habitudes de l'esprit ! Tertullien et Origène occupent à peu près les deux pôles extrêmes du monde littéraire dans les trois premiers siècles. Certes, l'esprit philosophique ne faisait pas défaut à un homme que nous avons vu traiter les sujets les plus divers avec une égale facilité. Mais la direction toute pratique de ses travaux l'éloignait de la spéculation. Le prêtre de Carthage s'appliquait avant tout à déterminer les conditions de la moralité humaine, à régler les rapports de l'esprit avec la chair, à serrer le frein aux passions par les sévérités de la discipline chrétienne. Tout en exposant les dogmes avec une rare précision, il les envisageait de préférence par leur côté psychologique, dans leur influence sur la vie religieuse et morale. D'ailleurs, sa longue carrière se résume dans une polémique continuelle : c'était son goût et sa force. Or les hommes de cette trempe sont plus propres à saisir, dans les doctrines qu'ils combattent, les lignes de séparation que les points de contact : les harmonies leur échappent, tandis que les contrastes éclatent à leurs yeux. Dès lors, comment aurions-nous pu rencontrer chez Tertullien un essai de conciliation entre la science hellénique et la foi chrétienne ? Ajoutons que le montanisme, en aigrissant son caractère naturellement sombre et farouche, avait fini par le rendre hostile à toutes les productions de l'art. Quant à saint Cyprien, son disciple, c'est l'évêque chrétien dans le sens le plus vrai du mot, l'homme d'action qui s'inquiète moins de la métaphysique que des mœurs. Fortifier la discipline, resserrer les liens de la hiérarchie, défendre l'unité de l'Église contre toute tentative de rébellion ou de schisme, régler les devoirs de la vie chrétienne, ranimer le courage de la foi en face des persécuteurs, et l'amour du sacrifice au milieu de l'égoïsme païen, telle a été la constante préoccupation de cet homme encore plus remarquable par la profondeur du sens moral et la noblesse du caractère que par l'élévation de l'esprit. Dans cette vie active et militante, toute remplie de luttes et de controverses, il n'y avait place ni pour les *Stromates* de Clément ni pour le *Periarchon* d'Origène.

Ainsi, Messieurs, la comparaison des goûts et des tendances que l'on observe chez les différents écrivains des trois premiers siècles nous ramène vers Alexandrie comme vers le milieu le plus favorable au développement de la philosophie chrétienne. C'est dans cette ville, alors la plus littéraire du monde, que Philon avait conçu l'idée d'une philosophie du dogme, où l'hellénisme devait prêter son appui à la religion mosaïque. C'est là que Plotin essaiera de fondre en un vaste syncrétisme les divers systèmes de l'Orient et de la Grèce. C'est également à Alexandrie, entre l'école juive et l'école païenne de cette ville, que Clément et Origène appliqueront l'esprit philosophique aux données de la révélation chrétienne. Il y a des lieux prédestinés à servir de théâtre aux grandes opérations de l'intelligence, comme il y a des races qui en sont l'instrument privilégié.

Il n'entre pas dans mon sujet de vous rappeler par quelle suite d'événements Alexandrie était devenue le principal foyer de la civilisation du vieux monde. En établissant ce poste avancé à l'extrémité du continent africain, vis-à-vis de l'Europe et de l'Asie, le génie du fondateur avait-il pressenti les merveilleuses destinées qu'un tel emplacement assurerait à son œuvre ? Toujours est-il que la colonie d'Alexandre n'avait pas tardé à devenir la grande étape des peuples orientaux sur la route de l'Occident grec et latin. C'est par ce canal que devait s'opérer désormais l'échange des idées entre des races jusqu'alors si étrangères les unes aux autres. A mesure que la Grèce, épuisée par ses luttes intestines, laissait s'éteindre les rayons de sa gloire passée, son influence allait revivre avec son esprit sur l'antique terre des Pharaons, sous le sceptre libéral et intelligent des Ptolémées. Il est vrai que ces rejetons de la mère patrie, transplantés sur les bords du Nil, n'avaient pas réussi à y porter avec eux la séve puissante qui circulait dans la littérature grecque à l'époque de Périclès ou de Platon. Les grands siècles ne se répètent pas à de si courts intervalles, et l'on ne suscite pas le génie par des moyens factices. Les Ptolémées eurent beau réunir des masses de volumes dans leur Bruchéion et leur Sérapéion, ouvrir leur Musée à une élite de savants richement dotés, ni leurs largesses royales, ni leurs immenses collections ne suffisaient pour faire éclore des œuvres vraiment originales. Jusqu'à Philon, cette restauration littéraire, dont Alexandrie était le centre, n'aboutit qu'à des travaux de critique et d'érudition, travaux fort estimables sans doute, et qui ont beaucoup facilité l'intelligence des chefs-d'œuvre de la Grèce, mais qui n'auraient pas laissé dans l'histoire de traces bien profondes, si des tentatives plus sérieuses n'étaient venues s'y ajouter. Qu'est-ce donc qui pouvait ranimer la vigueur de l'esprit hellénique et le pousser dans des voies nouvelles ? Le souffle de l'Orient. C'est de là que devait partir l'impulsion ; et, par le fait, le réveil de l'esprit philosophique n'eut pas d'autre cause. Quand les doctrines orientales, jusqu'alors cachées dans les sanctuaires de l'Égypte et de la Perse, se furent dévoilées peu à peu aux yeux de l'antiquité classique, il se fit un grand travail d'idées au sein des écoles. Le génie grec, si habile à revêtir de ses formes tout ce qui venait du dehors, s'empara de ces théories étrangères pour les mêler à ses propres conceptions. Ce fut à qui porterait dans ces tentatives de fusion plus d'audace et de persévérance. Par suite de ce mouvement intellectuel, Alexandrie était devenue une nouvelle Athènes, plus vaste et non moins bruyante que l'ancienne : les portefaix eux-mêmes y tenaient école, tant les questions de doctrine passionnaient l'opinion. Déjà lorsque César était venu assiéger la capitale de l'Égypte, il avait trouvé jusque dans les carrefours des philosophes qui argumentaient en plein vent. Cette fermentation des esprits dut arriver à son comble, quand le christianisme eut fourni un nouvel aliment aux spéculations et aux luttes de l'intelligence. Alors Alexandrie offrit cet étrange spectacle d'une ville où tous les systèmes religieux du monde semblaient s'être donné rendez-vous, pour s'y combattre par les armes de la science. Comment s'étonner dès lors de la couleur philosophique que l'enseignement chrétien y prit de si bonne heure ? Il en est des ouvrages de l'esprit comme des productions de la nature : sous les feux du midi la fleur se colore d'une teinte particulière que les pâles rayons du nord sont impuissants à lui donner.

Noble mission que celle des Alexandrins ! Dans cette même ville où le plus aventureux des gnostiques, Valentin, venait de pousser la spéculation jusqu'aux limites de l'extravagance, ils placeront la véritable science de la foi en regard de la fausse gnose. Assurément, il y avait dans cette entreprise de quoi stimuler l'ardeur de grands esprits. Et cependant, le dirai-je, Messieurs ? ce n'est pas sans une certaine appréhension que je les vois suivre une route où le pas est si glissant et l'écart si facile. N'est-il pas à craindre qu'en voulant résoudre le problème toujours délicat des rapports de la foi avec la science, de la religion avec la philosophie, ils n'arrivent à confondre quelque peu les limites de l'une et de l'autre ? Sauront-ils imposer à l'esprit spéculatif ce frein qui l'empêche de se lancer à perte de vue dans des théories hasardeuses ? Bacon disait : il faut aux spéculatifs moins des ailes que du plomb : pouvons-nous espérer que les Alexandrins resteront constamment fidèles à cet adage ? Dans leur estime fort louable pour les princes de la philosophie grecque, n'iront-ils pas jusqu'à emprunter aux penseurs du paganisme, sinon quelques opinions dangereuses, du moins certaines formes de langage peu correctes ? Leur tentative de rapprochement ou de conciliation sera-t-elle exempte de tout esprit de concession trop large et trop facile à contenter ? En deux mots, la rectitude et la fermeté du sens théologique égaleront-

elles chez les Alexandrins la hardiesse et l'originalité du talent ?
Voilà ce que la suite de nos études nous apprendra. Qu'il me
suffise d'avoir signalé, dès aujourd'hui, l'écueil qni devait se
présenter sur leur route. Chaque méthode a ses difficultés
comme ses avantages : c'est le devoir de la critique de savoir
en tenir compte, pour apprécier avec équité les hommes et
leurs œuvres.

Mais, Messieurs, ce que nous pouvons affirmer sans crainte,
c'est que de pareils écarts, s'ils viennent à se produire,
n'échapperont pas à la vigilance de l'autorité qui réside au
centre de la société chrétienne. Ici encore, le pouvoir modérateur, dont l'Église de Rome est le siége, saura retenir les
esprits sur une pente périlleuse. Il y a des écrivains qui se
refusent à voir cette intervention si évidente de la papauté
pendant les trois premiers siècles ; pour moi, j'en suis d'autant plus frappé que la situation de l'Église opprimée rendait
un tel rôle moins facile. Que les papes aient exercé cette
magistrature suprême, sans trêve ni relâche, au sein des
nations chrétiennes conquises à la foi, ce spectacle, tout
merveilleux qu'il est, étonne moins un observateur sérieux ;
mais que du fond des catacombes, au milieu de persécutions
incessantes, ils aient suivi de l'œil le mouvement des idées
dans le monde entier, faisant face à tous les dangers qui menaçaient le dogme ou la discipline, sans que nul désordre,
nulle controverse ait pu trouver leur surveillance distraite
ou leur zèle endormi, voilà ce qui est de nature à dissiper
le moindre doute sur la suprématie des successeurs de saint
Pierre. Permettez-moi de m'arrêter en terminant à cette
haute fonction de la papauté pendant l'âge qui nous occupe.
Aussi bien la rencontrerons-nous, manifeste et active, dans
l'histoire de l'école chrétienne d'Alexandrie.

Chaque race, avons-nous dit, en entrant dans l'Église, y
porte avec elle ses qualités propres, qu'elle met au service de
la foi ; et c'est sous l'influence de ces forces multiples, dirigées
par l'action providentielle, que s'accomplit le travail de
l'esprit chrétien dans les voies du progrès scientifique et

moral. Mais n'est-il pas juste d'ajouter que les défauts accompagnent les qualités dans cette rencontre des peuples au sein d'une même société religieuse ? S'il est facile de remarquer dans chaque homme une tendance particulière, qui, si elle devenait exclusive, l'entraînerait dans le vice ou dans l'erreur, la même observation s'applique à ces groupes d'individus qui forment les nations. Ici, c'est un manque d'équilibre entre l'imagination et le jugement ; là, une qualité morale qu'une prédominance trop marquée pourra changer en défaut ; plus loin, vous trouverez des goûts et des préférences qui, n'étant pas contenus dans de justes limites, amènent à la longue une certaine étroitesse de vues et de sentiments ; ailleurs enfin, des habitudes d'esprit qui se refusent à l'intelligence ou à l'application complète d'une doctrine. Que ces germes de désordre, latents ou visibles, se développent en toute liberté, vous verrez se produire les déviations les plus funestes. Je ne crains pas de le dire : abandonnées à elles-mêmes, en l'absence d'une autorité centrale qui les rattachât les unes aux autres, les Églises particulières dont se composait la grande société des fidèles auraient fini par suivre autant de directions contraires, ce qui eût entraîné la dissolution du christianisme. Ici, laissons parler les faits. Vous allez vous convaincre, Messieurs, que pendant les trois premiers siècles, chaque tendance excessive d'une Église particulière a trouvé dans l'Église de Rome son correctif ou son contrepoids. Je m'arrête devant les trois groupes primitifs où la vie religieuse s'est manifestée avec plus de force et d'éclat : les Églises de l'Asie-Mineure, l'Église d'Afrique et celle d'Alexandrie.

Certes, rien de plus louable que le sens traditionnel qui distinguait les Églises de l'Asie-Mineure, et leur opposition aux témérités de la fausse science. Mais encore fallait-il que cet esprit de conservation ne dégénérât point ici et là en une sorte de routine esclave du passé, et enchaînée trop servilement à la lettre des institutions religieuses. Or, l'on ne saurait oublier que, dans cette région du monde chrétien, un attachement opiniâtre à des usages particuliers avait mis en péril des intérêts bien autrement graves. La controverse sur la célébration de la Pâque en est un mémorable exemple. Dans leur obstination à vouloir conserver les coutumes de la synagogue pour le choix du jour consacré à ce grand acte liturgique, Polycrate d'Éphèse et les évêques asiatiques de son parti ne comprenaient pas assez combien il importait de rompre ce dernier lien qui les rattachait au judaïsme. Nous rencontrons chez Firmilien de Césarée et ses adhérents, à propos de la validité du baptême des hérétiques, le même penchant à se retrancher dans une tradition locale, contrairement aux règles de la discipline universelle. Rappelons-nous, d'autre part, que le millénarisme est sorti de l'Asie-Mineure, avec ses représentations grossières d'un prétendu règne des élus pendant mille ans ; et que les idées étroites, exclusives, des montanistes y ont pris naissance à leur tour. En réunissant tous ces faits, on ne peut s'empêcher de conclure qu'au milieu de ces communautés chrétiennes d'ailleurs très-florissantes, l'esprit judaïque si vivement combattu par saint Paul à Éphèse, à Colosses et dans la Galatie, tendait à revivre par intervalle sous une forme ou sous une autre. Eh bien, Messieurs, d'où partira la voix qui va signaler le péril ? De l'Église romaine. Les papes Anicet, Soter, Éleuthère et Victor emploieront, celui-ci la menace, ceux-là les moyens de persuasion, pour détruire ce levain de judaïsme dans les Églises de l'Asie-Mineure. Le pape saint Étienne ne mettra pas moins de zèle à briser l'entêtement de Firmilien et de ses partisans au sujet d'une coutume que rien ne justifiait. Nous savons d'ailleurs que le formalisme pharisaïque des montanistes phrygiens n'a pas trouvé d'adversaires plus déclarés que les papes Zéphyrin et Calliste. C'est ainsi que l'Église de Rome savait contenir ou ramener dans les limites de la vérité ceux qui tendaient à les franchir par l'exagération d'un principe quelconque : elle neutralisait les défauts de chaque race, sans gêner aucune dans l'essor de ses qualités.

L'action bienfaisante de ce pouvoir modérateur s'observe

encore mieux relativement à l'Église d'Afrique. Nous avons vu ce qu'offrait de ressources au christianisme cette race énergique et ardente, qui produisait des hommes tels que Tertullien et saint Cyprien. Quand l'Africain embrassait la foi, il ne se donnait pas à demi ; et ces natures fougueuses, transformées par l'Évangile, tournaient vers le bien l'activité infatigable qu'elles avaient déployée dans le mal. Toute rechute leur inspirait la plus vive horreur ; elles se sentaient pour le schisme et l'hérésie ces haines vigoureuses qui témoignent d'une conviction profonde. Excellentes dispositions sans doute, et qui montrent combien l'esprit d'ordre et de discipline animait l'Église d'Afrique ! Mais qui ne voit en même temps que cette sévérité du sens moral pouvait facilement dégénérer en rigorisme ? Et, par le fait, de semblables tendances se manifestent à plusieurs reprises dans cette partie du monde chrétien. A l'égard de ceux qui étaient tombés pendant la persécution, on avait vu des évêques africains porter le régime pénitentiaire jusqu'à une dureté incompatible avec l'esprit évangélique. Ce penchant à l'exagération est encore plus visible dans la controverse touchant la validité du baptême conféré par les sectes dissidentes. D'après le dernier des conciles de Carthage tenus sous la présidence de saint Cyprien, les hérétiques, en se séparant de l'Église, auraient perdu le pouvoir d'administrer un sacrement quelconque, même le plus nécessaire de tous, le baptême. Cette impuissance, les donatistes l'étendront à tout homme, prêtre ou laïque, qui se trouve en état de péché. On voit clairement à quelles extrémités auraient pu conduire des opinions tellement absolues, si elles n'avaient pas rencontré une résistance énergique. Qui donc se fera l'organe de cette résistance ? L'Église de Rome. Pour ce qui concerne la réconciliation des pécheurs, le clergé romain, pendant la vacance du Saint-Siége, le pape Corneille ensuite traceront à l'Église d'Afrique des instructions où la miséricorde tempère une juste sévérité[1]. Je n'ai pas besoin de rappeler avec quelle

---

1. Voyez *Saint Cyprien*, leçon X[e].

vigueur le pape saint Étienne repoussa les maximes étroites qu'on s'efforçait de faire prévaloir à Carthage pour contester la validité du baptême des hérétiques ; et si les évêques africains s'étaient montrés plus dociles à écouter la voix du souverain Pontife, ils auraient pu étouffer dans son germe le schisme des donatistes, qui allait ravager leur troupeau à un demi-siècle de là. Ici encore, l'Église de Rome réagissait contre les tendances trop exclusives d'une Église particulière, en cherchant à conjurer les périls qui pouvaient naître des défauts inhérents au caractère africain.

Et maintenant, Messieurs, si je me tourne vers l'école d'Alexandrie, j'y retrouve, avec une égale sollicitude, ce même esprit de prévoyance qui distinguait l'Église mère et maîtresse de toutes les autres Sans vouloir anticiper sur la suite de nos études, il nous est permis de conjecturer dès maintenant que le génie spéculatif des Alexandrins les entraînera quelquefois loin d'une sainte interprétation de l'Écriture et de la tradition. A les voir s'aventurer sur les sommets de la métaphysique chrétienne, nous ne pouvons guère espérer que leur marche sera toujours également droite et sûre. Si, à la hauteur où ils s'élèvent, la foi qui leur sert de guide les empêche de perdre l'équilibre, du moins y aura-t-il des moments où nous les verrons trop pencher d'un côté ou de l'autre. Mais il en sera de ces déviations partielles comme de celles qui s'étaient produites dans les Églises de l'Asie Mineure et de l'Afrique. Rome saura les signaler, et prémunir les esprits contre une direction d'idées qui s'écarte de la vraie doctrine. Les avertissements, partis de la chaire pontificale, ne manqueront pas à Origène ; et le pape Pontien n'hésitera pas à condamner les erreurs de cet audacieux génie. Lorsqu'un des plus illustres disciples d'Origène, saint Denis, évêque d'Alexandrie, semblera mettre en péril l'unité de la nature divine en voulant défendre contre Sabellius la trinité des personnes, le pape saint Denis appellera son attention sur une terminologie inexacte. Dans une lettre, dont saint Athanase nous a conservé quelques fragments, le souverain Pontife, allant à la racine du mal, blâmera vivement certaines tendances particulières à l'école d'Alexandrie, et si les écrivains de cette école avaient continué à suivre les instructions contenues dans ce précieux document, il est probable que l'arianisme n'aurait pas pris naissance parmi eux. Je le répète, Messieurs, ce rôle de l'Église romaine pendant les trois premiers siècles, au milieu des Églises particulières dont elle observe les mouvements, dirige l'activité, prévient ou réprime les écarts, cette intervention si ferme et si intelligente est de nature à frapper les esprits les plus prévenus. Elle est là, cette Église centrale, au cœur de la société chrétienne, tenant la balance droite entre des forces contraires, repoussant les extrêmes qui s'éloignent à égale distance de la vérité, et ramenant à l'unité cet immense travail d'idées qui s'opère autour d'elle et dans les sens les plus divers. On me dira : c'est de la sagesse ! Oui, sans doute, mais quand la sagesse prend de tels caractères, qu'elle s'identifie pour ainsi dire avec une institution, et qu'elle dure dix-huit siècles sans avoir reçu de démenti ni des hommes ni des choses, il est permis de conclure que ce n'est plus la sagesse humaine seulement, mais encore la sagesse qui émane de Dieu.

En jetant ce premier coup d'œil sur l'école d'Alexandrie, je n'ai voulu que tracer le cadre où elle viendra se placer, et indiquer la couleur générale de ses travaux. Si je ne me trompe, vous voyez déjà que ce groupe d'écrivains, à la tête duquel marchent Clément et Origène, occupe un rang à part dans le tableau de l'éloquence chrétienne pendant les trois premiers siècles. Par la nature des recherches auxquelles ils se sont livrés, les Alexandrins nous mettront en face d'un ordre de questions que nous n'avons pas encore eu l'occasion d'aborder. Je m'en réjouis pour vous, Messieurs, qui suivez cet enseignement depuis plusieurs années ; et s'il m'était permis de devancer vos impressions en vous communiquant les miennes, je dirais qu'il n'est aucune partie de la littérarature ecclésiastique qui m'inspire plus d'intérêt, et qui me paraisse mériter une attention plus soutenue.

DEUXIÈME LEÇON

Origines de l'Église d'Alexandrie. — Mission de l'évangéliste saint Marc dans la capitale de l'Égypte.—Races diverses qui se mélangeaient dans cette partie de l'empire. — Les Égyptiens ; la colonie grecque ; les juifs. — Établissement des Israëlites à Alexandrie. — Caractère particulier à la colonie juive fixée dans cette ville —Persécution qu'elle venait de subir à l'arrivée de saint Marc. — Elle fournit à l'évangéliste un premier noyau de fidèles. — Les thérapeutes de Philon étaient-ils chrétiens ou juifs ? — Commencements du Didascalée. — Dans quel sens peut-on attribuer à saint Marc la fondation de l'école catéchétique d'Alexandrie ?—Deux périodes bien distinctes dans l'histoire de cette institution. — Causes qui ont imprimé à l'école primitive des catéchumènes une direction scientifique.

Messieurs,

En comparant sa doctrine à une semence qui tombe sur des terres d'inégale culture, le Sauveur marquait d'avance les destinées diverses qu'elle allait rencontrer dans le monde. Résumé fidèle de l'histoire morale du genre humain, la parabole évangélique ne s'applique pas moins à l'ordre des intelligences. Envisagée dans son objet, la foi est une et n'admet pas de différences ; mais il règne entre les esprits qui la reçoivent une grande variété d'aptitudes et de dispositions. Il en résulte que la vérité révélée, toujours identique au fond, peut néanmoins revêtir des formes multiples, comme une même semence qui, selon la nature du sol où elle lève, produit des fruits d'une nuance et d'une saveur particulières. L'homme ne doit pas rester passif sous l'action divine qui l'éclaire et le transforme : c'est en appliquant les facultés de son âme à l'objet de la révélation, qu'il pourra s'assimiler le don céleste. Or, il est évident que chacun portera dans ce travail personnel les qualités qui le distinguent. Les mêmes motifs de crédibilité ne font pas sur nous tous une égale impression ; tel suit une direction d'esprit qui le rend plus accessible à un genre de preuves déterminé : c'est l'élévation métaphysique de la doctrine chrétienne ou son caractère moral qui subjugueront tour à tour les intelligences. Or, si une pareille diversité de goûts et de préférences se manifeste, lorsqu'on cherche à s'approprier les vérités de la foi, à plus forte raison devrons-nous la retrouver dans l'exposition et dans la défense du dogme. Ici, les formes du langage et le choix des méthodes se ressentiront nécessairement des besoins de l'époque et du génie des écrivains. On conçoit donc qu'il puisse surgir dans l'Église des groupes de théologiens ou d'orateurs qui, par la nature de leur talent et le caractère de leurs travaux, répondent davantage à l'esprit d'un siècle ou d'un pays. Ces centres d'enseignement qui, sous le nom d'écoles, se trouvent enveloppés dans la grande sphère de l'unité catholique, ne portent aucune atteinte à l'universalité de la foi. Leur existence, leurs luttes mêmes prouvent d'une manière éclatante que l'identité d'un symbole immuable se concilie très-bien avec le mouvement des esprits et les progrès de la science. Rattachées entre elles par une doctrine commune, ces écoles théologiques se distinguent l'une de l'autre par les méthodes qu'elles emploient pour la faire triompher, semblables à des corps de troupes différemment armés qui marchent à l'ennemi sous la direction d'un même chef. Aussi, depuis les écoles d'Alexandrie, de Césarée, d'Antioche, d'Édesse, jusqu'aux grandes écoles théologiques du moyen-âge, l'Église n'a-t-elle cessé de voir dans ces foyers de la science un principe de force et un titre de gloire.

L'école d'Alexandrie ne se présente donc pas dans l'histoire comme un fait isolé ; j'ajoute qu'elle n'est pas même le premier établissement de ce genre dont nous ayons trouvé des vestiges sur notre chemin. A mesure que le christianisme étendait ses progrès aux principales villes de l'empire, on devait sentir le besoin d'ajouter à la prédication ordinaire de la foi un enseignement plus relevé. Comment des hommes, tels que Justin, qui sortaient fraîchement des écoles philosophiques de la Grèce et de Rome, n'auraient-ils pas conçu l'idée d'organiser au milieu des fidèles quelque chose d'analogue ? Nous avons vu, en effet, que le premier des apologistes chrétiens, pendant son séjour à Rome, « communiquait la doctrine de la vérité à tous ceux qui venaient s'instruire auprès de lui [1] ; et l'un des compagnons de son martyre exprimait dans l'interrogatoire « tout le bonheur qu'il avait éprouvé en écoutant ses discours [2]. » Saint Irénée appelle Tatien « un auditeur » de saint Justin [3], ce qui suppose des relations de disciple à maître. D'autre part, que Tatien ait succédé à Justin dans la direction de l'école catéchétique de Rome, on peut le conclure d'un passage d'Eusèbe, où nous lisons que Rhodon, écrivain ecclésiastique du IIe siècle, « avait étudié à Rome sous Tatien [4]. » Enfin la position de Rhodon lui-même, ses discussions orales avec les marcionites, la solution qu'il donne aux problèmes posés par son maître, tous ces détails recueillis dans l'*Histoire* d'Eusèbe, permettent de supposer qu'à son tour il avait remplacé Tatien après le départ de ce dernier pour l'Orient [5]. Nous arriverions ainsi à dresser une liste assez complète des chefs du *Didascalée* de Rome, jusqu'à l'époque où l'auteur des *Philosophumena* nous montre dans Cléomène le successeur des hommes que je viens de nommer [6]. A coup sûr, ce serait se tromper d'époque que d'imaginer à Rome, au IIe siècle, une institution correspondant à nos facultés de théologie. Ce n'est pas sous une forme aussi régulière qu'il faut se représenter l'en-

---

1. *Acta martyrii s. Just.*, II, édit. Migne, tome VI.
2. Ibid , III.
3. *Adv. hær.*, 1, 28, ἀκροατής. — Dans les *Philosophumena* (VIII, p. 273), Justin est appelé maître, διδάσκαλος, et Tatien, disciple, μαθητής
4. Eusèbe, H. E., v, 13, μαθητευθεὶς ἐπὶ Ῥώμης Τατιανῷ.
5. Ibid.
6. *Philosoph.*, I. IX.

seignement dont je parle. Mais ce qui me paraît hors de doute, c'est que Justin, Tatien et Rodhon cherchaient à initier leurs auditeurs à la science de la foi ou à la théologie. Interpréter les passages difficiles de l'Écriture sainte, appliquer les prophéties de l'Ancien Testament au Nouveau, éclaircir les dogmes au moyen d'analogies empruntées à l'ordre naturel, faire la critique des religions et des philosophies anciennes, tel devait être le thème ordinaire de leurs instructions, s'il faut en juger par les écrits qu'ils nous ont laissés. En toute hypothèse, saint Justin doit être envisagé comme le véritable précurseur de l'école d'Alexandrie, à cause de la couleur philosophique répandue sur ses ouvrages, et de la grande affinité qui règne entre sa méthode et celle des Alexandrins. Qu'il ait exercé ou non une influence directe et positive sur Clément, il importe peu de le savoir, et le silence de l'histoire rendrait la preuve difficile : toujours est-il que nous retrouverons chez l'auteur des *Stromates* tout un ensemble d'idées particulières à saint Justin. Cela suffit pour constater, sinon une filiation réelle, du moins des rapports de ressemblance entre l'école théologique de Rome et celle d'Alexandrie. Mais, si la première de ces deux institutions précède la seconde dans l'ordre des temps, il s'en faut de beaucoup qu'elle l'ait égalée en importance et en célébrité. Mon intention n'est pas d'insister davantage sur des rapprochements qui devront nous occuper plus tard ; je voulais uniquement vous montrer que le Didascalée établi dans la capitale de l'Egypte n'était pas sans précédent, et que des créations semblables avaient dû surgir tout naturellement sur divers points du monde chrétien.

La fondation de l'Église d'Alexandrie se rattache à l'activité apostolique de saint Pierre. Il entrait dans les desseins de la Providence que les plus illustres sièges de la chrétienté pussent montrer à leur origine le nom de celui que Jésus-Christ avait établi le fondement de son Église, le pasteur universel des agneaux et des brebis. Dans les *Actes des Apôtres* nous le voyons à la tête de l'assemblée des fidèles à

Jérusalem ; c'est lui qui organise l'Église d'Antioche, qu'il gouverne pendant quelques années. De la métropole de l'Orient il transporte sa chaire à Rome, capitale de l'Occident et du monde entier. Enfin par Marc, son interprète et son disciple, il fonde l'Église d'Alexandrie. Ce sont les propres paroles d'Eusèbe : « Pierre, dit l'historien du IVe siècle, établit aussi les églises d'Égypte, avec celle d'Alexandrie, non pas en personne, mais par Marc, son disciple. Car lui-même pendant ce temps s'occupait de l'Italie et des nations environnantes ; il envoya donc Marc, son disciple, destiné à devenir le docteur et le conquérant de l'Égypte [1]. » Voilà pourquoi les Églises de Jérusalem, d'Antioche et d'Alexandrie resteront les premières après l'Église mère et maîtresse de toutes les autres : elles formeront comme autant de rayons de la primauté apostolique, dont la plénitude se concentre dans le siége de Rome.

Il ne saurait donc y avoir de doute sérieux sur la mission de saint Marc en Égypte. Eusèbe, saint Jérôme et saint Épiphane attestent également ce fait ; et l'Église d'Alexandrie a toujours vénéré dans l'évangéliste le premier de ses évêques [2]. Quand saint Pierre vint pour la première fois à Rome, sous le règne de Claude, il y amena Marc son disciple ; et dans la lettre, datée de cette ville, il l'appelle son fils [3]. C'est à la prière des fidèles de Rome, dit Eusèbe après Clément d'Alexandrie, que le compagnon de l'apôtre mit par écrit les enseignements de son maître. Ce résumé n'est autre que l'Évangile selon saint Marc ; Pierre le confirma de son autorité, et depuis ce moment on le lit dans les églises [4]. La

---

1. *Théophanie* d'Eusèbe, ouvrage retrouvé en grande partie par le cardinal Maï, *Patrum nova bibliotheca*, tome IV, p. 120.
2. Eusèbe, H. E., l. II, c. XVI ; — S. Jérôme, *Catal. vir. illust.*, c. XXXVI ; — S. Épiphane *adv. hær.*, l. II ; — Chronique d'Alexandrie.
3. 1re *ép. de saint Pierre*, v, 13. La lettre est datée de Babylone ; mais tous les anciens suivis de la plupart des interprètes catholiques, et de plusieurs critiques protestants, tels que Grotius, Cave, Lardner, ont entendu par cette ville l'ancienne Rome, que l'Apocalypse désigne sous le même nom.
4. Eusèbe, H. E., II, 15. L'historien cite à l'appui de ce fait Clément d'Alexandrie et Papias évêque d'Hiérapolis.

mission de l'évangéliste en Égypte suivit de près ce grand acte, et l'on ne s'éloignerait guère de la vérité, en la plaçant vers l'année 44. Il y a tout lieu de croire qu'avant ce temps quelques semences de christianisme avaient déjà été répandues à Alexandrie. Saint Luc cite parmi les juifs présents à Jérusalem le jour de la Pentecôte, des habitants de l'Égypte et du territoire de la Libye voisine de Cyrène [1] : en rentrant dans leur pays, ces hommes encore tout émus des merveilles de la prédication apostolique, ne pouvaient manquer de rapporter ce qu'ils avaient vu et entendu. Malgré le peu de relations qui existaient entre les juifs de la Palestine et ceux de l'Égypte, on comprendrait difficilement que les grands événements accomplis à Jérusalem n'eussent pas trouvé de retentissement parmi ces derniers. Mais ce n'étaient là que des pierres d'attente qui demandaient à être réunies et façonnées avec soin pour servir de fondement à un édifice durable et régulier.

Quand l'évangéliste vint poser le pied sur la terre des Lagides réduite en province romaine, il rencontra devant lui trois races qui étaient loin d'apporter à l'Évangile des dispositions également favorables: les Égyptiens, les Grecs et les Juifs. L'Égypte avec ses fêtes, ses mystères, son culte d'Isis et de Sérapis, était un foyer de superstitions à nul autre pareil. C'est à elle que Rome, fatiguée de ses dieux nationaux, allait demander de nouveaux rites pour rajeunir un culte tombé en désuétude. De ce côté-là, le christianisme venait se heurter contre l'idolâtrie la plus invétérée. Quant à la colonie grecque répandue en Égypte, il semblerait que le contact prolongé des peuples orientaux dût la rendre plus accessible à une religion sortie de la Judée : sous ce rapport, en effet, elle se trouvait dans une meilleure position que les habitants de l'Achaïe ou de l'ancienne Grèce. Mais on voit assez par les diatribes du grammairien Apion contre les Juifs, combien les Grecs d'Alexandrie étaient hostiles à tout ce qui offrait quelque

---

[1] *Actes des ap.*, II, 10.

ressemblance avec la religion mosaïque [1]. Et d'ailleurs, cette multitude de scoliastes, de glossateurs, de lexicographes qui affluaient de toutes parts vers la capitale de l'Égypte, n'étaient occupés qu'à reproduire et à commenter les monuments de la littérature grecque : leur engouement pour l'éloquence et la poésie païennes laissait peu de place à l'appréciation équitable d'une doctrine prêchée par des gens simples et sans lettres. Vers le milieu du 1ᵉʳ siècle, la philosophie néoplatonicienne n'avait pas encore communiqué son vigoureux élan à des esprits absorbés par des travaux d'érudition et de philologie. Le seul philosophe vraiment remarquable qu'Alexandrie puisse nous montrer à cette époque, c'est Ænésidème le sceptique, dont l'influence ne pouvait être que très-pernicieuse. Ses *discours pyrrhoniques*, dont Photius nous a conservé les sommaires, avaient pour but d'ébranler toute espèce de certitude. Si l'on excepte en outre le pythagoricien Sotion, l'un des maîtres de Sénèque, et le stoïcien Chérémon, chef de la bibliothèque du Sérapéion, les scholiastes d'Homère représentent à peu près tout le mouvement littéraire d'Alexandrie sous les premiers empereurs romains. Cette décadence des esprits était aussi nuisible au christianisme que leur réveil allait lui devenir profitable un siècle plus tard. Pour trouver un point d'appui à la prédication évangélique, il faut nous tourner vers la colonie juive d'Alexandrie. Au sein de cette ville comme ailleurs, la synagogue devint le vestibule par où les premiers chrétiens entrèrent dans l'Église. Il convenait en effet que l'Évangile fût annoncé tout d'abord à ceux qui s'en rapprochaient davantage par leur éducation religieuse. Après avoir préparé depuis tant de siècles le règne du Messie, le peuple d'Israël devait faciliter par sa dispersion même les progrès du christianisme naissant.

Arrêtons-nous quelques instants devant cette colonie juive d'Alexandrie, qui allait fournir un premier noyau de fidèles à l'évangéliste saint Marc. De tous les pays où les vicissitudes

---

1. Josèphe, *de l'antiquité du peuple juif contre Apion.*

politiques avaient disséminé les enfants d'Israël, l'Égypte était celui qui ouvrait le champ le plus fécond à leur activité. En transportant un certain nombre d'habitants de la Palestine dans la cité qu'il venait de fonder en Égypte, Alexandrie leur avait accordé les mêmes priviléges qu'aux Grecs et aux Macédoniens [1]. Par suite de nouvelles émigrations, volontaires ou forcées, la population juive d'Alexandrie s'accrut rapidement, et les Ptolémées se montrèrent en général plus favorables qu'hostiles à ses intérêts. Au commencement de l'ère chrétienne, Philon ne comptait pas moins d'un million d'Israélites établis dans la capitale de l'Égypte, et sur le territoire compris entre la Libye et l'Éthiopie [2] ; et ce chiffre ne paraîtra pas enflé, si l'on songe que Nicanor, général de Ptolémée Soter, avait dispersé dans cette région plus de cent vingt mille Juifs de la Palestine, arrachés à leurs foyers [3]. Or, dans une ville qui était l'entrepôt du commerce de l'Orient avec l'Occident, les goûts d'un peuple agricole et sédentaire, comme les populations de la Judée, durent s'effacer devant les besoins d'une situation toute différente. En s'appliquant à ce nouveau genre de travail, la race juive y porta son intelligence et sa ténacité. Philon nous parle des richesses de ses coreligionnaires, de leurs navires et de leurs marchandises [4]. Une pareille prospérité ne tarda pas à exciter la jalousie des Égyptiens et des Grecs ; et c'est à ce sentiment qu'il faut attribuer en grande partie les violences dont les Juifs d'Alexandrie furent l'objet, peu d'années avant l'arrivée de saint Marc dans cette ville.

Philon n'a rien oublié pour donner une couleur toute religieuse à cette persécution qui précéda l'établissement du christianisme en Égypte. Dans son livre *sur l'ambassade à Caïus*, il explique tous les désastres de ses concitoyens par leur refus de rendre les honneurs divins à Caligula. Nul doute

---

1. Josèphe, *de l'antiquité du peuple juif contre Apion*, I. II.
2. Philon, *Adv. Flaccum*, édit. Mangey. p. 523.
3. Josèphe, *Antiq jud*, l. XII, c. I et II.
4 *De legatione ad Caium,* p. 563 et 564.

que leur zèle pour la loi mosaïque n'ait fourni un prétexte de plus à la haine de leurs ennemis ; mais, dans le principe, le soulèvement populaire avait une autre cause. D'après Philon lui-même, c'est le droit de cité que le proconsul Flaccus contestait aux Juifs, d'accord avec le peuple d'Alexandrie : on les repoussait comme des étrangers qui, abusant du bienfait de l'hospitalité, avaient fini par envahir la ville entière [1]. Il y a lieu de croire que les progrès toujours croissants de la colonie juive faisaient ombrage au reste de la population ; peut-être aussi les Israélites avaient-ils indisposé contre eux ce monde de commerçants en se montrant trop âpres au gain. L'arrivée d'Hérode Agrippa dans la capitale de l'Égypte et le faste royal qu'il ne craignit pas d'y déployer hâtèrent l'explosion. Alexandrie occupait un terrain resserré entre la mer et le lac Maréotis. Si l'on en calcule l'étendue d'après les indications de Strabon, de Josèphe et de Philon, elle devait avoir plus d'une lieue de longueur sur une demi-lieue de largeur [2]. Du temps de Diodore de Sicile, c'est-à-dire vers l'époque même dont nous parlons, la ville renfermait environ 300,000 habitants de condition libre, ce qui suppose en outre un nombre considérable d'esclaves. Dans ce chiffre, l'auteur du traité de l'*Ambassade à Caïus* comprend plusieurs myriades de Juifs, et le compte qu'il établit ne me semble pas exagéré [3]. Suivant le même écrivain, Alexandrie était divisée en cinq quartiers, qui portaient chacun le nom d'une des premières lettres de l'alphabet grec ; on les voit également désignés sous d'autres titres dans les anciens auteurs. Deux de ces quartiers étaient principalement habités par les Juifs, et nous pouvons les reconnaître sans trop de difficulté [4]. Josèphe nous apprend que ses compatriotes occupaient une partie du quartier des palais, ou du Bruchéion, sur les

---

1. Philon. *Adv Flaccum*, p. 525.
2. Strabon, l. XVII ; Josèphe, *De bello jud.*, l. II ; — Philon, *Adv. Flaccum.*
3. Philon. *De leg. ad Caium* p. 563.
4. Ibid., *Adv. Flaccum*, p. 525.

bords de la mer, vers la porte de Canope [1]. Il n'est pas aussi facile de déterminer le second quartier que mentionne Philon ; mais comme ce philosophe place dans « les ports du fleuve, » le long du lac Maréotis, la station ordinaire des navires de la colonie juive, il paraît assez naturel de supposer que cette dernière s'était fixée de préférence sur les terrains avoisinants. Ce n'est sans doute pas dans le Rhacotis, autour du fameux temple de Sérapis, centre de l'idolâtrie égyptienne, que les Israélites auraient établi leur demeure de prédilection. Il est vrai de dire cependant que, loin de se renfermer dans leurs quartiers primitifs, ils s'étaient répandus par toute la ville, dont chaque région renfermait un grand nombre de synagogues [2]. Lors donc que le soulèvement contre les Juifs eut éclaté sous le règne de Caligula, le peuple d'Alexandrie chercha tout d'abord à les expulser du reste de la cité pour les refouler dans la partie orientale du Brucheion. On commença par les synagogues, dont les unes furent livrées aux flammes, et les autres démolies de fond en comble ; celles qui échappèrent à la destruction se virent profanées par les statues de Caligula qu'y plaçait une multitude en délire. De là on se porta vers les boutiques des Juifs, dont le pillage dura plusieurs jours sans interruption. Encouragée par l'attitude du gouverneur Flaccus, la populace se partageait les dépouilles des victimes en plein forum. C'était à qui retirerait la plus grande part du butin. Enfin la violence s'étendit jusqu'aux personnes : beaucoup d'Israélites furent brûlés vifs sur la place publique avec toute leur famille ; la hache et le glaive en achevèrent d'autres : tous se trouvaient à la merci d'une foule exaspérée. Dans cette extrémité, les Juifs d'Alexandrie se tournèrent vers l'empereur, pour revendiquer auprès de lui leur droit de cité : ils lui envoyèrent cinq députés, et à leur tête Philon [4]. Mais que pouvait-on

---

1. *Contre Apion*, l. II. c. II.
2. Philon, *De leg. ad Caium*, p. 565.
3. *Ibid.*, p. 600. Josèphe ne compte que trois députés (*Antiq.*, l, XVIII.

attendre d'un fou furieux tel que Caligula? Le maître du monde congédia les ambassadeurs, après avoir insulté à leur infortune, et une sorte de légalité couvrit l'oppression. En rappelant ces faits, Eusèbe n'y voyait pas sans motif le prélude des châtiments qui allaient fondre de toutes parts sur la nation déicide [1].

Tels sont, Messieurs, les événements qui venaient de s'accomplir dans la capitale de l'Égypte, quand l'évangéliste saint Marc y jeta les fondements d'une Église destinée à rérépandre un si vif éclat. Encore toute meurtrie des coups que lui avait portés le fanatisme païen, la colonie juive d'Alexandrie s'était repliée sur elle-même, moins confiante dans ses forces que par le passé. Disons-le de suite, parmi ces membres d'Israël, détachés du corps de la nation, le mouvement scientifique avait égalé depuis trois siècles l'activité commerciale ; or ce travail des intelligences allait offrir de grandes ressources à la prédication évangélique. Soit que le contact des peuples étrangers eût diminué chez eux la force du préjugé national, soit que leur esprit se fût développé davantage par l'étude de la philosophie grecque, les Juifs de l'Égypte étaient moins esclaves de la lettre des Écritures que ceux de la Palestine : en général, ils interprétaient la loi dans un sens plus large et plus élevé ; le rabbinisme pharisaïque, si puissant dans la mère patrie, ne les dominait pas avec la même autorité. La traduction des livres saints en grec, ou la version des septante, suffit à elle seule pour témoigner d'un zèle moins timide et moins exclusif ; car la plupart des critiques modernes s'accordent à rejeter comme une fable la narration d'Aristée, d'après laquelle cette version célèbre serait due à soixante-douze vieillards envoyés de Jérusalem à Alexandrie par le grand-prêtre Éléazar, sur la demande de Ptolémée Philadelphe. S'il est des Pères de l'Église qui ont adopté ce sentiment, leur erreur s'explique

c. IX) ; mais il est évident que Philon devait être mieux renseigné sur des événements auxquels il avait pris part.

1. Eusèbe, H. D., II. 5.

par une confiance imméritée dans l'ouvrage apocryphe d'Aristée. La version des septante ne peut être que l'œuvre des Juifs de l'Égypte. L'éloignement qu'éprouvaient les habitants de la Palestine pour la langue grecque au III⁰ siècle avant Jésus-Christ, les caractères particuliers au dialecte alexandrin qu'on remarque dans l'idiome des septante, de nombreuses fautes qui trahissent chez les traducteurs une connaissance imparfaite de l'hébreu, tout nous reporte vers les Juifs hellénistes comme étant les véritables auteurs de la version dont je parle [1]. Mais ce qui honore encore davantage la colonie juive de l'Égypte, c'est que l'auteur inspiré du livre de la Sagesse a écrit au milieu d'elle, ainsi que l'interprète grec de l'Ecclésiastique. Si l'on ajoute les travaux de l'école juive d'Alexandrie, depuis Aristobule jusqu'à Philon, il est permis de conclure que, dans la dernière phase de sa vie nationale, le peuple hébreu n'avait déployé nulle part ailleurs une plus grande activité d'esprit.

Sans doute, Messieurs, comme nous avons eu occasion de le montrer à propos de Philon, plus d'une tendance fâcheuse s'était produite à la longue parmi les Juifs de l'Égypte [2]. Ils portaient dans l'interprétation de l'Écriture des idées moins étroites que leurs frères de la Palestine, cela est vrai ; mais leur désir de se rapprocher des Grecs les conduisait quelquefois à des concessions funestes. Ce que plusieurs d'entre eux cherchaient sous la lettre de l'Ancien Testament, c'était moins le règne futur du Messie que des théories empruntées à Pythagore ou à Platon. Ici, le christianisme rencontrait de grands obstacles : il s'agissait de donner un autre cours à l'interprétation allégorique des Juifs alexandrins, en la retirant de la voie où elle s'était égarée. Toujours est-il que l'ardeur avec laquelle ils étudiaient les livres saints prédisposait leur esprit à comprendre la prédication de la foi.

---

1. Voyez Scaliger, *animadv. ad Eusebii chronic.* ; — Hody, *contra Hist. Aristœi* ; — Van-Dale, *Dissert super Aristœum* ; — Sturz, *de dialect. Maced. et Alex.*, § IX, p. 50-65.

2. Voyez *les Pères apostoliques et leur époque*, leçon Vᵉ.

Leur méthode, qui consistait à s'élever du sens littéral de l'Écriture au sens spirituel, était éminemment propre à les amener sur le chemin de la vérité. Saint Luc nomme Apollon, juif d'Alexandrie, « un homme puissant dans les Écritures [1] : » le mot est caractéristique pour dépeindre la direction d'idées qui prévalait parmi les compatriotes de Philon. Aussi ne suis-je pas étonné des progrès rapides que fit l'Évangile dans la capitale de l'Égypte ; car il n'est pas douteux que l'Église d'Alexandrie n'ait dû à la colonie juive son premier noyau de fidèles : l'influence de l'école de Philon sur le Didascalée suffirait déjà pour le prouver. « Une multitude d'hommes et de femmes, dit Eusèbe, embrassèrent la foi chrétienne à la suite des prédications de Marc : ils adoptèrent dès le principe un régime si austère et si philosophique, que Philon jugea digne de décrire leurs occupations, leurs assemblées, leurs repas et leur genre de vie tout entier [2]. » Sans vouloir contester les résultats merveilleux de l'activité apostolique de saint Marc, je crois pourtant que l'historien du ive siècle et saint Jérôme, après lui, ont été induits en erreur par la ressemblance des thérapeutes juifs avec les ascètes chrétiens. Permettez-moi d'insister quelque peu sur un détail qui touche de si près aux origines de l'Église d'Alexandrie. Dans son traité *de la Vie contemplative*, Philon fait le plus grand éloge des communautés religieuses d'hommes et de femmes qui vivaient non loin d'Alexandrie, sur les bords du lac Maréotis, et qu'on appelait *thérapeutes* ou les vrais serviteurs de Dieu. Après avoir dit que ces généreux ascètes abandonnent leurs biens à leurs familles pour se retirer dans la solitude, le philosophe retrace ainsi leur manière de vivre :

« Leurs habitations sont très-simples, et n'offrent qu'un abri strictement nécessaire contre la chaleur du soleil et les rigueurs du froid. Elles ne sont pas contiguës comme dans

---

1. *Actes des apôtres*, xviii, 24.
2. Eusèbe, H. E., ii, 16.

les villes, parce qu'un voisinage trop rapproché est incommode pour ceux qui aiment la solitude ; ni très-éloignées l'une de l'autre, pour permettre aux ascètes de se réunir et de se défendre contre les incursions des voleurs. Dans chaque maison il existe un lieu saint, appelé le *Semneion* ou le *Monastère*. C'est dans cet endroit solitaire que les thérapeutes s'appliquent aux exercices de la vie contemplative ; ils n'y introduisent ni nourriture, ni boisson, ni rien de ce qui sert aux usages du corps ; on n'y trouve que la loi, les divins oracles des prophètes, quelques hymnes, et d'autres choses semblables qui nourrissent la science et la piété. De cette manière, ils conservent toujours le souvenir de Dieu, et jusque dans leur sommeil rien ne les suit sinon l'image des vertus et des puissances divines. Ils ont coutume de prier deux fois le jour, matin et soir : au lever du soleil, ils demandent le jour véritable, celui que la lumière céleste fera luire dans leur intelligence ; au soleil couchant, ils prient de nouveau, afin que leur âme, affranchie du joug des sens et des choses sensibles, se renferme dans cette partie d'elle-même qui est comme le lieu de son conseil, pour y surprendre les traces de la vérité. Tout l'intervalle qui sépare le matin du soir, ils le consacrent à la méditation. Les saintes lettres à la main, ils cultivent la philosophie des ancêtres, en scrutant les allégories ; car pour eux la lettre est le symbole des vérités cachées sous le voile de la métaphore. Ils possèdent en outre dans les commentaires des anciens autant de modèles qui leur servent de guide : ces hommes, auxquels la secte est redevable de son origine, ont en effet laissé beaucoup d'exemples de la méthode allégorique. Les thérapeutes ne se livrent pas uniquement à la contemplation, mais ils composent eux-mêmes des cantiques et des hymnes d'un mètre et d'une mélodie variés : le rythme en est toujours grave. Pendant six jours chacun s'applique à la philosophie dans son monastère ; mais le septième, tous se réunissent en assemblée générale, et prennent place suivant leur âge en gardant un extérieur convenable, la main droite entre la poitrine et la barbe, la main gauche baissée sur le côté. Alors le plus âgé, celui qui est versé davantage dans la doctrine, s'avance, et, réglant sa voix ainsi que son geste, il parle avec beaucoup de science et de sagesse [1]....»

Le philosophe juif énumère ensuite les exercices de mortification que s'imposent les thérapeutes, et s'étend longuement sur leurs abstinences. Il les montre jeûnant tous les jours jusqu'au coucher du soleil, et ne prenant que du pain et de l'eau pour soutenir leur corps. Il décrit en particulier le banquet annuel de la Pentecôte, dont la nuit même se passe en colloques spirituels et en chants sacrés. On ne saurait le nier, Messieurs, ce tableau de la vie cénobitique dans la Maréotide contient plus d'un trait qui rappelle les monastères de l'Égypte, tels que nous les trouvons établis au IVe siècle ; et je comprends qu'Eusèbe, trompé par les apparences, ait pu prendre les thérapeutes de Philon pour des néophytes convertis par saint Marc. Mais il suffit d'examiner avec attention le traité *de la Vie contemplative,* pour voir qu'il y est question d'ascètes juifs et non de moines chrétiens. D'abord, il ne faut nullement s'étonner que la loi divine du Sinaï ait pu produire parmi les Juifs de pareils résultats : une ébauche de l'état monastique chez le peuple de Dieu n'a rien de plus surprenant que tant d'autres institutions dont nous trouvons le germe dans l'Ancien Testament. Le régime des nazaréens et les austérités des prophètes d'Israël offrent beaucoup d'analogie avec le genre de vie des Antoine et des Pacôme. Jérémie rapporte que toute la famille des Réchabites avait renoncé à ses possessions pour vivre sous des tentes dans les pratiques de la pénitence, à peu près comme les cénobites dont parle Philon [2]. On conçoit donc sans peine que le mysticisme religieux, chez les Juifs, ait pu prendre corps dans des communautés telles que les esséniens de la Palestine et les thérapeutes de l'Égypte : le malheur des temps et la réaction

---

1. Philon, *De vita contemplativa,* édit. Mangey, p. 475, 476.
2. Jérémie, xxxv.

contre le désordre des mœurs avaient dû détacher beaucoup d'âmes de la société extérieure et développer en elles le goût pour la vie contemplative. Mais ce qui m'empêche d'adopter le sentiment d'Eusèbe et de saint Jérôme, c'est toute une série de détails que renferme la description de Philon. L'écrivain juif dit en propres termes que les thérapeutes suivaient les institutions du prophète Moïse. Il mentionne les commentaires des ancêtres, qu'on lisait dans les monastères de la Maréotide : sous ce nom on ne peut entendre que des œuvres d'auteurs juifs ; car, du temps de Philon, les écrits des apôtres ou n'avaient point paru, ou étaient de date récente. Les thérapeutes, dit-il, usaient d'un pain assaisonné de sel, en souvenir des pains de proposition qu'on offrait dans le temple de Jérusalem : ce qui exclut toute trace de christianisme. Enfin, dans leurs assemblées, des chœurs d'hommes et de femmes exécutaient des danses religieuses, coutume toute juive que repoussait l'esprit sévère des premiers chrétiens [1]. Il me paraît donc certain que les cénobites dont le philosophe alexandrin a dépeint le genre de vie appartenaient à la religion juive. Ajoutons une dernière réflexion. Tout porte à croire que le traité *de la Vie contemplative* et la plupart des ouvrages de Philon ont été composés avant l'arrivée de saint Marc dans la capitale de l'Égypte : car, plusieurs années auparavant, les Juifs d'Alexandrie avaient envoyé leur célèbre compatriote en députation vers Caligula ; or, à cette époque là déjà, Philon était fort avancé en âge, comme il nous l'apprend lui-même [2]. Ce sont précisément ses écrits qui l'avaient rendu célèbre, et désigné au choix de ses coreligionnaires ; et s'il en est un qui porte des traces de jeunesse, comme l'a fort bien observé l'éditeur de ses œuvres, c'est le traité *de la Vie contemplative* [3]. Il faudrait donc supposer, d'une part, que Philon eût écrit cet opuscule à l'âge de quatre-vingt-dix ans,

---

1. Philon, *De vita cont.*, p. 475, 481, 484, 485.
2. *De leg. ad Caium*, p. 545, 572.

et de l'autre, que des monastères chrétiens se fussent établis en Égypte immédiatement après la première prédication de l'Évangile : double invraisemblance sur laquelle il est superflu d'insister.

Mais, Messieurs, s'il m'est impossible de voir des chrétiens dans les thérapeutes de Philon, je me hâte d'ajouter que l'Évangile devait trouver un accès facile auprès d'une classe d'hommes animés de pareilles dispositions. C'est là probablement ce qui aura induit en erreur Eusèbe et saint Jérôme : sachant par les témoignages de l'antiquité que la foi chrétienne avait fait de grands progrès parmi les ascètes juifs de l'Égypte, ils en auront conclu que le tableau de Philon s'appliquait aux néophytes convertis par saint Marc. Cette propagation rapide du christianisme au sein de la colonie juive d'Alexandrie me paraît un fait incontestable. Dans le vrai gnostique, dont Clément tracera le portrait, nous retrouverons le thérapeute de Philon, mais avec la supériorité de l'Évangile sur la loi mosaïque. Quant à l'interprétation allégorique des Écritures, qui avait cours parmi les solitaires de la Maréotide, elle reparaîtra dans la méthode des Alexandrins, avec un autre esprit et sous des formes différentes. Mais ce sont là des rapports que l'étude des écrits de Clément et d'Origène nous permettra seule d'établir en pleine connaissance de cause.

Je vous ai retenus un peu longtemps sur les origines de l'Église d'Alexandrie, parce qu'elles se rattachent à la naissance de l'école catéchétique dont cette ville a été le berceau. Ici, Messieurs, une première question se présente à nous : le fondateur de l'Église d'Alexandrie est-il en même temps celui de l'école établie dans la capitale de l'Égypte ? Eusèbe et saint Jérôme semblent l'insinuer. « D'après une ancienne coutume, dit l'évêque de Césarée, il y avait chez les Alexandrins une école des saintes lettres (un didascalée), qui s'est prolongée jusqu'à nous, et qui est composée d'hommes remarquables par leur éloquence comme par leur application aux choses divines¹. » Saint Jérôme est plus explicite : il parle à son tour de « cette antique coutume en vigueur à Alexandrie, où, depuis Marc l'évangéliste, il y a toujours eu des docteurs ecclésiastiques². » Mais, pour ne pas trop étendre le sens de ces paroles, je crois qu'il importe de faire une distinction. S'il s'agit d'une école où l'on enseignait aux catéchumènes les premiers éléments de la foi, nous n'avons aucune raison pour ne pas attribuer à saint Marc l'idée d'une institution de ce genre. Partout où le christianisme s'était établi, l'évêque et les prêtres réunissaient ceux qui devaient recevoir le baptême pour les instruire dans la religion. Mais si l'on entend par le Didascalée cette école où l'on viendra se livrer à une étude approfondie des saintes lettres, sous la direction de maîtres qui appliqueront l'esprit philosophique aux vérités révélées, ce serait se tromper d'époque que d'en placer la création au milieu du Ier siècle Les apôtres fondaient des églises, mais n'ouvraient pas d'écoles de théologie : il fallait implanter la foi dans les âmes avant de donner libre cours aux spéculations de la science. Il est vrai que le mouvement d'idées d'où sortira l'école d'Alexandrie ne pouvait guère tarder à se produire : la conversion de philosophes tels que Justin et Athénagore, leur entrée dans l'Église, les besoins de l'apologétique, le combat contre les hérésies, voilà autant de causes qui devaient imprimer une direction plus scientifique aux écoles de catéchumènes ; mais leur assigner un tel caractère du temps des apôtres, serait aussi peu raisonnable que de faire remonter à cet âge les *Stromates* de Clément ou le *Periarchon* d'Origène.

Je ne sais, Messieurs, si j'exprime bien ma pensée. J'admets sans peine que l'origine du Didascalée se confond avec celle de l'Église d'Alexandrie, ou, en d'autres termes, que l'évangéliste saint Marc a été le fondateur de l'un et de l'autre ; mais, pour ne pas intervertir l'ordre des dates, il faut recon-

---

1. Eusèbe, H E., l. V. c. x.
2. *Catalog. script. eccles*, c. XXXVI.

naître que cette célèbre institution a traversé deux phases
bien distinctes. Dans la première, c'était une école élémentaire,
un *Païdeuterion*, comme l'appelle Photius [1], où l'on initiait
les catéchumènes à la connaissance de la religion ; dans la
seconde, nous la voyons se transformer peu à peu et devenir, à l'instar des anciennes écoles philosophiques de la Grèce,
un centre d'enseignement supérieur, où des maîtres habiles
interprètent l'Écriture, exposent et éclaircissent les dogmes
suivant une méthode particulière, en s'aidant de la philosophie et des sciences humaines. Bref, l'école théologique
d'Alexandrie est venue se greffer sur l'école des catéchumènes, dont elle a conservé le nom et renouvelé la vie. De
cette manière l'on s'explique très-bien que la liste des chefs
du Didascalée ne s'ouvre qu'avec la fin du IIe siècle, quoique,
sous sa forme primitive, cette institution eût pris racine plus
de cent ans auparavant.

C'est ainsi, Messieurs, que les grandes choses dans le christianisme ont le plus souvent une faible origine. Quel contraste
entre l'humble Didascalée et le fastueux établissement dont
les Ptolémées avaient jadis doté leur capitale ! Il était là, au
milieu du Brucheion, ce célèbre Musée d'Alexandrie, dont
Strabon a décrit les magnificences [2] : il était là, dans le quartier des palais, avec sa bibliothèque, ses galeries, ses portiques, ses grandes salles où des assemblées de savants con-
féraient à loisir sur la littérature et les arts. Des revenus
considérables, affectés à l'entretien du Musée, permettaient à
ses membres d'acquérir de la renommée sans péril ; et l'on
peut croire qu'ils ne se contentaient pas de quatre oboles par
jour, comme Origène. Quoiqu'il en soit, Alexandrie était fière
d'une institution qui paraissait sans rivale : elle montrait avec
orgueil aux étrangers ces palais élevés à la science, et auxquels Claude venait d'en ajouter un nouveau dans le but
unique d'y faire lire ses œuvres, jugeant sans doute qu'il
fallait toute une académie pour en découvrir les beautés.

1. Photius, *biblioth.*, Codex 119, p. 300.
2. Strabon, l. XVII.

Pendant ce temps-là, presque à la porte du Musée, dans ce même quartier du Bruchéion au fond duquel le peuple d'Alexandrie venait de refouler les Juifs, un petit nombre d'enfants groupés autour d'un maître écoutaient en silence la doctrine qui devait changer la face du monde. Si l'on avait dit à quelque scoliaste d'Homère ou à quelque lecteur officiel des œuvres de Claude que cette chétive école allait devenir le foyer principal de la science en Orient, il se serait borné à répondre par un sourire de pitié. Et pourtant là était l'avenir. Malgré sa légion de grammairiens et d'érudits, le Musée d'Alexandrie n'avait rien fait pour le triomphe de la vérité sur la terre, tandis que le Didascalée de saint Marc prendra place à la tête de ces grandes écoles chrétiennes d'où les lumières de la vraie doctrine rayonneront sur les intelligences. Dieu avait frappé de stérilité les institutions du vieux monde, et c'est dans les rangs les plus obscurs du peuple, sous les apparences les moins brillantes, que se préparaient les éléments d'une vie nouvelle pour la société humaine.

J'ai dit que l'école des catéchumènes d'Alexandrie ne pouvait manquer de se transformer de bonne heure, pour revêtir un caractère plus scientifique. Il devait en être ainsi dans une ville où le christianisme se trouvait en présence des derniers débris de la littérature grecque. A la vérité, le fil de l'histoire nous échappe, quand nous voulons suivre les progrès du Didascalée depuis l'époque de saint Marc jusqu'à celle de Pantène et de Clément. Nous possédons bien la liste des dix premiers successeurs de l'évangéliste sur le siège d'Alexandrie : les voici dans l'ordre où ils se suivent : Anien, Abilius, Cerdon, Primus, Justus, Eumène, Marcien, Claudien, Agrippin et Julien ; mais, en l'absence de tout autre renseignement, il nous est impossible d'apprécier la direction qu'ils donnèrent à « l'école ecclésiastique », comme l'appellent saint Jérôme et Rufin [1]. Ce qu'il y a de certain, c'est qu'il n'existait pas dans l'empire une seule ville où les chrétiens fussent moins inquiétés qu'à Alexandrie. Le mélange de toutes les

---

[1]. S. Jérôme, *Catal. script. eccl.*, c. XXXVIII ; — Rufin. H. E., II. 7.

religions et de toutes les sectes dans ce rendez-vous du monde entier y avait introduit des habitudes de tolérance qu'on ne rencontrait pas ailleurs. Rien de plus curieux à cet égard qu'une lettre de l'empereur Adrien au consul Servien. Sous une forme ironique elle montre très-bien comment, à Alexandrie, philosophes grecs, prêtres égyptiens, mages de l'Orient, docteurs juifs ou chrétiens, tous vivaient côte à côte, sans qu'il en résultât trop de troubles. Évidemment, le César romain est fort peu au courant des doctrines qu'il rapproche : les idées les plus contraires se heurtent dans son esprit ; mais sa lettre n'en est pas moins un document remarquable. « Ceux qui vénèrent Sérapis, écrit Adrien, sont chrétiens, et ceux qui s'appellent évêques du Christ sont pleins de dévotion pour Sérapis. Là, on ne trouverait pas un chef de synagogue juive, un samaritain, un prêtre chrétien qui ne fût en même temps mathématicien, aruspice ou devin. Tel patriarche des juifs, quand il vient en Égypte, se voit obligé par les uns de vénérer Sérapis, et par les autres d'adorer le Christ. Tout ce monde-là n'a qu'un Dieu qui ne l'est pas. Chrétiens, Juifs, toutes les nations se rencontrent dans l'adoration de ce seul et même Dieu [1]. »

Il est clair, je le répète, que les notions confuses d'Adrien sur le christianisme l'ont fait tomber ici dans d'étranges méprises ; mais on voit cependant par ce singulier écrit que la tolérance des cultes se pratiquait alors dans la capitale de l'Égypte comme nulle part ailleurs, et que les chrétiens de cette ville s'appliquaient avec soin à l'étude des sciences profanes. Or cette activité intellectuelle, dont Alexandrie était devenue le théâtre, ne pouvait que favoriser le développement du Didascalée. C'est précisément à l'époque d'Adrien, pendant la première moitié du IIe siècle, qu'on observe le réveil de l'esprit philosophique sur divers points de l'empire romain. Las de s'épuiser dans des travaux stériles de philologie et d'érudition, le génie grec s'était ranimé au contact des religions orientales. Toutes les anciennes écoles préten-

---

[1]. Flavius Vopiscus, *Vita Saturnini*, c. VIII.

daient revivre sous des formes rajeunies et appropriées à une situation nouvelle. On ne voyait partout que néo-stoïciens, néo-péripatéticiens, néo-pythagoriciens, néo-platoniciens. Nous avons montré, dans une autre occasion, comment Plutarque, Maxime de Tyr et Apulée préparaient cette restauration philosophique qui allait aboutir à l'école de Plotin [1]. On ne cherchait plus la vérité dans un seul système, mais l'on s'efforçait de fondre ensemble des éléments empruntés à plusieurs ; et les religions polythéistes elles-mêmes entraient pour leur part dans cet amalgame d'idées. Le rapprochement des peuples entre eux et leur rencontre au sein d'un même empire avaient donné naissance à ce syncrétisme, qu'on peut envisager comme une contrefaçon de la véritable unité religieuse qui devait se réaliser par l'Évangile. Bref, pour trouver dans l'histoire de la philosophie ancienne un mouvement comparable à celui du IIe et du IIIe siècle, il faut remonter aux temps de Socrate et de Platon. Or, vous le concevez sans peine, il était impossible que l'enseignement des écoles chrétiennes ne se ressentît pas du travail qui s'opérait dans les esprits : la nécessité de faire face à cette nouvelle évolution de la science païenne indiquait le chemin qu'il fallait suivre pour en triompher. L'Église voyait chaque jour des philosophes convertis grossir les rangs de ses fidèles : ils y apportaient leurs habitudes, leur méthode, leur langage. Nul plus qu'eux n'était apte à combattre des préjugés dont ils avaient éprouvé la force, ni à présenter la doctrine révélée sous une forme qui pût captiver l'esprit des païens. Lors donc que le Didascalée d'Alexandrie vit à sa tête des hommes de cette trempe, les causes que je viens d'indiquer durent accélérer sa marche dans les voies de la science. C'est à partir de cette époque qu'il a marqué sa place dans l'histoire de l'éloquence chrétienne ; et les premiers noms qu'il va nous présenter sont de ceux qui suffisent pour immortaliser une institution.

1. *Les apologistes chrétiens au* IIe *siècle*, Tatien, Athénagore, etc., leçon XIIe.

TROISIÈME LEÇON

Premiers maîtres de l'école d'Alexandrie. — Liens qui rattachent Athénagore à cette institution.— Saint Pantène. — Sa vie et son enseignement. — Organisation du Didascalée à l'époque où Clément succède à Pantène, son maître, dans la direction de l'école. — Classification des écrits de Clément d'Alexandrie. — Œuvres perdues. — Trilogie dans laquelle se résume l'activité théologique et littéraire de Clément.— Marche à suivre pour l'étude de ses ouvrages. — Raisons que donne Benoît XIV pour justifier l'omission du nom de Clément dans le martyrologe romain.

Messieurs,

Nous avons suivi le Didascalée d'Alexandrie depuis son origine jusqu'à l'époque où il s'est transformé en école théologique. Pour trouver les motifs de ce changement, il suffisait d'étudier l'état des esprits vers le milieu du II° siècle. La renaissance des études philosophiques dans la capitale de l'Égypte ; les goûts littéraires et les habitudes intellectuelles qu'apportaient dans l'Église beaucoup de néophytes fraîchement sortis des anciennes écoles de la Grèce et de Rome ; la lutte provoquée par les attaques du paganisme, d'un côté, par les fausses spéculations des gnostiques, de l'autre ; la nécessité d'armer les chrétiens pour ce double combat en leur donnant une connaissance plus approfondie de la religion, voilà autant de causes qui expliquent pourquoi l'école primitive des catéchumènes était devenue le centre d'un enseignement scientifique. C'est dans cette deuxième phase de son histoire que le Didascalée a pris une importance qui nous permet de le ranger parmi les créations les plus fécondes des premiers siècles de l'Église.

Lorsqu'une œuvre est moins le fait d'un homme que l'expression des idées ou des besoins d'une époque, il est souvent difficile d'y attacher le nom d'un fondateur. L'initiative d'un seul disparaît plus ou moins dans le concours de tous ; et l'on a de la peine à découvrir au juste qui a posé le premier fondement d'un édifice auquel plusieurs ont mis la main. Je ne veux pas dire que les ouvrages de l'esprit humain naissent d'eux-mêmes : il faut toujours que l'impulsion parte d'un point déterminé ; mais il n'est pas rare que ce travail individuel s'efface devant les résultats d'une commune activité. Que d'institutions dont l'origine se cache sous le voile de l'anonyme ! On les admire dans l'épanouissement de leur pleine maturité, et l'oubli se fait peu à peu autour de leur berceau. Nous ne devons donc pas être surpris de trouver quelques divergences dans les témoignages de l'antiquité chrétienne sur les premiers chefs du Didascalée. Si nous suivions les indications d'un écrivain de la fin du ive siècle, Philippe Sidétès, nous rencontrerions en tête de la liste des docteurs alexandrins un nom que nous connaissons déjà, celui d'Athénagore. Voici les paroles du disciple de Rhodon, le dernier des catéchistes successeurs d'Origène : « Athénagore est le premier qui ait dirigé l'école d'Alexandrie [1]. » Mais, comme nous l'avons dit en traitant des œuvres du philosophe athénien, la narration de Philippe n'a aucun caractère de vraisemblance [2]. Cet auteur est si mal informé sur les origines de l'école d'Alexandrie, qu'il transforme Pantène en disciple de Clément, ce qui est tout juste le contrepied de la vérité. Il ne paraît pas mieux renseigné sur la vie d'Athénagore, puisqu'il confond les noms des empereurs auxquels l'apologiste avait adressé sa requête. Du reste, Socrate et Photius s'accordent à dire que l'autorité de Philippe Sidétès en matière historique est fort suspecte. S'il fallait

---

1. Fragment trouvé par Dodwell, et tiré de l'*Histoire chrétienne* de Philippe Sidétès en 24 livres.

2 Voyez *les apologistes chrétiens au iie siècle*, Tatien, Athénagore, etc. Leçon VI.

néanmoins chercher dans son récit du vrai mêlé à du faux, on pourrait le trouver sans trop de peine. Le chroniqueur ajoute, en effet, qu'Athénagore a été le « chef d'une école de philosophie académique ou platonicienne. » Si ce détail est exact, et nous n'avons aucun motif de le contester, Philippe aura confondu cette école avec le Didascalée, attribuant à Athénagore deux charges au lieu d'une. En tout cas, l'on s'expliquerait difficilement qu'Eusèbe et saint Jérôme n'eussent mentionné ni les œuvres ni même le nom du philosophe athénien, s'il avait le premier dirigé une institution sur laquelle ces deux érudits nous ont transmis tant de détails. A moins de pouvoir alléguer un autre témoignage que celui d'un historien si peu sûr, il faut renoncer à vouloir rattacher le nom d'Athénagore aux origines de l'école d'Alexandrie.

Est-ce à dire, Messieurs, qu'il n'existe pas quelques traits de ressemblance entre les Alexandrins et l'apologiste dont je viens de parler? Non certes. Déjà nous avons signalé dans saint Justin un devancier des Clément et des Origène ; à son nom il convient de joindre celui d'Athénagore. On ne saurait contester, en effet, que l'esprit philosophique des deux apologistes, leur méthode de démonstration et leur manière d'envisager certaines questions particulières ne se retrouvent dans l'enseignement du Didascalée. Ces antécédents historiques ne sont pas les seuls que l'analyse des doctrines nous fera découvrir. C'est ainsi que, pour l'interprétation allégorique des livres sacrés, l'Épître de saint Barnabé et les écrits de Philon nous apparaîtront comme deux sources où les Alexandrins ont puisé à pleines mains. Rien n'est plus intéressant à observer que ces influences ou ces analogies qui rattachent entre elles les productions de la science. Mais quoique Athénagore se rapproche beaucoup des chefs du Didascalée par le ton et la couleur générale de ses écrits, cette affinité, fût-elle plus grande encore, ne nous autoriserait pas à le ranger parmi eux. Il faut nous tourner d'un autre côté pour trouver le maître auquel l'école d'Alexandrie a dû sa célébrité naissante: ce maître, c'est saint Pantène.

Commençons par donner quelques détails sur sa vie ; nous chercherons ensuite à caractériser son enseignement.

La première année du règne de Commode, dit Eusèbe, Julien avait succédé à Agrippin sur le siége épiscopal d'Alexandrie. Or, dans ce temps-là, continue l'évêque de Césarée, l'école catéchétique de cette ville était dirigée par Pantène, homme d'une grande érudition. Un passage de Clément semble indiquer que Pantène était originaire de la Sicile ; car, en parlant du dernier de ses maîtres, de celui qu'il avait trouvé en Égypte, l'auteur des *Stromates* l'appelle dans son langage poétique « l'abeille de la Sicile [1] » ; or, tout porte à croire, selon la remarque d'Eusèbe, que Clément veut désigner par là Pantène, dont il se dit le disciple dans ses *Hypotyposes* [2]. Ici encore, nous devons abandonner l'opinion de Philippe Sidétès qui fait venir d'Athènes le futur chef du Didascalée. Je ne pense pas, Messieurs, que vous soyez surpris de voir un Sicilien enseigner à Alexandrie ; nous l'avons dit plus d'une fois, la capitale de l'Égypte était alors le centre du mouvement scientifique ; on s'y rendait de toutes les parties du monde. Encore moins faut-il s'étonner que Pantène ait appartenu à la secte des stoïciens avant sa conversion au christianisme. Depuis quelque temps déjà, l'Église recrutait ses plus vaillants défenseurs parmi les adeptes de la philosophie ancienne ; et la morale du Portique en particulier pouvait être envisagée à certains égards comme une préparation à l'Évangile. Pantène était du nombre de ces hommes qui, une fois affranchis de l'erreur, portent dans la défense et dans la propagation de la vérité la même ardeur qu'ils avaient mise à la chercher. Le néophyte devint apôtre, et son zèle, soutenu par une conviction profonde, l'entraîna jusqu'aux confins de l'Inde, dans ces contrées de l'extrême Orient où saint Barthélemy avait répandu naguère la semence de la foi. Nous ne connaissons qu'un détail touchant cette prédication lointaine ; mais il a son importance.

1. *Stromates*, l. I, c. I.
2. Eusèbe, H. E., v, 10 et 11.

D'après une tradition recueillie par Eusèbe et par saint Jérôme, Pantène trouva dans l'Inde, c'est-à-dire dans l'Arabie orientale selon toute apparence, un Évangile de saint Matthieu écrit en hébreu, que saint Barthélemy, l'un des douze apôtres, y avait porté, et qui était resté entre les mains des chrétiens de ce pays [1]. Si cette narration était infidèle, on ne concevrait pas ce qui aurait pu donner lieu à un pareil conte ; il me paraîtrait donc peu raisonnable de la révoquer en doute. Or, la première conséquence à tirer de ce fait, c'est que l'authenticité de l'Évangile selon saint Matthieu y trouve une confirmation non équivoque. Il en résulte de plus que si cet Évangile n'a pas été composé primitivement en hébreu, on n'avait point dû tarder à le traduire dans cette langue. Ce sont là des données précieuses pour l'histoire de l'exégèse biblique. Au retour de sa mission dans l'Arabie orientale, nous trouvons Pantène à la tête du Didascalée d'Alexandrie ; car c'est par ce nouveau genre de travaux, dit Eusèbe, qu'il termina sa carrière, « exposant les trésors des dogmes divins tant de vive voix que par écrit [2]. »

Il est à regretter qu'aucun ouvrage de Pantène ne soit parvenu jusqu'à nous ; car la perte de ces productions ne nous permet plus guère d'apprécier son enseignement. Toutefois, il nous reste quelques vestiges à l'aide desquels

---

1. Ibid. — S Jérôme, *Catal. script eccl.*, c. xxxvi. Cet écrivain ajoute que Pantène rapporta en Égypte l'exemplaire hébreu de l'Évangile selon saint Matthieu. Rufin mentionne également ce détail dans sa traduction de l'Histoire ecclésiastique d'Eusèbe.

2. H E., v, 10 ; τελευτῶν ἡγεῖται. Saint Jérôme raconte que l'évêque Démétrius envoya Pantène dans les Indes, sur la demande des habitants de ce pays (Ép LXXXIII, *ad Magnum*). Ce récit contient une erreur de chronologie manifeste. Démétrius ne succéda qu'en 190 à Julien sur le siège d'Alexandrie ; or, à cette époque-là, Pantène enseignait au Didascalée depuis près de dix ans ; et le témoignage d'Eusèbe ne permet pas de douter que le célèbre catéchiste n'ait passé ses dernières années dans l'accomplissement de cette charge. Dodwell a cru pouvoir tout concilier en supposant que Pantène dirigea l'école d'Alexandrie avant et après sa mission dans les Indes ; mais cette conjecture n'a pour elle ni la vraisemblance du fait ni l'autorité de l'histoire.

il devient possible de retrouver la voie que suivait le premier chef du Didascalée. Après avoir vanté l'érudition biblique de Pantène, saint Jérôme ajoute que le maître de Clément avait composé un grand nombre de commentaires sur les divines Écritures [1]. Nul doute, en effet, que l'explication des livres saints n'ait formé la base de l'enseignement théologique dans l'école d'Alexandrie. Voilà pourquoi les anciens appelaient cette institution « le Didascalée des saintes lettres. » On y discutait tout d'abord l'origine des écrits de l'Ancien et du Nouveau Testament. Ainsi, par exemple, l'Épître aux Hébreux y avait fourni matière à des recherches sérieuses. Nous voyons par un passage de Clément que Pantène s'était demandé pourquoi cette lettre ne portait pas en tête comme les autres le nom de saint Paul ; et « le saint prêtre » en donnait cette raison : « Apôtre du Dieu tout-puissant, le Seigneur avait été envoyé aux Hébreux ; de là vient que Paul ne voulut point par modestie s'intituler leur apôtre, comme ayant sa mission à remplir auprès des Gentils. En cela il agit par respect pour le Seigneur, montrant de plus qu'il n'écrivait aux Hébreux que par surcroît, lui le héraut et l'apôtre des nations [2]. » Cette remarque, pleine de délicatesse, a été reproduite par saint Jérôme dans son commentaire sur l'Épître aux Hébreux. Quant au mode d'interprétation suivi à l'égard des livres saints, il n'est pas étonnant que Pantène ait donné une grande place à l'allégorie, comme toute l'école d'Alexandrie. Anastase le sinaïte le range parmi les exégètes qui ont appliqué au Christ et à l'Église les premiers chapitres de la Genèse, en particulier la description du paradis terrestre [3]. Toutefois, l'allégorie ne lui faisait pas perdre de vue le sens littéral : on peut en juger par une excellente règle qu'il traçait au sujet des livres prophétiques :

---

1. S. Jérôme, *Cat. script. eccl.*, XXXVI.

2. Clément cité par Eusèbe, H. E., VI, 14. Tous les érudits s'accordent à voir Pantène dans le « saint prêtre » dont parle Clément, son disciple.

3. Anast. sin., l. I, *Contemplat. in Hexœmeron* ; — ibid., l. VII.

« Les paroles des prophètes, disait-il, doivent s'entendre le plus souvent d'un temps indéterminé : le présent y est pris tour à tour pour le passé et pour le futur [1]. » Ces courts fragments nous autorisent à croire que Pantène portait dans l'exégèse biblique un esprit large et pénétrant.

Mais, Messieurs, s'il est vrai de dire que les catéchèses du Didascalée avaient pour principal objet l'explication littérale et allégorique des livres saints, les sciences profanes n'y entraient pas moins pour leur juste part. C'est précisément l'alliance des lettres humaines avec la théologie, qui donne à l'école d'Alexandrie son véritable caractère. Saint Jérôme nous apprend que Pantène n'était pas moins versé dans la littérature du siècle que dans la connaissance des choses divines. Et quand Origène voudra se justifier de son ardeur à s'instruire dans la discipline des Grecs, il invoquera l'exemple de Pantène qui, par des études de ce genre avait pu se rendre utile à tant d'âmes [2]. Il est évident que la philosophie devait occuper le premier rang parmi ces sciences auxiliaires de la théologie : le stoïcien converti à l'Évangile ne pouvait manquer de mettre au service de la foi les lumières acquises dans les écoles de la sagesse humaine. Un exemple suffira pour montrer avec quelle sagacité Pantène scrutait les problèmes les plus difficiles de l'ontologie. En voulant déterminer de quelle manière Dieu connaît les créatures, il écartait avec soin de l'intelligence infinie toute représentation empruntée à l'ordre humain. Dieu, disait-il, qui est infiniment élevé au-dessus de toute choses, Dieu ne tire pas des êtres créés la connaissance qu'il en a ; mais il les voit dans l'acte même par lequel il les appelle à l'existence [3]. Cette échappée de vue sur le monde divin dénote un esprit spéculatif. Assurément, voilà des données fort incomplètes ; et, comme nous le disions tout à l'heure, il serait difficile d'en faire la base d'un

---

1. *Eclogæ ex script. proph.*, édit. Migne, tome IX, p. 724.
2. Lettre d'Origène citée par Eusèbe, H. E., VI, 19.
3. Routh, *Reliquiæ sacræ*, I, 340.

jugement bien motivé. Mais il nous reste un moyen de suppléer à cette insuffisance de documents ; car les hommes qui ont exercé autour d'eux une véritable influence se survivent ailleurs encore que dans leurs écrits. Pantène a eu la gloire de former un disciple plus grand que lui ; et c'est dans les œuvres de ce disciple que nous pourrons retrouver jusqu'à un certain point l'esprit et la physionomie du maître.

Dans le temps où Pantène dirigeait le Didascalée, il vit arriver à lui un homme que l'amour de la vérité et la soif de la science avaient porté à parcourir le monde entier, afin de s'approprier toutes les connaissances que son époque pourrait lui fournir. C'est à Alexandrie que venait s'arrêter cet infatigable chercheur, qui méritera d'être appelé par saint Jérôme « le plus érudit des écrivains ecclésiastiques[1]. »

Mais laissons-lui le soin de nous apprendre quels furent ses maîtres. Voici ce qu'il écrira dans la préface du plus important de ses ouvrages :

« Ce livre, dira-t-il, n'a pas été composé dans le but d'étaler une vaine science ; c'est un trésor de souvenirs que j'amasse pour ma vieillesse, un remède contre l'oubli ; c'est la simple reproduction et le reflet des discours sortis de la bouche des saints personnages que j'ai été jugé digne d'entendre. L'un, l'Ionien, florissait dans la Grèce, et l'autre dans la Grande-Grèce ; le premier, originaire de la Cœlé-Syrie, le second, de l'Égypte. Deux autres vécurent en Orient : celui-ci était natif de l'Assyrie ; celui-là, Hébreu de naissance, descendait d'une ancienne famille de la Palestine. Enfin je tombai sur un dernier, en réalité le dernier de tous par son mérite ; alors je vins me reposer en Égypte comme le chasseur qui a découvert sa proie. Véritable abeille de Sicile, il recueillait le suc des fleurs qui émaillent le champ des prophètes et des apôtres ; il insérait dans l'âme de ses auditeurs le trésor de la science pur de tout alliage. Comme des fils qui recueillent l'héritage paternel (et il en est peu qui ressemblent à leurs

---

1. Vir meo judicio omnium eruditissimus (Ep. LXX. *Ad Magnum*).

pères), ces hommes conservaient avec soin la vraie tradition de l'enseignement sacré, telle qu'ils l'avaient reçue directement des saints apôtres Pierre et Jacques, Jean et Paul. Par un effet de la bonté divine, ils vécurent jusqu'à nos jours, pour pouvoir nous transmettre la doctrine des apôtres comme notre vrai patrimoine [1]. »

L'homme qui écrivait ces lignes, Titus Flavius Clément, était né selon les uns à Athènes, selon les autres à Alexandrie : saint Épiphane, le seul auteur qui mentionne son lieu de naissance, laisse la question indécise [2]. S'il était permis d'émettre une opinion en l'absence de tout autre témoignage historique, je me prononcerais plutôt pour Athènes ; car l'on ne s'expliquerait pas que le nom de cette ville eut pu être joint à celui de Clément, si Alexandrie avait été réellement la patrie du célèbre écrivain. En plaçant le premier de ses maîtres dans la Grèce, lui-même semble insinuer que ce pays fut le point de départ de son activité. Quant au surnom d'Alexandrin que la postérité lui a donné, il ne désigne pas nécessairement son lieu d'origine, et peut tout aussi bien indiquer la ville qui devint le théâtre de ses travaux et de son enseignement. D'ailleurs, la nécessité de le distinguer du pape saint Clément n'a pas dû peu contribuer à répandre cette qualification. Une chose reste certaine, c'est que le futur chef du Didascalée ne reçut pas le jour de parents chrétiens, Eusèbe ne nous permet aucun doute sur ce point. « Notre admirable Clément d'Alexandrie, dit l'auteur de la *Préparation évangélique*, nous a fait de ces superstitions un tableau frappant dans son Exhortation aux Grecs ; il les connaissait à fond, ces superstitions dont il avait été l'esclave ; mais il ne tarda pas à en secouer le joug, aussitôt qu'il fut appelé à la liberté de Notre Sauveur par les enseignements de la doctrine évangélique [3]. » A quelle époque faut-il placer cette conver-

---

1. *Stromates*, l. I. c L.
2. *Hæres.*, XXXII, 6.
3. *Prép. évang.*, l II, c II.

sion ? Clément avait-il appartenu, comme Pantène, à l'une des écoles qui dominaient le monde païen? ou bien, malgré sa préférence platonicienne, obéissait-il dès lors à cette tendance éclectique de son esprit, qui lui faisait chercher dans les différents systèmes ce que chacun renfermait de vrai ? Là-dessus nous en sommes réduits à des conjectures plus ou moins probables. Nous avons vu avec quelle ardeur Clément s'était livré à l'étude des sciences divines et humaines, parcourant successivement la Grèce, l'Italie, l'Orient, la Palestine et l'Égypte, pour recueillir la vérité de la bouche des maîtres les plus renommés. Arrivé à Alexandrie, il suivit les leçons de Pantène, au Didascalée, comme il nous l'apprend lui-même dans ses *Hypotyposes* [1]. C'est pendant ce temps-là que son mérite le fit admettre parmi les prêtres de l'Église d'Alexandrie [2]. Quand l'âge et les fatigues d'une longue carrière ne permirent plus à Pantène de porter à lui seul le poids de l'enseignement, le plus savant de ses disciples fut appelé à le seconder dans la direction de l'école catéchétique, pour lui succéder un peu plus tard.

Lorsqu'on veut préciser l'époque à laquelle Clément commença d'enseigner, on éprouve quelque difficulté à concilier entre eux les récits d'Eusèbe et de saint Jérôme. Selon l'auteur du *Catalogue des écrivains ecclésiastiques*, Pantène aurait enseigné jusque sous Caracalla, qui ne monta sur le trône impérial qu'en l'année 211 après Jésus-Christ [3]. D'autre part, l'évêque de Césarée affirme que, sous le règne de Septime Sévère, prédécesseur de Caracalla, Clément avait déjà succédé à Pantène dans la direction du Didascalée [4]. Un passage du premier livre des *Stromates* me semble donner raison à Eusèbe. En établissant la chronologie des empereurs romains, Clément s'arrêta à la mort de Commode, ou à l'année 192, ce qui prouve, conclut Eusèbe, qu'il écrivait sous le règne

---

1. Eusèbe, H E., v, 11.
2. Alexandrinæ Ecclesiæ presbyter (S. Jérôme, Ép. LXX, ad *Magnum*).
3. *Catal. script eccl.*, c XXXVIII.
4. H. E., VI, 6.

de Sévère, successeur de ce prince ; or les *Stromates* sont un résumé de la doctrine de Clément, qui se préparait en les composant un recueil de souvenirs pour sa vieillesse et un remède contre l'oubli, suivant ses propres expressions. Il faut donc admettre avec Eusèbe que l'auteur des *Stromates* enseignait depuis plusieurs années, soit à côté de Pantène et sous sa direction, soit comme successeur dans la charge de catéchiste. En plaçant les premiers débuts de Clément vers l'année 190, on ne risque guère de s'éloigner de la vérité. Ceci nous amène à décrire l'organisation intérieure de l'école d'Alexandrie.

J'ai dit, Messieurs, que le Didascalée avait subi une transformation vers la fin du IIe siècle. De simple *Païdeuterion*, il était devenu, par suite du mouvement et des besoins de l'époque, une « école ecclésiastique, » comme l'appellent saint Jérôme et Rufin, une « école des saintes lettres ou des sciences sacrées, » où l'on ne se bornait plus à communiquer les premiers éléments de la foi [1]. C'est ainsi que nos grandes universités du moyen-âge sont sorties des écoles établies à l'ombre des cathédrales et des monastères. Non pas que l'instruction des catéchumènes se trouvât désormais exclue du Didascalée ainsi agrandi et développé ; à côté de ceux qui désiraient approfondir la science de la religion, il y en avait qui ne demandaient qu'à être initiés aux doctrines chrétiennes. Cela est si vrai qu'Origène éprouvera la nécessité de partager ses auditeurs en deux classes, laissant à son disciple Héraclas le soin d'instruire les commençants, pour se réserver à lui-même l'enseignement supérieur [2]. A coup sûr, on ne se ferait pas une idée exacte de ces leçons, en y cherchant une distribution régulière de la science théologique dans ses différentes branches ; une pareille méthode ne pouvait s'y introduire qu'à la longue et après bien des essais. Nul

---

1. S Jérôme, *Catal.*, c. XXXVIII ; — Rufin, H. E., II, 7 ; — Sozomène. H. E , III, 15, διδασκαλεῖον τῶν ἱερῶν μαθημάτων.

2. Eusèbe, H. E., VI, 15

doute cependant que les catéchèses ne portassent sur des matières très-variées : il est facile de s'en convaincre par les écrits qui nous restent des successeurs de Pantène, et qu'on peut envisager à bon droit comme le résumé de leur enseignement oral. L'exégèse, le dogme, la morale, l'apologétique et la polémique prennent place tour à tour dans les livres des chefs du Didascalée ; dès lors rien n'est plus naturel que de vouloir y retrouver ce qu'ils y exposaient de vive voix. J'ai prononcé le mot université, pour me servir d'une comparaison empruntée à un âge postérieur. Gardons-nous toutefois de forcer ce rapprochement, pour ne pas nous méprendre sur les véritables proportions de l'école d'Alexandrie. Ainsi, par exemple, ce serait fabriquer un roman que de l'installer dans l'un des palais du Brucheion. Les centuriateurs de Magdebourg ont eu, il est vrai, cette fantaisie, par suite de l'étrange confusion qu'il leur a plu de faire entre le Musée et le Didascalée : mais une pareille hypothèse ne mérite pas l'examen. Ce n'est pas pendant l'ère des persécutions que les empereurs romains auraient mis un édifice public à la disposition de l'Église ; pas plus après qu'avant Constantin les chrétiens n'ont enseigné au Musée, qui est toujours resté une institution païenne [1]. Nous lisons dans la vie d'Origène que les infidèles employaient la force armée pour assiéger la maison où il demeurait, à cause du grand nombre de ceux qui assistaient à ses leçons [2]. Ces paroles indiquent bien un local spacieux, mais nullement un palais comme le Musée. La distinction des deux établissements devient encore plus manifeste, si l'on compare les ressources matérielles de l'un et de l'autre. Pour ne pas être à la charge de ses disciples, Origène vendait ses livres, ce qui lui procurait

---

1. Quand Caracalla dispersait les membres du Musée, le Didascalée, fondé depuis longtemps, continua de subsister (Dion Cassius. *Hist. rom.*, l. LXXVII, c. VII). Un siècle après, Constantin rétablit le Musée ; et Julien l'Apostat y envoya Zénon pour restaurer l'étude des lettres grecques. Toutes ces vicissitudes n'ont pas le moindre rapport avec les destinées de l'école catéchétique d'Alexandrie.

2. Eusèbe, H. E., l. VI, c. III.

un revenu de quatre oboles par jour [1]. Ce fait semble prouver qu'avant lui Pantène et Clément avaient dû leurs moyens de subsistance à la générosité de ceux qui allaient s'instruire auprès d'eux. Il est probable que, plus tard, une rétribution prise sur le fonds commun des fidèles vint mettre fin à une situation trop précaire ; car en voulant introduire cet usage dans l'école de Rome, Cassiodore citait pour exemple celle d'Alexandrie [2]. Assurément, ce sont là des questions bien minimes, et je me ferais un reproche de m'y être être arrêté, si les moindres détails n'avaient pas leur intérêt lorsqu'il s'agit d'une grande institution. Venons maintenant à la direction de l'école.

Et d'abord, que les évêques d'Alexandrie aient eu la direction suprême du Didascalée, c'est un fait que nous serions en droit de supposer, lors même qu'on n'en trouverait aucune mention dans l'histoire. Ils nommaient les maîtres et les révoquaient au besoin. Après avoir confié à Origène la charge de catéchiste, l'évêque Démétrius la lui enlève dans la suite [3]. C'est sous l'évêque Héraclas, dit saint Jérôme, que Denis encore simple prêtre exerçait le ministère des catéchèses [4]. S'il fallait en croire un ancien auteur, le trop fameux Arius aurait été investi des mêmes fonctions par l'évêque Achillas: quelle que soit l'exactitude de ce renseignement, il n'en résulte pas moins que les droits des patriarches d'Alexandrie sur le Didascalée étaient reconnus sans difficultés [5]. Didyme ne monte dans la chaire des Clément et des Origène qu'avec l'approbation de saint Athanase [6]. Du reste, je le répète, les attributions du pouvoir épiscopal suffisent pour montrer qu'il ne pouvait en être autrement. Cela posé, si l'on parcourt la

---

1. Ibid.
2. Cassiodore, *Præf. Instit. divin*
3. Eusèbe, H. E , 3, 8, 14, 19, 26 ; — S. Jérôme, *Catal.*, 54 ; — Ép. xxxviii *ad Paulam*.
4. S. Jérôme, *Catal.*, lxix.
5. Patricius Ararsius cité dans Fabricius (biblioth. gr. xi, 195).
6. Rufin, H. E , ii, 7. Athanasio episcopo admodum probatus.

liste des chefs du Didascalée, on voit clairement que les évêques d'Alexandrie avaient coutume de confier la succession du maître au plus renommé de ses disciples. De plus, il ressort des témoignages de l'antiquité que l'école théologique a toujours été dirigée par un seul catéchiste, jamais par plusieurs à la fois. Ce maître unique pouvait, il est vrai, s'adjoindre quelqu'un de ses disciples pour faciliter l'accomplissement de sa tâche. C'est ainsi que Clément enseignait à côté de Pantène, et qu'Héraclas soulageait Origène dans l'exercice d'un ministère trop pénible. Mais la direction de l'école n'appartenait qu'à un seul. En rapprochant les textes d'Eusèbe, de saint Jérôme, de Rufin, de Philippe Sidétès et de Photius, nous arrivons à déterminer la succession des catéchistes dans l'ordre suivant : Pantène, Clément, Origène, Héraclas, Denis, Pierius, Theognostus, Pierre le martyr, Didyme et Rhodon. Je laisse de côté les noms d'Achillas, de Sérapion, d'Arius, de Macaire, parce qu'il est pour le moins fort douteux que ces hommes aient jamais figuré à la tête du Didascalée [1].

Telle était, Messieurs, autant que nous pouvons en juger par les renseignements de l'histoire, la constitution de l'école d'Alexandrie. Envisagés au point de vue des doctrines et de l'éloquence, ces détails n'avaient pour nous qu'une importance secondaire ; mais encore fallait-il y donner quelque attention, avant de nous tourner vers l'objet spécial de nos études. Nous disions tout à l'heure que les ouvrages de Pantène ne sont point parvenus jusqu'à nous : fort heureusement il n'en est pas de même des principaux écrits de Clément. Sans doute, ici encore la littérature chrétienne a fait des pertes sensibles : il suffit pour s'en convaincre de lire dans Eusèbe le catalogue des œuvres du célèbre Alexandrin [2]. Nous n'avons plus l'opuscule *sur la Pâque*, où repré-

---

1. Guerike, *De schola quæ Alexandriæ floruit catech.*, Halle, 1824 ; — Michaelis, *Exercitatio histor. de schol. Alex origine*, etc., Halle, 1739 ; — Dietelmair, *programma de vet. in scholai. Al. doctorum serie*, Altorf, 1747.

2. Eusèbe, H. E., vi, 13.

nant la thèse de saint Méliton et de saint Irénée, Clément résumait la tradition pour trancher le débat liturgique qui s'était élevé au IIe siècle. Le temps n'a pas épargné davantage ses traités *du Jeûne, de la Patience;* son livre *contre les Judaïsants*, dédié à Alexandre, évêque de Jérusalem ; sa dissertation *sur la Médisance*. A peine s'il nous reste quelques fragments des huit livres de ses *Hypotyposes* ou *Esquisses,* ouvrage qui serait pour nous du plus grand prix, comme on le voit par le peu qu'Eusèbe en cite : car l'auteur y donnait de nombreux détails sur la composition des Évangiles, et parcourait l'une après l'autre toutes les Écritures de l'Ancien et du Nouveau Testament, y compris les livres deutéro-canoniques [1]. Mais du moins possédons-nous encore, outre l'opuscule *sur le Salut des riches*, l'*Exhortation aux Grecs*, le *Pédagogue* et les *Stromates ;* or ces trois ouvrages suffisent pour placer Clément parmi les maîtres de la science et de la littérature chrétiennes.

L'*Exhortation aux Grecs,* le *Pédagogue* et les *Stromates* forment une véritable trilogie, dont les divers éléments s'harmonisent dans l'unité d'un même plan. C'est une gradation d'idées où la science théologique se déroule suivant un procédé très-libre en apparence, mais systématique au fond. Si l'on néglige les détails, pour s'en tenir à la vue d'ensemble, on reconnaît immédiatement la marque d'un esprit supérieur qui a plongé dans les profondeurs de la doctrine, et mesuré d'un coup d'œil les besoins de la situation. Il s'agit d'abord de retirer l'âme des égarements et des désordres de la vie païenne, pour la conduire jusqu'au seuil du christianisme : c'est l'objet de l'*Exhortation aux Grecs*. Période négative, pendant laquelle l'homme déchu se dépouille des erreurs de son passé, en attendant que la régénération chrétienne ait formé en lui des habitudes nouvelles. Après avoir parcouru ce premier stade dans la carrière de la perfection morale, l'âme vient se placer sous la conduite du Verbe pré-

---

1. Eusèbe, H. E., VI, 14.

cepteur de l'humanité, en se soumettant aux règles de la discipline évangélique. Car ce qui distingue la méthode de Clément et de tous les Alexandrins après lui, c'est qu'ils voient dans la pratique de l'Évangile une préparation nécessaire à la science. Voilà ce qui donne à cette grande école un caractère profondément mystique : pour me servir des termes de l'ascétique chrétienne, elle fait précéder la voie illuminative de la voie purgative. Les trois livres du *Pédagogue* sont le code destiné à régler l'activité humaine pendant cette deuxième période du perfectionnement de l'âme. Mais là ne s'arrête pas la marche ascensionnelle de l'homme vers Dieu. Quand l'âme s'est dépouillée de ses vices sous l'action salutaire de la discipline évangélique, et qu'elle a trouvé dans la foi le flambeau qui doit l'éclairer, elle peut s'élever plus haut encore sur l'échelle de la perfection. Car la science vient couronner la foi ; la charité complète la crainte et l'espérance. Or, c'est à la science de la foi, d'une part, et à la charité, de l'autre, que doit tendre le parfait chrétien ou le vrai gnostique. Par là, il réalise l'union avec Dieu, et cette union, terme de l'activité morale ici-bas, est le prélude de la vue et de la possession de Dieu dans le monde futur. Les *Stromates* répondent à cette période finale du développement de la vie chrétienne. Magnifique synthèse où le génie de Clément se révèle dans sa puissante originalité ! Je ne dirai pas que l'œuvre ait réussi dans tous ses détails, nous en verrons plus tard les défauts ; mais elle est conçue sur de larges bases et dénote à première vue l'esprit philosophique de l'école d'Alexandrie.

Cela posé, la marche de nos études est toute tracée : nous suivrons celle des écrits de Clément. Quand les matières se présentent dans un enchaînement logique, il ne serait guère raisonnable de vouloir en intervertir l'ordre. Toutefois, Messieurs, vous me permettrez une remarque préliminaire. Si l'idée mère de Clément se détache sans la moindre peine de l'ensemble de ses écrits, il n'est pas toujours facile d'en soumettre le développement à une analyse rigoureuse. Ce défaut de régularité tient à la nature même des ouvrages du célèbre catéchiste. Il faut y voir moins le dessein arrêté de traiter un sujet suivant les principes de l'art, que l'intention de ramasser la substance d'un enseignement dans un cadre qui se resserre ou s'élargit à volonté. Les *Stromates* surtout nous rappelleront à certains égards les *Pensées* de Pascal. Ce n'est pas que les matières s'y trouvent entassées pêle mêle, sans aucune espèce de lien ni réel ni apparent : au fond on découvre bien une certaine liaison entre les idées, mais les différentes parties de l'ouvrage sont loin de se succéder dans un ordre méthodique. Clément se répète avec une abondance toute orientale : il ne craindra pas d'interrompre brusquement le fil du discours pour se jeter dans des digressions qui font perdre de vue le sujet principal. Bref, il est rare de rencontrer un esprit plus systématique sous des formes moins régulières. C'est pourquoi, tout en adoptant la marche que je viens d'indiquer, nous devrons quelquefois anticiper sur la suite, et chercher dans les *Stromates* ce qui peut expliquer le *Pédagogue* ou l'*Exhortation aux Grecs*. Sans vouloir prêter à un écrivain plus d'ordre qu'il n'en a cherché lui-même, il est pourtant essentiel de ramener à quelques chefs principaux les doctrines disséminées dans ses œuvres.

Un mot encore, et je termine. Peut-être, Messieurs, quelques-uns d'entre vous auront-ils été surpris de ce que je n'ajoute pas au nom de Clément d'Alexandrie l'épithète de saint. J'emprunterai ma réponse au pape Benoît XIV qui a traité la question à fond dans ses lettres apostoliques à Jean V, roi de Portugal, touchant la nouvelle édition du martyrologe romain [1]. Voici les raisons que le docte Pontife oppose à ceux qui blâmaient cette omission du nom de Clément dans le catalogue des Saints. Remarquez bien qu'il ne s'agit pas de savoir si les mérites de ce grand écrivain lui ont valu la béatitude céleste, ce dont pour ma part je ne doute nulle-

---

[1]. *Œuvres* de Benoît XIV, tome VI, p. 119 125.

ment, mais si l'Église a eu des motifs suffisants pour ne pas lui décerner les honneurs d'un culte public. A cet effet, Benoît XIV allègue d'abord le silence des anciens auteurs sur la vie et les actions de Clément d'Alexandrie. Nous ne savons par eux ni de quelle manière il a vécu ni comment il est mort. Eusèbe cite bien les paroles d'Alexandre, évêque de Jérusalem, qui l'appelle « le saint, le bienheureux prêtre Clément, un homme d'une vertu éprouvée [1]; » mais dans l'Église primitive le titre de saint avait quelquefois un sens très-large, jusqu'à désigner tout simplement la profession de la foi chrétienne. En tout cas cette qualification n'indique point par elle-même une sainteté éminente, des vertus pratiquées à un degré héroïque. J'avoue, Messieurs, que cet argument du grand canoniste, s'il était seul, ne me paraîtrait pas très-concluant. Car, comme Benoît XIV ne manque pas de le rappeler, l'antiquité chrétienne a dépassé la mesure ordinaire de l'éloge pour Clément d'Alexandrie. Sans parler de saint Jérôme, de Théodoret et de saint Jean Damascène qui l'appellent « un bienheureux prêtre, un saint homme, » on peut citer l'auteur du *Chronicon paschale* et saint Maxime qui se servent tous deux de ces fortes expressions : « Le très-saint prêtre de l'Église d'Alexandrie. » Pour saint Épiphane il est également « le bienheureux Clément ; » et saint Cyrille d'Alexandrie affirme « qu'il avait suivi en tout les saints apôtres [2]. » Le silence des écrivains de l'antiquité ne suffirait donc pas pour expliquer l'omission du nom de Clément dans le martyrologe romain.

A cette première raison, Benoît XIV en ajoute une deuxième qui a bien plus de force. Il n'y a pas de trace, dit-il, d'un culte de vénération rendu à Clément d'Alexandrie dans une église

---

1. Eusèbe, H. E., VI, 11-14.
2. S. Jérôme, *Catal. script. eccles.* : — Théodoret, *Hæret. fabul.*, l. I, c. 1 : — S. Jean Damascène, *Tract. de duabus Christi volunt.* ; — Chronic. Alex , p. 7 ; — S. Maxime, tome II, édit. Combefis, p. 144 ; — S. Épiphane, *Hær.*, l. XXVI, 1. (Voyez Walch, *Hist. eccl. N. T.*, p. 629 et suivantes).

ou un diocèse quelconque, avec l'assentiment formel ou tacite d'un évêque catholique. Il ne sert à rien d'objecter que la discipline de l'Église n'avait pas encore introduit au IIIe siècle les rites solennels qui depuis lors ont accompagné la canonisation des saints. Non, car à cette époque-là l'expression générale et spontanée du sentiment des fidèles prévenait le jugement de l'autorité : le culte d'un saint naissait pour ainsi dire de lui-même, sous l'impression que ces éminentes vertus avaient laissée dans la conscience de tous. Or, il n'y a jamais eu autour du nom de Clément un de ces mouvements de la piété populaire, qui, partant d'une admiration profonde pour la sainteté d'un personnage, en sont l'attestation la moins équivoque. De là vient qu'aucun martyrologe n'en fait mention avant celui d'Usuard qui écrivait au IXe siècle. Or, ce document isolé, quelque vénérable qu'il puisse être, ne suffit pas pour autoriser un culte qui n'a point de racines dans le passé. Cette argumentation de Benoît XIV, que je me borne à résumer, défie toute critique sérieuse.

Enfin le savant pape s'appuie sur une troisième considération pour justifier le silence du martyrologe romain. Il est certain que les œuvres de Clément ont donné lieu à des appréciations très-diverses. Depuis Photius qui signalait dans les *Hypotyposes* un grand nombre d'erreurs jusqu'au père Pétau qui prétendait trouver dans les *Stromates* des traces d'arianisme, les arguments pour et contre se sont croisés au sujet du docteur alexandrin. Nous verrons plus tard à quoi se réduisent ces accusations pour la plupart imméritées. Mais enfin, dans cet état de choses, en présence d'attaques si nombreuses, on conçoit fort bien que l'Église se soit abstenue de conférer à l'auteur le titre de saint. Il ne faut sans doute pas attacher un sens trop absolu au décret du pape Gélase qui range les écrits de Clément parmi les apocryphes. Personne n'ignore que ce mot n'avait pas dans l'antiquité chrétienne la même signification qu'aujourd'hui. Si l'on en juge par une quantité d'autres écrits placés dans la même catégorie, la sentence du souverain Pontife se réduisait à déclarer qu'on ne devait pas lire les œuvres de Clément dans l'office public à côté des saintes Écritures, et que même dans la lecture privée il fallait user de quelque précaution. Toujours est-il que ce décret n'a pas peu contribué à mettre en suspicion les doctrines de l'auteur ; et les bollandistes y voient avec raison une des causes qui ont empêché Clément d'être inscrit dans le catalogue des saints. En résumé, tout esprit impartial devra conclure avec Benoît XIV que l'Église romaine a fait preuve en cette occasion de sa prudence ordinaire. Elle ne nie d'aucune façon les vertus ni les mérites de Clément ; mais, pour les raisons que je viens d'exposer, elle s'abstient de leur donner une consécration officielle. Nous imiterons cette sage réserve, en évitant d'usurper un droit qui n'appartient qu'à l'autorité suprême. Pour n'être pas entouré de cette auréole temporelle que le jugement de l'Église réserve à un certain nombre d'élus, le nom de Clément d'Alexandrie n'en reste pas moins l'un de ceux que tout chrétien doit prononcer avec respect, parce qu'il rappelle un beau talent ennobli par la vertu, et de grands services rendus à la cause de la vérité.

QUATRIÈME LEÇON

La synthèse théologique de Clément. — Premier écrit : *L'Exhortation aux Grecs*. — Le chef du Didascalée cherche d'abord à détacher les gentils des erreurs et des vices du paganisme — Préambule de la pièce. — Pour amener les païens à l'Évangile, Clément puise à pleines mains dans les trésors de la littérature ancienne. — Couleur poétique du morceau. — Après avoir pressé les Grecs d accourir à l'école du Verbe fait chair, Clément se tourne vers le polythéisme dont il démontre la fausseté. — Critique des religions anciennes. — Vaste érudition de Clément dans cette partie de ses œuvres. — Appréciation de ses vues sur le caractère et les différentes formes du polythéisme.

Messieurs,

Il est un fait que nous avons observé chez la plupart de ces hommes qui, dans la primitive Église, passaient du paganisme à l'Évangile. Le premier mouvement de leur esprit consistait à se tourner vers ceux dont ils avaient partagé les erreurs, pour les amener dans le droit chemin de la vérité. Il ne leur suffisait pas de garder fidèlement le trésor de la foi ; mais ils cherchaient à répandre autour d'eux la lumière qui venait d'éclairer leur intelligence. Encore sous l'impression du changement qui s'était opéré en eux, ils se hâtaient d'adresser aux païens une de ces exhortations vives, pressantes, chaleureuses, où l'autorité de l'expérience s'ajoutait à la force du raisonnement. Nous ne devons pas vous paraître suspects, leur disaient-ils, car ces fables auxquelles vous ajoutez foi, nous les admettions comme vous ; mais, après un examen sérieux, nous en avons reconnu la fausseté. Vos maîtres étaient les nôtres : nous avons fréquenté leur école, étudié leurs systèmes ; mais leurs variations et leurs contradictions nous laissaient dans le doute, sans lumière pour l'esprit, sans force pour la volonté. Enfin nous avons trouvé, sous la conduite d'un meilleur maître, le courage de la vertu avec les clartés de la foi. Entrez donc dans la voie qu'il nous a été donné de suivre, si vous voulez jouir du bonheur que procure la certitude de posséder la vraie doctrine, et, par elle, les moyens d'arriver au salut. Tel est le langage que faisaient entendre, aussitôt après leur conversion, les Justin, les Tatien, les Tertullien, : de là ces pièces qui, sous le nom de *Discours aux Gentils*, d'*Exhortations aux Grecs*, de *Livres aux nations*, forment une littérature à part où l'ardente conviction du néophyte éclate dans un premier sentiment de reconnaissance envers Dieu, et de compassion pour des frères encore éloignés des sources de la véritable vie.

C'est par là qu'allait débuter à son tour Clément d'Alexandrie. Nous avons dit la dernière fois que ses trois principaux ouvrages embrassent les divers moments de la vie chrétienne suivant une gradation déterminée. L'*Exhortation aux Grecs*[1] a pour but de détacher les gentils des erreurs et des vices du paganisme ; le *Pédagogue* les assujettit aux règles de la discipline évangélique, et les *Stromates* leur enseignent la voie qui conduit au sommet de la perfection chrétienne. En d'autres termes, pour exprimer ma pensée sous une forme moins moderne, et qui conserve à l'œuvre de Clément sa couleur particulière, je dirai que cette trilogie si complète et si originale correspond aux trois actes des mystères de l'antiquité. Et ne soyez pas surpris de ce rapprochement : il n'est pas d'écrivain qui, pour s'insinuer plus sûrement dans l'esprit de ses adversaires, ait adopté avec moins de scrupule leur terminologie. De là ces mots *mystères, initiés, hiérophante, mystagogue, épopte*, etc., qui fourmillent sous la plume de Clément et qu'il transporte dans la langue chrétienne Lorsqu'il voudra désigner le parfait disciple de

---

1. Λόγος προτρεπτικός. C'est le véritable titre de l'ouvrage, comme l'auteur l'indique lui-même dans le VIIe livre des *Stromates*.

l'Évangile, il ne craindra pas de l'appeler le vrai gnostique. Or, vous le savez, les mystères de Samothrace et d'Éleusis, qu'on peut envisager comme l'expression la plus élevée de la vie religieuse chez les païens, comprenaient trois degrés bien distincts : la purification, l'initiation, la contemplation [1]. Tel est aussi le plan que suit le catéchiste Alexandrin, semblable à l'artiste qui trouve devant lui un cadre préparé par une main étrangère et qui le remplit des créations de son génie. Il s'applique avant tout à purifier l'âme des païens, en l'affranchissant des ténèbres et des souillures du passé ; puis il l'initie peu à peu aux secrets de la vie surnaturelle et divine ; enfin il ouvre devant elle l'horizon illimité de la science et de la perfection chrétiennes. Clément est tout entier dans cette synthèse théologique, dont nous allons étudier l'un après l'autre les trois éléments. Lorsqu'on a bien saisi l'idée d'une œuvre, il devient plus facile de la suivre dans ses développements. Je commence par l'*Exhortation aux Grecs*.

Rien de plus poétique, Messieurs, que le préambule de cette pièce. Pour incliner l'esprit des Grecs vers la doctrine chrétienne, Clément la représente sous la forme d'un cantique nouveau que le Verbe est venu apprendre à la terre. On raconte, dit-il, d'Amphion de Thèbes et d'Arion de Méthymne que, par la puissance de leurs accords, l'un attirait les poissons, l'autre élevait les murs de Thèbes. Plusieurs fables, analogues à celle-ci, ont cours parmi les nations. On raconte du chantre de la Thrace, d'Orphée, qu'aux seuls accents de sa voix les bêtes sauvages déposaient leur férocité, tandis que les arbres des forêts marchaient à sa suite. Ailleurs, c'est Eunone de Locres qui charme par les sons mélodieux de sa lyre la cigale de Pitho. Toute cette vaine mythologie, les Grecs l'ont adoptée sans la moindre peine ; il n'y a que la vérité qui rencontre parmi eux des incrédules.

---

1. Ἀποκάθαρσις, μύησις, ἐποπτεία. — Les mystes, les initiés, les époptes.

« Eh bien ! continue l'éloquent écrivain, voulez-vous m'en croire ? Et ces drames, et ces poëtes ceints du lierre de Bacchus au milieu de leurs orgies, sans frein dans leur ivresse comme dans leur délire, et cette troupe de satyres, et cette multitude de bacchantes furieuses, enfermons-les avec tout le chœur des dieux dans l'Hélicon et dans le Cithéron déjà surannés. A leur place, faisons descendre du ciel sur la sainte montagne de Dieu, avec le chœur sacré des prophètes, les splendeurs de la sagesse et de la vérité. Oui, que la vérité inonde les hommes de sa lumière, et dissipe les ténèbres où ils sont ensevelis. Qu'elle leur tende une main secourable, c'est-à-dire qu'elle leur donne l'intelligence pour les retirer de l'erreur et les remettre dans la voie du salut. Que les hommes à leur tour lèvent les yeux vers elle, qu'ils désertent l'Hélicon et le Cithéron, pour ne plus habiter désormais que les hauteurs de Sion. Car c'est de Sion que viendra la loi ; c'est de Jérusalem que sortira le Verbe du Seigneur. Le Verbe céleste est le véritable athlète couronné sur la scène du monde entier. Mon Eunone à moi ne prend pour règle ni le mode de Terpandre ni celui de Capiton, ni le mode phrygien, ni le mode lydien, ni le mode dorien, mais l'éternel mode de l'harmonie nouvelle, le mode qui tire son nom de Dieu. C'est là le chant nouveau, ce chant lévitique, dont on peut dire qu'il dissipe la tristesse, désarme la colère et fait « oublier tous les maux [1]. » Doux et véritable remède qui s'insinue dans l'homme avec ce chant persuasif [2] ! »

On conçoit, Messieurs, l'impression que devaient produire sur des hommes nourris de la poésie grecque ces discours si colorés où la vérité s'empare des formes antiques pour les rajeunir par un esprit nouveau. Ces réminiscences d'Homère, appliquées à un autre ordre d'idées, ce rapprochement ou plutôt ce contraste entre l'Hélicon, séjour des Muses, et la montagne de Sion, d'où descend le chœur sacré des pro-

---

[1]. Vers d'Homère, *Odyssée*, v. 220.
[2]. *Exhort. aux Grecs*, c. I, édit. Migne.

phètes, entre les modes de la musique humaine et le mode éternel du cantique divin, toute cette haute poésie de langage était de nature à captiver les auditeurs de Clément. Car il n'est pas douteux que nous n'ayons devant nous, sous la forme particulière au discours écrit, la substance des leçons que le savant catéchiste donnait au Didascalée. Nous saisissons de la sorte, dès le premier pas, ce que nous pouvons appeler la manière du docteur alexandrin : il parle le langage de ceux qu'il veut convaincre, et se place sur leur terrain, pour les amener peu à peu sur celui de la foi. Initié lui-même aux secrets et aux ressources de l'art grec, il puise à pleines mains dans les trésors de la littérature profane, pour ajuster cette riche parure à la doctrine chrétienne. C'est ainsi que, poursuivant sa comparaison entre la musique grecque et l'œuvre du Verbe, il montre dans le poëme de la création la première partie de ce qu'il appelle le chant divin :

« N'est-ce pas le Verbe, ce chantre céleste, qui a ordonné l'univers avec nombre et mesure, qui a forcé les éléments en désaccord à former un admirable concert, afin que le monde entier devînt tout harmonie ? Il a déchaîné la masse mobile de l'océan, mais en lui défendant d'envahir la terre. Celle-ci flottait au hasard : il l'a fixée à jamais, en lui assignant la mer pour limite. Semblable au musicien qui sait adoucir les modes doriens par ceux de la Lydie, il a calmé la violence du feu au moyen de l'air, et le froid rigoureux de l'air par le feu qui l'enlace, tempérant ainsi l'un par l'autre les éléments du monde, comme des tons extrêmes qui se fondent ensemble pour produire l'harmonie. Tel est ce chant immortel dont l'univers répète l'accord parfait, concert divin où tout se lie et correspond, la fin avec le milieu, le milieu avec le commencement. Ce n'est plus la musique du chantre de la Thrace, semblable à celle qu'inventa Tubal ; ce sont les accents qu'imitait David, interprète des volontés divines. Le Verbe de Dieu, né de David, bien qu'il fût avant lui, a rejeté la harpe, la lyre, tous les instruments inanimés. Mais il a mis en harmonie avec l'Esprit-Saint le monde et l'homme qui est un monde en abrégé; il a, dis-je, accordé avec l'Esprit-Saint le corps et l'âme de l'homme, lyre vivante, instrument à plusieurs voix, destiné à célébrer le Seigneur : il chante, et l'homme, principale voix du concert, lui répond [1]. »

Je tenais, Messieurs, à vous lire ces lignes par où débute Clément, parce qu'elles nous font connaître immédiatement le milieu où notre sujet nous transporte. Certes, nous voilà bien loin de la littérature occidentale, du style sévère et précis des Tertullien et des Cyprien. Ce ton pindarique et cet enthousiasme de la poésie religieuse nous avertissent que nous sommes sous le ciel de la Grèce, de la Grèce ranimée et vivifiée au souffle de l'Orient. Le préambule du discours que nous étudions est un hymne plutôt qu'une dissertation. Musique, chant, harpe, toutes ces images se pressent et se suivent dans ces élévations de l'esprit qui tiennent de l'ode par le transport lyrique qu'elles révèlent. Et ne croyez pas que la doctrine se trouve noyée dans ce flot de métaphores, sans que l'idée surnage, haute et transparente. Non, comme dans les dialogues de Platon, la pensée éclate à travers le voile qui la couvre, et le métaphysicien reparaît derrière le poëte. Clément vient d'appeler l'œuvre du Verbe un cantique nouveau. Mais, reprend-il en s'adressant aux Grecs, ne vous imaginez pas que ce cantique soit nouveau à la manière d'un vase qu'on façonne, d'un édifice qu'on élève : car au commencement était le Verbe, et le Verbe était en Dieu, et le Verbe était Dieu. Nous-mêmes, avant la production du monde, nous existions en Dieu, par cela seul que nous devions un jour être appelés à l'existence. Le Verbe, ou la Raison divine, renfermait en lui l'idéal de ces créatures raisonnables que nous sommes. De là notre antiquité, car le Verbe était au commencement. Je n'ai pas besoin, Messieurs, de vous faire observer qu'il ne s'agit point ici d'une préexistence réelle des âmes, mais d'une existence purement idéale dans la pensée divine. Quelque hardies que soient les expressions de

---

1. *Exhort. aux Grecs*, c. I.

l'auteur, le contexte indique clairement le sens qu'il faut y attacher [1]. Si donc, continue Clément, j'appelle le Verbe un cantique nouveau, c'est parce que dans ces derniers temps il a paru sous le nom si saint et si auguste de Christ. « Oui, il est apparu sur la terre, ce Verbe, seul tout à la fois Dieu et homme, source de tous les biens pour l'humanité... Le voilà, ce cantique nouveau du Verbe qui était dans le commencement et avant le commencement ; sa lumière vient de briller sur nous. Il est apparu, il n'y a pas longtemps, ce Sauveur qui existait auparavant ; il est apparu, Celui qui est *l'Être dans l'Être ;* il est apparu comme notre maître, ce Verbe qui était auprès de Dieu, et par qui toutes choses ont été faites. Créateur, il nous a donné de vivre ; Maître, il nous a enseigné à bien vivre ; Dieu, il nous procure les moyens de vivre éternellement [2]. »

Remarquons, en passant, ce magnifique hommage rendu à la divinité du Verbe. Clément ne se contente pas d'affirmer l'existence des deux natures dans le Sauveur, qu'il appelle Dieu et homme à la fois, mais encore il exclut, par la vigueur de son style, toute espèce d'infériorité du Fils relativement au Père. Cet écrivain, dans lequel on s'est plu quelquefois à chercher les traces d'un arianisme anticipé, a employé l'expression la plus forte que puisse fournir la langue humaine, *pour rendre l'égalité des deux personnes divines.* « Le Verbe, dit-il, est l'Être dans l'Être, Celui qui est dans Celui qui est [3]. » Le terme de *consubstantiel* dont se servira le concile de Nicée n'est, certes, pas plus énergique que la formule de Clément ; car ces mots : « Celui qui est, » désignent le carac-

---

1. *Exh. aux Grecs,* c. I. « Nous existions en Dieu, dit Clément, τῷ δεῖν σεσθαι, *ratione futuræ productionis,* parce que nous devions un jour être appelés à l'existence. » Ces paroles signifient uniquement que le Verbe renfermait en lui l'archétype de toutes choses, τὰ λογικὰ πλάσματα, comme parle l'auteur. Il n'y a pas trace dans ce passage de la doctrine de Platon sur la préexistence des âmes.

2. *Exhort. aux Grecs,* c. I.

3. Ὁ ἐν τῷ ὄντι ὤν.

tère suprême et absolu de la Divinité, l'existence par soi ou l'*aséité*. Si je me permets d'appeler, dès maintenant, votre attention sur un point que nous devrons discuter plus tard, c'est pour vous montrer que la pensée du docteur alexandrin se produit sans la moindre hésitation dans le premier de ses ouvrages. Cela dit, je reprends le fil des idées interrompu par cette courte réflexion. Entre l'œuvre de la création et celle de la rédemption, vient se placer cet intervalle de temps pendant lequel le Verbe préludait au *cantique nouveau* par la voix des prophètes de l'ancienne loi. Clément ne pouvait manquer de passer en revue cette période préparatoire. Il peint d'un trait le misérable état auquel l'idolâtrie avait fini par réduire le monde païen. « Semblable à ces rois barbares qui enchaînent leurs captifs à des cadavres, les laissant pourrir ensemble dans cet affreux embrassement de la vie et de la mort, le démon, ce cruel tyran, attache les hommes aux idoles par le lien de la superstition, afin que les vivants, accouplés aux morts, se corrompent à leur contact et périssent avec eux. » L'image est de toute beauté. A ce travail de corruption que poursuit l'esprit du mal, Clément oppose le ministère du Verbe préparant d'âge en âge l'économie du salut, et proportionnant ses remèdes aux besoins de l'homme. « Le Verbe emploie tantôt le reproche, tantôt la menace ; il donne des larmes à ceux-ci, il charme ceux-là par ses chants. Médecin habile, il traite les malades, les uns par de douces onctions, les autres par des lotions salutaires. Souvent il lui suffit d'un baume pour soulager la douleur, quelquefois il a besoin de recourir au fer ; ailleurs il taille la plaie, ici il la brûle. Que ne fait-il pas pour guérir le membre qui souffre ? Le sauveur emploie tous les langages, essaie de tous les moyens pour le salut de l'homme : il avertit par ses menaces, corrige par ses reproches, pardonne par ses larmes, exhorte par ses chants ; il fait entendre sa voix du milieu d'un buisson, quand il faut le langage des prodiges ; il épouvante par le feu de la colonne suspendue dans les airs, signe tout à la fois de colère et de grâce, flambeau qui éclaire l'homme docile, foudre qui écrase le rebelle. Mais comme la bouche humaine est *un interprète du ciel plus noble qu'un buisson ou une colonne*, les prophètes éléveront la voix à leur tour : le Seigneur lui-même parlera par Isaïe, il parlera par Élie, il placera sa doctrine sur les lèvres des prophètes. Si vous refusez d'ajouter foi aux prophètes, si vous traitez de fictions et les hommes et le feu de la colonne ou du buisson, le Seigneur vous parlera lui-même, lui qui, étant dans la forme de Dieu, n'a pas cru qu'il y eut usurpation de sa part à s'égaler à Dieu, et qui s'est anéanti, Dieu de miséricorde, pour sauver l'homme. C'est donc le verbe lui-même qui vous parle à haute voix pour confondre votre incrédulité. Oui, je vous le dis, le Verbe de Dieu s'est fait homme, afin que vous appreniez d'un homme comment l'homme peut devenir Dieu[1]. »

Ce n'est là, sans doute, qu'une ébauche du règne de Dieu sous l'ancienne loi : Clément se contente ici d'esquisser à grands traits un tableau qu'il retouchera tant de fois dans la suite. Parmi ses vues les plus originales, nous devrons compter celles qui ont pour objet les manifestations du Verbe dans l'ancien monde ; mais il ne s'agit pour lui, en ce moment, que de révéler brièvement l'histoire des révélations divines pour incliner l'esprit des Grecs vers ces hautes doctrines. C'est pourquoi il termine son prologue par un appel chaleureux où nous trouvons ces allusions aux mystères du paganisme, si fréquentes dans les écrits du maître d'Origène :

« Voulez-vous le voir, ce Dieu de vérité ? Prenez part aux seules purifications qui soient dignes de lui. Il ne faut ici ni couronne de lauriers, ni bandelettes de laine et de pourpre ; que la justice vous serve de couronne, la tempérance de ceinture, et vos efforts vous feront trouver le Christ. Je suis la porte, dit-il quelque part : voilà ce qu'il faut apprendre à ceux qui cherchent Dieu, s'ils veulent voir s'ouvrir devant eux toutes les avenues du ciel. Les portes du Verbe sont

---

1. *Exhort. aux Grecs*, c. I.

spirituelles, et c'est la foi qui donne la clef. Personne ne connait Dieu, si ce n'est le Fils, et celui à qui le Fils l'aura révélé. Nul doute qu'après nous avoir ouvert la porte, auparavant fermée, le Christ ne nous découvre dans la suite les secrets de l'intérieur : ceux qu'il introduit peuvent seuls les connaître ; c'est uniquement par lui qu'on arrive à la contemplation de Dieu [1]. »

Nous venons de parcourir ce qu'on peut appeler le préambule de l'*Exhortation aux Grecs*. Si l'on excepte la péroraison du même discours, où Clément va s'élever à la plus haute éloquence, il n'est aucun endroit de ses œuvres où son style ait autant de mouvement et de vivacité ; en même temps, les images gracieuses qu'on y rencontre, des comparaisons frappantes de justesse, donnent du relief aux idées et prêtent à la diction une couleur vraiment poétique. Ajoutons de suite, pour être juste, que les défauts de l'écrivain s'y trahissent avec les qualités : la même pensée y revient trop souvent, et, malgré son habileté à en varier les formes Clément ne parvient pas toujours à rompre la monotonie qui résulte de ces répétitions. D'autre part, il ne craindra pas de poursuivre une métaphore jusqu'à cette limite extrême où le rapprochement se perd dans la subtilité. Enfin, comme vous avez pu vous en apercevoir, les idées ne se déroulent pas chez lui dans un ordre qui permette facilement d'en saisir la liaison. Ce manque de régularité n'est guère sensible dans la suite du discours, où le chef du Didascalée fait la critique des religions anciennes. Ici, le sujet commandait plus de méthode dans l'arrangement et la distribution des matières. Après avoir pressé les Grecs d'accourir à l'école du Verbe, Clément se tourne vers le polythéisme, dont il démontre la fausseté. Cette partie de son ouvrage lui a valu l'admiration d'Eusèbe et de saint Jérôme ; et, par le fait, elle ne peut se comparer qu'aux livres de Tertulien *contre les Nations*. Si le prêtre d'Alexandrie n'égale pas celui de Carthage pour l'élo-

---

1 Littéralement « à l'époptie, » ἐποπτεύεται.

quence, il le dépasse par une érudition plus variée et plus sûre. Il a observé davantage et mieux saisi certains côtés du paganisme, les mystères, par exemple. Je vais résumer, avec toute la brièveté possible, cette argumentation si substantielle, si pleine de faits, si nourrie de citations qui ne laissaient aux païens d'autre alternative que de confesser la vérité ou de récuser le témoignage de leurs propres écrivains. Dépouillée des ornements du discours, et réduite à une simple analyse, elle vous paraîtra bien nue, bien décharnée ; mais ce que nous cherchons avant tout, ce sont les éléments d'une appréciation, et un court résumé suffira pour nous les donner.

Clément commence par constater le silence et la cessation des oracles. Le chêne de Dodone est desséché; la fontaine de Castalie est muette ; celle de Colophon se tait : leurs ondes prophétiques se sont écoulées, et avec elles toutes leurs fables [1]. Ici, l'ouvrage de Plutarque *sur le Silence des oracles* venait de confirmer le discrédit dans lequel était tombé depuis longtemps ce commerce de mensonge et d'imposture. Des oracles, le chef du Didascalée passe aux mystères d'Éleusis qu'il décrit dans tous leurs détails, avec une liberté d'expressions que la nature du sujet et les exigences de la polémique expliquent suffisamment, mais qui, pour me servir du mot de Boileau, brave l'honnêteté sans le moindre scrupule. Il énumère les rites et les emblèmes de cette espèce de francmaçonnerie païenne, en révèle le mot d'ordre, et dévoile les turpitudes qui accompagnaient les orgies de Cérès et de Bacchus. Niaiserie et impureté, ces deux mots résument pour lui toute la fantasmagorie à laquelle se réduisait le drame éleusinien ; et il ne me paraît guère possible d'en juger autrement, lors qu'on songe que ces représentations tournaient autour du plus obscène de tous les symboles [2]. Dans son *Histoire des religions de la Grèce antique*, M. Alfred Maury

---

1. *Exhort. aux Grecs*, II.
2. *Exhort aux Grecs*, II.

s'est gravement trompé en supposant que les reproches de Clément n'ont rapport qu'aux mystères de l'Égypte et de la Phrygie ; il s'agit tout aussi bien, dans l'ouvrage que nous étudions, des fêtes qui se célébraient à Éleusis en l'honneur de Cérès [1]. Devant de pareilles extravagances, le prêtre d'Alexandrie s'étonne à bon droit que les Grecs aient accusé d'athéisme des hommes dont l'œil pénétrant avait démêlé tout le faux de ces superstitions, tels qu'Évhémère d'Agrigente, Nicanor de Chypre, Diagoras, Hippone de Mélos, Théodore de Cyrène : s'ils n'ont pas découvert la vérité, ils ont du moins signalé l'erreur. Ceci l'amène à rechercher l'origine de ces longs égarements de l'esprit humain. Il indique sept sources différentes de l'idolâtrie. Les uns, frappés d'admiration par les astres, leur ont rendu les honneurs divins. D'autres ont transporté leur admiration à la terre et à ses produits. Ici, la vue des maux que le crime entraîne après lui a fait déifier les calamités et les châtiments ; là, l'empire qu'exercent sur l'âme certaines affections, telles que l'amour et la crainte, a porté les hommes à y voir autant de forces divines. D'autres êtres moraux ont pris un corps dans l'imagination du peuple, qui s'est plu à les associer au reste des dieux. Sont venus les poëtes avec leurs théogonies et leurs classifications, avec leur élite de douze grands dieux dominant la foule des divinités inférieures. Enfin la reconnaissance pour des bienfaits signalés a déterminé l'apothéose ou la déification de certains personnages célèbres par leurs travaux et leur intelligence. Voilà par quelles voies glissantes et périlleuses les hommes, une fois éloignés du vrai Dieu, se sont laissé entraîner dans l'abîme de l'erreur [2].

---

1. *Histoire des religions de la Grèce antique*, tome II, p 346. Malgré son admiration naïve pour les cérémonies païennes, cet érudit est bien obligé de convenir « que plusieurs des rites pratiqués dans les mystères ouvraient la porte à de graves désordres, et que, comme l'a observé Sainte-Croix (Recherches sur les mystères, I, p. 90), après avoir été purs dans le principe, ils finirent par être souvent un *théâtre d'obcénités* « En voilà assez, ce me semble, pour justifier les reproches des Pères de l'Église.
2. *Exhort. aux Grecs*, II.

Vous voyez d'après cela, Messieurs, que Clément d'Alexandrie n'a négligé dans son analyse aucune des formes principales du polythéisme, telles que nous les avons décrites à propos des œuvres de saint Justin : l'astrolâtrie, la démonolâtrie et l'anthropolâtrie [1]. Quant à l'idolâtrie proprement dite ou au fétichisme, il s'en occupera un peu plus loin. A la vue d'une confusion si étrange entre le créateur et la créature, le philosophe chrétien s'étonne que l'intelligence humaine ait pu arriver à ce degré d'aberration ; et, sous l'impression que lui cause un si triste spectacle, son indignation éclate dans ce beau mouvement ;

« Conçoit-on, s'écrie-t-il, que les hommes aient pu se tromper au point d'adorer l'œuvre de Dieu plutôt que Dieu lui-même, et de prendre pour autant de divinités le soleil, la lune et tout le chœur des astres, qui ne servent qu'à marquer le cours des temps? Car c'est par le Verbe que toutes ces choses ont été établies, et leur force ne découle que du souffle de sa bouche. A l'art humain ses édifices, ses navires, ses villes, ses peintures. Mais comment raconter les œuvres de Dieu ? Voyez le monde entier : la voûte céleste, le soleil, c'est Dieu qui les a faits. Les anges et les hommes sont l'ouvrage de ses mains. Quelle n'est pas sa puissance ! Il a voulu, et le monde a existé. Lui seul l'a créé parce qu'il est le seul vrai Dieu, et pour le créer, il lui a suffi de vouloir, parce qu'en lui la volonté est toujours suivie de l'effet. C'est ici l'erreur qu'ont répétée en chœur tous les philosophes : ils ont parfaitement compris que l'homme est né pour contempler le ciel ; mais ils se sont égarés au point d'adorer ce qui brille et frappe le regard dans ces régions supérieures. Si les astres ne sont pas l'œuvre de l'homme, ils ont du moins été créés pour l'homme. Au lieu donc de se prosterner devant le soleil, cherchez l'auteur du soleil ; au lieu de diviniser l'univers, élevez-vous jusqu'à celui qui a fait l'univers [2] ! »

---

[1]. *Saint Justin et les apol. chrétiens du* II*e siècle*, Leçons VI, VII, VIII
[2]. *Exhort aux Grecs*, IV.

S'il est vrai de dire que Clément a bien saisi le fond du polythéisme, la déification des éléments de la nature, nous devons ajouter qu'il s'est attaché davantage à critiquer la forme dont les Grecs avaient revêtu ce panthéisme vulgaire : cette forme, c'est l'anthropolâtrie. Tous les efforts du philosophe chrétien se concentrent sur ce point capital : il veut détruire l'illusion des païens, en démontrant que leurs dieux sont de purs hommes, dont les écrivains de l'antiquité ont indiqué le lieu de naissance, raconté la vie, et dont les tombeaux sont devenus des temples. Et encore, si ce n'étaient que des hommes ; mais quels hommes ! les derniers de tous, des monstres d'impureté, pires que les animaux placés sur les autels de l'Égypte : du moins ne saurait-on reprocher à ceux-ci aucune de ces honteuses dégradations dont la mythologie est pleine. Vous concevez, Messieurs, quel vaste champ s'ouvrait ici à la verve caustique de l'auteur. Suivant l'exemple que lui avaient donné saint Justin et Tatien, le prêtre d'Alexandrie flétrit les turpitudes du panthéon hellénique avec une audace de langage qui ne recule devant aucun détail [1]. Depuis le Jupiter chasse-mouche des Éléens jusqu'à la Diane tousseuse des Spartiates, il flagelle toutes ces inventions d'un peuple vieilli dans les enfantillages d'un culte sans dignité ni valeur morale. Mais ce que j'aime à relever dans cette critique si incisive et si mordante, c'est le soin que met Clément à s'appuyer d'un bout à l'autre sur le témoignage et sur les aveux de ses adversaires. D'où pensez-vous, dit-il aux Grecs, que nous tirions ces choses ? Des écrits que vous nous fournissez vous-mêmes. Refuseriez-vous de reconnaître vos propres écrivains, parce qu'ils témoignent contre vous [2] ? » Cette excellente méthode, il l'emploie particulièrement, lorsqu'il reproche aux Grecs d'avoir converti le meurtre en pratique religieuse par l'abominable coutume des sacrifices humains : c'est à leurs historiens qu'il demande la preuve

---

1. *Exhort. aux Grecs*, II-IV
2. Ibid., II.

d'un crime consacré par les religions anciennes[1]. Puis il termine cette revue satirique du polythéisme en s'attaquant à la forme la plus grossière de l'idolâtrie, à l'adoration des statues et des simulacres[2]. Après avoir appelé comment, informes d'abord et sans art, les idoles finirent par prendre la forme humaine, Clément n'a pas de peine à faire ressortir l'absurdité d'une croyance qui attribue le caractère de la divinité à une pierre insensible et muette. Bien loin d'être des dieux, vos idoles, dit-il aux Grecs, ne partagent pas même avec les animaux le don de la vie : « Elles ne peuvent ni agir, ni se remuer, ni sentir ; on les lie, on les cloue, on les perce, on les fond, on les lime, on les coupe, on les taille, on les polit. » Vous avez reconnu peut-être dans cette réfutation aussi spirituelle que sensée le genre d'argument qu'emploieront plus tard Minucius Félix et saint Cyprien[3] : la ressemblance est frappante jusque dans les détails. Ah! sans doute, continue Clément, vos Phidias et vos Praxitèle ont produits des chefs-d'œuvre : j'admire leur art, mais la matière dont ils ont formé vos dieux n'est toujours que de la terre. « Pour moi, j'ai appris à fouler aux pieds la terre, et non pas à l'adorer[4]. » La littérature chrétienne a peu de morceaux plus éloquents que cette page où le prêtre d'Alexandrie porte aux artistes de la Grèce le défi d'égaler l'œuvre divine par ces vains simulacres auxquels manquent la vie et la vérité :

« Approchez, vous aussi, Phidias, Polyclète, Praxitèle, Apelle, vous tous qui exercez des arts mécaniques, terrestres artisans de la terre.... En est-il un seul parmi vous qui ait jamais façonné une image vivante, ou qui, avec de l'argile, ait assoupli une chair délicate et flexible ? qui de vous a liquéfié la moelle des os ? qui de vous en a consolidé la charpente ? qui de vous a tendu les nerfs ? qui de vous a enflé

---

1. *Exhort aux Grecs*, III.
2. Ibid., IV.
3. S. Cyprien, leçon III, page 60.
4. Γῆν δὲ ἐγὼ πατεῖν, οὐ προσκυνεῖν μεμελέτηκα·

les veines ? qui de vous y a infusé le sang ? qui de vous a enveloppé le corps d'une peau ? qui de vous a jamais placé le regard dans des yeux formés par sa main ? qui de vous a soufflé une âme dans cette muette effigie ? qui de vous l'a imprégnée des sentiments de la justice ? qui de vous enfin a pu lui dire : Tu sera immortelle. Seul, le créateur de toutes choses, le Père, l'artiste par excellence, a pu former cette statue vivante et animée qu'on appelle l'homme. Quand à votre dieu olympien, image de cette image, ombre lointaine de la vérité. il n'est que le sot ouvrage d'une main attique. En effet, l'image de Dieu, c'est son Verbe, Fils véritable de l'intelligence, Verbe divin, lumière archétype de la lumière ; et l'image du verbe, c'est l'homme [1] ! »

C'est ainsi que l'éloquence vient se joindre à l'érudition pour faire de l'*Exhortation aux Grecs* une grande et belle œuvre. Vous vous rappelez ces mots heureux, ces images pittoresques que nous rencontrions pour ainsi dire à chaque pas dans les écrits de Tertullien: Clément n'est pas moins riche en traits de ce genre. Quelle superbe métaphore pour mettre en relief la noblesse de notre origine : « L'homme est une plante céleste [2] ! » Quelle originalité d'expression pour rendre le bienfait de la venue du Verbe : « Dieu vous permet désormais d'envoyer de la terre des colonies dans le ciel [3] ! » Quelle richesse de couleurs dans cette peinture de l'œuvre de la Rédemption : « Le Verbe a transporté le couchant au levant ; il a élevé la mort en croix pour nous faire revivre ; divin agriculteur, il a transplanté la corruption pour en faire germer l'incorruptibilité, et converti en ciel la terre retournée dans tous les sens [4] ! » Quelle vigueur dans ce style sous lequel on sent si bien le mouvement de l'âme : « Enfants légitimes de la lumière, osons la regarder en face, de peur que

---

1. *Exhort. aux Grecs*, x.
2. Φυόν οὐράνιον, Platon dans l'Épilogue du *Timée*, et Plutarque dans le traité *de la Fuite*, s'étaient servis d'expressions équivalentes.
3. Ibid., xi.
4. *Exhort. aux Grecs*, ii.

le Seigneur, comme l'aigle qui éprouve ses petits au rayon du soleil, ne surprenne en nous la marque de la bâtardise. — Que l'Athénien suive les lois de Solon, que l'habitant d'Argos, obéisse à Phoronée, et le Spartiate à Lycurgue ! Pour vous, qui vous êtes enrôlé au service de Dieu, le ciel est votre patrie, et Dieu votre législateur. — Il en est qui suspendent à leur cou des amulettes, espérant y trouver leur salut ; et vous refuseriez d'attacher à votre poitrine le Verbe céleste, le Verbe Sauveur[1] ! » Quelle poésie de langage dans ces comparaisons que je prends çà et là, et qui sont d'une grâce charmante : « la foule des mortels attachée au rocher de ce monde comme l'algue des mers à l'écueil qui domine les flots, dédaigne l'immortalité. — Dieu soutient l'homme dans sa misericordieuse bonté, pareil à l'oiseau qui accourt vers sa jeune couvée quand elle tombe du nid. Qu'un reptile cruel vienne à dévorer la jeune famille, la mère voltige à l'entour, pleurant ses chers petits. Dieu fait plus dans son amour de père. Il cherche sa créature, la guérit d'une chute fatale, chasse la bête féroce, et reprenant la couvée, il l'excite à voler vers le nid[2]. » Cette image appliquée à la conduite de Dieu envers les païens, est pleine de délicatesse. Du reste le cœur est à la hauteur de l'esprit dans ces exhortations chaleureuses qui témoignent d'un amour sincère pour les frères encore éloignés de la voie du salut.

J'ai prononcé tout à l'heure le mot érudition, et non sans motif ; car si le discours de Clément se distingue par ses qualités oratoires, la science qu'y déploie l'auteur mérite l'admiration. Saint Jérôme en était émerveillé, et vous savez s'il avait le droit de se montrer difficile en pareille matière. L'*Exhortation aux Grecs* est un document précieux pour la critique des religions anciennes ; et les pages consacrées à la description des mystères du paganisme renferment une quantité de détails qu'on chercherait vainement ailleurs.

1. *Exhort. aux Grecs*, x, xi.
2. Ibid., ix, x.

Aussi, depuis Sainte-Croix jusqu'à Creuzer, tous les mythologues modernes ont-ils largement puisé à une source de renseignements si féconde. Clément avait porté dans l'étude du polythéisme une application d'esprit dont l'histoire offre peu d'exemples. Pour vous donner une idée de ce vaste labeur, il me suffira de vous dire qu'il emprunte ses citations à près de six cents écrivains de l'antiquité païenne. Parmi ces auteurs ne figurent pas seulement ceux dont les œuvres sont arrivées jusqu'à nous en tout ou en partie, mais encore une foule d'autres dont l'obscurité même prouve que le chef du Didascalée s'était donné la peine de lire les moindres productions des siècles passés. Nous trouvons là des ouvrages tels que les *Merveilles* de Monime, les *Retours* d'Anticlide, la *Concorde* de Pythocle, les *Aventures tragiques* de Démarate, les *Italiques* de Dorothée, les *Antiquités de Samos* d'Olympique, les *Livres à Timée* de Polémon, les *Argoliques* de Démétrius, le *Cycle* de Denis de Milet, l'*Itinéraire* d'Eudoxe, les *Mystères* d'Icésius, les *Persiques* de Diogène, les *Mœurs étrangères* de Nymphodore, etc., etc.[1]. Tout cela suppose un travail de recherche vraiment prodigieux. Or, Messieurs, de cette érudition incontestable, je tirerai une conclusion dont vous apprécierez, je l'espère, la justesse.

De nos jours, une certaine école qui s'attribue le privilège de la critique, a pris à tâche de réhabiliter le paganisme. Cette tentative s'explique d'elle-même : lorsqu'on déserte la religion chrétienne, il est tout simple qu'on recule de dix-huit siècles, et que les dieux de l'Olympe chassés par la croix reprennent leur empire sur des âmes auxquelles l'Évangile paraît trop sévère. A l'appui de leur thèse, les partisans de ce singulier progrès s'efforcent de prêter un sens méthaphysique et une couleur morale aux fictions de la mythologie. L'essai n'est pas nouveau : les néoplatoniciens du IIe et du IIIe siècle avaient agi de même ; et à quoi avaient abouti leurs efforts ? à montrer que le polythéisme, dépouillé de son appareil poé-

---

1. *Exhort. aux Grecs*, II-IV.

tique, était au fond la déification des forces et des éléments de la nature, une vaste confusion de Dieu avec le monde, ce qui est l'exacte vérité. Il va sans dire que nos modernes païens sont pleins de mépris pour la critique des Pères de l'Église qu'ils accusent d'avoir méconnu le sens et la valeur des religions anciennes. Cette prétention de se croire mieux au courant des faits d'une époque que les contemporains est chose vraiment curieuse. Ne dirait-on pas que les apologistes des trois premiers siècles ont surgi mille ou quinze cents ans après la chute du paganisme? Mais, Messieurs, ils en sortaient pour la plupart : ils avaient pratiqué ces rites qu'ils décrivent ; la première moitié de leur vie s'était passée au milieu de ces superstitions dont ils tracent le tableau. Où trouver des témoins plus compétents pour nous apprendre si les païens adoraient réellement des statues, si leurs fêtes orgiastiques et les scandaleuses aventures de leurs dieux favorisaient ou non la corruption des mœurs? Saint Justin et Tertullien constatent l'influence pernicieuse des fables dont leur jeunesse avait été imbue ; Tatien s'était fait initier aux mystères, lui-même nous l'apprend ; Clément d'Alexandrie avait fouillé le polythéisme dans tous ses coins et recoins [1]. Qu'on ne l'oublie donc pas, ces hommes étaient de grands érudits, d'infatigables chercheurs ; et d'ailleurs ils parlent de ce qu'ils avaient sous les yeux ; ils analysent des croyances qu'ils partageaient autrefois. Si leur critique a pu se trouver en défaut sur l'un ou l'autre point, ces erreurs de détail ne détruisent point leurs conclusions. Ainsi, tout en méritant le blâme sévère que jetait Clément sur les mystères d'Éleusis, tels qu'ils se pratiquaient de son temps, ces fêtes de l'agri-

---

1. Dans son *Aglaophanus* (Ire partie, p. 197), un mythologue allemand, Lobeck, prétend qu'aucun apologiste ne s'était fait initier aux mystères, ni même n'avait habité l'Attique, *ac ne in Attiqua quidem commoratum*. Cette distraction ne fait guère honneur à Lobeck. Tatien dit formellement qu'il avait été initié aux mystères (*Or. ad Græcos*, c. XLVI). Si Clément d'Alexandrie n'est pas né à Athènes, il nous apprend du moins qu'il avait séjourné en Grèce (*Strom.*, I, 1). Tous les manuscrits de l'apologie d'Athénagore portent en tête le titre de *philosophe athénien*.

culture n'avaient probablement pas dans l'origine le caractère d'immoralité que le sensualisme mythologique leur imprima par la suite. Le sens le plus relevé, qu'on puisse leur prêter, c'est que la germination printanière y passait pour un symbole de la vie future. Mais, d'autre part, il est hors de doute que des obscénités révoltantes se mêlaient à ces représentations nocturnes. L'un des panégyristes les plus enthousiastes du drame éleusinien avoue « que le culte de Déméter reposait, comme celui de toutes les autres divinités païennes, sur la personnification des forces de la nature adorées dans leurs manifestations [1]. » En vérité, il n'y a pas de quoi s'extasier devant une doctrine si monstrueuse ; et l'on conçoit que, parmi les païens eux-mêmes, des écrivains sérieux aient préludé sur ce point aux attaques des Pères de l'Église. Si quelques rhéteurs tels qu'Isocrate et Aristide prennent texte de là pour grossir le panégyrique d'Athènes, l'école socratique, la plus morale de l'antiquité païenne, n'a pour les mystères que de l'indifférence, sinon du mépris. Platon voit la ruine du sens moral dans les promesses qu'on y faisait aux initiés [2]. Plutarque s'appuie sur les scènes burlesques ou immorales qui se passaient à Éleusis, pour refuser le caractère de la divinité aux personnages dont on y représentait les aventures [3]. Denis d'Halicarnasse félicite les Romains de n'avoir point de pareilles fêtes, qu'il envisage comme un mal [4]. Varron réduit ces mystères tant vantés à des cérémonies commémoratives de l'invention de l'agriculture ; et dans Cicéron, l'académicien Cotta et le stoïcien Cornutus ne tiennent pas un autre langage [5]. L'auteur des *Tusculanes* va même jusqu'à prouver par là que les dieux des Grecs, y compris ceux du premier ordre, sont de purs

---

1. M Alfred Maury, *Hist. des religions de la Grèce antique*, t. II, p. 339.
2. *République*, II, 8, 17.
3. *De oracul. defec.*, VII ; *de Iside*, VII.
4. *Antiq. rom.*, II, 19.
5. S. August., *de civ. Dei*, VII, 10 ; — Cicéron, *de nat. deorum*, I, 42 ; III, 21, 22.

hommes [1]. Ou je me trompe fort, ou ces témoignages de savants païens confirment à merveille le jugement qu'a porté Clément d'Alexandrie sur les prétendus arcanes du polythéisme.

Je ne connais pas d'outrage plus sanglant à la raison et au bon sens que ce retour de certains esprits vers le paganisme après dix-huit siècles de foi et de vie chrétienne. Un livre récent vient de nous montrer à quel degré d'aberration la haine de l'Évangile peut conduire un homme de talent. Il est vrai qu'on ne discute plus avec cet écrivain, depuis qu'il a transporté aux insectes et aux oiseaux une estime qu'il refuse aux chrétiens. Mais enfin il est bon de signaler le châtiment que la révolte contre la foi trouve dans le dévergondage d'une imagination abandonnée à elle-même. Mécontent du livre divin qui est devenu le code religieux des peuples civilisés, l'auteur dont je parle s'est cru la mission de composer la vraie *Bible de l'humanité*. Alors, le voilà qui prend sa course à travers les peuples païens. Dans l'Inde, il se prosterne devant Agni, ou le feu. Il découvre la « Bible de la bonté [2] » chez un peuple dont les croyances religieuses ont leur expression sociale dans le cruel régime des castes. Quant à la polygamie, à la polyandrie, aux sacrifices humains, à ces superstitions frénétiques qui, encore à l'heure qu'il est, précipitent chaque fois des centaines de victimes sous les roues du char des idoles, ce sont là de petits détails que l'auteur n'a pas le temps d'examiner, tout occupé qu'il est à méditer sur la rédemption des vaches et des singes. De l'Inde où il a trouvé « le peuple de la lumière », le voyageur cosmopolite passe dans la Perse où il cherche « l'agriculture héroïque. » Là, nouvelle génuflexion devant « la Terre, la sainte femelle qui porte l'homme », devant « le robuste Homa[3] », devant le feu en présence du-

---

1. *Tuscul.*, I, 13. Il est vrai qu'ailleurs l'avocat de Verrès célèbre le culte secret de Cérès et de Proserpine ; mais ici, il parle en philosophe et donne sa vraie pensée.

2. M. Michelet, *la Bible de l'humanité*, p. 3.

3. Liqueur enivrante formée du suc de la plante appelée asclépiade, et à laquelle les anciens Perses attribuaient une vertu magique.

quel « le chef de famille prononce les mots qui vivifient le monde. » Dans son enthousiasme pour le Homa, le nouveau révélateur oublie que si la religion de Zoroastre se distingue par quelque endroit, c'est précisément là où elle se rapproche de la religion mosaïque ; et que pour le reste, la doctrine des deux principes, la divinisation de la matière, un rituel qui s'occupe surtout des devoirs envers les chiens, sans compter la polygamie et l'inceste, forment un système religieux et moral devant lequel reculeraient les Peaux-Rouges. Arrive le tour de la Grèce, et alors l'admiration déborde devant « la Terre, la bonne mère nourrice, si naturellement adorée de l'humanité reconnaissante », devant « le culte vénérable de l'âme de la Terre », devant « le charmant Hermès, l'aimable Apollon, et le bon, le grand Hercule, etc., etc. » Voilà ce qui s'est imprimé, et ce qu'on a pu lire en l'an de grâce 1864 ! Vous concevez fort bien qu'il ne peut pas me venir en esprit de vouloir réfuter une pareille thèse. L'adoration des dieux de l'Olympe ne saurait constituer de nos jours qu'un cas pathologique qui n'est pas du ressort de la faculté de théologie. Je me contenterai de vous lire une page de Clément d'Alexandrie, en vous avertissant que l'éloquent écrivain ne s'adresse dans cette admirable péroraison qu'au vieillard Tirésias :

« Il me semble voir deux soleils et une double Thèbes, s'écriait un ancien agité par des transports idolâtriques et enivré d'une pure chimère. Pour moi, une pareille ivresse m'inspire de la compassion, et je ne puis qu'exhorter un esprit ainsi égaré à demander le calme de la raison à la doctrine du salut ; car le Seigneur veut la conversion du pécheur et non sa mort. Viens donc, ô insensé, non plus le thyrse à la main, ni la couronne de lierre sur la tête. Jette là ta mitre, quitte ta peau de faon, et reprends ta raison. Je te dévoilerai le Verbe et les mystères du Verbe, en me servant de tes propres images. Voici la montagne chérie de Dieu : elle n'a pas, comme le Cithéron, fourni matière aux fables tragiques, mais elle est consacrée aux drames de la vérité. Montagne où réside la tempérance ! chastes ombrages qui abritent la pudeur ! Là ne s'égarent point, dans les transports de Bacchus, les sœurs de Sémélé jadis frappée de la foudre, ces Ménades initiées par l'impure dilacération des victimes. A leur place, tu trouveras les filles de Dieu, belles de leur innocence d'agneau ; tu les trouveras célébrant les augustes mystères du Verbe et formant des chœurs d'une sobriété pudique. Ici, le chœur se compose des justes ; le cantique est un hymne en l'honneur du Roi de l'univers. Les jeunes filles font résonner le luth sacré ; les anges entonnent leurs chants de gloire ; les prophètes proclament leurs oracles ; d'harmonieux concerts retentissent de toutes parts ; on poursuit le thiase d'une course rapide ; les élus volent, désireux de recevoir le Père. Approche, vieillard, laisse là et Thèbes et la divination et les orgies de Bacchus, laisse-toi conduire par la main vers la vérité. Voici que je te présente le bois sur lequel tu pourras t'appuyer. Hâte-toi, Tirésias, aie confiance, tes yeux se rouvriront à la lumière. Le Christ qui rend la vue aux aveugles, brille plus éclatant que le soleil. La nuit fuira ta paupière, la flamme n'osera te toucher, et la mort reculera devant toi. Tu verras les cieux, ô vieillard, toi qui ne peux même plus voir Thèbes. O mystères véritablement saints ! ô clartés pures et sans mélange ! Heureux épopte, je contemple les cieux et Dieu lui-même, au flambeau que porte le dadouque céleste. En recevant l'initiation, je reçois la sainteté. Le Seigneur est ici l'hiérophante ; il marque de son sceau le myste qu'il illumine, et il recommande au Père l'adepte fidèle, afin que le Père le conserve dans la suite des siècles. Voilà mes mystères et mes bacchanales. Faites-vous donc initier, si bon vous semble. Alors, de concert avec les anges, vous prendrez part à l'hymne du Verbe Dieu, et vous formerez un chœur autour de celui qui n'a pas eu de commencement et qui n'aura pas de fin, autour du Dieu unique et véritable [1]. »

Quelle belle et quelle haute éloquence ! Comme on aime

---

1. *Exh. aux Grecs*, XII.

à se reposer dans les écrits des Pères de l'Église, au sortir d'une lecture qui ne laisse après elle qu'une impression de tristesse et de dégoût ! S'il est pénible de voir que le sensualisme païen trouve encore parmi nous des panégyristes, on se console par la pensée que ces produits d'une littérature malsaine resteront ensevelis dans un profond oubli, tandis que le monde continuera de lire et de méditer les immortels discours où les apologistes des premiers siècles ont porté aux erreurs du polythéisme des coups dont elles ne se sont pas relevées.

CINQUIÈME LEÇON

Conclusion de l'examen critique des religions anciennes. — Du poly théisme vulgaire, Clément passe à l'enseignement des écoles philosophiques. — Trois classes de philosophes. — Les matérialistes, les semi-matérialistes et les spiritualistes. — Jugement de Clément sur Platon et sur sa philosophie. — Mérite et défaut de cette appréciation. — Comment une thèse extrême en appelle une autre. — Clément soutient que les philosophes grecs ont pillé les livres saints. — Il prétend retrouver des emprunts analogues chez les principaux poètes de l'antiquité païenne. — Discussion des textes sur lesquels il appuie son sentiment — L'école juive d'Alexandrie l'a induit en erreur sur ce point, par la fabrication d'écrits apocryphes sous le nom des poètes grecs. — Le monothéisme dans l'antiquité païenne.

Messieurs,

Clément avait débuté par la critique des religions de l'antiquité. Cette première partie de l'*Exhortation aux Grecs* devait être, dans l'enseignement du Didascalée, le point de départ de toute démonstration ultérieure. Car, pour amener les païens à l'Évangile, il fallait leur faire comprendre le néant des doctrines auxquelles ils avaient adhéré jusqu'alors. Cet examen préliminaire formait une excellente introduction à l'étude du christianisme. D'ailleurs, les apologistes du IIe siècle avaient tous suivi cette marche indiquée par la nature même des choses. A leur exemple, le chef de l'école d'Alexandrie s'était tourné tout d'abord vers ce panthéisme grossier qui faisait le fond de la mythologie grecque. Oracles, mystères, origines de l'idolâtrie, aventures des dieux de la fable, adoration des statues, voilà autant de sujets qu'il avait discutés avec non moins de verve que d'érudition. Il résultait clairement de cette analyse que le polythéisme était, au point de vue doctrinal, une vaste confusion de Dieu avec le monde, et, au point de vue moral, la consécration de tous les vices. Le bon sens le plus ordinaire suffisait pour tirer ces conclusions ; mais telle est la force de l'habitude que l'évidence elle-même n'en triomphe que difficilement. Les écrivains des premiers siècles de l'Église le sentaient fort bien : victorieux de l'erreur par le raisonnement, ils venaient se heurter contre l'obstacle qui surgissait d'une coutume invétérée. Les croyances et les institutions païennes avaient de profondes racines dans le passé ; elles s'identifiaient pour ainsi dire avec l'histoire nationale des Grecs et des Romains. Nourrie de ces fables dès le bas âge, l'imagination en conservait l'empreinte avec d'autant plus de fidélité que les passions n'y trouvaient aucune gêne. C'était un héritage qui se transmettait de père en fils, et le respect des ancêtres semblait colorer d'un prétexte spécieux cet attachement à des erreurs traditionnelles. On s'étonne quelquefois de voir se prolonger pendant plusieurs siècles des opinions qui ne soutiennent pas un examen sérieux : la surprise serait moindre si l'on réfléchissait à l'empire qu'exercent sur le grand nombre les préjugés de naissance et d'éducation. Après les passions qui sont toujours de connivence avec l'erreur, rien n'arrête davantage le triomphe de la vérité dans le monde. Cet obstacle, saint Justin l'avait combattu en montrant que le respect des ancêtres ne doit pas nous faire préférer la coutume à la vérité[1]. Clément signale à son tour la folie qu'il y aurait à vouloir se retrancher derrière une opinion préconçue et des habitudes acquises, pour résister à une doctrine qui s'appuie sur des preuves manifestes :

« Mais je vous entends, dit le philosophe chrétien : il vous en coûte de renverser les coutumes qui vous ont été transmises par vos ancêtres ; c'est un sacrifice qui répugne

---

1. *Les apologistes chrétiens au* IIe *siècle,* saint Justin, leçon IXe, p. 166 et suiv

à votre raison. S'il en est ainsi, pourquoi ne vous en tenez-vous plus au premier aliment de votre enfance, au lait que vos nourrices vous offraient à votre entrée dans la vie ? Pourquoi augmenter ou diminuer l'héritage de vos pères, au lieu de le laisser scrupuleusement tel qu'il vous a été légué ? Pourquoi ne vous vois-je plus sauter sur les genoux de vos pères, ni vous livrer à ces jeux puérils qui excitaient le rire des spectateurs quand vous étiez dans les bras de vos mères ? Pourquoi vous êtes-vous corrigés des défauts du jeune âge, même en l'absence d'un bon maître ? Si donc nous regardons comme un devoir de modérer toute affection excessive, malgré la joie que nous pourrions en ressentir, pourquoi n'abandonnerions-nous pas une coutume vicieuse, des habitudes de désordre et d'impiété, pour incliner notre âme vers la vérité ? Dussent vos pères s'en irriter, vous trouveriez le véritable père, en rejetant de pareils usages comme un poison funeste [1]. »

Un peu plus loin, Clément, toujours plein des souvenirs de la poésie grecque, compare la coutume à ces sirènes de l'antiquité qui essayaient d'attirer par leurs chants Ulysse et ses compagnons. Fermez l'oreille à ces voix séductrices, dit-il aux païens : c'est loin de cette île, séjour d'une volupté homicide, qu'il faut diriger votre navire ; le Verbe de Dieu sera votre pilote, et le souffle de l'Esprit-Saint vous conduira au port [2]. Avant de leur adresser cet appel final, l'éloquent écrivain avait placé la vérité en regard de la coutume, et résumé l'enseignement des livres saints sur la nature et les perfections de Dieu [3]. Chez tous les apologistes chrétiens, cette partie positive de l'argumentation, empruntée de préférence à l'Ancien Testament, vient compléter la critique des religions païennes.

Jusqu'ici le catéchiste alexandrin n'avait attaqué que le polythéisme vulgaire, celui qui trouvait son expression dans

1. *Exhort. aux Grecs*, x.
2. Ibid., xii.
3. Ibid., viii.

les fables de la mythologie et dans les cérémonies du culte. Mais à côté de ces croyances populaires et de ces pratiques superstitieuses, le monde païen pouvait montrer quelque chose de plus élevé, l'enseignement des écoles philosophiques. Pour convaincre les esprits de la nécessité d'une révélation divine, il s'agissait de prouver que les sages de la Grèce, eux aussi, avaient échoué dans la solution des grands problèmes de la destinée. Aucun apologiste, nous l'avons vu n'a manqué à cette tâche ; mais c'est le mérite de Clément d'avoir étudié le rôle de la philosophie grecque avec une élévation et une largeur de vues que nul n'a surpassées. Ce travail est l'un des côtés saillants de son œuvre. Ici, Messieurs, comme j'ai eu soin de vous en avertir, il nous faudra anticiper quelque peu sur l'analyse des *Stromates* ; car mainte proposition formulée dans l'*Exhortation aux Grecs* ne trouve son développement et son entière application que dans l'ouvrage dont je viens de prononcer le nom.

Pour ne pas envelopper dans un même blâme des systèmes de valeur très-diverse, Clément distingue trois classes de philosophes. Dans la première il range les savants qui, depuis Thalès jusqu'à Héraclite, ont divinisé un ou plusieurs éléments de la nature : ceux-ci, l'eau ; ceux-là, l'air ; d'autres, le feu ; plusieurs enfin, la terre, ou telle substance physique qu'il leur plaisait d'envisager comme le principe des choses. Cela posé, il constate, et à bon droit, l'identité de ces doctrines matérialistes avec le naturalisme panthéistique auquel se réduisait la mythologie grecque. Que le vulgaire adore Neptune, ou que les philosophes divinisent l'eau, peu importe : il n'y a de différence que dans les noms. Les savants ne révèrent peut-être pas le bois et la pierre, comme la multitude des païens, mais ils déifient la terre d'où sortent la pierre et le bois : encore une fois, où est la différence, quant au fond des doctrines [1] ? L'observation que fait ici Clément est de toute justesse. Je regrette, Messieurs, d'être

---

1. *Exhort. aux Grecs*, v ; — *Stromates*, l. I, c. xiv.

obligé de dire qu'elle ne s'applique pas moins aux matérialistes modernes. Leur théorie n'a rien qui l'élève au-dessus du fétichisme païen. Car, suivant leur manière de voir, l'univers se compose de forces et d'éléments subsistant par eux-mêmes, en dehors de toute puissance créatrice. Or, l'Être subsistant par lui-même est précisément ce qui s'appelle Dieu dans la langue ordinaire. Donc, pour être conséquents à leur principe, les partisans du matérialisme devraient se joindre aux fétichistes païens pour rendre les honneurs divins aux éléments de la nature. J'ai beau chercher à mon tour une différence entre le paganisme le plus grossier et les théories matérialistes qu'on affiche de nos jours, je ne parviens pas à en trouver ; s'il y en a une, elle est tout à l'avantage du premier : le nom de Neptune est fort poétique, tandis que l'oxygène et l'hydrogène portent des noms qui ne leur permettent pas de sortir des limites de la prose.

Clément traite avec sévérité cette classe de philosophes, qu'il accuse d'athéisme ; et si l'école d'Ionie ainsi que celle des physiciens d'Élée n'ont réellement pas dépassé les conceptions de nos matérialistes modernes, ce qu'il est assez difficile de décider en l'absence de tout écrit, nul doute qu'elles ne méritent ce reproche. Lors donc que le prêtre d'Alexandrie ne craindra pas d'assigner à la philosophie grecque un grand rôle dans le plan de la Providence, nous devrons nous rappeler que l'éloge ne s'étend nullement aux écoles dont il vient de parler. A ce premier groupe de philosophes en succède un second, formé de ceux qui ont admis un principe supérieur aux éléments de la nature, soit l'indéfini, comme Anaximène, soit une intelligence, comme Anaxagore, soit le plein et le vide, à l'exemple de Leucippe et de Métrodore, soit enfin des esprits animant les astres, selon l'opinion de Xénocrate et d'Alcméon. Clément joint à cette catégorie de penseurs les stoïciens qui mêlent Dieu à la matière, et les péripatéticiens qui bannissent la Providence de ce monde terrestre [1]. Tout en ne les rangeant pas sur la

[1] *Exhort. aux Grecs*, v; — *Stromates*, I, 14 ; v, 14

même ligne que les matérialistes de l'école d'Ionie, il ne laisse pas de leur adresser de graves reproches, et les accuse d'avoir méconnu la vraie nature de Dieu. Cette critique repose sur une analyse exacte des doctrines. Il est incontestable, en effet, que les anciens stoïciens n'avaient pas su s'élever jusqu'à la notion de la spiritualité divine : ils se figuraient un Dieu répandu dans l'univers comme l'âme dans le corps humain ; et encore cette âme du monde ne diffère-t-elle du reste de la matière que par des qualités plus subtiles et plus déliées. Quant à Aristote, Clément a parfaitement saisi le vice capital de sa métaphysique : le Dieu d'Aristote n'est pas une Providence ; il n'agit en rien sur le monde qui subsiste sous la forme actuelle de toute éternité ; il ne le connaît même pas, puisque, dans l'opinion du philosophe de Stagyre, une pareille connaissance serait une marque d'imperfection. En répétant avec Tatien qu'Aristote limite la Providence divine aux régions sub-lunaires, l'auteur de l'*Exhortation aux Grecs* mitige l'erreur de ce grand esprit, bien loin de l'exagérer [1] ; car toute action providentielle est impossible dans un système qui exclut de Dieu la connaissance du monde. D'autre part, cependant, je dois reconnaître que Clément s'est mépris sur la pensée d'Aristote, quand il l'accuse d'avoir divinisé l'univers. Si le Dieu d'Aristote n'est pas et ne saurait être une Providence, si on ne peut l'envisager d'aucune façon, ni comme le créateur, ni même comme l'organisateur de la matière, il n'en reste pas moins distinct du monde, dont il est le premier moteur et la cause finale. Cette double restriction empêchera toujours de confondre Aristote avec les philosophes dont Clément vient de résumer les systèmes ; et l'on est obligé de dire que le docteur alexandrin n'a pas rendu complétement justice au chef de l'école péripatéticienne. Il aurait trouvé la vraie mesure de l'éloge et du blâme, s'il avait su éviter un excès de rigueur envers

---

1. Tatien, *Or. ad Græcos*, II. — Théodoret a émis la même assertion, *Thérapeutique*, V.

Aristote, et un excès d'indulgence à l'égard de Platon.

C'est, en effet, pour Platon et pour les philosophes plus ou moins rapprochés de lui, que Clément réserve ses sympathies et son admiration. Il range dans cette troisième classe, outre le chef de l'Académie, Antisthène, Xénophon, Cléanthe le stoïcien, Pythagore, et tous ceux qui ont possédé quelques notions saines sur le Dieu unique et véritable [1]. Ce n'est pas qu'il s'attache exclusivement à la philosophie platonicienne : non, Clément est un éclectique, et nous verrons plus tard dans quel sens il prend ce mot. S'il met Platon au-dessus de tous les penseurs de l'antiquité, c'est qu'il trouve dans ses écrits le plus de conformité avec la doctrine chrétienne. Il cite d'abord les passages où le disciple de Socrate professe le monothéisme, et il en conclut que ce philosophe n'admettait qu'un seul principe des choses [2]. A l'exemple de saint Justin et d'Athénagore, il signale un vestige du dogme de la Trinité dans la deuxième lettre à Denis de Syracuse [3]. Il va jusqu'à inférer d'un endroit du Timée que Platon enseignait le dogme de la création *ex nihilo* [4]. Il rapproche de l'Évangile la doctrine platonicienne sur le souverain bien [5]. Immortalité de l'âme, peines et récompenses dans la vie éternelle, petit nombre des élus, nécessité d'un secours divin pour pratiquer la vertu, action du démon sur le monde, voilà autant de vérités que Clément découvre chez celui qu'il appelle, avec Numénius d'Apamée, « un Moïse athénien, un philosophe hébreu [6]. » Il n'y a pas jusqu'à l'opinion de Platon sur la communauté des femmes qu'il ne cherche à interpréter dans un bon sens [7]. Assurément, ces nombreuses ci-

---

1. *Exhort. aux Grecs*, v ; — *Stromates*, l. V, c. xiv.
2. Ibid., μίαν τὴν ὄντωσ οὖσαν ἀρχήν.
3 *Stromates*, l. V, c. xiv ; — S. Justin, Ire apologie, lx ; — Athénagore, *leg.* xxiii.
4. Ibid., ἐκ μὴ ὄντος ὑποστάντος.
5. *Stromates*, l. II, xxii.
6. *Stromates*, v, 2, 14 ; 1, 19 ; v, 3, 13, 14 ; 1, 1, 22.
7. Ibid., iii, 2.

tations, empruntées à la plupart des dialogues du philosophe grec, dénotent une vaste et forte érudition ; mais l'on peut se demander si l'auteur des *Stromates* et de l'*Exhortation aux Grecs*, tout à l'heure si sévère à l'égard d'Aristote et des stoïciens, n'a pas poussé l'admiration pour Platon jusqu'à la partialité.

Certes, Messieurs, personne plus que moi n'est disposé à rendre hommage au génie de Platon. Je ne crois pas qu'il ait paru dans le monde un esprit philosophique plus élevé que le sien. Jamais homme n'a mieux montré jusqu'où peut parvenir la raison humaine privée des lumières de la foi. Mais, par le même motif, on ne saurait désirer une meilleure preuve de la nécessité d'une révélation divine pour mettre l'âme en possession de la vérité. Car enfin il ne faut pas perdre de vue les graves erreurs qui défigurent l'enseignement de Platon. Sa théodicée, supérieure à celle des autres philosophes de l'antiquité, n'en reste pas moins entachée d'un vice radical, car elle place à côté de Dieu une matière éternelle que Dieu n'a point créée, qu'il se borne à former et à organiser, c'est-à-dire en réalité un second principe des choses. Le monothéisme de Platon se résout de la sorte en vrai dualisme, par la raison bien simple que le dogme de la création, point capital pour la saine notion de Dieu, lui était aussi étranger qu'au reste du monde païen. Le texte sur lequel s'appuie Clément d'Alexandrie pour démontrer le contraire, ne prouve absolument rien. L'auteur du *Timée* dit « que le monde a été engendré par Dieu », et « qu'il est difficile de trouver le Père de toutes choses. Ces paroles n'expriment pas la création proprement dite ; et s'il fallait suivre la métaphore de la génération jusqu'au bout, on arriverait plutôt à la théorie orientale de l'émanation ou au panthéisme. Quant au dogme de la Trinité, il n'y en a pas tracé dans ce passage cité par Clément : « Tout est autour du Roi de tout, et tout existe à cause de lui : il est la source de toute beauté. Ce qui est du second ordre est autour du principe second, et ce qui est du troisième ordre autour du troisième principe. » Cette phrase est un véritable logogriphe, où l'on peut voir tout ce qu'on veut, sans compter que la seconde lettre à Denis est d'une authenticité fort suspecte. Qu'on puisse découvrir chez Platon une sorte de triade composée du Bien, de l'Intelligence et de l'Ame, ou trois sphères comprenant les idées, les divinités astrales et les hommes, je ne voudrais pas le nier ; mais je demande ce que de pareilles conceptions ont de commun avec la Trinité chrétienne ? Il ne faut rien moins qu'une bienveillance extrême pour y trouver, avec Clément d'Alexandrie, le Père, le Fils et l'Esprit-Saint.

J'en dirai autant de quelques autres points de la doctrine platonicienne. Aucun philosophe grec n'a enseigné l'immortalité de l'âme, et la sanction de la loi morale dans une vie future, avec autant de clarté que le chef de l'Académie. Mais que d'erreurs sur lesquelles le catéchiste alexandrin aurait pu insister, s'il n'avait trop cédé au désir de montrer aux Grecs l'accord de leur philosophie avec le christianisme ! Est-ce que les théories de la préexistence des âmes et de la métempsycose, qui occupent une si grande place dans le système de Platon, ne dénaturent pas d'une façon étrange la doctrine de l'immortalité de l'âme, jusqu'à détruire la vraie notion du mérite et du démérite ? Il est vrai que l'auteur du *Timée* ne fait point passer les âmes humaines dans les plantes, comme Empédocle ; mais il n'en assigne pas moins à quelques-unes d'entre elles les corps des animaux pour théâtre de leurs migrations, ce qui est toujours une conception très-grossière [1]. J'admire avec Clément d'Alexandrie la doctrine de Platon sur le souverain bien : c'est la plus haute qu'on puisse rencontrer dans l'antiquité païenne. En disant que la ressemblance avec Dieu doit être le but de nos efforts, ce grand homme écrivait une sorte de préface à la morale évangélique. Mais, ici encore, nous trouvons un excellent principe mêlé aux plus funestes méprises. Suivant le philosophe grec, le mal moral ou le péché ne provient pas d'un

---

1. *Timée*, p. 42, *édit.* in-folio (p. 276, édit. Astius).

abus du libre arbitre ou d'une direction perverse de la volonté, mais d'un simple défaut de connaissance. Pour lui, le savoir se confond avec le vouloir, et le philosophe est l'homme vertueux par excellence, car du moment qu'on voit le bien à la lumière des idées, l'on s'y porte nécessairement ². D'où il suit que, pour arriver à la perfection morale, l'homme n'a besoin que de s'élever de plus en plus sur l'échelle de la contemplation. Grave erreur qui absorbe la vertu dans la science, et met la fatalité à la place du libre arbitre. Disons-le dès maintenant, nous retrouverons chez Clément d'Alexandrie lui-même quelques traces de cette estime exagérée pour la science ou la gnose, au détriment de la foi active et de la vie pratique.

Enfin, Messieurs, les théories sociales de Platon achèvent de montrer à quel point le paganisme avait altéré dans les âmes l'idée de la justice et affaibli le sentiment de la dignité morale. Clément soutient que Carpocrate a mal compris le philosophe grec en voulant lui prêter son opinion sur la communauté des femmes. Mais le texte du Vᵉ livre de la *République* est formel, et n'admet pas d'équivoque. Dans la législation dont Platon a tracé le plan, « toutes les femmes doivent être communes à tous les hommes, et aucune ne peut habiter avec un seul ; les enfants à leur tour doivent être communs, de telle sorte qu'aucun père ne connaisse son fils, ni aucun fils son père ². Il est impossible de détruire la famille et la moralité publique avec plus de sang-froid : tout essai d'interprétation bénigne échoue devant la clarté du texte. D'ailleurs, cette détestable maxime n'est qu'un détail au milieu de tant d'autres prescriptions non moins immorales. Si Platon s'est réellement proposé d'organiser sa république sur le modèle de la cité céleste, comme le prétend Clément d'Alexandrie ³, on peut dire que jamais cité terrestre n'a mieux réalisé l'idéal de l'injustice et de la perversité. D'abord, le législateur philosophe mérite en tout point le

---

1. *Lois*, p. 861 ; *République*, p. 618, 619 ; cf. 413, 589.
2. *République*, l. V, p. 655 (édit. Astius, p. 268).
3. *Stromates*, I. IV. c. XXVI.

reproche que saint Paul adresse aux sages de la Grèce, « de n'avoir point glorifié le Dieu qu'ils connaissaient [1] : » dans son traité *des Lois* encore plus que dans sa *République*, il établit comme base de son État modèle le polythéisme grec, l'adoration des dieux de l'Olympe, auxquels il ne croyait pas, avec tout l'attirail des superstitions païennes [2]. Si l'on voulait pousser l'indulgence jusqu'à ses dernières limites, on pourrait trouver des circonstances atténuantes dans le désir de ménager les opinions reçues, bien qu'une telle conduite ne soit rien moins qu'héroïque ; mais il est d'autres points sur lesquels Platon me paraît inexcusable. Non-seulement il absorbe l'individu dans l'État, et laisse peser une main de fer sur tous les actes de la vie privée du citoyen, qui abdique ainsi son droit personnel pour devenir un rouage passif dans le mécanisme artificiel de l'État, mais encore il condamne à l'esclavage la masse des habitants, et fait dériver, comme Aristote, la condition servile du droit naturel. Sa division de l'État en trois castes, dont la première seule est capable de parvenir à la connaissance, tandis que les deux autres en sont réduites à se contenter de l'opinion, cette division si odieuse répond exactement au régime social de l'Inde ; et il faut en vérité porter le goût de l'allégorie à un degré rare, pour trouver dans ces trois castes, avec les interprètes dont Clément semble adopter l'opinion, les Chrétiens, les Juifs et les Grecs [3]. Est-il besoin d'ajouter à cette liste déjà si longue des erreurs de Platon, l'avortement, l'infanticide et la pédérastie érigés en maximes d'État ou du moins en pratiques utiles pour arrêter l'accroissement trop rapide de la population [4] ? Lorsqu'on voit un si grand esprit méconnaître à un tel point les lois essentielles de l'ordre moral, on se demande à quel abais-

---

1. Ép *aux Rom.*, I, 21.
2. *Répub.*, IV, 437 ; V, 461 ; VII, 540 ; — *Lois*, 717. 653.
3. *Stromates*, V, 14.
4. Voyez l'excellente analyse du système de Platon dans Dœllinger, *Heidenthum und Judenthum*, Ratisbonne, 1857, p. 276-304.

sement devait en être arrivé le reste du monde païen. Non, jamais je ne me suis mieux convaincu de la nécessité d'une révélation divine qu'en étudiant les écrits de Platon, et en particulier ses deux traités de la *République* et des *Lois*.

Clément d'Alexandrie me semble donc avoir excédé la mesure de l'éloge dans son appréciation de la théorie platonicienne. Sans doute, l'on s'explique sans la moindre peine dans quel but il s'efforce de prêter un sens favorable à certaines opinions du philosophe athénien. Rien ne pouvait faire meilleure impression sur l'esprit des païens que ces analogies entre les doctrines du plus grand de leurs maîtres et le christianisme. En voyant que déjà Platon avait préludé à l'Évangile sur bien des points, ils devaient perdre de leurs préjugés et se sentir attirés vers la foi chrétienne. Je me hâte de le dire, Messieurs, au fond, et dépouillée de toute exagération, la thèse de Clément est incontestable : ses vues sur le rôle de la philosophie grecque, prises dans leur généralité, sont aussi justes qu'élevées, comme nous le montrerons bientôt ; mais, dans le détail, il n'a pas su éviter ce que nous appellerons un excès d'indulgence. Il laisse dans l'ombre les erreurs de Platon, pour ne mettre en lumière que le côté vrai de son système. Une appréciation qui repose sur de telles bases devient nécessairement exclusive et partiale. Puis, à force de vouloir découvrir dans les écrits du philosophe grec les vestiges d'un christianisme anticipé, Clément y place quelquefois des doctrines qui ne s'y trouvent pas. Bref, il agit à l'égard de Platon comme le moyen âge fera pour Aristote, à qui les scolastiques ont fort souvent prêté des principes et des idées dont le chef de l'école péripatéticienne ne se doutait guère. C'est l'écueil naturel de ces tentatives de rapprochement ou de conciliation, qui dénotent en général une certaine largeur d'esprit, mais qui, n'étant pas contenues dans de sages limites, ont pour résultat ordinaire d'altérer la physionomie d'un auteur et de fausser le caractère de ses œuvres. Il peut même arriver qu'en voulant trop atténuer ou excuser les erreurs d'un écrivain, on finisse par en adopter l'une ou l'autre : l'histoire de l'école d'Alexandrie n'est pas faite pour témoigner du contraire. Et voyez, Messieurs, comme une thèse extrême en appelle une autre. S'il était vrai que Platon eût enseigné le dogme de la création, celui de la Trinité, et tant d'autres vérités dont Clément lui attribue la connaissance, on pouvait se demander où donc le philosophe grec avait puisé un ensemble de doctrines si parfait ? La réponse du docteur alexandrin est toute prête, et je vous prie de bien la remarquer. Les philosophes grecs, dit-il, sont des voleurs ; ils ont pillé les livres saints, en prenant grand soin de dissimuler la véritable source de leur enseignement. Telle est la solution du problème ; et Clément consacre près d'un tiers de ses écrits à la développer jusque dans les moindres détails. Mais, avant d'en examiner la valeur, il nous faut jeter un coup d'œil sur les poëtes dont il invoque le témoignage parallèlement à celui de Platon et d'autre penseurs de l'antiquité païenne.

Nous avons vu que le chef du Didascalée partage les philophes grecs en trois classes, suivant le degré où ils se rapprochent de la vérité. Au bas de l'échelle il place le matérialistes, qui ont identifié le principe des choses avec les éléments de la nature, comme Thalès et Héraclite. Au-dessus d'eux, il range ceux que l'on pourrait appeler les semi-spiritualistes, cette catégorie de savants qui ont admis un principe supérieur aux forces physiques, sans parvenir cependant à le dégager de tout élément matériel : les stoïciens et les péripatéticiens occupent cette place intermédiaire. Enfin, au sommet de l'échelle, apparaissent Platon, Pythagore, et tous ceux qui, à leur exemple, ont professé la doctrine d'un Dieu unique, d'une intelligence suprême gouvernant l'univers. Or, ce monothéisme spiritualiste, Clément veut le trouver aussi chez des poëtes tels qu'Eschyle, Sophocle, Euripide, Ménandre, Diphile, etc. Il cite avec confiance, et dans le même but, les poésies orphiques, les livres sibyllins, et cherche le dogme de l'unité de Dieu jusque dans Homère et dans Hésiode [1]. C'est exactement la thèse que soutenait saint Justin ; et devant une telle ressemblance, il me paraîtrait peu raisonnable de supposer que le prêtre d'Alexandrie, si familier avec toutes les productions de la littérature tant chrétienne que païenne, n'eût pas connu et mis à profit les ouvrages de son devancier. Il est vrai qu'on observe quelques variantes dans les fragments poétiques cités tour à tour par les apologistes : Clément met sur le compte de Ménandre et de Diphile certains passages que saint Justin attribue à Euripide et à Philémon [2]. Mais ces divergences prouvent tout simplement qu'il y avait doute sur la provenance des textes, et qu'il circulait différentes copies des ouvrages mentionnés de part et d'autre. Ce qu'il y a de certain, c'est que les morceaux de ce genre recueillis par le premier des apologistes chrétiens reparaissent à quelques mots près dans Clément d'Alexandrie. Or, Messieurs, nous ne pourrions que répéter, à ces propos, ce que nous avons dit en analysant le traité de *la Monarchie* de saint Justin, et son *Exhortation aux Grecs* [3]. Parmi ces fragments poétiques, destinés à prouver que la doctrine d'un Dieu unique avait surnagé au naufrage des croyances primitives du genre humain, il en est dont l'authenticité paraît bien établie ; mais il y en a d'autres, et en bon nombre, qui sont évidemment apocryphes. Nous avons cité, à ce sujet, une longue tirade de Sophocle, qui aurait fait lapider sur la scène l'auteur d'*Œdipe à Colonne*, s'il s'était réellement permis, devant le peuple athénien une pareille attaque contre le culte national [4]. Dans un hymne attribué à Orphée, nous avons trouvé l'éloge d'Abraham et la mention des deux tables de la loi, ce qui trahit la main d'un auteur juif, et non celle d'un écrivain grec [5]. Pour compléter la preuve, permettez-

---

1. *Exhort. aux Grecs*, vii ; — *Stromates*, v, 14.
2. Clément. *Stromates*, v, 14 ; — S. Justin, *de Monarchia*, 2, 3, 4, 5.
3. Saint Justin et les apol. chrétiens au iie siècle, leçon X[e], *le monothéisme dans l'antiquité païenne*.
4. Ibid., p. 194.
5. Ibid, p. 261.

moi de placer sous vos yeux un prétendu fragment d'Eschyle, où Clément signale une description poétique de la puissance du vrai Dieu :

« Distingue Dieu des mortels, et ne pense pas qu'il ait un corps semblable au tien ; car tu ne le connais pas... La mer lui est soumise ; les rochers sont sous ses ordres, ainsi que les fontaines et les réservoirs d'eau. Les montagnes, la terre, l'abîme sans fond des mers, le sommet des collines, tout tremble devant lui, quand l'œil redoutable du Maître contemple l'univers, tant est puissante la majesté du Dieu très-haut [1]. »

Clément a raison de voir dans ces vers une paraphrase des paroles du Psalmiste : « La terre tremble devant la face du Seigneur ; » mais cette analogie, trop frappante pour être fortuite, prouve précisément qu'on ne doit pas les placer dans la bouche d'Eschyle. Ce n'est pas ainsi que s'exprime dans les tragédies qui nous restent de lui, l'un des poëtes les plus dévotement attachés aux fables du paganisme : ces mots « l'œil du Seigneur, le Dieu très-haut, » appartiennent à une langue qui lui est étrangère, et qui n'est autre que celle de l'Ancien Testament. D'ailleurs, comme l'a fort bien montré un savant philologue allemand, Bœck, dans ses études sur Eschyle, l'auteur de ces vers fait usage du parallélisme qui distingue la poésie hébraïque ; et son style, qui rappelle le grec des Septante, n'est nullement celui du grand poète tragique [2]. Il est donc permis de conclure que le philosophe alexandrin a été induit en erreur par l'artifice d'un Juif helléniste. J'en dirai autant de ce second fragment qu'il attribue au poëte comique Ménandre :

« Si quelqu'un, ô Pamphile, croit se rendre Dieu favorable en immolant une multitude de taureaux, de chevreaux ou d'autres victimes semblables ; en tissant d'une main habile des chlamydes d'or ou de pourpre ; en façonnant des figurines

---

1. Clément, *Stromates*, l. V, c. xiv ; — S. Justin, *de Monar.*, iv.
2. Boeckius, *Græc. tragic. Æsch. Soph. Eurip.*, p 153-156.

d'ivoire et d'émeraude, il s'abuse étrangement, et son esprit est bien léger. Le devoir de l'homme, c'est d'obliger son semblable, de respecter la pudeur des vierges, de ne point souiller par l'adultère le lit conjugal, de ne pas chercher la richesse dans le vol ou dans le meurtre. Ne convoite pas même le fil d'une aiguille qui ne t'appartiendrait pas ; car Dieu te voit, il est près de toi. Dieu se plaît aux actions juste ; il déteste l'iniquité. Il accorde une vie heureuse à celui qui travaille la terre nuit et jour. Sacrifié à Dieu jusqu'à la fin, en pratiquant la justice... [1] »

Ce n'est encore pas sans motif que Clément prend ce morceau pour le développement d'un passage du Psaume IV, où il est dit : « Offrez à Dieu un sacrifice de justice : » le verset du psalmiste y est même reproduit à la lettre. Comment ne pas se rappeler, en outre, avec l'auteur des *Stromates*, la célèbre apostrophe d'Isaïe : « Que m'importe la multitude de vos victimes ? Je suis rassasié du sang de vos boucs et de vos taureaux... Purifiez-vous de vos souillures, ôtez l'iniquité de vos cœurs [2] : » Enfin ces mots : « Dieu qui est près de vous ; il vous voit, » ne sont-ils pas la répétition de cette phrase de Jérémie : « Je suis le Dieu qui est près de vous ; l'homme pourra-t-il faire quelque chose en secret et sans que je le voie [3] ?» Clément a fort bien saisi ces ressemblances trop manifestes pour être l'effet du hasard ; mais ce qui lui échappe, c'est la fraude du Juif helléniste caché sous le nom du vrai Ménandre. Dans le texte, tel que le cite saint Justin, la ruse du faussaire est encore plus apparente, et par suite plus maladroite. Là nous trouvons toute une phrase du Deutéronome : «L'homme juste ne doit convoiter ni la femme du prochain, ni sa maison, ni son champ, ni son esclave, ni sa fille, ni son bœuf, ni ses troupeaux [4]. » Il suffit de jeter un coup d'œil sur cet endroit pour voir que ce n'est point là une maxime de Ménandre, mais un précepte du Sinaï en vers.

---

1. *Stromates*, v, 14 ; — S. Justin, *de Monarchia*, iv.
2. Isaïe, i. 11, 16.
3. Jérémie, xxiii, 23.
4. S. Justin, *de Monar.*, v; — *Deutéronome*, v, 21.

Nous pourrions soumettre à la même critique une quantité d'autres citations que le catéchiste alexandrin emprunte aux poëtes de l'antiquité païenne, dans le but d'établir qu'ils ont professé la doctrine de l'unité de Dieu ; mais c'en est assez pour fortifier les conclusions que nous avions tirées des écrits de Saint Justin. Clément n'a pas recherché avec tout le soin nécessaire l'origine de certains ouvrages qui circulaient autour de lui sous le nom des grands écrivains de la Grèce, et que l'on regardait généralement comme authentiques. En cela, il a été victime d'une mystification, dont l'idée remonte à l'école juive d'Alexandrie. C'est, en effet, dans Aristobule, contemporain de Ptolémée Philométor, que nous trouvons pour la première fois une partie de ces fragments qui forment un si étonnant contraste avec les vraies productions des poëtes grecs [1]. Clément d'Alexandrie nous apprend lui-même qu'il a puisé le fameux texte de Sophocle sur l'unité de Dieu dans un ouvrage de Hécatée, intitulé *Abraham et les Égyptiens* [2]. Or, il ne peut être question ici du véritable Hécatée d'Abdère qui vivait sous Alexandre-le-Grand et qui connaissait à peine les premiers éléments de l'histoire d'Israël. Le biographe d'Abraham est encore, de l'aveu de tous les critiques un Juif helléniste qui aura exploité la réputation du célèbre Abdéritain pour faire valoir ses propres écrits [3]. Il ne saurait donc y avoir le moindre doute sur la source de ces erreurs involontaires où sont tombés les premiers chefs du Didascalée. En acceptant de confiance les textes que leur fournissait l'école juive d'Alexandrie, ils ne se sont pas tenus suffisamment en garde contre cette officine de livres apocryphes. Nous avons dit dans nos études sur saint Justin quel but Aristobule et ses successeurs se proposaient d'at-

---

1. Aristobule cité par Eusèbe, *Prépar. évang.*, l. XIII, c. xi.
2. *Stromates*, v 14.
3. Origène a très bien vu après Philon que le faux Hécatée ne pouvait être qu'un Juif (*contre Celse*, l I. C'est aussi l'opinion de tous les critiques qui se sont occupés de cette question, tels que J. Scagliger (*Ep., ad Cas.*, xv), Richard Bentley (*Ep., ad Mill.*, p. 530), Richard Simon

teindre à l'aide de ces stratagèmes¹. Ils voulaient attirer les Grecs vers la religion mosaïque, en leur persuadant que déjà leurs philosophes et leurs poëtes s'étaient inclinés devant l'enseignement des livres saints. De là ces professions de foi monothéistes qu'ils plaçaient sans scrupule dans la bouche d'Orphée, de Linus, d'Eschyle, de Sophocle, d'Euripide, etc. Si leurs tentatives de prosélytisme n'obtinrent pas grand succès auprès des païens, elles eurent du moins pour résultat de tromper quelques Pères de l'Église, qui donnèrent trop de crédit à ces pièces fabriquées par d'habiles faussaires. Malheureusement, ce n'est pas la seule fois que nous aurons à constater l'influence fâcheuse de l'école juive d'Alexandrie sur l'école chrétienne de cette ville.

Est-ce à dire, Messieurs, que la thèse de Clément sur le monothéisme dans l'antiquité païenne soit fausse de tout point ? Non, certes ; elle reste vraie dans l'ensemble, malgré les erreurs de détail qui sont venus s'y mêler. On peut n'accorder aucune valeur à ces textes apocryphes, sans affaiblir pour cela une conclusion qui ressort de toutes les littératures anciennes et que le progrès des études historiques a mise en pleine lumière. La doctrine d'un Dieu unique s'était maintenue, en dépit des altérations que le polythéisme lui avait fait subir. Les conceptions les plus bizarres la dénaturaient d'un peuple à l'autre, mais on la retrouve chez tous derrière l'amas de fables dont leur imagination se plaisait à la recouvrir. Que l'Inde admette trente mille dieux dans son panthéon, et la Grèce davantage encore, peu importe, il y aura toujours au sommet de la hiérarchie céleste une Divinité suprême, comme pour témoigner de la croyance primitive du genre humain : ce sera le Brahma de l'Inde, l'Ormuzd de la Perse, le Ra de l'Égypte, le Baal de l'Assyrie, le Tien ou le Tao de la Chine, le Jupiter des Grecs et des Romains. Que de fois les

---

¹*Hist. critique du N. Test.*, l. II c. II), Valckenaër (*De Aristob. Jud.* p. 72), Hodius (*Cont. Arist. dissert.*, c. XII, 36)

1. Saint Justin, leçon Xᵉ.

philosophes, et même les poëtes de la Grèce, n'emploient-ils pas, au lieu de la formule polythéiste, le mot Θεός au singulier, pour désigner la Divinité ? C'est donc avec raison que le prêtre d'Alexandrie pouvait dire : « Allez de l'Orient à l'Occident, du Septentrion au Midi, vous trouverez chez tous les peuples une seule et même *prénotion* au sujet du Monarque suprême [1]. » En se servant du mot *prénotion*, il a très-bien indiqué ce qu'il y a d'instinctif et de spontané dans cette croyance générale. « Tous les êtres, avait-il dit un peu auparavant, ont naturellement, et sans qu'on le leur enseigne, quelque sentiment de l'existence de leur Père et Créateur commun [2]. » Enfin, dans l'*Exhortation aux Grecs*, il exprime encore mieux ce mouvement naturel qui porte l'homme vers son Créateur, cette influence secrète par laquelle Dieu se fait sentir à l'âme humaine. « Il y a dans tous les hommes, mais principalement dans ceux qui s'appliquent à l'étude des lettres, *quelque influence divine* en vertu de laquelle ils sont obligés de confesser, même malgré eux, qu'il existe un seul Dieu, sans commencement ni fin [3]. » Nous retrouvons ici, sous une autre forme et avec des expressions différentes, la doctrine que développait Tertullien, quand il en appelait aux témoignages de l'*âme naturellement chrétienne*, et qu'il désignait, par le mot expressif d'*éruptions*, ces élans spontanés de l'homme vers Dieu, ces cris de la conscience qui

---

1. *Stromates*, v, 14: πρόληψιν, prænotionem, opinionem præformatam præjudicatam. Ailleurs Clément se sert du mot πρόνοιαν præsensionem. (*Exhort. aux Grecs*, c. x.)

1. *Stromates*, 14, ἐμφύτως καὶ ἀδιδάκτως. Il ne s'agit point ici d'une connaissance pleine et entière de la divinité, mais de cet instinct naturel qui porte l'homme vers un *Être supérieur*, τοῦ κρείττονος πίστις, comme s'exprime Clément dans le même endroit.

2. *Exhort. aux Grecs*, vi. τις ἀπόρροια θεϊκὴ quidam influxus, quædam emanatio divina. — Ces mots désignent l'action de Dieu éclairant l'homme par les lumières naturelles de la raison. Clément emploie cette métaphore, parceque Dieu est en effet la source de toutes nos connaissances tant naturelles que surnaturelles.

dominent la voix des préjugés [1]. Il ne faudrait pas s'imaginer, cependant, que l'auteur des *Stromates* fasse dériver de la raison seule la somme de connaissances religieuses et morales dont le monde païen était en possession ; il n'est pas d'écrivain, au contraire, qui ait mis plus de soin à signaler la révélation divine ou la tradition comme la deuxième source où les sages de l'antiquité ont puisé ce qu'il y a de vrai dans leurs doctrines. Ceux qui exaltent outre mesure les forces naturelles de la raison doivent renoncer à chercher un appui dans Clément d'Alexandrie ; car si on peut lui adresser un reproche, c'est d'avoir exagéré l'influence de l'enseignement traditionnel sur la philosophie. A ce propos, nous allons examiner la singulière thèse qu'il a soutenue touchant les emprunts faits par les écrivains du paganisme aux livres de l'Ancien Testament. C'est l'un des plus curieux problèmes de critique littéraire que l'on puisse étudier.

1. Tertullien, *Cours d'éloquence sacrée*, IXe leçon.

SIXIÈME LEÇON

Théorie de Clément sur les emprunts faits par la philosophie grecque aux livres de l'Ancien Testament. — Raisons qu'il allègue pour motiver son opinion. — L'antériorité des livres saints. — Les communications des philosophes grecs avec l'Orient — Les emprunts qu'ils se sont faits réciproquement. — Les ressemblances qu'on observe entre leurs écrits et ceux des prophètes. — Examen de ces divers ordres de preuves. — Limites dans lesquelles Clément aurait dû se renfermer pour déterminer l'influence de l'enseignement traditionnel sur la philosophie grecque. — Tout en faisant la part trop large à l'élément traditionnel dans la philosophie grecque, Clément n'en reconnaît pas moins à la raison le pouvoir de s'élever par elle-même à certaines vérités de l'ordre naturel — Analyse des textes qui prouvent qu'il a tenu compte du travail de la réflexion en indiquant les sources des connaissances religieuses et morales de l'antiquité païenne. — Comme saint Justin, son devancier, Clément d'Alexandrie n'est ni rationaliste ni traditionaliste.

Messieurs,

L'histoire des religions et des systèmes philosophiques de l'antiquité païenne offre à la science un des plus vastes champs d'étude que l'on puisse parcourir. Si, à la distance où nous sommes d'un passé déjà lointain, nous éprouvons néanmoins un vif intérêt à nous rendre compte de l'état du genre humain avant Jésus-Christ, vous concevez sans peine que ces recherches avaient un but plus sérieux encore dans les premiers siècles de l'Église. Alors ces écoles, aujourd'hui disparues, étaient debout ; ces cultes, tombés désormais dans le domaine de l'archéologie, comptaient de nombreux adhérents. C'est autour des uns et des autres que s'agitait la polémique du temps, et cette polémique était vive, ardente : il s'agissait de faire comprendre aux païens dans quel abîme de vices et de superstitions le polythéisme les avait plongés, et combien la philosophie s'était montrée impuissante à les en retirer. Or, cette tâche, pour être fructueuse, demandait un examen attentif des doctrines dont il fallait dévoiler les conséquences funestes ou prouver la stérilité : sinon, au lieu d'atteindre le but qu'ils se proposaient, les défenseurs du christianisme eussent gâté leur cause en fournissant à leurs adversaires une réponse bien facile. Voilà pourquoi les écrits des premiers Pères de l'Église sont des documents si précieux, lorsqu'on veut apprécier à leur juste valeur les religions et les philosophies du monde païen. Ces hommes, dont le talent et l'érudition sont d'ailleurs incontestables, parlaient en pleine connaissance de cause ; et ils avaient tout intérêt, pour le succès même de leurs efforts, à ne point prêter aux Grecs ou aux Romains des opinions que ceux-ci auraient pu repousser comme une calomnie. D'autre part, cependant, l'on ne se ferait pas une idée exacte des difficultés de l'entreprise, si l'on exigeait qu'aucune erreur n'ait dû se glisser dans l'appréciation d'un fait aussi complexe que le polythéisme, soit vulgaire, soit scientifique. Ce sujet d'étude, qui se présentait pour la première fois au regard d'une critique sérieuse, n'embrassait rien moins que l'histoire d'une grande partie du genre humain depuis deux mille ans ; et dans ce cadre historique d'un si vaste étendue, venaient se ranger une foule de questions, telles que l'origine et les formes multiples de l'idolâtrie, la mythologie avec son dédale de fictions, la naissance des écoles philosophiques, leurs opinions, leurs rapports entre elles et avec les cultes nationaux, etc. Si l'on considère qu'aujourd'hui encore, après tant de recherches et de discussions, la science est loin de s'accorder sur tous ces points, on ne devra pas s'étonner que les premiers écrivains du christianisme aient donné à quelques-uns de ces problèmes une solution contestable. Parmi ces thèses hasardées sans preuve suffisante, je place en première ligne celle de Clément d'Alexandrie sur les emprunts faits par la philosophie grecque aux livres de l'Ancien Testament.

Cette proposition, déjà énoncée dans l'*Exhortation aux Grecs*, l'auteur des *Stromates* la reproduit en ces termes : « On peut appeler les philosophes grecs des voleurs et des larrons, parce qu'ils ont pris dans les prophètes hébreux, avant la venue du Seigneur, quelques parcelles de la vérité, sans convenir du fait, et qu'ils se les sont attribuées comme des dogmes leur appartenant en propre [1]. » Telle est l'assertion qu'il répète en plus de vingt endroits de ses œuvres. Pour la prouver, il s'appuie tour à tour sur l'antériorité des livres saints, sur les communications des philosophes grecs avec l'Orient, sur les emprunts qu'ils se sont faits les uns aux autres, et, enfin, sur les ressemblances qu'on observe entre leurs écrits et ceux des prophètes. Nous allons examiner ces divers genres de preuves.

Clément attache une grande importance à l'argument tiré de l'antiquité des livres saints. En cela, il se rencontre avec saint Justin, Tatien et Théophile d'Antioche, qui avaient mis tout leur soin à faire ressortir cette marque de supériorité. Aux yeux des Grecs, qui aimaient à reculer dans la nuit des temps l'origine de leur culte, et qui adressaient à la religion chrétienne le reproche de nouveauté, des calculs de ce genre avaient une valeur toute particulière. C'est pourquoi l'auteur des *Stromates* trace un tableau chronologique de l'histoire du monde, depuis la création jusqu'à la fin du IIe siècle de l'ère chrétienne [2]. Tatien et Théophile d'Antioche avaient entrepris le même travail, et leur supputation s'accorde, en général, avec celle du prêtre d'Alexandrie [3]. D'ailleurs, ce dernier nous apprend lui-même qu'il avait sous les yeux l'ouvrage de Tatien. Quant à l'*Apologie* de Théophile, Clément ne paraît pas en avoir eu connaissance, car il ne se serait pas fait faute de la mentionner, lui qui cite à cette occasion une foule d'écrivains moins remarquables. Toujours est-

---

1. *Sromates*, I, 17 ; — *Exh. aux Grecs*. VI.
2. *Stromates*, I, 21.
3. Voyez *les Apologistes chrétiens au* IIe *siècle*, leçon IIe et XVIIe.

il qu'en adoptant, comme l'évêque d'Antioche, la chronologie des Septante il aboutit à peu près au même résultat final. Tandis que l'auteur des *Livres à Autolycus* place 5518 ans entre la création et la naissance de Jésus-Christ, le chef du Didascalée en compte 5538 : la différence est minime [1]. Pour établir son calcul sur des bases certaines, Clément ne se contente pas de dresser la liste des juges et des rois d'Israël, mais il met en regard la série des rois d'Argos, des souverains de la Perse, de l'Égypte, et même le catalogue des empereurs romains avec la durée de leur règne. Il arrive ainsi à démontrer que Moïse est antérieur, non-seulement à tous les écrivains de la Grèce, mais encore à la plupart des dieux adorés dans ce pays ; et que les plus anciens d'entre les philosophes grecs, Thalès et Pythagore, sont postérieurs aux derniers des prophètes hébreux, à Zacharie et à Malachie. Ici encore, on ne peut qu'admirer l'érudition du maître d'Origène : il sait les noms des soixante devins les plus renommés de la Grèce ; il connaît onze opinions sur l'époque où vivait Homère ; et tous ces détails, il les emprunte à des historiens profanes dont les œuvres, aujourd'hui perdues, existaient de son temps. Aussi tous les chronologistes anciens et modernes, à commencer par Eusèbe et Le Syncelle, ont-ils puisé dans ce chapitre des *Stromates* comme à une source de renseignements utiles. On ne peut pas dire néanmoins que, dans une matière si vaste et si épineuse, Clément ait su éviter toute erreur de détail : il omet l'un ou l'autre nom dans la succession des juges d'Israël et des rois de Perse ; il abrège quelques règnes, et assigne trop de durée à d'autres ; il prolonge à tort les soixante-dix semaines de Daniel jusqu'à la destruction de Jérusalem sous Vespasien et Titus. Mais ce qui est de nature à surprendre davantage de la

---

1. Clément varie quelque peu dans sa supputation : tantôt il porte le chiffre à 5590, tantôt jusqu'à 5624 ; mais en calculant la série des règnes qu'il indique lui-même, on arrive au nombre que nous avons donné. — Nous renvoyons pour cette question à l'ouvrage cité plus haut, XVII° leçon, *la chronologie et l'histoire au 1:° siècle*.

part d'un écrivain si versé dans la connaissance de l'Écriture, c'est qu'il réduit à une seule les trois années de la prédication du Sauveur, contrairement au témoignage formel des Évangiles. Nous trouvons ici l'un de ces abus de l'interprétation allégorique, trop fréquents chez les Alexandrins ; car c'est pour avoir appliqué mal à propos un texte d'Isaïe, que le savant catéchiste est tombé dans une erreur dont la simple lecture du récit évangélique aurait pu le préserver. Quels que soient le mérite et les défauts de ce tableau chronologique, la conclusion de l'auteur reste inattaquable. Il eût été difficile de démontrer avec un plus grand appareil d'érudition que Moïse et les prophètes avaient précédé de plusieurs siècles les premiers écrivains de la Grèce.

Mais, Messieurs, quelque solide que soit cette thèse, vous penserez sans doute comme moi qu'elle ne justifie en rien l'opinion de Clément sur les prétendus vols de la philosophie grecque. Il ne suffit pas de prouver qu'un écrivain est postérieur à un autre, pour avoir le droit de conclure à un emprunt quelconque. Comment les sages de la Grèce auraient-ils pu s'inspirer d'une classe d'écrits qu'ils ignoraient entièrement, et qui étaient composés dans une langue dont ils n'avaient aucune connaissance ? Les livres de l'Ancien Testament ne furent traduits en grec qu'au IIIe siècle avant Jésus-Christ ; or à cette époque-là, comme le fait observer saint Augustin, Platon était mort depuis soixante ans [1]. Clément a bien senti la difficulté ; aussi se rejette-il sur l'autorité du Juif Aristobule, qui prétendait que la version des Septante avait été précédée d'une autre traduction antérieure au règne d'Alexandre [2]. Mais cette assertion de l'adroit péripatéticien est insoutenable, et doit être rangée parmi les artifices à l'aide desquels l'école juive d'Alexandrie cherchait à relever aux yeux des Grecs la gloire de la nation sainte. Peut-on supposer, avec une ombre de vraisemblance, que les

---

1. *Cité de Dieu*, l. VIII, c xi.
2. *Stromates*, i, 22.

Juifs aient songé à traduire les livres saints dans une langue qui, avant l'expédition d'Alexandre, était presque inconnue en Égypte et en Palestine ? Un pareil acte de leur part serait inexplicable, surtout si l'on considère avec quel soin jaloux ils cachaient aux idolâtres les mystères de la Loi. Même sous les Ptolémées, alors que l'oubli de l'idiome hébraïque parmi le peuple obligea les Juifs d'Alexandrie de traduire les livres saints en grec, il ne fallut rien moins qu'une impérieuse nécessité pour les décider à entreprendre cette version ; et encore le reste de la nation ne laissa-t-il pas d'envisager comme un sacrilége cette tentative de faire passer la Loi dans une langue profane. Aristobule a donc commis un anachronisme étrange, en affirmant que ses coreligionnaires avaient traduit en grec les divines Écritures antérieument à l'époque de Pythagore et de Platon, c'est-à-dire au vi⁰ ou au v⁰ siècle avant Jésus-Christ. Mais, lors même que l'existence de cette antique traduction serait démontrée par l'histoire, il n'en résulterait pas que les philosophes grecs aient puisé une partie de leurs doctrines dans les livres de l'Ancien Testament. Resterait toujours à prouver qu'un fait possible en soi s'est réellement accompli. A cet effet, Clément s'appuie sur les communications fréquentes des sages de la Grèce avec l'Orient ; c'est le deuxième argument qu'il avance pour défendre sa proposition.

Il en est, Messieurs, de ce raisonnement comme du précédent ; l'auteur des *Stromates* part d'un fait incontestable, mais la conclusion qu'il en tire est à tout le moins fort risquée. Déjà Tatien avait énuméré les divers genres de connaissances et les arts dont les Grecs étaient redevables à ceux qu'ils appelaient des barbares. Clément ne pouvait manquer d'établir à son tour que la civilisation grecque était relative-

---

1. Les traditions talmudiques nous apprennent que l'on avait institué à Jérusalem, le viii du mois de Thebeth, un jeûne solennel en expiation de l'acte coupable qu'avaient commis les Septante en traduisant l'Écriture sainte dans une langue profane. — Voyez J. Scaliger, *Animaders, Eusebium, num.* 1734.

ment récente. Nous retrouvons sur ce point, comme ailleurs, sa merveilleuse érudition. Il prend l'une après l'autre les différentes branches de la science et de l'industrie, telles que l'astronomie, la géométrie, la médecine, la grammaire, la musique, etc., et fait à chaque nation sa part dans les inventions et les découvertes de l'esprit humain [1]. Il constate l'influence des doctrines de l'Égypte, de la Perse, de l'Inde sur la philosophie grecque, et rappelle à ce sujet les pérégrinations de Pythagore et de Platon dans les pays de l'Orient [2]. Quoi qu'il faille penser de quelques détails qui me paraissent peu authentiques, Clément ne s'éloigne pas de la vérité dans l'ensemble de ses appréciations, et devance même, à certains égards, les résultats de la science moderne. En effet, l'étude des mythologies comparées ne permet plus d'attribuer au polythéisme grec ce caractère d'originalité absolue qu'on lui reconnaissait avec trop de facilité. C'est aux religions orientales qu'une critique plus attentive est allée demander l'origine ou l'explication des rites et des croyances qui avaient prévalu dans cette branche de la grande famille des Aryas. Pour se rendre compte d'une pareille filiation, il suffit de songer aux colonies africaines ou asiatiques, qui, sous la conduite de Cécrops et de Cadmus, étaient allées s'établir au milieu des Pélasges, venus eux-mêmes de l'Asie. D'autre part, il n'est pas douteux que le commerce des philosophes grecs avec l'Orient, leurs voyages dans cette partie du monde, n'aient exercé une très-grande influence sur le développement de leurs idées : on n'a pas de peine à s'en convaincre quand on rapproche leurs systèmes des doctrines de la Perse et de l'Inde [3]. Le premier de tous dans l'ordre des temps, Thalès, était originaire de la Phénicie, comme le rappelle l'auteur des *Stromates*. Platon fait l'éloge de la philosophie des barbares en maint endroit de ses œuvres [4]. Diogène, Laërce et

---

1. *Stromates*, I, 16.
2. Ibid. I, 15 ; VI, 4.
3. Brucker, *Hist. de la phil*, t. I, p. 364 456.
4. *Phédon*, p. 59 ; — *Banquet*, p. 1198 ; — *Timée*, p. 1043

Cicéron affirment également que Pythagore avait parcouru l'Égypte et conversé avec les mages de la Perse [1]. On ne saurait donc contester les données générales sur lesquelles le savant catéchiste appuie son argumentation.

Mais plus je suis disposé à faire une large part aux communications des philosophes grecs avec l'Orient, moins j'incline à penser qu'ils ont connu les livres saints et puisé à cette source divine le fond de leur enseignement. L'école juive d'Alexandrie et Clément après elle me semblent avoir méconnu un trait caractéristique dans l'histoire du peuple de Dieu, c'est l'isolement où il n'a cessé de vivre, avant que le Christianisme vînt renverser le mur de séparation qui existait entre les Juifs et les Gentils. Même en dehors de la Palestine, dans les différentes contrées où l'ennemi victorieux les avait dispersés, les descendants d'Abraham évitaient soigneusement tout contact religieux avec l'étranger. Ils se seraient bien gardés de livrer la connaissance de l'Écriture sainte à des idolâtres que la loi leur défendait de fréquenter ; et d'ailleurs ceux-ci méprisaient trop une nation si chétive pour être tentés de s'instruire auprès d'elle, ou de lui emprunter une doctrine quelconque. Plus tard sans doute, et notamment à Alexandrie, des scrupules de ce genre n'arrêtèrent point les successeurs d'Aristobule, jaloux comme lui de faire des prosélytes parmi les Grecs ; mais remarquez bien qu'il s'agit en ce moment de l'époque des Pythagore et des Platon, c'est-à-dire du vi° et du v° siècle avant Jésus-Christ, où rien n'autorise à supposer de pareils rapports avec la race grecque. Ce qui prouve, Messieurs, combien peu l'antiquité classique connaissait le peuple juif, ses croyances, son culte, ses livres saints, c'est qu'on n'en trouve aucune mention chez les écrivains antérieurs d'un siècle à l'ère chrétienne. Et encore à cette époque-là, les auteurs grecs et latins que leur sujet oblige d'en parler, témoignent à cet égard d'une

---

[1] Cicéron, *De finibus*, v : Cur ipse Pythagoras et Ægyptum lustravit et Persarum magos adiit?

ignorance vraiment surprenante. Il serait difficile d'être plus mal renseigné sur l'histoire d'un peuple, que ne le sont, relativement aux Juifs, Diodore de Sicile, Trogue Pompée ou son abréviateur Justin, Pline l'ancien, Strabon et Tacite [1]. A lire leurs narrations, les unes plus étranges que les autres, on voit clairement que nul d'entre eux n'avait jeté un coup d'œil sur les livres de l'Ancien Testament, dont peut-être ils ne soupçonnaient même pas l'existence. Et, devant une ignorance si générale et si invétérée, l'on voudrait soutenir que, déjà cinq siècles auparavant, poètes, historiens, philosophes grecs, tous avaient puisé à pleines mains dans ces mêmes livres, en dissimulant avec soin l'origine des documents qu'ils mettaient à contribution? La thèse de l'école juive d'Alexandrie, adoptée par Clément, est l'une des moins vraisemblables que je connaisse. Il importe peu qu'Aristote ait eu des entretiens avec un Juif, comme le rapporte l'auteur des *Stromates* sur la foi du péripatéticien Cléarque : tout ce qu'il faudrait en conclure, c'est que le précepteur d'Alexandre n'a guère profité de ces relations ; car son Dieu, qui n'est pas une Providence, ne ressemble guère au Jéhovah de la Bible. En tout cas, l'on donnerait à ce fait une importance exagérée, si l'on voulait en induire que la philosophie grecque est une émanation directe des livres saints. Non, quoi qu'en disent Aristobule et Philon, dans leur ardeur à exalter le rôle du peuple juif, Israël n'avait pas pour mission de convertir les gentils à la loi mosaïque, mais de conserver fidèlement et de transmettre, avec la promesse d'un Rédempteur, la croyance au Dieu unique, jusqu'au moment où le Messie réunirait les peuples sous l'empire d'une loi plus parfaite. Il est vrai que la dispersion d'une partie des Juifs, dans les siècles antérieurs au christianisme, devait avoir pour résultat de préparer les nations infidèles à ce grand

---

1. Diodore, l. XL ; — Justin, l. XXXVI, c. ii ; — Strabon, *Geogr.*, l. XVI, c. ii; — Pline, *Hist. nat.*, l. XXX, c. ii ; — Tacite, *Hist.* l. V, c. ii et suiv.

événement, en fortifiant parmi elles l'attente d'un libérateur ; mais il ne faut pas oublier d'autre part que l'école de Socrate était constituée avant que l'expédition d'Alexandre eût mis pour la première fois les Juifs en contact avec la race grecque.

Pour soutenir son thème favori de l'influence des livres saints sur la philosophie grecque, Clément d'Alexandrie fait valoir une troisième considération. Le penchant des Grecs à se dérober mutuellement le fond de leurs pensées est pour lui une nouvelle preuve des emprunts qu'il signale. « Appelons, dit il, les Grecs en témoignage contre eux-mêmes pour les convaincre de vol. Des écrivains qui se prennent si ouvertement l'un à l'autre ce qui est particulier à chacun, confirment par là qu'ils sont des voleurs ; ils attestent de même, et malgré eux, qu'ils ont transmis furtivement à leurs compatriotes, pour se l'attribuer en propre, la vérité qui leur venait de nous. En les voyant porter la main sur leurs biens respectifs, comment imaginer qu'ils aient respecté les nôtres ? Laissons de côté leurs opinions en philosophie. Les sectes les plus opposées confessent elles-mêmes dans leurs écrits, sans doute pour prévenir le reproche d'ingratitude, qu'elles ont tiré de Socrate leurs dogmes principaux. Je me bornerai à citer en témoignage quelques-uns des écrivains les plus renommés parmi les Grecs, pour montrer combien cette habitude du vol s'est révélée à différentes époques[1]. »

Partant de là, l'érudit écrivain rapproche entre elles une foule de sentences émanées d'auteurs grecs, et dont la ressemblance trop frappante accuse, selon lui, un plagiat manifeste. Il prétend démontrer par ces comparaisons de textes qu'Homère a emprunté des maximes à Musée, Archiloque et Cratinus à Homère, Euripide à Eschyle, Sophocle à Euripide, Théognis à Solon, etc. Bien plus, ce sont des ouvrages entiers qu'il reproche à certains poètes ou histo-

---

[1]. *Stromates*, l. VI, c. II.

riens grecs d'avoir dérobé à leurs véritables auteurs, pour les publier sous d'autres noms. La plupart des auteurs qu'il cite à ce propos nous sont inconnus, et, par conséquent, il nous est impossible de décider si l'accusation est fondée ou non. Quant aux fragments poétiques qu'il met en parallèle, je dois dire que le plagiat ne me paraît guère démontré. Parmi ces maximes énoncées en vers ou en prose, il s'en trouve qui reproduisent la même pensée, mais sous une forme différente. Encore ne suffit-il pas que deux écrivains se rencontrent dans l'expression d'une idée, pour qu'on soit en droit de conclure à un emprunt formel. Ainsi, pour me servir d'un exemple allégué par l'auteur des *Stromates*, Sophocle et Euripide ont pu dire également « que le sommeil allége la souffrance, » sans que l'un ait copié l'autre : c'est un fait que l'expérience apprend à chacun. Je ne veux pas nier que l'imitation ne soit plus ou moins sensible dans quelques-unes des nombreuses phrases recueillies par Clément d'Alexandrie ; mais l'imitation par elle-même n'est pas un larcin. Quoi qu'il en soit, le maître d'Origène n'est pas le seul qui ait dénoncé les plagiats des Grecs : Porphyre formulera des griefs analogues dans son livre *sur l'Art d'écrire* [1]. Je crois que l'un et l'autre se seraient moins éloignés de la vérité, s'ils avaient réservé leur indignation pour un métier plus coupable, qui consistait à fabriquer des vers ou des poëmes entiers sous le nom des grands maîtres de la littérature grecque. Voilà le reproche que méritaient ces membres du Musée et ces chefs de l'école juive d'Alexandrie qui, par leurs contrefaçons littéraires et leurs écrits apocryphes, ont mystifié tant de fois la critique. Mais enfin les Grecs auraient-ils été enclins au plagiat plus encore que ne le supposent Clément et Porphyre, il n'en résulterait pas que leurs philosophes ont pillé les livres saints. Resterait toujours à établir qu'ils ont connu ces livres, et que, les connaissant, ils en ont réellement profité.

1. Eusèbe, *Préparation évang.*, l. X. c. III.

Jusqu'à preuve de ce double fait, nous en sommes réduits à une simple possibilité, qui elle-même disparaît devant les invraisemblances que nous signalions tout à l'heure. Clément croit avoir donné à sa démonstration le caractère de l'évidence, par les analogies qu'il prétend découvrir entre les productions de la philosophie grecque et les écrits de l'Ancien Testament. Vous allez juger si cet argument est plus solide que les précédents. Ou la ressemblance n'existe pas, ou elle s'explique tout naturellement et par d'autres causes.

En général, Messieurs, dans des recherches de cette nature, la critique littéraire est tenue à une grande réserve, si elle ne veut pas se laisser dominer par la fantaisie. Avant de conclure à un rapport d'origine ou de filiation, il faut avoir soin d'étudier le véritable sens des doctrines, pour voir si l'analogie est réelle, si elle ne réside pas seulement dans les mots, mais encore dans les idées. Il y a souvent un abîme entre deux propositions qui offrent une certaine ressemblance verbale. Ce n'est pas tout : la similitude serait-elle exacte, qu'on ne doit pas se hâter de supposer un emprunt ni d'un côté ni de l'autre. Lorsqu'une cause bien plus simple et plus rationnelle suffit pour rendre compte de ces analogies, il serait peu logique de vouloir chercher ailleurs une explication moins satisfaisante. Or, si l'on applique ces deux règles à la thèse de Clément sur les vols de la philosophie grecque, on est obligé de convenir que le savant catéchiste ne les a pas suivies avec une rigoureuse fidélité.

Et d'abord, il compare l'une avec l'autre des doctrines qui ne se ressemblent pas. Déjà nous avons vu que les passages de Platon, où il croit découvrir le dogme de la création et le mystère de la Trinité, n'ont pas le sens qu'il leur prête. Il en est ainsi d'une quantité d'autres textes dont l'analogie est purement verbale. D'après l'auteur des *Stromates*, les stoïciens, en disant que Dieu est répandu dans la nature, auraient mal compris ces paroles du livre de la Sagesse : « Elle pénètre et atteint partout à cause de sa pureté [1]. » Mais quel

---

1. *Sapient.*, VII, 24 ; — *Stromates*, V, 14.

motif de supposer une allusion quelconque lorsqu'il s'agit de deux doctrines qui diffèrent du tout au tout ? Y a-t-il le moindre rapport entre le Dieu de la Bible, distinct du monde qu'il a créé, et le Dieu des stoïciens, qui se confond avec le monde dont il est l'âme et le principe igné ? Clément abuse des mots, lorsqu'il appuie sa théorie sur des comparaisons telles que celles-ci :

« Ce texte prophétique : la terre était invisible et sans forme, a donné occasion aux philosophes d'imaginer une matière éternelle. Qui a pu suggérer à Épicure sa conception d'un monde livré aux caprices du hasard ? Ces paroles qu'il lisait sans les comprendre : Vanité des vanités, tout n'est que vanité ! D'où vient qu'Aristote limite l'action de la Providence à la lune ? Il a mal interprété ce mot du Psalmiste : Seigneur, votre miséricorde est haute comme le ciel, et votre vérité s'élève jusqu'aux nues. C'est qu'en effet, avant l'avénement du Seigneur, le sens des mystères cachés dans les prophéties n'était pas encore manifesté [1]. »

Voilà, sans contredit, des rapprochements forcés. Pour arriver à de pareilles conclusions, il ne faut rien moins qu'un parti pris de vouloir trouver dans les philosophes grecs des allusions aux livres saints. Vous aurez jugé, comme moi, que l'œil le plus exercé ne saurait découvrir une analogie réelle entre les textes du Psalmiste ou de l'Ecclésiaste, et les opinions d'Aristote ou d'Épicure. Clément d'Alexandrie doute si peu du commerce des Grecs avec les écrits de l'Ancien Testament, qu'il étend sa théorie des emprunts jusqu'à la stratégie ; il prétend sérieusement que Miltiade, le vainqueur de Marathon, a étudié la tactique dans les livres de Moïse [2]. C'est l'esprit de système poussé à un degré où les faits perdent leur véritable caractère sous l'empire d'une opinion préconçue.

Hâtons-nous de le dire, Messieurs, le savant écrivain a saisi sur d'autres points des ressemblances moins contestables.

1. *Stromates*, v, 14.
2. Ibid., i, 24.

On ne peut nier, en effet, que les philosophes grecs n'aient mêlé à leurs erreurs de hautes et d'utiles vérités. Clément a raison de comparer le texte du livre de la Sagesse sur l'oppression du Juste par les méchants, sur le célèbre passage où Platon, voulant retracer l'idéal du Juste persécuté, semble en quelque sorte décrire à l'avance la passion du Sauveur [1]. Quand le disciple de Socrate place la perfection morale dans la ressemblance avec Dieu, il se rapproche, sans nul doute de la doctrine des livres saints [2]. Lorsqu'il fait dire à son maître, dans le Phédon, que le sage est le seul riche, il exprime une idée qui revient fort souvent dans les divines Écritures [3]. J'admets bien volontiers l'analogie que signale l'auteur des *Stromates* entre la maxime de Pindare : « Sonder les conseils de Dieu est une entreprise difficile pour l'intelligence humaine, » et cette phrase d'Isaïe : « Qui a connu la pensée du Seigneur ! Qui a été son conseiller [4] ? Ici, la similitude est réelle. Mais la question est de savoir s'il faut en chercher la cause dans un emprunt fait aux écrits de l'Ancien Testament. Pythagore avait-il besoin de puiser dans la loi mosaïque sa douceur envers les animaux, et les règles qu'il prescrivait à cet égard ? [5]. Est-on autorisé à conclure que Platon s'est inspiré du législateur des Hébreux, parce qu'il recommande de pratiquer la justice dans son traité *des Lois*[6] ? Pour expliquer ces points de contact de la philosophie grecque avec l'Écriture sainte, il n'est pas nécessaire de recourir à l'hypothèse de Clément ; il suffit de se rappeler que la révélation primitive ou la tradition d'une part et la raison humaine de l'autre constituaient deux sources de connaissances auxquelles on peut rapporter toute la somme de vérités éparses dans le monde païen.

---

1. *Stromates*, v, 4 ; — *Sagesse*, II 12 ; — *République* de Platon, l. II.
2. Ibid., II, 22.
3. Ibid., II, 5
4 Ibid., v, 14.
5. Ibid. II, 18
6. Ibid , II, 25.

Telle est, en effet, la conclusion à laquelle le docteur alexandrin aurait dû s'arrêter, pour ne pas se perdre dans des conjectures arbitraires. Il fallait abandonner à l'école juive d'Alexandrie, à Aristobule et à Philon, cette singulière prétention de transformer les personnages les plus illustres de l'antiquité païenne en disciples et en imitateurs de Moïse : rien ne sert moins la cause de la vérité que des exagérations de cette nature. Mais, après avoir rejeté une assertion qui ne résiste pas à l'examen de la critique, il fallait appuyer avec d'autant plus de force sur le secours que trouvait la philosophie grecque dans les traditions primitives du genre humain, conservées à travers le polythéisme, bien qu'altérées et affaiblies. Voilà le côté vrai de la thèse soutenue par Clément ; et, renfermée dans ces limites, elle est incontestable. En discutant l'opinion analogue de saint Justin, nous avons démontré par le témoignage de Platon, d'Aristote et de Cicéron, qu'ils rapportaient à l'antique tradition, à une communication originelle de Dieu aux hommes, la meilleure partie de leur enseignement [1]. En présence de pareils aveux, le doute n'est guère possible. Clément d'Alexandrie n'a pas manqué de signaler quelques-uns de ces passages où Platon invoque l'autorité de l'*ancienne tradition,* de la *parole antique* [2] ; mais au lieu d'en restreindre le sens à la révélation primitive, il y voit une allusion à la loi de Moïse. Par là, sa proposition cesse d'être d'une exactitude rigoureuse. Non, ce n'est pas de la révélation du Sinaï que provenaient ces lumières répandues dans le monde païen à l'époque de Platon : ni l'histoire du peuple juif, ni ses livres sacrés, n'étaient connus des Grecs au vi^e ou au viie siècle avant Jésus-Christ. C'est à une époque plus reculée, bien antérieure à la mission de Moïse, qu'on doit faire remonter l'origine de ces traditions qui avaient survécu aux ancêtres du genre humain. En se dis-

---

1. *Saint Justin et les apologistes chrétiens au* iie *siècle,* leçon XIe p. 215 et suiv.

2 *Exhort. aux Grecs,* vi ; — *Stromates,* ii, 22.

persant après le déluge, les descendants de Noé emportèrent avec eux dans les différentes contrées où ils allaient se fixer, la doctrine d'un Dieu unique, la croyance à l'immortalité de l'âme, aux récompenses et aux peines de la vie future. Cette source primordiale est également celle où les anciens peuples ont puisé le souvenir d'une déchéance originelle, la promesse d'un Rédempteur, l'usage des sacrifices expiatoires, tout cet ensemble de doctrines et de rites que l'on retrouve, sous les formes les plus diverses, dans les annales de chaque nation de l'antiquité. Si l'on rapportait ces connaissances à la loi écrite, avec Clément d'Alexandrie, on n'expliquerait jamais qu'elles eussent pu parvenir jusqu'à des peuples comme les Mexicains et les Péruviens, qui ne soupçonnaient pas même l'existence des livres de l'Ancien Testament. Une diffusion si universelle prouve évidemment que ces traditions communes remontent à l'époque où les premières familles humaines vivaient encore réunies sous l'empire d'une même croyance, c'est à-dire à l'époque patriarcale. Avec la dispersion des enfants de Sem, de Cham et de Japhet, ces vérités, qui formaient le patrimoine du genre humain, se sont répandues dans les diverses parties du monde, où elles ne tardèrent pas à subir des altérations plus ou moins graves. Nous les voyons pénétrer en Grèce, avec les premières colonies parties de l'Orient, pour se réfléchir dans les traditions orphiques et sacerdotales ; et c'est à ces traditions immémoriales, écho affaibli de la révélation primitive, que Platon et Aristote font allusion, lorsqu'ils parlent du *dogme ancien*, des *débris de la sagesse antique*. Ces hommes, qui parcouraient les pays étrangers pour s'instruire dans la vérité, ne pouvaient négliger une pareille source de connaissances ; et le respect avec lequel ils s'expriment sur l'*antique et sacrée tradition*, montre assez qu'ils savaient en tirer leur profit. Ils aiment à en appeler au témoignage des ancêtres, surtout lorsqu'ils enseignent l'existence d'un Dieu unique, l'immortalité de l'âme, le dogme de la vie future, en un mot, cet ensemble de vérités fondamentales qui constituaient la religion primitive du genre humain [1]. Il résulte conséquemment de leurs propres aveux qu'ils avaient reçu par le canal de la tradition la partie la plus élevée de leurs doctrines. Mais, je le répète, l'hypothèse d'un commerce assidu des philosophes grecs avec les livres saints n'a d'autre fondement que les allégations intéressées de l'école juive d'Alexandrie.

J'avoue, Messieurs, que si l'on devait s'en tenir à la théorie trop absolue de Clément sur les emprunts de la philosophie grecque, il serait difficile de ne pas reconnaître chez lui les traces d'un système qu'on est convenu d'appeler le traditionalisme. Car enfin, ne semble-t-il pas exclure une deuxième source de connaissances, en faisant dériver de l'Écriture sainte toutes les vérités dont le monde païen était en possession ? Nul doute que cette objection ne se présente à l'esprit, quand on le voit accuser les Grecs d'un plagiat continuel. Mais on aurait tort d'interpréter ainsi la pensée de l'auteur. Clément n'est ni traditionaliste ni rationaliste. S'il fait la part trop large à l'élément traditionnel dans la philosophie grecque, il n'en attribue pas moins à la raison le pouvoir de reconnaître par elle-même certaines vérités de l'ordre naturel. Aux textes que nous avons cités la dernière fois [2], nous pouvons en ajouter d'autres qui ne sont ni moins clairs ni moins formels : « L'idée du Dieu unique et tout puissant a toujours existé dans les esprits bien pensants, par une *manifestation naturelle* ; et le plus grand nombre a participé à l'éternel bienfait de la divine Providence, ceux-là du moins qui n'ont pas dépouillé tout respect pour la vérité [3]. » Puis, après avoir rapporté, sans la partager, l'opinion de Xénocrate, qui étendait cette connaissance naturelle de Dieu jusqu'aux animaux dépourvus de raison, il s'exprimera de la sorte : « Il s'en faut bien que l'homme soit privé de la connaissance

---

1. Voyez *Saint Justin et les apologistes*, p. 216, 217.
2. Voir la leçon précédente, pages 126 et 127.
3. *Stromates*, V, 13 : ἔμφασις φυσική, manifestatio naturalis.

de Dieu, lui qui nous apparaît, dans la Genèse, participant au souffle de l'Esprit-Saint [1]... » Ces paroles nous montrent que Clément regardait l'idée de Dieu comme naturelle à l'homme jouissant du plein usage de ses facultés. C'est dans le même sens qu'il dit ailleurs : « Grecs et Barbares, tous ceux qui ont recherché la vérité, ont eu leur part plus ou moins grande au Verbe qui en est la source [2]. » Enfin, discutant les différentes manières dont les Grecs ont pu arriver à la vérité, il parle d'une *raison commune à tous*, d'une *connaissance naturelle*, qu'il rapproche de la justice naturelle [3]. « Ceux d'entre les Grecs, écrit-il, qui ont apporté un grand soin à l'étude de la philosophie voyaient Dieu comme dans une image et à travers un miroir. » Ainsi, Messieurs, tout en soutenant que la philosophie grecque doit ses meilleures inspirations aux livres saints, Clément n'exclut ni ce qu'il y a d'instinctif et de spontané dans les élévations de l'homme vers Dieu, ni ce que le travail de la réflexion peut nous apprendre sur Dieu et sur le monde. Il eût été étrange, en effet, qu'un homme si pénétré d'admiration pour le génie de Platon méconnût dans la doctrine des dialogues la part qui revenait aux méditations du philosophe. Ces vues si justes et si hautes sur les forces naturelles de la raison corrigent en partie ce qu'il y a d'exclusif dans la théorie concernant les plagiats des Grecs. Mais, de ce que l'intelligence humaine possède le pouvoir radical de s'élever par elle même à la connaissance du Bien absolu, il ne s'ensuit pas que Dieu ait laissé aux hommes le soin de découvrir leur auteur après des recherches longues et pénibles. Non, Dieu s'est révélé à eux dès le principe : il leur a parlé pour leur indiquer leurs devoirs. Clément d'Alexandrie est d'accord avec l'Écriture sainte et la tradition

---

1. *Ibid.* Clément a soin d'écarter toute image panthéistique, en ajoutant « que l'Esprit n'est pas en chacun de nous comme une parcelle de la divinité. »

2. *Stromates*, I, 13.

3. *Ibid.*, I, 19. φυσικὴν ἔννοιαν, κοινὸν νοῦν, naturalem cognitionem, mentem communem.

de tous les peuples, lorsqu'il remonte à l'enseignement primitif, à cette révélation primordiale qui a été pour le genre humain une première initiation à la vérité. Partant de ce fait nécessaire et universel, que l'homme est un être enseigné, il montre comment la création de cet être a coïncidé avec l'illumination de son intelligence par le Verbe, source de toute sagesse et de toute doctrine :

« La connaissance et la science proviennent de l'enseignement ; or, là où il y a un enseignement, il est nécessaire de chercher un maître. Aussi Cléanthe se déclare-t-il le disciple de Zénon ; Théophraste, celui d'Aristote ; Métrodore, celui d'Épicure ; Platon, celui de Socrate. Arrivé à Pythagore, à Phérécyde, à Thalès et aux premiers sages, je m'arrête et je demande quel a été leur instituteur. Si vous me nommez les Égyptiens, les Indiens, les Babyloniens, et les mages eux-mêmes, je ne cesserai de vous demander quel a été le maître de ces derniers. Je vous conduirai ainsi jusqu'à la première génération humaine, et là je renouvellerai ma question : Quel a été son maître ? Un homme ? Non, puisque lui-même aurait été plongé dans l'ignorance. Un ange ? Non, car les anges, en tant qu'anges, n'ont pas un mode de communication accessible aux hommes : ils n'ont pas une langue pour parler, comme nous avons des oreilles pour entendre. Personne n'accordera aux anges les organes de la voix, je veux dire des lèvres avec ce qui les avoisine, un gosier, une trachée-artère, une poitrine, un souffle, un air qui est frappé. N'allez pas croire davantage que Dieu fasse entendre des sons, lui que son impénétrable sainteté sépare des archanges eux-mêmes. D'ailleurs nous savons que les anges et leurs chefs ont reçu la vérité, eux aussi, car ils ont eu un commencement. Il faut donc que nous nous élevions au-dessus des anges pour découvrir quel a été leur maître. Or, comme il est un seul qui n'ait pas été engendré, le Dieu tout-puissant, il n'y a qu'un seul aussi qui ait été engendré avant tout, « celui par lequel toutes choses ont été faites, et sans lequel rien n'a été fait... » Tous les prophètes appellent ce premier-né la Sagesse : il est le maître de tous les êtres créés, le conseiller de Dieu qui a tout réglé dans sa prescience. Des hauteurs du ciel, et depuis l'origine du monde, il a instruit et perfectionné les hommes de diverses manières et à différentes reprises... De même que toute paternité remonte au Dieu créateur, ainsi faut-il rapporter au Seigneur l'enseignement de tout ce qui est bon et honnête, la doctrine qui nous aide et nous dirige dans les voies de la justice [1]. »

Le Verbe a donc été le premier précepteur du genre humain. Il a éclairé l'esprit de l'homme, en le créant ; et, depuis ce moment-là, il ne cesse de remplir, à travers les siècles, ce ministère d'enseignement. Autant de vérités disséminées dans l'ancien monde, autant de rayons émanés du foyer suprême des intelligences. Ici, Messieurs, l'horizon s'élargit devant le prêtre d'Alexandrie : à l'analyse, en partie défectueuse, des sources historiques de la philosophie grecque, va succéder une vue d'ensemble sur les conditions religieuses et morales de l'humanité avant Jésus-Christ. S'il s'est mépris en supposant une diffusion prématurée de l'Écriture sainte parmi les nations païennes, il ne se trompera pas en attribuant à l'action illuminatrice du Verbe toutes les connaissances dont elles étaient en possession. La netteté avec laquelle il marquera le rôle de la philosophie grecque n'aura d'égale que la largeur et l'élévation de ses idées sur le plan de la Providence dans les âges antérieurs au christianisme. Déjà saint Justin avait ouvert cette voie féconde au travail de la science chrétienne; mais c'est le mérite de Clément d'avoir su la suivre jusqu'au bout, en développant sa pensée dans la série de propositions qui, sous une forme très-hardie et très-originale, résument la vraie philosophie de l'histoire.

---

1. *Stromates*, vi, 7.

SEPTIÈME LEÇON

Rôle de la philosophie grecque par rapport au christianisme. — Répulsion excessive de quelques esprits pour les spéculations helléniques. — Clément combat vivement cette tendance. — Il distingue entre la sophistique et la philosophie, pour condamner l'une et défendre l'autre. — Dans le plan de la Providence, la philosophie grecque devait servir d'introduction au christianisme et préparer les gentils au règne universel de la vérité sur la terre. — Développements que l'auteur donne à cette belle pensée. — Ses vues sur l'histoire religieuse du genre humain avant le Christ — Comment il envisage la question du salut des païens. — Théorie singulière de Clément sur le but et les conséquences de la descente de Jésus-Christ aux enfers. — Dans quel sens on doit interpréter la maxime : en dehors de l'Église il n'y a pas de salut.

Messieurs,

Quand le bien et le mal sont mélangés dans une doctrine ou dans une institution, il n'est pas facile de trouver l'exacte mesure de l'éloge et du blâme. Toujours sérieuse par elle-même, cette difficulté s'accroît de l'obstacle qu'oppose une polémique ardente au calme de l'esprit et à la sûreté du jugement. Il en était ainsi de la philosophie grecque, appréciée dans ses conséquences bonnes ou mauvaises par les premiers écrivains de l'Église. D'un côté on ne pouvait méconnaître la part de vérités que renferment les écrits d'Aristote et de Platon. Évidemment, les sciences humaines s'étaient élevées à une si grande hauteur sous l'impulsion féconde de ces hommes célèbres. D'un autre côté, cependant, il était impossible de se dissimuler que la lutte des écoles entre elles avait fini par aboutir à un scepticisme complet ; et l'on pouvait se demander si l'ancien monde avait retiré un profit véritable de ces systèmes contradictoires qui se détruisent l'un par l'autre. Il y a plus : quand les premières sectes cherchèrent à déchirer le sein de l'Église, où avaient-elles puisé la plupart de leurs erreurs ? Dans les anciennes écoles de la Grèce. L'analyse du gnosticisme en fournit une preuve évidente. Saint Irénée et Tertullien ne se trompaient pas, lorsqu'ils signalaient dans la philosophie grecque une des sources principales de ces hérésies primitives : les théories de Valentin et de Marcion étaient là pour justifier leur assertion. Certes, il y avait dans ces résultats de quoi éveiller parmi les premiers chrétiens une défiance légitime à l'égard des maîtres de la sagesse antique. Il était même facile de prévoir qu'un sentiment si naturel se changerait chez plusieurs en une véritable aversion, jusqu'à leur faire oublier ce qu'il y a de vrai et d'élevé dans la littérature profane. Quelques-uns allèrent plus loin encore : frappés de voir que la philosophie grecque avait produit un doute universel, et que les gnostiques lui empruntaient une partie de leurs rêves, ils ne craignirent pas d'en rapporter l'origine à l'esprit du mal. C'était une exagération manifeste. Clément la combattit de toutes ses forces, jugeant avec raison qu'il importait pour la science chrétienne de bien déterminer le rôle et le caractère providentiel de la philosophie grecque dans l'antiquité.

Il pose d'abord en principe que tous les arts et toutes les sciences viennent de Dieu qui a donné à l'homme la faculté de les découvrir et de les développer. Comment l'étude de la sagesse ou la philosophie serait-elle chose mauvaise, puisque l'Écriture elle-même nous invite à faire tous nos efforts pour arriver à la compréhension de la vérité [1]? On m'opposera peut-être, dit Clément dans un autre endroit, que la philosophie trouvée par les Grecs est fille de l'intelligence humaine ? Je réponds avec les livres saints que l'intelligence

---

1. *Stromates*, I, 4.

est un don de Dieu [1]. Soutenir comme quelques-uns que la philosophie ne vient pas de Dieu, c'est nier que Dieu soit la source de tous les biens ; car on ne saurait en contester l'utilité relativement à ceux qu'aucun autre frein n'arrête dans la voie du vice. Dès lors, je ne vois pas comment l'on pourrait, sans folie, faire remonter à l'auteur du désordre et de l'injustice une science aussi profitable que la philosophie. A ce compte-là le démon aurait travaillé à l'amélioration morale des Grecs avec un soin plus miséricordieux que la divine Providence elle-même. Tel n'est pas mon sentiment [2]. — Ces raisons sont fort justes, et mettent à néant une opinion inadmissible. Non pas que Clément veuille confondre la philosophie avec la sophistique, qui est l'art de tromper par des disputes où l'on cherche plus à briller qu'à instruire. Il est sans pitié pour ces ergoteurs, si communs chez les Grecs, et dont le talent se réduit à mettre tout en question, de manière à ne laisser debout aucun principe. Voici le tableau qu'il trace de ces esprits querelleurs et pointilleux qui n'ont aucun souci de la vérité, pourvu qu'ils entortillent le vulgaire par leurs subtilités et leurs artifices de langage :

« Enflés de leur art, les malheureux sophistes ne font que débiter leurs mensonges; ils passent leur vie entière à choisir des mots, à tourner et à arranger des phrases. Plus bavards que les cigales ils flattent, ils caressent d'une manière peu virile, à mon avis, des oreilles qui ne demandent qu'à être chatouillées agréablement. C'est une goutte d'esprit dans un fleuve de paroles. Semblables à de vieilles chaussures, ils laissent tout couler; rien ne tient après eux, sinon la langue [3]. »

Ce n'est donc pas le métier de sophiste que le prêtre d'Alexandrie cherche à défendre contre un parti qui se montrait peu favorable aux sciences humaines. Il reconnaît volontiers tout le mal que l'esprit de chicane a causé aux

---

1. *Stromates*, VI, 8.
2. Ibid., VI, 17.
3. Ibid., I, 3, 8.

Grecs, en ébranlant toute certitude, et en mettant des mots à la place des idées. Son éloge se borne à la vraie philosophie, à celle qui recherche sérieusement la vérité. Or, dit-il, bien que les Grecs aient manqué le but, il n'en est pas moins certain que « quelques étincelles du Verbe divin » sont tombées sur eux : ils ont proclamé une partie de la vérité par l'organe de leurs philosophes [1]. Avant la venue du Seigneur, la philosophie était nécessaire aux Grecs pour la justice ; depuis lors elle reste utile pour la piété. Car enfin il faut admettre que Dieu est le principe de toutes les choses bonnes, des unes immédiatement, comme de l'Ancien et du Nouveau Testament, des autres médiatement, comme de la Philosophie. On pourrait même dire que la Philosophie a été donnée aux Grecs directement, avant que le Seigneur vînt les appeler, car elle remplissait à leur égard le même office que la Loi chez les Hébreux, celui d'un pédagogue qui les conduisait au Christ [2]. Ce rôle de la philosophie grecque, Clément le détermine avec plus de précision encore dans le beau passage que je vais vous lire. A la vérité il s'appuie en cet endroit sur un document apocryphe : *La Prédication de saint Pierre* ; mais cet emprunt n'affaiblit en rien l'expression de son propre sentiment.

« L'apôtre, si je ne me trompe, montre clairement par là que les Grecs ont connu le seul et unique Dieu de la manière propre aux Gentils, les Juifs de la manière propre aux Juifs, tandis que nous avons de lui une connaissance neuve et toute spirituelle. Il en résulte aussi que c'est le même Dieu auteur des deux Testaments, qui a donné aux Grecs la philosophie au moyen de laquelle ils l'ont glorifié comme le Tout-Puissant. C'est donc de la discipline grecque, et de l'institution mosaïque, que sortent tous ceux qui embrassent la foi, de façon à composer une seule famille, un même peuple marchant

---

1. *Exhort. aux Grecs*, VII. ἐναύσματα λόγου, scintillæ Verbi ; — ὀλίγα ἄττα, quædam pauca.

2 *Stromates*, I, 5.

dans les voies du salut. Il n'y a pas là trois peuples séparés par le temps, autrement on pourrait supposer une triple nature ; mais des testaments divers sous lesquels chacun d'eux a été instruit par la parole d'un seul et même Seigneur. Regardez, en effet : Dieu, dans ses desseins de salut à l'égard des Juifs, leur envoie des prophètes ; il suscite également au sein de la Grèce les plus vertueux de ses enfants, et, les distinguant du vulgaire, il les constitue prophètes dans leur propre langue, suivant qu'ils sont capables de participer au bienfait céleste [1]. »

Dans un autre passage des Stromates, nous retrouvons la même idée exprimée sous une forme non moins originale. Là encore, Clément ne craint pas d'appeler la philosophie grecque une sorte de testament :

« En nous appuyant sur le sens commun pour affirmer que tout ce qui est nécessaire et utile à la vie nous vient de Dieu, nous ne courons pas risque de nous tromper, ou plutôt nous sommes dans le vrai, quand nous disons que la philosophie a été donnée aux Grecs comme un Testament propre, comme un marchepied pour s'élever jusqu'à la philosophie selon le Christ.... Autant que sa nature le lui permet, chaque être passe de ce qui est bon à ce qui est meilleur encore. Il n'est donc pas étrange que la divine Providence ait donné la philosophie afin de préparer les esprits à la perfection qui vient du Christ [2]. »

Ainsi, Messieurs, dans la pensée de Clément, la philosophie grecque devait servir d'introduction au christianisme, et lui ouvrir la voie parmi les Gentils, comme la loi mosaïque lui frayait le chemin au sein de la nation juive. Pour bien saisir cette doctrine, il faut nous rappeler que, sous le nom de Grecs, l'auteur des *Stromates* désigne les païens en général ; qu'il prend le mot de philosophie dans son sens le plus large, celui de sagesse humaine ; qu'il entend par là toute la somme

---

1. *Stromates*, VI. 5.
2. Ibid, VI, 8, 17.

de connaissances répandues dans le monde païen, et provenant soit de la tradition, soit du travail de l'intelligence, et qu'enfin il suppose un commerce assidu des sages de l'antiquité avec les livres saints. Cette dernière hypothèse surtout explique la haute estime qu'il professe pour la philosophie grecque. Mais, même sans tenir compte d'une supposition dont nous avons démontré l'invraisemblance, on ne peut qu'admirer la justesse et l'élévation de ces vues sur l'histoire du genre humain. Sans doute, le terme d'alliance ou de Testament, appliqué à la philosophie grecque, a pu vous paraître quelque peu emphatique ; car enfin, comme Clément a soin de le dire, la philosophie, en tant que résultat du travail de la raison, ne vient de Dieu qu'*indirectement* [1], par l'intermédiaire des facultés qu'il nous a départies ; la révélation mosaïque, au contraire, et la révélation chrétienne dérivent de Dieu directement et immédiatement [2]. Mais, cette restriction faite, le mot exprime une grande et belle idée. Il ne faudrait pas s'imaginer, en effet, que Dieu, en concluant une alliance spéciale avec le peuple juif, eût privé de ses bienfaits le reste de l'humanité. Tel n'était pas le dessein de la Providence. Les autres nations, elles aussi, participaient à cette effusion de grâces et de lumières. Ni les ressources naturelles de l'intelligence, ni le secours de la révélation primitive, ni l'action surnaturelle de Dieu sur les âmes, ne faisaient défaut à une portion quelconque de la grande famille humaine. Avec l'assistance divine qui ne manquait à personne, et en profitant des moyens qu'il trouvait en lui-même et au dehors, chaque homme pouvait arriver à sa fin et accomplir la volonté de Dieu. Or, dans un pareil état de choses, les philosophes avaient une haute mission à remplir. Il leur appartenait à eux, les privilégiés de l'intelligence, de réagir contre l'idolâtrie qui avait envahi la terre ; de remonter le courant des

---

1. Κατ' ἐπακολούθημα, per consequentiam. — La raison, don direct de Dieu, est le principe ; la philosophie en découle comme une conséquence Strom., I, 5).

2. Κατὰ προηγούμενον, principaliter (Ibid., I, 5).

traditions pour ramener les esprits aux croyances primitives du genre humain ; de proclamer, au milieu d'une société ignorante et aveugle, les vérités fondamentales de la religion, telles que l'existence d'un Dieu unique, l'immortalité de l'âme, les devoirs de la vie présente, la sanction de la loi morale dans une vie future. Cette mission, Socrate et Platon l'avaient accomplie dans une certaine mesure : c'était leur mérite et leur honneur. Mais, sans compter qu'eux aussi n'avaient pas glorifié le vrai Dieu sans crainte ni faiblesse, on pouvait dire qu'en général la philosophie ancienne ne s'était pas montrée à la hauteur de sa tâche. Les Grecs ont manqué le but ! s'écriait Clément d'Alexandrie, et avec raison. Le scepticisme, et non la vérité, était sorti de ces écoles tout occupées à se détruire les unes les autres, au lieu d'écouter la voix de la conscience et de l'*antique tradition*. Bien loin de porter remède aux maux engendrés par le polythéisme, les derniers représentants de la science grecque n'avaient fait qu'y ajouter des erreurs plus radicales encore. Mais enfin, quoique les résultats n'eussent pas pleinement répondu aux desseins de Dieu, il n'était pas moins vrai de dire, avec l'auteur des *Stromates*, que, dans le plan de la Providence, la philosophie grecque devait servir d'introduction au christianisme, et préparer les Gentils au règne universel de la vérité sur la terre.

En écrivant ces lignes, Clément ébauchait à grands traits la vraie philosophie de l'histoire. A ses yeux, le Christ occupe le sommet des âges C'est l'apparition du Verbe dans la chair, qui donne à l'histoire du genre humain sa véritable signification et sa grande unité. Tout converge vers lui; tout découle de lui. Le monde ancien était une vaste préparation à son règne ; le monde chrétien en sera le développement. « Car le Verbe ne s'est caché à personne : flambeau universel, il luit pour tous les hommes ; et aucune région ne demeure inaccessible à sa lumière [1]. » Toutes les vérités

---

[1] *Exhort. aux Grecs*, IX : Littéralement : pour le Verbe il n'y a pas de

répandues sur la terre avant sa venue étaient autant d'étincelles échappées de ce foyer divin. Au sein de la nation choisie, cette illumination des intelligences était plus vive, plus abondante. Éclairé par la Loi et par les prophètes du Verbe, Israël vivait de sa foi au vrai Dieu et de son espérance dans le Messie futur. C'était l'aurore précédant l'apparition du soleil de justice et de vérité. Mais la lumière prophétique ne se bornait pas à ce point de l'horizon ; le Verbe projetait ses rayons d'une extrémité de la terre à l'autre. Car les ténèbres de l'idolâtrie n'avaient pas fait disparaître jusqu'aux dernières lueurs de la révélation primitive ; et la raison, ce flambeau que la main de Dieu allume dans chaque âme, ne laissait pas de répandre quelques clartés sur les devoirs et la destinée de l'homme. A la place des prophètes de Juda, la Grèce avait ses sages et ses philosophes, suscités de Dieu pour devenir les maîtres et les précepteurs des nations. Qu'ils soient restés fidèles à leur mission, ou qu'ils l'aient remplie d'une manière fort imcomplète, peu importe : leur enseignement devait conduire au Christ, et leurs écrits servir de préface à l'Évangile. Arrive enfin le moment solennel où l'humanité entend la voix du Verbe fait chair, et alors juifs et gentils se réunissent pour former une seule et même famille de peuples. La philosophie grecque était un avant-propos de la philosophie chrétienne, et la loi mosaïque une ébauche de la loi évangélique. Désormais il n'y a plus qu'une seule alliance et un seul Testament : cette alliance est définitive, ce Testament est universel. Car « le héraut de cette alliance, c'est le Verbe Sauveur, le pacificateur du monde, la source d'où jaillissent la vie et la paix, source qui s'est épanchée sur toute la terre, en sorte que l'univers est devenu, pour ainsi dire, un océan de biens [1]. »

Cet aperçu sur l'histoire religieuse du genre humain avant

Cimmérien. Allusion à un peuple de la Campanie qui habitait dans des antres inaccessibles à la lumière.

[1] *Exhort. aux Grecs*, x.

le Christ est admirable de largeur et d'élévation. Déjà, Messieurs, il vous est facile de comprendre que le prêtre d'Alexandrie n'a pas dû professer des maximes trop étroites concernant le salut des païens ; mais, pour être empreinte d'un grand esprit de modération, sa doctrine n'en reste pas moins conforme à l'orthodoxie, sauf peut-être sur un point. D'abord il pose en principe que l'ignorance invincible exclut la culpabilité :

« A qui n'a jamais entendu parler du Verbe, il sera pardonné en faveur de son ignorance. Mais il n'en sera pas de même pour celui aux oreilles duquel la vérité est parvenue, et qui persiste néanmoins dans une incrédulité volontaire : plus il paraît intelligent, plus ses connaissances lui seront fatales ; sa propre raison l'accusera de n'avoir pas choisi la meilleure part [1]. »

On ne saurait mieux dire. Les lois essentielles de la justice exigent, en effet, que nul ne soit condamné pour une faute involontaire. C'est l'idée que Clément exprime en ces termes :

« Quant à ceux qui sont morts avant l'avénement du Seigneur, l'équité ne permet pas qu'ils soient condamnés sans jugement, ni qu'il n'y ait de participants aux bienfaits de la divine justice que les hommes nés après l'incarnation [2]. »

Ainsi le simple fait d'être venu au monde avant l'incarnation du Verbe, ou de n'avoir pu connaître le Christ, ne suffit pas pour exclure un homme de la vie éternelle. Il y avait donc pour les païens possibilité de se sauver. Est ce à-dire qu'un seul d'entre eux ait pu obtenir le salut en dehors de Jésus-Christ ? Non, répond Clément, « toute chose utile à la vie nous arrive du Dieu tout-puissant par le fils qui, pour cette raison, est le Sauveur de tous les hommes, comme dit l'apôtre, et principalement des fidèles [3]. » Il n'y a donc de salut

---

1. *Exhort. aux Grecs.*, x; — *Stromates*, ii, 14.
2. *Stromates*, vi, 6.
3. Ibid., vi, 17.

possible que par Jésus-Christ. Expliquant ailleurs cette parole du Seigneur : Je suis la porte par où entrent les brebis, le docteur alexandrin déclare que, « pour être sauvé, il faut avoir appris la vérité du Christ, lors même qu'on se serait élevé jusqu'à la philosophie [1]. » Dans deux autres passages, il est vrai, Clément semble infirmer cette doctrine en disant « que la philosophie était nécessaire aux Grecs pour la justice, qu'elle les justifiait quelquefois par elle-même » ; mais il bannit toute équivoque en ajoutant « qu'elle ne leur procurait pas une justice pleine et entière ; elle ne faisait qu'y contribuer ; elle y conduisait, comme le premier et le second escalier conduisent à l'étage supérieur de la maison, comme le grammairien prépare le philosophe [2]. » L'auteur des *Stromates* veut dire par là que la philosophie produisait dans l'âme une disposition première et éloignée pour recevoir la grâce de la justification avec la foi du Médiateur. C'est ce qu'il explique très-bien dans cette belle phrase : « Si la philosophie grecque n'embrasse pas l'ensemble de la vérité, si elle est sans force pour l'accomplissement des préceptes du Seigneur, elle n'en prépare pas moins la voie à la doctrine vraiment royale, en corrigeant et en formant les mœurs jusqu'à un certain point, en ménageant à la vérité un accueil favorable dans l'esprit de quiconque croit à la Providence [3]. » D'où il suit que la philosophie grecque n'était qu'une discipline préparatoire à la foi condition nécessaire du salut. Voilà pourquoi Clément ne craint pas d'affirmer « que les bonnes œuvres ne serviront de rien aux philosophes après la vie, s'ils n'ont eu la foi. Aussi les Écritures ont-elles été traduites en langue grecque pour leur ôter tout prétexte d'avoir ignoré la vérité qu'il leur était facile de connaître, du moment qu'ils le voulaient [4]. » Et enfin, résumant tout cet en-

---

1. *Stromates*, v, 13.
2. Ibid., i, 20.
3. Ibid., i, 16.
4. Ibid., i, 7.

seignement, il formule ainsi la nécessité de la foi pour le salut : « A ceux qui étaient justes selon la Loi, la foi manquait. De là vient que le Seigneur leur disait en les guérissant : Votre foi vous a sauvés. Quant à ceux qui étaient justes selon la philosophie, non-seulement ils avaient besoin de croire au Seigneur, mais il leur fallait encore répudier l'idolâtrie [1]. »

Certes, Messieurs, on ne dira pas que Clément d'Alexandrie ait sacrifié un principe quelconque dans la question du salut des païens. Malgré le rôle élevé qu'il assigne à la philosophie grecque, il a su éviter toute confusion entre l'ordre naturel et l'ordre surnaturel, en posant la foi au Médiateur comme une condition nécessaire pour le salut. Or cette foi n'était pas impossible au sein du paganisme. S'il y a un fait constaté par l'histoire, c'est l'attente universelle d'un Rédempteur parmi les nations païennes. Cette croyance y prenait les formes les plus diverses, j'en conviens, mais elle était vivante au cœur de l'humanité. Là-dessus il n'y a qu'une voix dans la science tant moderne qu'ancienne ; et l'incrédulité elle-même ne le conteste pas. Avant Jésus-Christ, le genre humain tout entier avait le sentiment de sa déchéance et l'espoir d'une réhabilitation. C'est là une de ces vérités qui ont passé à l'état d'axiome historique, et chaque recherche sérieuse sur les religions de l'antiquité ne fait que l'environner d'une plus vive lumière. Sacrifices, rites expiatoires, purifications des nouveau-nés, rien ne s'explique d'une manière satisfaisante sans cette croyance universelle, débris indestructible de la révélation primitive [2]. Or, il importe de conserver à ce fait toute sa haute importance, lorsqu'on veut apprécier la condition du monde païen relativement au salut ; car le dogme de la médiation divine est le pivot de l'ordre surnaturel. Supposons néanmoins une classe d'hommes placés dans la situation que le catéchiste alexandrin

---

1. *Stromates*, VI, 6.
2. Voyez *Saint Justin et les apologistes chrétiens*, leçon XXIe.

décrivait tout à l'heure : la connaissance du Verbe rédempteur n'est pas arrivée jusqu'à eux ; en l'absence de cette donnée positive, ils ont vécu conformément à la loi qui était gravée dans leur cœur, et que l'enseignement traditionnel développait autour d'eux ; après avoir vécu dans la piété et dans la justice, ils sont morts pleins de foi en la divine Providence, s'en rapportant à elle des moyens qu'il lui plairait de choisir pour les sauver, et tout disposés à remplir la volonté divine, sous quelque forme qu'elle leur serait manifestée : que faut-il penser de leur destinée éternelle ? Saint Thomas répondrait qu'une pareille disposition *implique* la foi au Rédempteur et saint Justin, saint Jean Chrysostôme, saint Augustin, saint Bernard, n'hésiteraient pas à concevoir les espérances les plus consolantes sur le sort de telles âmes[1]. Mais Clément d'Alexandrie, d'accord avec eux sur le principe, a une autre solution quant au moyen ; et cette solution mérite l'examen, parce qu'elle montre combien ce grand esprit s'était préoccupé de la question que nous traitons.

C'est à l'article du symbole sur la descente de Jésus-Christ *aux enfers*, que le docteur alexandrin demande la solution du problème. D'après l'enseignement commun des Pères et des théologiens, l'âme du Sauveur détachée de son corps sur la croix, mais toujours unie à sa divinité par le lien personnel, descendit dans les limbes où les âmes des justes se trouvaient détenues, en attendant que la Rédemption, une fois consommée, leur permît de jouir de la vision béatifique. Il était impossible, en effet, que la béatitude céleste, dans le sens complet du mot, devînt le partage d'une âme quelconque, avant que le rachat de l'humanité fût accompli sur le Calvaire. Remarquez bien qu'il ne s'agit pas ici du purgatoire, ni à plus forte raison de l'enfer proprement dit, mais de ce séjour ou de cet état d'expectative, où les âmes des justes, purifiées de leurs fautes, et déjà dignes de posséder

---

[1]. Voyez les textes tirés de ces auteurs dans l'ouvrage que nous venons de citer.

Dieu, n'attendaient plus que le moment et l'annonce de leur délivrance. Cette délivrance, le Sauveur vint la leur annoncer ; et son âme resta dans les limbes, illuminant les justes du rayon de sa gloire, jusqu'à ce qu'elle allât rejoindre son corps pour la résurrection du troisième jour. Telle est la signification de ce grand acte par lequel le Seigneur préludait à la glorification de l'humanité affranchie en vertu de son sacrifice. Mais pour Clément d'Alexandrie, la descente de Jésus-Christ aux enfers a de plus un autre sens. Selon lui, le Sauveur voulut se faire connaître des justes qui l'avaient ignoré pendant leur vie terrestre, et lever ainsi le seul obstacle qui pût s'opposer à leur béatitude. Car sans la connaissance de Jésus-Christ, ou sans la foi, il leur eût été impossible d'entrer dans la gloire, malgré la vie vertueuse qu'ils avaient menée ici-bas. Il fallait que le Christ vînt leur prêcher l'Évangile dans les limbes, pour suppléer aux lumières qui leur avaient manqué pendant leur carrière mortelle. Sans doute, ils comptaient déjà au nombre des élus, puisqu'ils avaient pratiqué la justice et qu'ils s'étaient repentis de leurs fautes ; mais cette justice demandait à être complétée par la connaissance du Christ et de son Évangile. Voilà pourquoi le Sauveur descendit aux enfers afin de se montrer aux âmes des justes et de les initier à l'économie de la Rédemption.

« Il s'opéra, dit Clément, un mouvement, une translation universelle par suite de l'incarnation du Sauveur. Un juste, en tant que juste, ne diffère point d'un autre juste, qu'il soit Grec ou qu'il ait vécu sous la Loi. Car Dieu est le Seigneur non-seulement des Juifs, mais de tous les hommes, quoiqu'il soit de plus près le père de ceux qui l'ont connu. C'est encore vivre selon la Loi, que de vivre conformément à la raison. Voilà pourquoi ceux qui, avant la Loi, ont bien vécu, sont réputés enfants de la foi et tenus pour justes. Or, il est manifeste que la même règle doit s'appliquer à ceux qui, en dehors de la Loi, ont bien vécu en écoutant la voix par laquelle Dieu leur parlait. A peine auront-ils entendu la voix du Seigneur, ou celle des apôtres, dans le lieu de leur captivité, qu'ils n'auront pas manqué de se convertir et de croire. N'oublions pas en effet que le Seigneur est « la vertu de Dieu », et que cette vertu ne saurait jamais s'affaiblir. Par là je crois avoir prouvé que Dieu est assez bon et le Seigneur assez puissant pour sauver, avec une égale justice, tous ceux qui se convertiront, soit ici-bas, soit ailleurs. Car ce n'est point ici-bas seulement que la vertu divine se montre agissante : elle est partout, elle opère toujours [1]. »

Comme vous le voyez, Messieurs, l'auteur des *Stromates* construit toute une théorie sur la descente de Jésus-Christ aux enfers. Encore ne se borne-t-il pas à supposer une véritable prédication du Sauveur dans les limbes ; il associe à cette œuvre jusqu'aux âmes des apôtres. Il s'appuie, dans cette hypothèse, sur le *Pasteur* d'Hermas, où il est dit que les apôtres, après leur mort, transmirent la connaissance du Fils de Dieu aux justes qui l'avaient ignoré sur la terre. Ces justes avaient accompli fidèlement, pendant leur vie mortelle, les préceptes de la loi naturelle ou écrite ; il ne leur manquait plus que « le sceau de la prédication évangélique [2]. » Saint Irénée se rapproche également de l'opinion du docteur alexandrin. Selon lui, « le Seigneur descendit dans les régions souterraines, pour annoncer aux justes son avénement, les péchés devant être remis désormais à quiconque croirait en lui. Or, ils crurent tous en lui, j'entends ceux qui avaient espéré en lui, qui avaient prédit son arrivée ou servi ses desseins, c'est-à-dire les justes, les prophètes et les patriarches. A ceux-là donc il remit les péchés comme à nous-mêmes, péchés que nous ne pouvons plus leur imputer, à moins de mépriser la grâce de Dieu [3]. « Évidemment l'évêque de Lyon admettait, lui aussi, que le Sauveur s'était manifesté aux justes dans les limbes, pour produire en eux une foi qu'ils

---

1. *Stromates*, vi, 6; ii, 9.
2. Σφραγὶς τοῦ κηρύγματος, *Pasteur d'Hermas*, l. III, *similit.*, ix ; — *Stromates*, ii, 9.
3 S. Irénée, *Adv. hær.*, iv, 27.

n'avaient pu avoir sur la terre. Saint Jean Damascène est du même avis [1]. Or le seul texte de l'Écriture qu'on puisse alléguer sérieusement en faveur de cette assertion, c'est un passage de la Ire Épître de saint Pierre, où l'apôtre enseigne « que le Sauveur, mis à mort selon la chair, alla prêcher aux esprits retenus en captivité, etc.. [2]. » Mais le mot grec, qu'emploie saint Pierre, ἐκήρυξεν, n'indique pas de lui-même une vraie prédication ou un enseignement ; il peut signifier tout aussi bien la simple annonce de la Rédemption, dont le Christ se faisait le héraut, κήρυξ, auprès des justes morts avant son avénement. Quant à ceux dont parle l'apôtre dans le verset suivant, à ces hommes qui n'avaient pas voulu donner créance aux prédications de Noé, rien n'indique dans le texte qu'ils ne se fussent convertis à l'approche de la catastrophe, ni que la foi au Rédempteur futur eût été absente de leur âme. Conséquemment, on ne saurait tirer de là aucune preuve à l'appui du sentiment que professe l'auteur des *Stromates*.

Quoi qu'il en soit, vous comprenez toute la portée d'une théorie qui, aux yeux de Clément, conciliait la nécessité de la foi avec la justice et la bonté divines. Du moment que la prédication de l'Évangile dans les limbes venait porter aux âmes des justes la connaissance du Christ, toute difficulté semblait levée : les conditions du salut étaient pleinement remplies ; et, quelque large qu'en fût l'application, les principes subsistaient dans leur inflexible rigueur. Mais, vous me demanderez sans doute si la théorie de Clément, quelque ingénieuse qu'elle paraisse, est conforme à l'orthodoxie, et si on peut la ranger dans le domaine des opinions libres. Remarquons d'abord que l'auteur des *Stromates* n'étend pas cette prédication posthume jusqu'aux réprouvés, ce qui eût été une grave erreur soutenue plus tard par des hérétiques contre lesquels s'élèvent saint Augustin et saint Grégoire le

---

1. *Lib. de defunctis.*
2. 1re Ép. de saint Pierre, III, 18-20.

Grand[1]. Il ne parle que de ceux « qui avaient mené une vie vertueuse, pratiqué la justice, fait pénitence de leurs fautes, et qui par conséquent appartenaient à Dieu[2]. » Ces mots, tant de fois répétés, excluent formellement les réprouvés des effets de la descente de Jésus-Christ aux enfers. Il est un passage cependant, je dois l'avouer, où la pensée de Clément se montre quelque peu vague et hésitante. Là, il semble admettre une crise suprême pour toutes les âmes, en ce sens que « les unes auraient embrassé la foi, tandis que les autres en refusant de croire, auraient proclamé par là même la justice de leur châtiment[3]. » Il faut en convenir, le dernier membre de cette phrase ne peut guère s'entendre que des réprouvés. Mais enfin, un texte obscur n'en efface pas dix autres très-clairs et très positifs : la seule conclusion à tirer de là, c'est que l'auteur n'avait pas sur ce point des idées bien suivies, ce qui arrive d'ordinaire lorsqu'on hasarde une théorie en dehors du sentiment commun. Arrêtons-nous donc à ce qu'il est permis d'envisager comme la véritable opinion de Clément. Peut-on soutenir, sans porter atteinte au dogme, que le Sauveur, en descendant dans les limbes, ait réellement évangélisé les âmes des justes morts avant l'incarnation, de manière à produire en elles une foi qu'elles n'avaient pas sur la terre ? Je ne le pense pas, Messieurs. D'abord, il faut admettre de toute nécessité que ces justes avaient déjà pendant leur vie mortelle, la foi au médiateur, foi explicite ou implicite ; sinon leur justification eût été impossible, car sans la foi on ne saurait plaire à Dieu. L'hypothèse de Clément est donc à tout le moins inutile. Mais il est un autre principe qui doit la faire rejeter. Au-delà de cette vie il n'y a plus pour l'homme ni mérite ni démérite ; l'épreuve du libre arbitre s'arrête à la mort. Il ne peut donc être question pour

---

1. S. Aug. *de hæres.*, § 79 ; *Epist.* CLXIV, *ad Evodium* ; — S. Grég., l. VI, *Epist.*, XV.
2. *Stromates*, VI, 6. προηγουμένως βε°ιωκότας... ἐν τοῖς τοῦ θεοῦ ὄντας.
3. *Stromates*, VI, 6.

la vie future ni de pénitence, ni de conversion, ni d'un passage quelconque de l'incrédulité à la foi : l'homme qui a terminé sa carrière terrestre est consommé soit dans le bien soit dans le mal. Le purgatoire lui-même n'est pas un état ou un lieu de mérites, mais d'expiation et de purification. Conséquemment, la descente de Jésus-Christ aux enfers n'a pu avoir pour objet d'évangéliser les morts ; car la prédication de l'Évangile suppose, dans ceux qui l'entendent, la liberté de l'accepter ou de la repousser. Annoncer aux justes leurs délivrance, les préparer à la vision béatifique par cette première manifestation de sa gloire, leur appliquer la vertu de son sacrifice en détruisant le seul obstacle qui les éloignât de la béatitude complète, voilà ce que fit le Sauveur dans l'intervalle qui sépara sa mort de sa résurrection [1] : donner une autre signification à cet acte, c'est ouvrir la porte à la théorie des épreuves successives qui tentera l'imagination d'Origène mais que l'Église a constamment réprouvée.

Enfin, Messieurs, il n'a pas dû vous échapper que la solution de Clément pèche par un autre endroit. Elle ne s'applique qu'aux païens morts avant l'incarnation. Mais que penser de ceux qui ont vécu depuis cette époque-là, et qui se sont trouvés dans l'impossibilité de connaître l'Évangile ? Faudra-t-il que le Sauveur descende de nouveau dans les enfers pour y prêcher la foi ? Cette simple observation montre ce qu'il y a de défectueux et de chimérique dans l'hypothèse du maître d'Origène. Il vaut donc mieux s'en tenir à l'enseignement commun des Pères et des théologiens, qui n'ont pas eu de peine à concilier les principes de la foi avec les notions de a justice et de la bonté divines. Nul ne sera jugé au tribunal de Dieu que d'après la loi qu'il aura pu connaître, par conséquent, l'ignorance involontaire de l'Évangile ne saurait être imputée à personne. « Quiconque, dit saint Paul, a péché sans la loi (la loi mosaïque), périra sans la loi ; et

---

[1]. S. Thomas, *Summæ theol*, Pars III**, qu. LII.

quiconque a péché sous la loi, sera jugé par la loi [1]. » Quant aux Gentils, continue l'apôtre, n'ayant pas la loi, ils sont à eux-mêmes la loi : cette loi est écrite dans leur cœur, et leur conscience rend témoignage pour ou contre eux [2]. En d'autres termes, l'obligation morale pour chaque homme se borne à remplir avec fidélité la loi qu'il lui a été possible de connaître; car, dit saint Paul au même endroit, Dieu ne fait point acception des personnes [3]. Voilà donc un premier principe qui domine toute la question. D'autre part, il n'est pas moins certain que Dieu veut le salut de tous les hommes : parmi les infidèles, il n'en est pas un seul qui demeure étranger au bienfait de la Rédemption, aux grâces surnaturelles, fruit du sacrifice offert sur la croix pour le salut du monde. Si donc l'infidèle était docile à ses premiers mouvements de la grâce, il recevrait de nouveaux secours, et ainsi de lumière en lumière il pourrait arriver à la connaissance de la vérité. Dans ce cas Dieu l'y conduirait soit par la voie ordinaire de l'enseignement ou de la prédication, soit par une révélation spéciale, comme celle qui a été faite aux prophètes et aux apôtres, soit par des impressions intérieures dont il toucherait son âme avant sa mort, soit par d'autre moyens pris dans les trésors de la puissance, de la sagesse et de la bonté infinies [4]. Et même, selon saint Thomas, cette connaissance explicite du Rédempteur n'est pas nécessaire aux païens pour arriver au salut. S'il s'en trouve parmi eux qui sont sincèrement disposés à remplir la volonté divine, sous quelque forme qu'elle leur serait manifestée ; à employer tous les moyens qu'il plairait à Dieu de choisir et de leur faire connaître, une pareille disposition, née de la grâce, *implique* suffisamment la foi au Médiateur [5]. Si d'ailleurs ces

---

1. Ép. *aux Rom.*, II, 12.
2. Ibid., 14, 15.
3. Ibid., 11.
4. Conférences sur la religion par Mgr Frayssinous, évêque d'Hermopolis, *Maximes de l'Église sur le salut des hommes*, p. 151.
5. S. Thomas, sec. secundæ qu. II. art. 7.

hommes, ainsi disposés, adhèrent à la vérité et pratiquent la vertu dans la mesure de leurs forces et de leurs lumières, et qu'ils se repentent de leurs fautes autant qu'il est en eux, la voie du salut leur reste ouverte. Voilà ce qu'opposaient aux déclamations de Rousseau nos prédécesseurs à cette faculté, dans leur immortelle *censure de l'Émile*; et en parlant de la sorte, ils se montraient les fidèles interprètes de la tradition catholique [1].

Je n'ai pas besoin, Messieurs, de vous faire observer qu'il y a tout un abîme entre le sentiment de saint Thomas ou de la Sorbonne sur le sort des infidèles, et les deux propositions condamnées dans le *Syllabus* annexé à l'Encyclique du 8 décembre 1864 : « Les hommes peuvent trouver le chemin du salut éternel et obtenir le salut éternel dans le culte de n'importe quelle religion. — Au moins doit-on bien espérer du salut éternel de tous ceux qui ne vivent pas dans le sein de la véritable Église du Christ. » Ce que le souverain Pontife veut réprouver par là, c'est le système de l'indifférence en matière de religion, comme l'atteste, outre les trois documents auxquels la sentence se réfère, le titre même du paragraphe, *Indifférentisme, latitudinarisme*. Or, dans l'Encyclique *Qui pluribus*, le pape Pie IX, à l'exemple de ses prédécesseurs, avait déjà déclaré ce système aussi contraire à la raison naturelle qu'à la doctrine catholique. Pour soutenir que les hommes peuvent se sauver dans n'importe quelle religion, il faut affirmer qu'il est indifférent pour eux d'embrasser la vérité ou de la repousser, d'ajouter foi à la parole de Dieu ou de lui fermer l'oreille. En d'autres termes, il faut affirmer l'identité du oui et du non, du vrai et du faux, c'est-à-dire l'identité des contraires, dans le sens du panthéisme hégélien ; et voilà l'erreur capitale que le souverain Pontife poursuit sous les formes multiples où elle se cache. Il ne peut y avoir qu'une religion véritable, par la raison bien simple que deux propositions

---

[1]. *Censure de l'Émile* par la Sorbonne, prop , XXIV et XXXIII.

contradictoires ne sauraient être également vraies ; et par conséquent cette religion véritable est la seule qui puisse conduire l'homme à sa fin, comme la véritable logique est la seule qui puisse empêcher l'homme de déraisonner, et la véritable arithmétique la seule qui puisse lui apprendre à ne pas se tromper dans ses calculs. Cette maxime, hors l'Église pas de salut », est avant tout une maxime de sens commun : la nier, parce qu'elle refuse à l'erreur un pouvoir qui n'appartient qu'à la vérité, c'est retomber dans la confusion panthéistique que je signalais tout à l'heure. Mais entendons-nous bien sur le sens et la portée de cette maxime : elle signifie qu'il n'y a pas de salut pour ceux qui se trouvent hors de l'Église sciemment et volontairement ; car la bonne foi excuse ceux qui se trompent, et l'ignorance involontaire exclut la culpabilité. C'est ainsi que le Chef de l'Église interprète la formule dans l'un des documents auxquels il renvoie pour l'intelligence des propositions condamnées et vous me permettrez de placer sous vos yeux ces paroles explicatives, ne serait-ce que pour vous faire voir comment l'on doit interpréter une Encyclique, lorsqu'on croit pouvoir s'en mêler.

« Nous voulons exciter votre sollicitude et votre vigilance épiscopale, afin que dans la mesure de vos forces, vous chassiez de l'esprit des hommes cette opinion impie et funeste que le chemin du salut éternel peut se trouver dans toutes les religions. Démontrez avec cette habileté et cette science par lesquelles vous excellez, démontrez aux peuples confiés à vos soins que les dogmes de la foi catholique ne sont nullement contraires à la miséricorde et à la justice de Dieu. Il faut en effet admettre de foi que, hors de l'Église apostolique romaine, personne ne peut être sauvé, qu'elle est l'unique arche du salut, que celui qui n'y serait point entré périra par le déluge ; mais il faut également tenir pour certain, que ceux qui sont à l'égard de la vraie religion dans une ignorance invincible n'en porteront aucunement la faute aux yeux du Seigneur. Maintenant qui oserait s'arroger le pouvoir de marquer les limites de cette ignorance, suivant le caractère et la diversité des peuples, des pays, des esprits, et de tant d'autres choses ? Lorsque, affranchis de ces entraves corporelles, nous verrons Dieu tel qu'il est, nous comprendrons par quel lien étroit et beau sont unies en Dieu la miséricorde et la justice [1]. »

Voilà, Messieurs, comme s'exprime l'Église sur le sort de ceux qui vivent en dehors d'elle. Elle affirme le principe, car si elle cessait de l'affirmer, elle se renierait elle-même ; mais elle s'en remet à Dieu du soin de l'appliquer. Elle déclare que la vraie religion est seule capable de sauver les hommes ; et cette déclaration, il n'y a que les athées et les panthéistes qui puissent la repousser sans être inconséquents ; mais en proclamant qu'en dehors de la vraie religion il n'y a pas de salut, elle enseigne également que nul ne sera condamné pour l'avoir ignorée sans qu'il y eût de sa faute. Elle répète avec Clément d'Alexandrie : « A qui n'a jamais entendu parler du Verbe, il sera pardonné en faveur de son ignorance ; » et par là elle donne à nos espérances une grande ouverture. Pas de fausse sécurité pour les consciences : cela ne servirait de rien ; nos raisonnements ne sauraient changer l'essence des choses. Mais aussi pas de rigueurs inutiles, car nous n'avons pas le droit de porter contre qui que ce soit une sentence que Dieu s'est réservée. Du moment que la doctrine est sauve, que les principes demeurent hors d'atteinte, la tâche de l'Église est terminée. Là commencent les jugements de Dieu, là s'ouvre le champ de sa miséricorde ; or ces jugements sont impénétrables, et ce champ est illimité.

1. Allocution *Singulari quadam*, Consistoire du 9 décembre 1854.

HUITIÈME LEÇON

Le Traité du *Pédagogue*. — Après avoir détaché les païens des erreurs de leur passé, Clément veut les initier à la vie de la foi par l'action salutaire de la discipline évangélique. — La catéchèse ou l'instruction morale succédait, dans l'enseignement du Didascalée, à la critique des religions et des systèmes philosophiques du monde païen. — Le Verbe, précepteur de l'humanité. — Comment l'éducation du chrétien se fait dans l'Église, qui est la famille spirituelle du Verbe incarné. — Belle poésie de langage dans le premier livre du *Pédagogue*. — L'Église mère et vierge tout ensemble. — Elle nourrit les chrétiens du lait de la doctrine, et développe en eux la vie surnaturelle par le moyen des sacrements. — Le premier livre du *Pédagogue* est l'une des productions les plus originales de l'éloquence chrétienne.

Messieurs,

En achevant la critique des religions et des systèmes philosophiques de l'antiquité païenne, Clément d'Alexandrie avait rempli la première partie de sa tâche. Vous vous rappelez, en effet, le plan général que révèle l'ensemble de ses ouvrages, et qu'il se proposait de suivre dans son enseignement. Détacher les païens des erreurs de leur passé, les initier à la vie de la foi par l'action salutaire de la discipline évangélique, pour les diriger ensuite dans les voies de la science et de la perfection chrétienne, telle est la marche qu'il avait adoptée, conformément aux lois nécessaires du progrès intellectuel et moral. De ces trois degrés, le premier était franchi, et il ne restait plus au chef de l'école d'Alexandrie qu'à tirer les conclusions de son travail. Le respect de la vérité, l'estime que commande la vertu, le sentiment de la dignité humaine, tout, jusqu'à leur intérêt propre, faisait un devoir aux païens de renoncer à des superstitions dégradantes pour embrasser la foi. Quant à la philosophie grecque, il est vrai que son rôle avait été considérable dans les siècles antérieurs au christianisme ; et ce rôle, Clément se gardait bien de l'amoindrir, comme nous l'avons vu. Mais enfin, elle aussi avait manqué le but ; elle s'était montrée impuissante à guérir les maux de l'humanité. Quelques étincelles du Verbe, un petit nombre de vérités mêlées à beaucoup d'erreurs, c'est à quoi se réduisait son enseignement. Il en est de la philosophie grecque, disait Clément, comme des noix, où tout n'est pas bon à manger [1]. « Elle ressemble, écrivait-il ailleurs, à la flamme d'une lampe que les hommes allument artificiellement avec les rayons dérobés au soleil. Mais depuis la prédication du Verbe, cette sainte lumière a brillé dans toute sa splendeur. Tant que dure la nuit, la flamme, dérobée au soleil, a son utilité dans l'intérieur des maisons ; arrive le jour, et, avec lui, une autre lumière. C'est ainsi que la nuit, étendue sur le genre humain, a fait place aux clartés du soleil qui éclaire les intelligences [2]. » Il serait donc peu raisonnable de retourner à ce pâle flambeau de la science humaine, maintenant que les rayons de la sagesse divine ont illuminé le monde.

« Puisque le Verbe lui-même est venu vers nous des hauteurs du ciel, s'écrie l'éloquent écrivain, qu'avons-nous besoin désormais de fréquenter les écoles des hommes ? Pourquoi s'inquiéter de ce qu'on enseigne à Athènes, dans le reste de la Grèce et dans l'Ionie ? Si nous voulons prendre pour maître Celui qui a rempli l'univers des merveilles de sa puissance, et à qui nous sommes redevables de la création, du salut, de la grâce, de la loi, de la prophétie, de la doctrine, nous reconnaîtrons qu'il nous a instruits en toutes choses, et que le monde entier est devenu, par le Verbe, ce qu'étaient Athènes et la Grèce... Cette véritable sagesse que les princes de la philosophie n'ont fait qu'insinuer, les disciples

---

1. *Stromates*, I, 1.
2. Ibid., v, 5.

du Christ la comprennent et la prêchent à haute voix.[1] »

C'est donc au foyer même de la vérité qu'il faut dorénavant chercher la lumière au lieu de s'arrêter à ces lueurs vacillantes que la sagesse humaine jetait à travers les ténèbres du monde païen. D'ailleurs, la philosophie grecque n'a jamais eu d'autre mission que de conduire l'homme à la foi ; elle devait prédisposer les esprits à la révélation évangélique. « Les dons intellectuels départis à chaque génération, suivant la convenance des temps, ont été pour elle une instruction préparatoire au Verbe du Seigneur[2]. » S'arrêter à cette discipline préalable, c'est en méconnaître le but ; partir de la philosophie pour arriver à la foi, c'est prendre le vrai chemin. Ici, Clément pouvait citer l'exemple de ceux qui, comme lui, avaient été amenés à l'Évangile par l'étude de la philosophie.

« Les philosophes qui ont exercé leurs facultés propres par les travaux de l'esprit ; qui se sont appliqués avec soin, non pas à une portion, mais à l'ensemble de la philosophie ; qui ont dépouillé tout orgueil pour se laisser guider par l'amour de la vérité à laquelle ils rendent témoignage ; qui ont mis à profit ce qu'il y avait de bon dans les systèmes différents du leur, pour avancer dans la connaissance, suivant le plan divin de cette ineffable bonté, dont l'action dirige la nature de chaque être vers un état meilleur, autant qu'il est possible ; ces philosophes, dis-je, après avoir eu commerce avec les Barbares non moins qu'avec les Grecs, arrivent à la foi. Cet exercice commun les conduit à une connaissance spéciale[3]. »

Cette connaissance spéciale, c'est l'Évangile, auquel la philosophie grecque servait d'introduction, dans la pensée de Clément. En marquant ainsi le passage du paganisme scientifique à la foi, l'auteur des *Stromates* retraçait, outre sa propre histoire, celle de saint Justin, de Tatien, d'Athé-

---

1. *Exhort. aux Grecs*, xi.
2. *Stromates*, i, 5.
3. Ibid., vi, 17.

nagore, de Tertullien, de tous ces hommes que le christianisme trouvait engagés dans une étude consciencieuse des doctrines humaines. Ce qu'il y a d'erroné ou d'insuffisant dans les systèmes philosophiques leur faisait comprendre la nécessité de chercher quelque chose de meilleur ; et la part de vérités que renferment ces théories les guidait dans leurs investigations. De cette manière, la philosophie grecque les conduisait à l'Évangile par ses défauts comme par ses qualités. S'ils s'étaient arrêtés au vestibule du temple, au lieu de pénétrer dans l'intérieur, leur procédé eût été illogique ; et c'est, Messieurs, le reproche que nous sommes en droit d'adresser à cette classe de philosophes modernes qui restent en dehors de la foi, pour s'en tenir à ce qu'ils appellent le spiritualisme indépendant. Certes, nous mettons entre eux et les athées ou les panthéistes la même différence que Clément d'Alexandrie établissait entre les platoniciens et les matérialistes de l'école d'Ionie. Ils défendent comme nous l'idée de Dieu, l'immortalité de l'âme, la distinction du bien et du mal, et même, dans une certaine mesure, le dogme de la vie éternelle. Mais cette tâche une fois remplie, ils opposent une fin de non-recevoir à l'ordre surnaturel, pour se retrancher dans ce petit nombre de vérités fondamentales que la raison peut démontrer par ses propres principes. Or, cette position est insoutenable ; car, à moins de nier l'existence d'un Dieu souverainement libre et tout-puissant, il est impossible de lui refuser le pouvoir ou le droit de révéler aux hommes telles vérités, et de leur prescrire tels devoirs qu'il lui plaît. Toute la question se réduit donc à savoir si Dieu a réellement parlé, si cette révélation et cette législation positives existent quelque part. Écarter *à priori* cette question comme inutile ou peu nécessaire, en présence d'un fait tel que le christianisme, d'un fait qui domine l'histoire du monde, serait une inconséquence qu'on ne peut qualifier trop sévèrement. Tout philosophe qui croit à l'existence d'un Dieu vivant et personnel est tenu de s'arrêter devant ce fait, de l'étudier avec soin ; sinon, il montre que, pour lui aussi, Dieu est un vain mot; il nie implicitement la possibilité d'un ordre surnaturel, c'est-à-dire la liberté et la puissance infinies ; et, dans ce cas, la logique, qui n'admet pas de faux-fuyants, ne lui laisse d'autre issue que l'athéisme ou le panthéisme. Il ne sert à rien de dire : Je ne nie pas le christianisme, je ne m'en occupe pas. Ce langage n'a rien de scientifique, c'est un pur paralogisme. Il ne vous est pas permis de passer à côté de la révélation chrétienne sans en examiner les titres ; car, d'une part, l'idée de Dieu, que vous voulez maintenir intacte, vous interdit de poser à la volonté divine des limites arbitraires ; et, d'autre part, l'Évangile commande l'attention de tout esprit sérieux par la place qu'il a prise dans la vie de l'humanité. Ou ces fins de non-recevoir ne signifient rien, ou elles impliquent une théodicée fausse. En résumé, la philosophie est encore, elle restera toujours, relativement au christianisme dans les mêmes conditions qu'à l'époque de Clément : elle lui sert d'introduction, ou elle se détruit elle-même en altérant l'idée de Dieu.

Pour achever de convaincre les esprits que le christianisme est le terme auquel doit aboutir la philosophie, Clément s'appuie sur le caractère divin d'une religion qui, à peine établie, s'était propagée dans le monde entier, sans redouter aucune puissance humaine :

« Les philosophes n'ont plu qu'aux Grecs, et encore pas à tous. Socrate s'est fait écouter de Platon, Platon de Xénocrate, Aristote de Théophraste, Zénon de Cléanthe. Ces hommes n'ont persuadé que leurs adeptes. Mais la parole de notre Maître n'est point restée captive dans l'enceinte de la Judée, comme la philosophie dans les limites de la Grèce. Répandue par tout l'univers, elle a également pénétré chez les Grecs et chez les Barbares, à travers les nations et les bourgades ; elle a converti des familles et des villes entières, elle a vaincu quiconque l'a écoutée, et parmi les philosophes eux-mêmes, il en est un bon nombre qu'elle a conduits à la vérité. Que la philosophie grecque soit entravée par quelque magistrat, la voilà qui s'évanouit sur-le-champ. Mais notre doctrine, à nous, dès le premier instant qu'elle a été prêchée, a vu se soulever contre elle, rois, tyrans, gouverneurs, magistrats : ils lui ont déclaré la guerre avec une armée de satellites et de complices, afin de nous anéantir autant qu'il était en eux. Qu'est-il arrivé ? Elle n'en fleurit que davantage : elle ne s'aurait mourir à l'instar des doctrines humaines, ni dépérir comme un don sans vigueur, car les dons de Dieu sont marqués de sa force. Elle demeure victorieuse de tout obstacle, mais n'oubliant jamais la prophétie qui lui annonce des persécutions sans fin [1]. »

Clément conclut de là qu'une telle œuvre n'a pu s'accomplir en si peu de temps sans une intervention manifeste de la Divinité. Il ne reste donc plus aux païens qu'à se dépouiller de leurs erreurs, pour entrer dans la voie unique du salut, qui est la foi. Les idolâtres y trouveront la connaissance du vrai Dieu qu'ils ignorent, et les philosophes l'ensemble de la vérité dont ils ne possèdent qu'une faible partie. Ici, le catéchiste alexandrin change de ton et de sujet. Après avoir exhorté les païens à venir se placer sous la conduite du Verbe précepteur de l'humanité, il expose la discipline évangélique et développe les devoirs de la vie chrétienne. C'est l'objet du livre intitulé le *Pédagogue*. Ce livre résume les instructions morales qui, dans l'enseignement du Didascalée, succédaient à la critique des religions et des systèmes philosophiques de l'antiquité. Rien de plus naturel ni de plus logique que cette marche. Lorsque, au sortir d'une lutte sanglante, le corps est encore tout meurtri des coups qu'il a reçus, il faut songer tout d'abord à le guérir de ses blessures. La vigueur et la santé parfaite ne lui reviendront qu'à ce prix. Il en est ainsi de l'âme qui secoue le joug des idoles mondaines, pour se vouer au service du Christ. Le néophyte a besoin de trouver dans les rigueurs salutaires d'une forte discipline un remède à sa faiblesse. Ce remède, le Verbe, médecin des âmes, le lui procure. Car, dit Clément, il y a dans l'homme

---

1. *Stromates*, VI, 18 ; — *Exhort. aux Grecs*, X.

moral trois choses : les mœurs, les actions et les passions. Or, le Verbe corrige les mœurs, règle les actions et guérit les passions. C'est en remplissant ce triple office qu'il prélude à sa mission de docteur. La véritable science, en effet, ne peut s'acquérir qu'autant que l'âme est entièrement purgée de ses affections vicieuses. Cette loi, Clément d'Alexandrie la formule ainsi en tête de son ouvrage :

« Le Pédagogue s'occupe de la pratique et non de la théorie. Son but est de rendre l'âme meilleure et non de l'instruire, de former le sage et non le savant. Ce n'est pas que le même Verbe ne nous ouvre également les trésors de la science ; mais il ne débute pas ainsi. Lorsqu'il nous explique et nous révèle les dogmes de la religion, nul doute qu'il n'instruise dans ce moment là ; mais le Pédagogue veut avant tout la pratique ; aussi s'efforce-t-il en premier lieu de former nos mœurs... Ce sont deux choses bien différentes que la santé de l'âme et la science : l'une s'obtient par la guérison, l'autre par l'étude. Notre âme est-elle malade ? qu'elle ne s'avise pas de vouloir approfondir la doctrine avant d'avoir recouvré une parfaite santé. Car les mêmes prescriptions ne s'appliquent pas à ceux qui veulent s'instruire et à ceux qui sont malades ; on donne aux premiers ce qui convient pour la science, et aux seconds ce qui aide à la guérison. Les maladies corporelles exigent le secours du médecin ; ainsi le Pédagogue est-il nécessaire aux âmes languissantes pour guérir leurs passions. C'est plus tard seulement après leur entière purification, qu'elles seront aptes à pénétrer les secrets de la science sous la conduite du Maître, et capables de recevoir la révélation du Verbe [1]. »

Ces paroles sont très-remarquables, parce qu'elles dénotent chez Clément d'Alexandrie un grand esprit d'observation, une connaissance profonde des rapports qui existent entre l'ordre moral et l'ordre intellectuel. En regardant la

---

1. *Pédagogue*, I, 1.

réforme des mœurs, et la santé de l'âme qui en est le fruit, comme une condition nécessaire pour avancer dans la science des choses divines, l'éloquent catéchiste établit une règle dont l'expérience a de tout temps démontré la justesse. Certes, il est bien éloigné de prétendre qu'aucune espèce de connaissance ne doive précéder l'action, et qu'il faille mettre le christianisme en pratique avant toute étude préliminaire. Ce serait là un mysticisme mal entendu, qui intervertirait l'ordre et le rôle des facultés de l'âme. Clément s'adresse à des néophytes ou à des catéchumènes qui viennent de passer du paganisme à la foi, et qui aspirent à la science. Or, pour parvenir à cette intelligence plus élevée de la doctrine, que faut-il au préalable ? Une sorte de thérapeutique spirituelle qui guérisse l'âme de ses blessures et de ses maladies. Ce régime préparatoire fait disparaître les obstacles qui s'opposent à l'illumination de l'homme par le Verbe; car le Verbe ne se réfléchit que dans un cœur pur. En s'exprimant de la sorte, Clément développait ce mot du Sauveur que nous lisons dans l'Évangile de saint Jean : *Qui facit veritatem, venit ad lucem* : « Celui qui fait les œuvres de la vérité arrive à la lumière [1]. » Grande parole qui éclaire tout l'horizon du monde moral ! Pour bien comprendre l'Évangile, il faut commencer par le mettre en pratique ; et la vérité apparaît dans tout son jour à qui sait en accomplir les œuvres. L'esprit n'acquiert sa véritable force qu'à la condition de dominer les sens ; car « l'homme animal, dit saint Paul, ne perçoit pas ce qui est de l'esprit de Dieu [2] : » il saisira tout ce qui est matériel, terrestre, purement humain ; mais le sens du divin, du surnaturel lui fait défaut. Tant que la discipline chrétienne n'a pas rendu à l'âme sa santé, les passions la retiennent dans les ténèbres : ce sont des vapeurs malsaines qui montent au cerveau de l'homme, et qui offusquent la vue de l'intelligence. Une pareille âme n'a pas d'ailes, dirait

---

1. S. Jean, III, 21.
2. 1re *aux Cor.*, II, 14.

Clément d'Alexandrie après Platon ¹; elle ne sait pas prendre son vol vers les régions supérieures. Ces ailes, la vertu seule peut les donner et les faire croître. Je regarde comme l'un des mérites de Clément d'avoir si bien marqué l'influence des dispositions morales sur le développement de l'esprit, et la nécessité de se soumettre à la discipline évangélique pour arriver au sommet de la connaissance. L'école d'Alexandrie, si ardente pour la spéculation, n'en a pas moins compris que la pratique des vertus chrétiennes est la meilleure préparation à la science des choses divines. Origène parlera comme son maître, et cette haute psychologie montre avec quelle sûreté de coup-d'œil ils avaient saisi l'un et l'autre les rapports de l'intelligence et de la volonté.

D'après le préambule du *Pédagogue*, vous devinez déjà l'idée et le but de l'ouvrage qui porte ce titre. Le christianisme est l'école où l'homme reçoit son éducation divine ; et le maître qui enseigne dans cette institution vaste comme le monde, c'est le Verbe précepteur du genre humain. « Notre pédagogue, dit Clément aux catéchumènes, est semblable à Dieu son Père, dont il est le Fils impeccable, irrépréhensible. Son âme est exempte de toute passion. C'est un Dieu sous forme humaine, qui ne connaît pas de souillure, ministre de la volonté paternelle, Verbe Dieu qui est dans le Père, qui est à la droite du Père, qui reste Dieu sous la figure qu'il a revêtue. Il est pour nous une image pure et sans tache, que tous nos efforts doivent tendre à reproduire dans notre âme ². » Nous avions besoin d'un modèle qui pût nous montrer la perfection d'une manière sensible : « le Verbe s'est incarné pour nous enseigner tout ensemble la pratique et la théorie de la vertu ³. » Nous errions dans les ténèbres de cette vie, cherchant un guide sûr et fidèle : » le Verbe s'est fait notre conducteur ⁴. » Les maladies de notre âme appelaient

---

1. *Stromates*, v, 13.
2. *Pédag.*, i, 2.
3. Ibid., i, 3.
4. Ibid., i, 3.

la guérison : « le Verbe est devenu le médecin des infirmités humaines [1]. » Ce rôle, il le remplissait déjà dans l'ancienne loi, par l'organe de Moïse et des prophètes ; car le Verbe a été de tout temps le précepteur du genre humain. Mais la pédagogie mosaïque avait la crainte pour mobile ; l'institution chrétienne est une loi de grâce et d'amour [2]. Pour décrire l'éducation divine que l'homme reçoit au sein du christianisme, Clément déploie cette richesse d'imagination qui donne à son langage tant de relief et de poésie:

« Qu'est-ce que l'éducation divine, se demande-t-il ? C'est une direction que la vérité nous imprime pour nous conduire à la contemplation de Dieu. C'est un tableau d'actions saintes qu'elle nous met sous les yeux pour nous faire persévérer jusqu'à la fin. De même que le général veille au salut de la phalange qu'il commande, de même que le pilote dirige son gouvernail de manière à sauver les navigateurs, ainsi le Pédagogue se montre-t-il plein de sollicitude pour nos intérêts, en amenant ses enfants à suivre un régime salutaire. Bref, tout ce que nous demanderons raisonnablement à Dieu nous sera accordé si nous obéissons au Pédagogue. Semblable au pilote qui ne cède pas toujours aux vents, mais qui fait face à la tempête en lui présentant la proue du navire, le Pédagogue résiste au souffle inconstant des lois de ce monde ; il n'expose pas plus son enfant au choc violent et brutal des passions, que le pilote n'abandonne son vaisseau à la fureur des flots. Il ne déploie les voiles qu'au vent prospère de la vérité, et il tient d'une main ferme le gouvernail de son enfant, je veux dire qu'il s'empare de ses oreilles pour en éloigner le mensonge, jusqu'à ce qu'il l'ait conduit sain et sauf au port céleste [3]. »

Je ne saurais mieux comparer le premier livre du *Pédagogue* qu'aux *Méditations chrétiennes* de Malebranche. L'i-

---

1. *Pédag.*, I, 2.
2. Ibid. I, 7, 11.
3. Ibid., I, 7.

dée générale est la même de part et d'autre, et la brillante imagination des deux écrivains achève le rapprochement. A l'exemple de Clément d'Alexandrie, avec qui d'ailleurs il a tant d'affinité, Malebranche pose en principe que le Verbe est le maître unique de l'humanité, soit qu'il éclaire tout homme en tant que raison universelle des esprits, soit qu'il enseigne comme sagesse incarnée. Le Verbe, dit-il, parle aux hommes en deux manières : ou bien il parle à leur esprit immédiatement et par lui-même, ou bien il parle à leur esprit par leurs sens. En tant que raison universelle et lumière intelligible, il éclaire intérieurement tous les esprits par l'évidence et la clarté de sa doctrine ; comme sagesse incarnée et proportionnée à leur faiblesse, il les instruit par la foi, c'est-à-dire par les Écritures saintes et l'autorité visible de l'Église [1]. Ce double mode d'illumination ou d'enseignement, l'auteur des *Méditations chrétiennes* l'expose et le développe sans omettre aucun détail. Il y a sans doute, dans ces pages si élevées et parfois si lumineuses, quelques exagérations qui tiennent à la théorie de l'auteur sur la vision en Dieu ; mais le célèbre métaphysicien ne se trompe pas en rapportant au Verbe l'origine de toutes nos connaissances, et en distinguant le Maître intérieur qui se fait entendre à nous dans le silence de l'âme et le Maître extérieur qui nous parle par la voix de l'Église. C'est avec raison que, voulant retracer l'action intime du Verbe sur la conscience, il s'écrie : « Oui, lumière du monde, je le comprends maintenant ; c'est vous qui nous éclairez, lorsque nous découvrons quelque vérité que ce puisse être ; c'est vous qui nous exhortez, lorsque nous voyons la beauté de l'ordre ; c'est vous qui nous corrigez, lorsque nous entendons les reproches secrets de la raison ; c'est vous qui nous punissez ou nous consolez, lorsque nous sentons intérieurement des remords qui nous déchirent les entrailles ou ces paroles de paix qui nous remplissent de joie [2]. » Clément

---

1. *Méditations chrétiennes*, III, 2,
2. Ibid., II, 15.

d'Alexandrie avait décrit à peu près dans les mêmes termes l'office du Verbe précepteur de l'humanité. « Notre divin Pédagogue, disait-il, emploie toutes les ressources de sa sagesse pour nous sauver : il avertit, réprimande, blâme, accuse, menace, guérit, promet ou accorde ses faveurs, ne négligeant rien pour mettre un frein à nos passions désordonnées [1]. »
Il y a cependant une différence entre le point de vue où se place le philosophe chrétien du IIe siècle, et la manière dont l'auteur des *Méditations chrétiennes* envisage l'action du Verbe sur les intelligences. Malebranche s'attache surtout à recueillir la voix du Maître parlant à l'homme dans le secret de la conscience ; Clément, au contraire, fait ressortir de préférence le ministère de la sagesse incarnée et rendue visible au milieu du monde; tout le premier livre du *Pédagogue* porte sur ce mode d'instruction plus approprié à l'homme devenu terrestre et charnel. Ce n'est pas que Malebranche méconnaisse la nécessité d'un enseignement extérieur pour l'éducation religieuse de l'humanité : cette nécessité, il la proclame ainsi dans ses *Entretiens sur la métaphysique* :

« Ne savez-vous pas, Ariste, que la raison elle-même s'est incarnée pour être à la portée de tous les hommes, pour frapper les yeux et les oreilles de ceux qui ne peuvent ni voir ni entendre que par leurs sens ? Les hommes ont vu de leurs yeux la sagesse éternelle, le Dieu invisible qui habite en eux. Ils ont touché de leurs mains, comme dit le bien-aimé disciple, le Verbe qui donne la vie. La vérité intérieure a paru hors de nous, grossiers et stupides que nous sommes, afin de nous apprendre d'une manière sensible et palpable les commandements éternels de la loi divine : commandements qu'elle nous fait sans cesse intérieurement, et que nous n'entendons point, répandus au dehors comme nous sommes. Ne savez-vous pas que ces grandes vérités que la foi nous enseigne sont en dépôt dans l'Église, et que nous ne pou-

---

1. *Pédag*, I, 9.

vons les apprendre que par une autorité visible émanée de la sagesse incarnée? C'est toujours la vérité intérieure qui nous instruit, il est vrai ; mais elle se sert de tous les moyens possibles pour nous rappeler à elle, et nous remplir d'intelligence [1]. »

Cet enseignement du Verbe parlant dans les Écritures et par l'Église, le catéchiste alexandrin l'appelle une *pédagogie divine*. « Le seul moyen de devenir parfait, dit-il, est d'accepter le Christ pour chef, et de faire partie de son Église [2]. » Le langage de Clément est d'une douceur et d'une délicatesse admirables, lorsqu'il s'agit d'expliquer cette enfance spirituelle du chrétien qui se laisse diriger par le Verbe précepteur de l'humanité. Ce mot signifie l'inexpérience du mal, la facilité à oublier les injures, la promptitude à courir au-devant de la vérité, l'absence de tout fiel, la franchise et la droiture du caractère. Ne connaître que Dieu seul pour père, être simple, ingénu, innocent, sans artifices ni détours, tels sont les caractères de la véritable enfance. Oui, ce titre d'honneur nous convient à nous, les disciples du Verbe, car notre vie ressemble à un printemps perpétuel : la vérité qui est en nous ne connaît pas de vieillesse ; elle renouvelle notre vigueur par ses enseignements. La sagesse fleurit toujours, et bannit la décrépitude. Ici, le souvenir de l'Église, cette mère du chrétien, vient se joindre à l'idée de la paternité divine, pour inspirer à Clément une page ravissante de fraîcheur et de poésie :

« Comme les enfants qui se réunissent autour de leur mère, ainsi cherchons-nous notre mère l'Église. Tout ce qui est faible et délicat nous intéresse, nous charme, nous attendrit par cette faiblesse même qui réclame notre secours : à la vue de ce petit être, la colère se change en bienveillance. De même que les pères et les mères n'ont rien de plus doux que de voir auprès d'eux leur progéniture : les chevaux, leurs

---

[1]. *Entretiens sur la métaphysique,* v, 9.
[2]. *Pédag.*, i, 7.

jeunes poulains ; les vaches, leurs génisses ; les lions, leurs lionceaux ; la biche, son faon ; l'homme, son enfant, ainsi le Père commun de tous les êtres accueille-t-il avec plaisir ceux qui se réfugient dans son sein. Les voyant pleins de douceur et régénérés par l'Esprit, il les adopte pour ses fils, il les aime, il les secourt, il combat pour eux, il les appelle ses petits enfants [1]. »

Ces images gracieuses, Clément les sème à profusion dans le cours de l'ouvrage. Il compare la société chrétienne à une famille où règne une joie inaltérable, où le père sourit aux jeux de ses enfants; car, dit-il, nous devons nous réjouir à cause de notre délivrance, et dans l'attente des biens célestes. Sous la figure d'Isaac et de Rébecca, il découvre un hymen plus auguste, celui du Verbe avec l'Église. « O miracle mystique, s'écrie-t-il ! Un est le Père de toutes choses, une la Raison universelle, un le Saint-Esprit qui est partout. Une aussi est la mère-vierge, je veux dire l'Église, car il m'est doux de lui donner ce nom. Elle est vierge et mère tout ensemble, pure comme une vierge, aimante comme une mère [2]. » C'est là, Messieurs, un magnifique langage, qui depuis lors s'est retrouvé plus d'une fois dans la bouche des grands maîtres de l'éloquence sacrée. Pour ne citer qu'un exemple, il me suffira de rappeler combien Bossuet se plaît dans ses écrits à développer ces titres de vierge, d'épouse, de mère, appliqués à l'Église; avec quel enthousiasme il célèbre en elle la compagne fidèle de Jésus-Christ, la dispensatrice de ses grâces, la directrice de sa famille, la mère toujours féconde, et la nourrice toujours charitable de ses enfants [3]. On me dira peut-être : vous vous passionnez pour une idée métaphysique, vous embrassez des chimères; comment peut-on aimer un être collectif? Cela ne se saisit pas ; cela n'a ni

---

1. *Pédag.*, I, 5.
2. *Ibid.*, I, 6.
3. *Édit. de Vers.*, t. XXXVIII, p. 388 ; — Item, XV, p. 562, *Pensées chrétiennes et morales* — XVII, p. 580 et suiv. *Oraison funèbre du père Bourgoin* — XI, 582, *Sermon sur le caractère des deux alliances.* etc.

chair ni os. — Voilà bien ce scepticisme désolant qui ne croit plus à la poésie de l'âme, qui ne comprend rien aux grands attachements de l'homme pour les choses de l'esprit. Ainsi ne parlaient pas nos pères, eux qui dans leur vieux langage avaient créé cette belle expression : « Notre mère sainte Église. » Ce qu'ils aimaient dans l'Église, c'est la vérité incarnée en elle, la justice qu'elle proclame au milieu du monde, le dévouement dont elle est la source et l'inspiratrice. Ce qu'ils aimaient dans l'Église, c'est l'union des intelligences par la foi, et celle des cœurs par la charité ; c'est la direction de toutes les volontés vers une seule et même fin. Ce qu'ils aimaient dans l'Église, c'est l'héroïsme moral qui s'y déploie sous toutes les formes depuis l'origine : c'est l'âme humaine rendue à sa dignité, la conscience affranchie du joug de l'erreur, la famille rétablie sur ses bases, l'État ramené à ses vraies limites, le pouvoir changé en service, l'obéissance devenue un honneur et un mérite, les individus et les peuples éclairés sur leurs destinées et formant une grande famille de frères. A la vue de tels résultats, leur cœur s'enflammait d'amour pour la divine institution qui les avait produits. Ils la personnifiaient dans l'élan de leur foi ; ils lui appliquaient ce que les langues humaines ont de plus expressif et de plus délicat. La voyant faible, au milieu des pouvoirs de la terre, ils disaient : l'Église est une femme ; l'insulter serait une lâcheté ; son honneur est notre honneur à tous. La voyant travailler avec tant de zèle à l'éducation des peuples, ils disaient : l'Église est une mère ; elle en a la tendresse et le dévouement. La voyant combattre sans relâche l'erreur et le vice : ils disaient : l'Église est une vierge ; nous qui sommes ses enfants, nous pouvons faillir, mais elle est pure et sans tache ; ni l'erreur ni le vice ne prévalent contre elle. Cette sublime poésie de langage peut surprendre ceux qui ne la comprennent pas ; mais quiconque se flatte d'avoir, je ne dirai pas le culte, mais le moindre souci des choses de l'esprit, devra reconnaître que s'il est une noble passion sur la terre, c'est la passion du vrai, le passion du bien ; et que l'enthousiasme est légitime quand il a pour objet la plus haute représentation du droit, de la justice et de la vérité.

Lorsqu'on se renferme dans les limites étroites d'un naturalisme prosaïque, il ne faut pas s'approcher de Clément d'Alexandrie ; car la poésie religieuse déborde dans ses ouvrages. Partant de cette idée que la société chrétienne est une famille où l'Église, épouse du Verbe, remplit les fonctions de mère, il poursuit jusque dans les moindres détails ce parallèle entre l'ordre humain et l'ordre divin. La mère donne naissance à l'homme ; l'Église enfante le chrétien par le baptême. On ne saurait mieux décrire le caractère et les effets du premier des sacrements :

« Baptisés, nous recevons la lumière ; illuminés, nous devenons enfants de Dieu ; enfants de Dieu, nous devenons parfaits ; parfaits, nous devenons immortels. » « Je l'ai dit : vous êtes tous des dieux et des fils du Très-Haut. » Cette opération reçoit divers noms. On l'appelle tour à tour, grâce, illumination, perfection, baptême. Baptême, parce qu'elle lave et efface nos fautes ; grâce, parce qu'elle remet les peines dues au péché ; illumination, parce qu'elle nous communique cette lumière sainte et salutaire au moyen de laquelle nous pénétrons les choses divines ; perfection, parce qu'il ne manque rien à celui qui en a reçu l'effet..... A peine l'homme est-il régénéré et illuminé que, suivant la signification même du mot, il est sur-le-champ affranchi des ténèbres, pour recevoir la lumière à partir de ce moment-là. Nous ressemblons à des hommes qui viennent de sortir d'un profond sommeil, ou plutôt à des malades qui faisant tomber une taie de dessus l'œil, ne se donnent point par cet acte la lumière qu'ils n'ont pas, mais ne font que rendre la liberté à leur prunelle en la débarrassant de l'obstacle qui les empêchait de voir. Ainsi le baptême, en nous purifiant de nos péchés, qui sont comme d'épaisses ténèbres, ouvre notre âme à la lumière de l'Esprit-Saint. Libre et dégagé de toute entrave, l'œil de l'âme devient lucide, sous l'action de l'Esprit-Saint qui descend du ciel sur nous, et qui seul nous rend capables de voir clairement les choses divines..... Le baptême du Verbe lave tous nos péchés, de telle sorte qu'il ne reste plus en nous un vestige de mal [1]. »

Ainsi, dans cette famille spirituelle dont le Verbe est le père, l'homme naît à la vie surnaturelle et divine par le baptême. « Mais, reprend Clément, il est juste que celui qui donne la vie prenne soin de nourrir aussitôt l'enfant auquel il l'a donnée; et comme la régénération du chrétien est toute spirituelle, il faut que sa nourriture le soit également [2]. » L'Église donc nourrit ses enfants nouveau-nés du lait de la parole qu'elle tient du Verbe. Et ne soyez pas étonnés, Messieurs, de ces rapprochements si détaillés entre l'ordre naturel et l'ordre surnaturel. Ce n'est pas à tort que le docteur alexandrin compare la vie de l'âme avec celle du corps : il y a là des harmonies profondes qu'on ne saurait assez étudier, et qui témoignent de l'unité du plan divin. Si l'auteur du *Pédagogue* traite ces matières délicates avec une grande liberté de style, il sait y apporter en même temps une chasteté de langage d'autant plus remarquable qu'elle est moins affectée. *Omnia munda mundis*, disait saint Paul, « tout est pur pour ceux qui ont le cœur pur; mais pour les impurs et les infidèles rien n'est pur; leur esprit et leur conscience sont souillés[3]. » Une pruderie poussée à l'extrême n'est pas toujours l'indice d'un spiritualisme sincère, et il arrive bien souvent que le vice s'effarouche des expressions simples et naïves qu'emploie la vertu. Tel écrivain moderne qui n'hésiterait pas à signer le roman le plus obscène, criera au scandale parce que le *Cantique des cantiques* résume sous la forme d'un épithalame le colloque spirituel de l'âme avec Dieu ; et l'on a vu récemment, dans un livre intitulé la *Bible de l'humanité*, une imagination sénile essayer de salir ces pages qui avaient inspiré à saint Bernard un chef-d'œuvre d'éloquence pure et suave. L'Écriture sainte ne connaît pas

1. *Pédag.*, I, 6.
2. Ibid, I, 6.
3. Ép. à *Tite.*, I, 15.

ces détours que le vice aime à prendre pour donner le change sur ses vrais sentiments, ni ces indignations simulées qui servent si aisément de masque aux licences de l'esprit et aux désordres du cœur. Avec cette ingénuité qui prête tant de charme au langage d'une âme vertueuse, les écrivains sacrés n'hésitent pas à emprunter leurs images aux lois de la nature humaine, à l'union de l'homme avec la femme, aux scènes les plus intimes de la vie de famille. Ceux-là seuls cherchent le mal partout, qui sont habitués à le trouver en eux-mêmes : ayant appris à ne plus se respecter, ils s'imaginent difficilement que les autres puissent avoir droit au respect. L'auteur de la *Pucelle d'Orléans* se scandalisait du style franc et ouvert de la Bible : il devait en être ainsi. Les Pères de l'Église, au contraire, ces écrivains si chastes d'esprit et de cœur, ignoraient de pareils scrupules: ils aimaient à transporter dans leurs écrits et à développer ces allégories tirées des lois et des opérations de la nature. Car enfin, ne l'oublions pas, tout ce que Dieu a établi est saint et pur : l'homme peut abuser des institutions du Créateur ; mais elles n'en restent pas moins dignes d'honneur et de vénération. C'est pourquoi Clément d'Alexandrie ne craint pas de chercher dans la génération de l'homme, dans les rapports de l'enfant avec sa mère, autant de comparaisons pour expliquer la paternité du Verbe et la maternité de l'Église. Sans doute, je dois le reconnaître, il y a quelques raffinements de mysticité dans ses réflexions sur l'origine du lait et du sang, sur les propriétés de ces deux substances ; la dissertation qu'il fait à ce sujet peut paraître trop longue et trop subtile. Mais, en général, il applique avec bonheur à l'ordre spirituel les phénomènes qu'il observe dans la nature : par exemple, lorsqu'il compare le lait à la prédication de la parole divine qui coule et se répand de tous côtés, à la nourriture spirituelle qui, elle aussi, est douce, succulente et blanche comme le jour du Christ ; lorsqu'il montre avec quel soin Dieu, le père et le nourricier de tous les êtres, a élaboré cet aliment des âmes, qui n'est autre que le Verbe[1]. Tout cela est ravissant de grâce et de piété. D'ailleurs l'Église primitive ouvrait la voie à ces effusions de la poésie religieuse, en donnant aux néophytes du lait et du miel, comme symboles de l'innocence et de la douceur des mœurs chrétiennes.

Vous comprenez, Messieurs, qu'en parlant de l'alimentation spirituelle du chrétien, l'éloquent catéchiste ne pouvait passer sous silence la nourriture mystérieuse qui vient s'ajouter au lait de la doctrine pour fortifier les âmes, je veux dire l'Eucharistie. Mais ici les formes trop fuyantes du style allégorique nuisent un peu à la précision du discours ; et la pensée de l'auteur ne garde pas toute sa consistance sous ce flot de métaphores où elle se trouve comme noyée. Les calvinistes n'ont pas manqué d'abuser du tour figuré que l'écrivain mystique emploie de préférence dans le premier livre du *Pédagogue*. En prêtant leur opinion au théologien du IIe siècle, ils ont méconnu deux choses : le caractère particulier aux écrits de Clément, et la discipline du secret, applicable surtout dans un ouvrage plus spécialement destiné aux catéchumènes. Il suffit de citer les propres paroles de l'auteur, pour montrer qu'il mettait le plus grand soin à observer une loi restée en vigueur jusqu'au IVe et au Ve siècle. Même dans les *Stromates*, où il expose la partie la plus élevée de l'enseignement chrétien, il ne touche qu'avec une extrême réserve à certains côtés de la doctrine. « Les mystères, dira-t-il, doivent se confier à la parole, et non à l'Écriture..... Il est des choses que mon livre ne fera qu'insinuer. J'insisterai davantage sur les unes ; je me contenterai de mentionner les autres. Je parlerai à mots couverts ; je manifesterai ma pensée en l'enveloppant d'un voile ; j'enseignerai par mon silence [2]. » — « En voilà suffisamment, écrira-t-il ailleurs, pour qui a des oreilles. Il ne faut pas, en effet, développer le mystère, mais l'indiquer autant qu'il est nécessaire pour réveiller le souvenir dans ceux qui participent à la connais-

---

1. *Pédag.*, I, 6.
1. *Stromates*, I, 1.

naissance [1]. » Certes, on conçoit fort bien qu'un auteur, animé de pareilles intentions, n'ait pas jugé à propos de dévoiler par écrit le plus auguste des mystères du christianisme : pour s'en étonner, il faut n'avoir jamais étudié les ouvrages de Clément d'Alexandrie. Ajoutez à ce respect profond de la discipline du secret, le goût prédominant du maître d'Origène pour l'allégorie, sa tendance à faire ressortir le côté spiritualiste et mystique de la doctrine, et vous n'aurez aucune peine à vous rendre compte de ses élévations poétiques sur l'Eucharistie. Tout ce qu'on peut exiger de lui, c'est qu'il explique le texte sacré de telle façon que le sens métaphorique n'exclue pas le sens littéral. Or, vous allez juger par le passage que je vais vous lire, si la doctrine de l'Église sur la présence réelle n'est pas clairement énoncée dans ces formules si énergiques et si hardies :

« Ô saint enfantement! ô langes sacrés! Le Verbe est tout pour l'enfant qu'il a engendré : il est père, mère, précepteur, nourricier. Mangez ma chair, dit-il, et buvez mon sang. Cette nourriture adaptée à nos besoins, le Seigneur nous la fournit; il présente sa chair, il verse son sang, de telle manière que ses enfants ne manquent de rien pour croître. Ô mystère contraire à toutes les apparences ! Il nous ordonne de déposer l'ancienne corruption, la corruption charnelle, comme aussi de renoncer à l'ancienne nourriture. Nous devons adopter un nouveau régime de vie, celui du Christ, recevoir le Sauveur, s'il est possible, le déposer en nous, le renfermer dans notre poitrine, afin de régler les passions de la chair. Voulez-vous une explication plus commune de ce mystère? Vous pouvez l'entendre aussi de cette sorte : le Saint-Esprit exprime allégoriquement la chair, car c'est par lui que la chair a été formée. Le sang nous indique le Verbe ; car, comme un sang riche, le Verbe s'est répandu pour produire la vie. Or la réunion des deux, c'est le Seigneur, la nourriture des enfants ; le Seigneur qui est à la fois Esprit et Verbe. Cette

---

[1]. Ibid., VII, 14.

nourriture est le Seigneur Jésus, c'est-à-dire le Verbe de Dieu, Esprit fait chair, chair céleste sanctifiée. Cette nourriture est le lait du Père, lait unique pour les enfants. Le Verbe donc, notre ami et notre nourricier, a versé son sang pour nous, sauvant ainsi l'humanité. C'est par lui que nous avons cru en Dieu ; c'est vers le Verbe, cette mamelle du Père, que nous accourons pour puiser le lait qui fait oublier les peines [1]. Lui seul, comme de raison, nous dispense le lait de l'amour, à nous qui sommes ses enfants ; et ceux-là seuls sont véritablement heureux, qui s'abreuvent à cette mamelle divine [2]. »

Si l'on pouvait adresser un reproche à Clément, ce serait d'avoir confié, en cet endroit, les mystères à l'écriture, contrairement à la règle qu'il s'était imposée. Car, malgré l'enveloppe poétique dont il la recouvre, sa doctrine sur la présence réelle ne laisse pas d'être transparente. Certes, s'il n'avait vu dans l'Eucharistie que du pain et du vin, comme les calvinistes, il n'aurait pu sans déraison s'exprimer en termes aussi formels ; il n'aurait pu appeler « miracle mystique, mystère contraire aux apparences », ce qui eût été la chose du monde la plus simple et la plus naturelle, un repas commémoratif où figurent du pain et du vin. « C'est le Sauveur lui-même, dit-il, que nous recevons, que nous déposons dans notre poitrine ; c'est sa chair et son sang qui nous nourrissent. » Si donc, ici comme ailleurs, Clément se sert, en parlant de l'Eucharistie, des mots *allégorie* et *symbole*, ce langage métaphorique n'exclut nullement le sens littéral. L'Eucharistie est en effet, à certains égards, une figure, un symbole, une allégorie. Elle représente et figure l'immolation sanglante du Sauveur sur la croix ; elle symbolise l'union béatifique qui est le terme où doit aboutir l'union sacramentelle ; de plus, les espèces du pain et du vin sont un emblème de la nourriture renfermée sous ces apparences extérieures. Les expressions de ce genre que l'on rencontre parfois

---

1. Λαθικηδέα μαζόν : expression empruntée à Homère (Iliade, x, 83). Ces réminiscences poétiques fourmillent dans les écrits de Clément.
2. *Pédag.*, I, 6.

dans les Pères de l'Église n'ont absolument rien qui nous gêne ; nous les acceptons sans le moindre scrupule, et nous les répétons dans le même sens. Seulement, nous ajoutons avec les Pères que l'Eucharistie n'est pas une simple figure, une pure représentation, un symbole vide de réalité : sous ce symbole, sous ce signe, sous cet emblème il y a une haute réalité, une réalité substantielle, qui n'est autre que le Sauveur lui-même. « Car, dit Clément dans un autre passage, notre esprit est *véritablement* uni à l'âme qu'a prise le Verbe ; et *notre chair au Verbe*, elle pour laquelle le Verbe s'est fait chair [1]. » Cette union véritable de notre chair avec le Verbe n'aurait aucun sens, si l'auteur n'admettait pas que le chrétien participe réellement au corps et au sang du Seigneur. Lors donc que Clément appelle le sang du Sauveur un sang *pneumatique*, il veut tout simplement écarter l'idée d'une manducation grossière et charnelle. La communion eucharistique est, en effet, une communion spirituelle, et ses effets sont de même nature : ce qui n'empêche pas cette union mystérieuse d'avoir pour objet une réalité substantielle; elle ne serait plus véritable, si tout se réduisait à un pur signe. Vous le voyez, Messieurs, ni la doctrine de Clément, ni sa terminologie n'ont rien de contraire à l'orthodoxie catholique. Non-seulement il célèbre avec enthousiasme la vertu sacramentelle de l'Eucharistie, mais encore il lui attribue le caractère d'un vrai sacrifice. « Melchisédech, dit il, roi de Salem, pontife du Dieu Très-Haut, offrit le pain et le vin comme une nourriture sanctifiée, en figure de l'Eucharistie [2]. » Si le sacrifice de Melchisédech est le type de l'Eucharistie, il faut évidemment que celle-ci soit à son tour une véritable oblation ; et comme la chose figurée est supérieure à ce qui la figure, l'oblation eucharistique ne saurait se borner à du pain et à du vin matériels : le sacrifice de la loi nouvelle doit nécessairement l'emporter sur ceux de la loi

---

1. *Pédag.*, II, 2.
2. *Stromates*, IV. 25.

ancienne ; sinon, l'argumentation de Clément s'écroule sur sa base.

Le premier livre du *Pédagogue* est une des productions les plus originales de l'éloquence chrétienne. La hardiesse et la vivacité des images, d'un côté, l'élévation des pensées, de l'autre, contribuent également au mérite de cette belle catéchèse. Clément d'Alexandrie possédait à un degré rare deux facultés qui s'excluent d'ordinaire, mais dont la réunion est d'une fécondité merveilleuse : l'esprit philosophique et l'inspiration du poëte. De là ce charme puissant qu'il sait répandre sur la morale et la métaphysique chrétiennes. Dogmes, préceptes, institutions, tout prend sous sa plume un éclat et un relief étonnants. Pour lui, la nature n'a pas de couleurs qu'il ne s'approprie, ni l'histoire de faits qu'il n'applique, pour prêter de la vie et de l'intérêt à son enseignement. Comme Tertullien, il se crée une langue à lui, dont il emprunte les éléments à l'Écriture sainte, aux mystères de l'antiquité païenne, à la philosophie et à la poésie grecques : langue audacieuse, pittoresque, qui ne recule devant aucune métaphore, mais qui par là même n'a pas toujours une précision scolastique. Ce défaut est largement compensé par des qualités supérieures. J'ai dit que le penseur et le poëte se rencontrent dans cette nature d'élite ; ajoutez-y l'écrivain mystique qui se joue avec une grâce parfaite sur le terrain de la piété. Or, Messieurs, quand l'élévation de l'esprit, la profondeur du sentiment et la richesse de l'imagination se réunissent dans une harmonie féconde, elles impriment aux œuvres de l'intelligence un cachet d'originalité qui commande l'admiration ; et l'une des plus nobles jouissances du cœur consiste à converser avec les hommes auxquels Dieu a départi ces hautes facultés.

NEUVIÈME LEÇON

IIe et IIIe livre *du Pédagogue.* — Clément veut régler la vie des néophytes jusque dans les moindres détails. — Comment il s'approprie les formules stoïciennes qu'il corrige et dépouille de leur exagération. — La vie raisonnable en regard de la vie sensuelle. — Les rapports de l'âme et du corps, au point de vue de la moralité humaine. — La question des aliments. — Spiritualisme élevé qui éclate dans ces pages où Clément passe en revue les différents actes de la vie commune et ordinaire. — Critique du luxe de l'époque. — En quoi consiste la véritable beauté. — Pourquoi les moralistes chrétiens tonnaient avec tant de force contre l'abus des jouissances matérielles. — L'Église a posé de tout temps les principes et indiqué les éléments essentiels du vrai progrès et de la vraie civilisation.

Messieurs,

Vous n'avez pas oublié le but que Clément d'Alexandrie se propose dans son traité du *Pédagogue.* S'adressant aux catéchumènes et aux néophytes qui viennent de rompre avec les superstitions du paganisme, il veut leur tracer une règle de vie. A cet effet, il commence par décrire le caractère et la fonction du précepteur dont l'enseignement doit leur servir de guide. Ce précepteur unique, c'est le Fils de Dieu, raison souveraine et sagesse incarnée ; le Verbe fait chair qui parle dans les Écritures et par l'Église. C'est à cette haute école que se fait l'éducation du chrétien, sous la direction paternelle du Verbe et par les soins maternels de l'Église. L'assemblée des fidèles ressemble, en effet, à une famille où l'Église, épouse de Jésus-Christ, remplit le ministère d'une mère : elle enfante le chrétien par le baptême ; elle le nourrit par l'Eucharistie ; elle l'éclaire par la doctrine qu'elle tient du Verbe. Car c'est le Verbe qui enseigne dans l'Église, le Verbe à la fois juste et bon, dont les instructions offrent un admirable mélange de douceur et de sévérité. Pour détourner les hommes du mal et les conduire au bien, il varie sa méthode suivant leurs besoins et leurs dispositions : il emploie tour à tour l'avertissement, le blâme, la louange, la menace, la promesse. Il aiguillonne, exhorte, presse, encourage, console. Ainsi apparaît-il dans les Écritures, traçant le plan de cette « divine pédagogie », et montrant par là que « la plus grande et la plus royale des œuvres de Dieu, c'est de sauver l'humanité [1]. »

Ces principes posés, le catéchiste alexandrin passe à l'application, pour régler la vie des néophytes jusque dans les moindres détails. « Car, dit-il, l'homme formé à l'école du Christ doit porter dans chacune de ses actions l'esprit qui l'anime. Démarche, sommeil, nourriture, toute sa manière d'être ou d'agir doit respirer la décence et l'honnêteté. » Le deuxième et le troisième livre du *Pédagogue* ont pour objet d'inculquer fortement cette discipline extérieure, sans laquelle il n'y a pas d'avancement spirituel. C'est un manuel de vertu, et même de bienséance, à l'usage de ceux qui débutent dans la vie chrétienne. En le composant, Clément n'avait pas le dessein d'initier ses lecteurs à la perfection évangélique. Cette tâche, il la réserve pour les *Stromates*, où il tracera le portrait du parfait chrétien ou du vrai gnostique. Ici, son travail se borne à marquer les conditions de la vie raisonnable, en opposition avec la vie sensuelle ; et à rappeler ces devoirs élémentaires qui sont le fondement de tout l'édifice moral. Nul doute que nous n'ayons sous les yeux la substance des instructions que le prêtre d'Alexandrie faisait aux catéchumènes pour les disposer à la pratique de l'Évangile [2]. Retouchées plus tard, et réunies en un corps d'ou-

---

1. *Pédag.*, I, 12.
2. A la fin du III° livre, l'auteur dit à ceux auxquels il s'adresse : « Puisque nous sommes en ce lieu, il convient de chanter au Seigneur un hymne en action de grâces. » Ces paroles indiquent assez clairement une instruction faite de vive voix dans une assemblée de chrétiens.

vrage, ces instructions sont devenues le traité que nous étudions.

Selon l'habitude qu'il a d'envisager la philosophie comme une préparation à l'Évangile, le moraliste chrétien part de la raison naturelle pour s'élever peu à peu jusqu'aux principes de la foi. Bien vivre, dit-il, c'est vivre conformément à la droite raison : tout ce qui lui est contraire est péché ; et la vertu consiste à suivre ses lois. C'est par là que l'homme se distingue des animaux, dont les appétits ne sont pas gouvernés par la raison [1]. Ces formules stoïciennes, Clément n'hésite pas à les adopter comme exprimant le mieux l'idée de la morale naturelle. Mais, en les adoptant, il les corrige ; il a soin d'en bannir ce qu'elles peuvent avoir d'emphatique et d'exagéré. Il les asseoit sur une base certaine, en rattachant la raison de l'homme à la raison divine ou au Verbe dont elle est le reflet, en montrant que la loi morale a son principe et sa source dans la volonté d'un législateur suprême. Ces formules, expression de la conscience, il les applique et les développe d'après les lumières de la révélation chrétienne ; il fait ressortir ce que les exemples et les préceptes du Verbe incarné leur donnent de netteté et de précision. Enfin il leur assure une sanction dans une vie éternelle, récompense du devoir fidèlement accompli. Bref il agit pour la morale stoïcienne de la même manière que pour la métaphysique de Platon. Après avoir déblayé le terrain de la philosophie pure, il y prend pied, il s'y fixe, comme dans une première position, d'où il partira ensuite pour arriver à une théorie et à une pratique plus parfaites. Cette méthode est caractéristique chez Clément d'Alexandrie ; elle témoigne, à coup sûr, d'un

---

1. *Pédag.*, I, 13. La terminologie de Clément, dans ce chapitre, est toute stoïcienne Dans les fragments des anciens stoïciens, recueillis par Stobée (*Eclog. ethic.*), nous retrouvons la plupart des mots qu'emploie ici l'auteur du *Pédagogue* : κατόρθωμα, la rectitude parfaite ; προσῆκον, καθῆκον, le devoir, etc. La définition de la vertu reproduit presque mot pour mot cette phrase que Stobée place dans la bouche des chefs du Portique : « La vertu est une disposition constante de l'âme à se laisser gouverner par la raison dans tout le cours de la vie. »

esprit aussi large que pénétrant. Nous allons le suivre au milieu des instructions qu'il donne aux catéchumènes pour leur apprendre la science de la vie.

J'ai dit, Messieurs, que l'auteur du *Pédagogue* se propose de régler la vie chrétienne jusque dans les moindres détails. Pour vous en convaincre, il me suffirait d'indiquer les sujets qu'il traite successivement. La modération dans le boire et dans le manger ; la simplicité des vêtements et du mobilier ; l'usage légitime des biens de la terre et des productions de la nature ; l'honnêteté et la modestie dans les relations de la vie domestique et de la vie sociale ; la décence et la gravité dans les exercices du corps, voilà les divers points qu'il discute avec autant de chaleur que d'esprit. Vous comprenez la haute importance de ces préceptes pour des hommes qui avaient participé aux déréglements de la vie païenne, et qui en gardaient l'exemple devant les yeux ; mais l'on peut ajouter également que ces leçons n'ont rien perdu de leur utilité ; car la nature humaine conserve les mêmes penchants dans tous les temps et sous n'importe quel climat. Pour le chef du Didascalée, le christianisme est un principe de vie nouvelle qui doit s'étendre à tout l'homme, et se manifester du dedans au dehors par un enchaînement d'actes conformes à la loi divine [1]. Ce n'est pas une sève languissante, paresseuse, sans influence sensible sur le développement de la vie ; mais une vertu active et féconde, qui s'épanouit en fruits de justice et de sainteté. Rien ne doit échapper à cette transformation, pas plus l'homme extérieur que l'homme intérieur ; car l'un est le reflet de l'autre. Il faut que l'être humain participe dans sa totalité à la rénovation spirituelle. C'est ce que le Sauveur exprimait sous cette image si simple et si familière, lorsqu'il disait à la multitude : « Le royaume du ciel est semblable au levain qu'une femme prend et mêle dans trois mesures de farine, jusqu'à ce que le tout ait fermenté [2] ; » le tout, *totum*, c'est-à-dire l'homme envisagé

---

1. *Pédag.*, ɪ, 13.
2. *S. Matth.*, xɪɪɪ, 33.

quant au corps comme par rapport à l'âme, dans ses habitudes extérieures aussi bien que dans ses dispositions intimes. Si ce travail, au lieu d'embrasser la nature humaine tout entière, ne la saisissait que par un côté, il serait incomplet : ce qui apparaît à la surface ne répondrait pas au fond ; la vertu garderait les dehors du vice ; dès lors la vie manquerait d'unité et d'harmonie. Voilà pourquoi Clément d'Alexandrie s'arrête aux applications les plus minutieuses de la loi morale : il veut que le chrétien atteste par toute sa manière d'être l'accord qui doit régner entre sa conduite et sa foi.

Ne croyez pas cependant que la morale du *Pédagogue* se réduise à une nomenclature de préceptes, où les idées générales disparaissent dans le détail des faits. Tout en conservant à son enseignement un caractère pratique, l'auteur prend les choses de très-haut, et sait ramener les différentes formes de l'activité humaine aux principes qui la dominent. Sa thèse fondamentale est celle-ci : « L'homme est à la fois corps et âme; de ces deux substances qui se joignent dans une vivante unité, la moins noble, le corps, doit être subordonnée à l'âme, et l'âme elle-même à Dieu, qui l'instruit et la gouverne [1]. » Soumission de la matière à l'esprit, de l'esprit à Dieu, toute la morale individuelle se résume dans ces deux mots. Donc les efforts de l'homme doivent tendre à maîtriser la chair, au lieu de se laisser dominer par elle. Tout ce qui l'asservit aux sens, de manière à lui enlever l'empire de lui-même, est condamné par la raison. Ici venait se placer en première ligne la question des aliments. Clément la traite en moraliste qui sait faire aux nécessités de la vie leur juste part, mais qui cherche avant tout à sauvegarder la dignité humaine. Les aliments, dit-il, sont le soutien de la vie corporelle; par conséquent nous pouvons en user pour entretenir nos forces: c'est une loi de notre être, établie par le Créateur lui-même. Jusque-là tout est dans l'ordre, et nul ne court

---

1. *Pédag.*, II, 1, 10.

risque de transgresser la loi divine en mesurant la nourriture à ses besoins. De plus, « l'usage d'un aliment quelconque est indifférent en soi [1] » ; il n'y a ni bien ni mal à manger d'un mets plutôt que d'un autre. Mais placer le but dans ce qui n'est qu'un moyen, se rendre l'esclave de ses appétits, s'ingénier à satisfaire ses goûts par des raffinements de délicatesse, c'est abuser des dons du Créateur et ouvrir la porte à tous les vices. « Nous ne condamnons pas, poursuit l'éloquent écrivain, la variété des mets; nous ne blâmons que l'excès et les mauvaises habitudes qui entraînent des suites funestes [2]. » La nature indique d'elle-même que les aliments les plus simples sont les plus convenables, et que la frugalité est la mère de la santé. De là vient que les hommes dont la nourriture est la moins recherchée, sont les plus sains et les plus robustes. L'expérience prouve au contraire que la volupté dessèche rapidement les sources de la vie. Clément déploie toute sa verve satirique pour flétrir ce sensualisme effréné qui avait envahi le monde grec et romain. Il suffit de lire la satire de Juvénal *sur le luxe de la table* pour voir que les Lucullus et les Apicius comptaient une foule d'imitateurs. Le moraliste chrétien montre à son tour ce qu'il y a d'extravagant et de honteux dans la conduite de ces hommes qui n'attachent d'autre intérêt à la vie que celui de leur palais: *Et quibus in solo vivendi causa palato est* [3] :

« Pour moi, je les plains, j'ai pitié de leur maladie ; eux, au contraire, ne rougissent pas de célébrer leurs folles délices. Murènes du détroit de Sicile, anguilles du Méandre, chevreaux de Mélos, mulets de Sciathos, coquillages de Pilore, huîtres d'Abydos, mendoles de Lipare ; que dirai-je encore ? radis de Mantinée, bettes d'Ascrée, pétoncles de Méthymne, plies d'Attique, grives de Daphné, figues de Chélidoine (objet de convoitise pour ce malheureux roi de Perse qui se

---

1. *Pédag.*, II, 1.
2. Ibid., II, 1.
3. Juvénal, 11e satire, v. 11.

mit à en chercher dans la Grèce à la tête de cinquante mille hommes) ; enfin, oiseaux du Phase, francolins d'Égypte, paons de Médie, ils amassent tout, ils achètent tout. Puis les voilà bouche béante devant ces ragoûts qu'ils accommodent avec toutes sortes d'ingrédients. Tout ce qui marche sur la terre, tout ce qui nage dans les eaux, tout ce qui vole dans les espaces immenses de l'air, suffit à peine à leur gloutonnerie. En vérité, à les voir si avides et si insatiables dans leurs recherches, vous croiriez qu'ils veulent envelopper le monde entier de leur volupté comme d'un réseau..... On peut dire de pareils hommes qu'ils sont tout bouche et tout mâchoire [1]. »

Ce n'est pas sans raison, Messieurs, que le prêtre d'Alexandrie attachait un grand prix à l'observation des préceptes de la tempérance et de la sobriété : l'on voit par la suite de son discours que de graves désordres s'étaient glissés jusque dans les agapes ou repas de charité, cette forme si touchante de la fraternité chrétienne. Tant il est vrai que la nature humaine se laisse facilement entraîner sur cette pente périlleuse. Voilà pourquoi l'Eglise n'a cessé de réagir contre le sensualisme par ses lois concernant le jeûne et l'abstinence. Ces lois devaient nécessairement trouver des censeurs parmi les hommes dont Clément vient de tracer le portrait. Vous rabaissez, nous dit-on, la morale à des questions de cuisine. Non, assurément, mais nous ne la plaçons pas non plus dans les nues. A notre avis, la cuisine n'est pas indifférente à la morale : elle y touche même de très-près ; et quiconque pousserait l'inadvertance jusqu'à méconnaître les rapports du physique et du moral, ne mériterait pas qu'on prît la peine de discuter avec lui. La vie de l'âme ne suit sa vraie direction qu'autant que la vie des sens demeure bien réglée ; et l'homme est incapable de gouverner la haute partie de lui-même, à moins de savoir dominer ses appétits inférieurs. Or,

---

1. *Pédag.*, II, 1. On rencontre une énumération de mets toute semblable dans Athénée, l.I, c. IV, et dans Pollux, *Onomasticon*, l. VI, c. x.

c'est pour faciliter au chrétien cette liberté du commandement, condition indispensable de sa dignité morale, que l'Église lui impose une privation corporelle. En réalité, ce qu'elle lui demande, c'est un acte de souveraineté intime, une marque de domination sur la matière. Et quelle est donc la philosophie, digne de ce nom, qui n'applaudirait à des efforts dont le but est si élevé, à une loi inspirée par de tels motifs ? Questions de cuisine, tant qu'il vous plaira ; mais, après tout, l'Évangile ne s'adresse pas à de purs esprits, et l'Église ne fait pas de préceptes pour les anges. Toute législation raisonnable doit tenir compte de la nature de ceux qu'elle veut régir ; or, qui peut nier que l'homme se compose d'un corps et d'une âme, ou que l'alimentation occupe une grande place dans son existence? Donc rien n'est plus logique qu'un sacrifice qui atteint l'âme par le corps, et qui porte sur l'une des fonctions ordinaires de la vie. En fait de préceptes positifs, l'on ne saurait rien concevoir de plus simple ni de plus naturel que la loi de l'abstinence: tous les hommes ne sont pas en état de résoudre un problème de mécanique ou de géométrie, pour faire acte d'obéissance; mais tous sont obligés de se nourrir, et par conséquent il y a là pour l'épreuve morale une matière universelle. Aussi, quand Dieu voulut mettre à l'essai la fidélité du premier homme par un commandement positif, il choisit la nourriture pour objet du sacrifice de la volonté propre, attachant ainsi à une privation corporelle la récompense ou la peine ; et c'est de ce divin exemple que l'Église s'inspire dans ses prescriptions touchant le jeûne et l'abstinence. Est-ce à dire pour cela qu'elle regarde l'usage d'un aliment quelconque comme mauvais par lui-même ? L'accusation serait inepte. Clément d'Alexandrie l'a réfutée à l'avance : « En soi, il est indifférent, dit-il, de se nourrir d'une chose plutôt que d'une autre. Ce n'est pas la nourriture défendue qui souille l'homme, mais la transgression de la défense, le mépris de l'autorité et la disposition d'une âme qui témoigne ainsi qu'elle est l'esclave de son corps Par le sacrifice des choses permises, l'Église veut apprendre au chrétien à s'abstenir des choses illicites. « Car, dit encore excellemment l'auteur du *Pédagogue*, on se laisse bien vite entraîner à faire ce qui est défendu, lorsqu'on ne sait pas refuser ce qui est permis [1]. » Cette maxime ne souffre pas de contradiction. Sans doute, il est indifférent en soi d'user de telle ou de telle nourriture, d'avancer ou de retarder l'heure d'un repas ; mais l'homme qui n'a pas le courage de s'imposer une privation, se trouvera faible en face du devoir quand la loi morale lui commandera des efforts plus pénibles. Le moyen de n'être pas surpris par la difficulté au milieu des luttes de la volonté contre le mal, c'est de s'accoutumer à l'idée du sacrifice, de se préparer à ce qui répugne davantage par ce qui coûte moins d'énergie, et de chercher dans la fidélité à observer les petites choses la force d'en accomplir de plus grandes. Voilà l'idée qui domine la législation de l'Église. Il faut être étranger à toute étude psychologique pour ne pas reconnaître que ces prescriptions dénotent une profonde connaissance du cœur humain, en même temps qu'elles respirent un vif sentiment de la dignité morale.

Ce sentiment éclate à chaque page du livre que nous étudions. C'est un *sursum corda* perpétuel, qui invite l'homme à s'élever au-dessus de la matière pour atteindre et cultiver les choses de l'esprit. Nous avons, dit Clément, une autre nourriture que des aliments si grossiers : la vérité, la justice, la charité, voilà ce qu'il faut s'assimiler, en attendant le banquet céleste où l'âme sera rassasiée de lumière et de bonheur. Quant à ces mets qui excitent la convoitise des hommes charnels, usons-en pour nos besoins, mais estimons-les ce qu'ils valent : c'est un peu de matière plus ou moins tourmentée, et ce ne sera bientôt que du fumier [2]. Ce spiritualisme sévère, il le porte dans toute la suite de l'ouvrage, où il met la vie chrétienne en regard de la vie sensuelle. Le

---

1. *Pédag.*, II, 1.
2. *Pédag.*, II, 1, 2.

païen cherche dans une musique molle et énervante l'accompagnement de ses festins licencieux ; le disciple de l'Évangile se plaît aux sons d'une harmonie douce et grave, qui élève l'esprit et apaise les troubles de l'âme : il sait d'ailleurs qu'il porte au-dedans de lui-même une lyre sainte, qui est son propre cœur, et dont les accords doivent être plus parfaits que ceux de tout autre instrument [1]. L'homme qui n'écoute pas la voix de la raison, s'abandonne aisément aux éclats bruyants d'une joie immodérée ; l'homme formé à l'école du Verbe apprend à garder la retenue en toutes choses : ni sa gravité ne devient de la rudesse, ni sa bonne humeur ne dégénère en gaieté folle [2]. Là où le contraste éclate davantage, c'est dans les discours : honnêteté et modestie, d'un côté ; insolence et obscénité de l'autre [3]. Parcourez successivement toutes les actions de la journée, et vous verrez comme les choses les plus indifférentes peuvent prendre un tout autre caractère, suivant l'usage ou l'abus qu'on en fait. Chez l'homme esclave des sens, le sommeil est un acte de paresse, une pleine dissolution, et non plus un simple relâchement des forces vitales ; le chrétien, au contraire, ne voit dans le repos de la nuit qu'un moyen de mieux se préparer au mouvement et aux affaires : il n'accorde au sommeil que ce qui est nécessaire à la santé, et cherche à lui disputer le plus de vie qu'il peut [4]. S'agit-il des lois que le Créateur a établies pour la propagation du genre humain ? Le disciple de l'Évangile n'envisage qu'avec respect cette participation à la puissance créatrice de Dieu : les fins légitimes du mariage sont les seules qu'il se propose, et il ne pervertit point par de honteux excès une institution qui doit rester enveloppée du voile de la pudeur [5]. Cette sage modération, qui le porte à ne pas s'écarter des intentions de la nature, il sait la conserver dans

---

1. *Pédag.*, II, 4.
2. Ibid., II, 5.
3. Ibid., II, 6. 7.
4. Ibid., II, 9.
5. Ibid., II, 10.

l'usage des bains, au milieu des jeux gymnastiques et de tous les exercices du corps : là où l'oisiveté et la mollesse ne cherchent que des jouissances matérielles, il trouve de quoi entretenir et développer ses forces ; en donnant au corps les soins nécessaires, il n'oublie pas que l'âme en exige de plus grands encore ; et, pour *tout dire en un mot*, sa vie extérieure est le reflet ou l'expression fidèle de sa vie morale [1] Voilà ce que Clément appelle vivre selon la raison ou selon le Verbe.

En étudiant les œuvres de Tertullien, nous avons vu avec qu'elle énergie le moraliste africain s'élève contre le luxe et le goût immodéré des parures. Le prêtre d'Alexandrie ne pouvait manquer de traiter le même sujet dans ses catéchèses. Il part de ce principe que parmi les choses de la nature destinées à l'usage de l'homme, les plus utiles sont les meilleures, et que les plus communes l'emportent sur les plus rares. Dès lors, n'est-ce pas une folie que d'attacher tant de prix à des superfluités qui ne peuvent rien ajouter au bonheur de l'homme? Vous retrouverez sans peine dans le passage suivant les réflexions que faisait Tertullien pour éloigner d'un faste ridicule les esprits de son temps :

« Lorsque nous avons besoin d'un hoyau ou d'une charrue pour cultiver nos champs, nous n'allons pas fabriquer une pioche d'argent ni une faucille d'or ; nous ne regardons pas si l'outil est riche, mais s'il est propre au travail. Qui donc empêche que nous ne pensions de même au sujet des meubles destinés à nos usages domestiques? Croyez-vous, je vous prie, qu'un couteau de table ne coupe pas, s'il n'a des clous d'argent ou un manche d'ivoire ? Faut-il aller chercher jusqu'aux Indes un fer pour trancher nos viandes, comme si nous avions besoin d'un auxiliaire contre l'ennemi ? Quoi donc ! L'eau avec laquelle nous lavons nos pieds et nos mains les nettoiera-t-elle moins bien, pour être contenue dans des bassins de terre ? Et d'ailleurs, une table aux pieds d'ivoire por-

---

1. *Pédag.*, III, 5, 9, 10.

tera-elle sans indignation un pain d'une obole ? Une lampe ciselée par un potier éclaire-t-elle moins qu'une lampe faite par un orfèvre ? Pour moi, je n'hésite pas à le dire, le sommeil est aussi doux sur un humble grabat que sur un lit d'ivoire. Puis donc qu'il suffit d'une peau pour nous couvrir, qu'est-il besoin de tissus de pourpre ou d'écarlate ? Quelle vaine erreur, quelle fausse idée du beau, que de préférer à la simplicité ces folles délices, source de tout mal [1] !

C'est ainsi que le chef du Didascalée cherchait à inspirer aux catéchumènes le goût et l'amour de la simplicité. Non pas qu'il blâme d'une manière absolue la possession des vases et des meubles précieux : « Ces choses, dit-il, ne sont pas interdites à ceux qui les possèdent ; ce qu'on leur défend, c'est d'y attacher leur cœur, car le bonheur n'est point là. » — Pourquoi s'enorgueillir, écrit-il ailleurs, de ce que chacun peut se procurer au marché ? Efforçons-nous d'acquérir ce qu'on ne saurait acheter avec l'argent de la terre, je veux dire la sagesse : elle ne se vend pas au forum, mais au ciel ; elle se vend à qui possède le Verbe impérissable, cette monnaie de la justice, cet or royal [3]. » Vous le voyez, sa constante préoccupation, c'est d'élever les âmes, de les arracher à la fascination des objets sensibles, pour diriger leur regard vers des réalités d'un ordre supérieur. Veut-il condamner la profusion des parfums et des essences, si générale dans une société molle et efféminée comme le monde païen au II° siècle ? Après avoir distingué avec beaucoup de justesse entre un abus coupable et un usage légitime, qui peut être utile à la santé, il dira dans son gracieux langage : « Que l'homme respire avant tout la probité ; et la femme, le Christ, qui est le parfum royal ; que cette ambroisie de la chasteté s'exhale de son âme, comme la bonne odeur de l'Esprit-Saint [4]. » A ceux qui se laissent éblouir par l'éclat de l'or et des pierreries, il recommandera « de se parer d'une pierre

---

1. *Pédag.*, II, 3,
2. Ibid., II, 9.
3. Ibid., II, 3.
4. *Pédag*, II. 8.

bien autrement précieuse, du Verbe de Dieu, cette perle diaphane que l'on trouve dans l'eau du baptême [1]. » S'adressant aux femmes qui placent leur mérite dans de vains colifichets, il leur dira : « L'ornement qui convient à une femme élevée à l'école du Christ, ce n'est pas l'or, mais le Verbe par qui seul l'or brille..... La pudeur et la modestie, voilà les vrais colliers et les véritables bracelets : ces bijoux, la main de Dieu lui-même les a fondus et enchâssés dans l'or [2]. » Pour Clément, tout devient matière à une leçon morale ; et nul ne s'entend mieux que lui à emprunter des images aux objets de la nature pour rendre sa pensée sous une forme ingénieuse et piquante. Sans doute, il n'a pas su éviter toute exagération dans le blâme sévère qu'il jette sur l'usage des couronnes de fleurs. En repoussant cette coutume comme contraire aux intentions du Créateur, qui ne destine les fleurs qu'à récréer la vue et à flatter l'odorat, il soutient une thèse trop absolue. Pour comprendre cette réprobation, plus vive encore dans le traité de Tertullien sur la *Couronne du soldat*, il faut se rappeler, d'une part que les païens avaient l'habitude de couronner leurs idoles, et de l'autre, que cet ornement passait pour le symbole d'une vie licencieuse. Dès lors, la sévérité du sens chrétien devait se révolter contre une pratique qui semblait être un acte d'idolâtrie ou une marque d'immoralité. Quoi qu'il en soit, la couronne de roses, emblème de la vie païenne, rappelle à Clément la couronne d'épines que portait le Sauveur : et, quittant pour un moment le terrain de la morale, l'éloquent écrivain célèbre avec enthousiasme ce signe glorieux de la royauté du Christ :

« Ce peuple insensé, s'écrie-t-il en parlant des Juifs, espérait pouvoir outrager le Verbe ; et il couronne comme un roi celui qu'il crucifie comme un malfaiteur. Dans cet homme qu'ils ont méconnu, les Juifs seront obligés de reconnaître le Seigneur, Dieu juste et clément. Ils viennent de provoquer

---

1. Ibid., II, 12.
2. Ibid., II, 12.

sa puissance, en le sommant de se montrer Dieu ; et voilà qu'eux-mêmes lui rendent témoignage : il l'exaltent, ils placent sur la tête de Celui dont le nom est au-dessus de tout nom, un diadème de justice dont l'épine fleurit toujours. Terrible aux ennemis qu'il repousse, ce diadème est comme un mur de ceinture qui entoure l'Église. Cette couronne est une fleur pour ceux qui ont cru au Seigneur glorifié ; elle blesse, elle ensanglante ceux qui l'ont nié. C'est un symbole de l'œuvre du Sauveur, qui a chargé sa tête du poids de nos crimes, souffrant ainsi à la partie supérieure de son corps les peines que nous devions endurer. Car lorsqu'il eut enchaîné la puissance du démon, en nous affranchissant de nos péchés, qui s'attachaient à nous comme autant d'épines, il put s'écrier à bon droit : O mort, où est ton aiguillon ? Nous cueillons des raisins parmi les épines et des figues sur les buissons ; mais le peuple infidèle et stérile vers lequel le Seigneur étend ses bras, en retire des mains meurtries et déchirées[1]. »

Ces digressions sur le terrain du dogme ou de l'histoire, sont rares dans les deux derniers livres du Pédagogue, qui, à peu d'exceptions près, conservent d'un bout à l'autre leur caractère didactique. Je ne dirai pas cependant qu'il règne un ordre parfait dans le développement de ces préceptes qui se suivent plutôt qu'ils ne s'enchaînent. En général Clément d'Alexandrie se soucie fort peu de porter une méthode rigoureuse dans les matières qu'il traite : son esprit trop libre se plie difficilement aux lois d'une division logique, et ne s'assujettit qu'avec peine à une marche bien réglée. Ainsi, au milieu d'une instruction concernant l'usage et l'abus des bains, il placera une longue dissertation sur la possession des richesses, sur les mérites de la frugalité, sur la puissance de l'exemple, sauf à reprendre son sujet à l'endroit où il l'avait laissé. De là des répétitions inévitables qui, jointes à une abondance excessive d'images et de textes bibliques,

---

1. *Pédag*, II, 8.

nuisent quelquefois à la clarté et à la précision du discours. Mais quelle verve dans cette critique incisive et mordante de la vie païenne ! Tertullien a le trait plus énergique et plus rapide ; mais l'auteur du traité *sur les Ornements des femmes* n'a rien de plus original que cette comparaison où Clément cherche à flétrir un luxe orgueilleux :

« Voyez les temples de l'Égypte : des bois sacrés, de longs portiques, des vestibules spacieux vous y conduisent ; tout à l'entour, d'innombrables colonnes en supportent le faîte ; les murailles, revêtues de pierres étrangères et de riches peintures, jettent de toutes parts un éclat éblouissant. Rien ne manque à cette magnificence. Partout de l'or, partout de l'argent, partout de l'ivoire. L'Inde et l'Éthiopie ont prodigué leurs pierreries pour orner la nef. Quant au sanctuaire, il se cache à vos regards sous de longs voiles brodés d'or. Si, tout plein de ce spectacle, vous en cherchez un plus grand, et qu'après avoir franchi l'enceinte, vous demandiez à voir l'image du Dieu qui habite le temple ; si alors, dis-je, quelque prêtre ou quelque sacrificateur, vieillard à l'aspect grave et vénérable, vient au chant des hymnes sacrées de l'Égypte, soulever le voile du sanctuaire, comme pour vous montrer le dieu, vous pousserez un grand éclat de rire en apercevant l'objet d'un tel culte. Ce Dieu que vous cherchiez, que vous aviez hâte de voir, c'est un chat, ou un crocodile, ou un serpent du pays, ou toute autre bête de ce genre, indigne d'habiter un temple, et dont la seule demeure convenable serait un antre, une caverne ou un marais. Le dieu des Égyptiens est un monstre qui se roule sur des tapis de pourpre. N'est-ce point là l'image de ces femmes qui, toutes couvertes d'or, ne se lassent point d'abattre et de relever l'édifice de leur chevelure, femmes aux joues étincelantes de fard, aux sourcils imprégnés de fausses couleurs....? Si vous soulevez, en effet, le voile de ce nouveau temple, et que vous perciez de l'œil ces réseaux, ces étoffes, cet or, ce fard, ces teintures, tout ce tissu artificiel, dans l'espoir de trouver au dedans la véritable beauté, ce que vous apercevrez, je le sais, vous fera reculer d'horreur. Ce temple est impur : l'image de Dieu, qui en faisait le prix, ne l'habite plus ; une courtisane, une adultère a envahi le sanctuaire de l'âme, véritable bête féroce, singe frotté de céruse [1]. »

Toujours animé du désir d'élever l'esprit des néophytes au-dessus de ce monde terrestre et sensible, Clément cherche à les convaincre que la véritable beauté ne consiste pas dans de vaines parures, mais dans la ressemblance avec Dieu. Ces frivolités, auxquelles des âmes vulgaires attachent tant de prix, n'ajoutent rien au mérite de l'homme ni à sa félicité. La beauté de l'âme, dit-il, c'est d'être vertueuse ; la beauté de la chair, c'est de devenir immortelle [2]. Oui, répétera-t-il dans un autre endroit, ornons et parons l'âme, car la beauté ou la laideur est en elle ; il n'y a de beau que l'homme vertueux. La vertu brille comme une fleur sur les corps où elle habite ; elle les revêt d'une douce et pure lumière. Peut-on nier que la beauté de chaque plante et de chaque animal consiste dans les qualités qui lui sont propres ? Or les qualités de l'homme sont la justice, la tempérance, la magnanimité, la piété. Négliger cette culture de l'âme pour une vaine affectation de luxe ou de magnificence, c'est préférer l'apparence du beau à la réalité [3]. L'indignation du moraliste alexandrin éclate surtout à la vue des soins ridicules que prend la vanité pour pervertir l'œuvre de la nature par des altérations mensongères, telles que le fard et les fausses couleurs. Est-ce donc une honte que la vieillesse ? s'écrie-t-il. Plus l'homme avance en âge, plus il inspire de vénération ; car il semble que Dieu seul soit plus ancien que lui. Dieu est le vieillard éternel, lui qui existait avant toutes choses [4]. Parmi ces instructions, il s'en trouve plusieurs qui n'ont qu'une importance relative, et dont l'application est déterminée par les circonstances de temps et de lieu. Ainsi,

---

1. *Pédag.*, III, 2.
2. Ibid., III, 1.
3. Ibid., II, 12.
4. *Pédag.*, III, 3.

s'adressant à des Orientaux qui regardaient la coutume de se raser la barbe comme un outrage fait à la nature, Clément d'Alexandrie a raison d'insister sur un point qui n'était pas indifférent. A cette époque-là, il n'y avait que les hommes efféminés qui cherchassent à détruire sur leur visage ce signe de la virilité. De plus, en disant que l'homme n'a pas reçu de Dieu cet ornement naturel, cette marque de supériorité sur la femme, pour en faire disparaître la trace, l'auteur avance une proposition qu'il serait difficile de réfuter[1]. Mais comme, d'autre part, il n'existe pas non plus de précepte qui ordonne de conserver le barbe, cela suffit pour légitimer l'usage contraire, là où il a prévalu. Si je mentionne ce détail, c'est afin de vous montrer que Clement n'a rien oublié, dans ses institutions pédagogiques, pour apprendre aux cathéchumènes à régler leur vie suivant les lois de la nature et les préceptes de la foi.

Résumons à présent cet enseignement moral, pour en apprécier le caractère et la portée. Tempérance et simplicité, voilà, selon Clément d'Alexandrie, le fondement de la vie raisonnable et par suite de la vie chrétienne. C'est en attaquant le luxe et la sensualité qu'il cherche à réagir contre l'abus des jouissances matérielles, cette plaie de l'empire romain dans les premiers siècles de l'Église. Telle devait être, en effet, la tâche des moralistes chrétiens à l'époque qui nous occupe. Le monde païen offrait alors l'étrange spectacle d'un immense progrès matériel à côté d'une décadence morale sans pareille dans l'histoire. A ne voir que le côté extérieur de la civilisation, on pouvait dire avec Pline l'Ancien que « les Romains avaient donné au monde comme une vie nouvelle [1]. » Des routes ouvertes à travers tous les pays connus; des canaux qui facilitaient les transports et l'échange des produits entre les différents peuples ; des ponts, des aqueducs, des digues, des travaux d'art de tout genre, dont les vestiges

---

1. Ibid., III, 3.
2. Adeo Romani velut alteram lucem dedisse humanis rebus videntur. Pline, XXVII, 1.

ineffaçables nous étonnent encore aujourd'hui ; dans chaque ville un peu importante, des thermes, des cirques, des portiques, des amphithéâtres, des palais auprès desquels nos constructions les plus vantées peuvent paraître mesquines, voilà le luxe monumental que la civilisation romaine étalait aux yeux de l'univers. Faut-il parler des jouissances de la vie privée ? Le sensualisme païen avait poussé l'art du bien-être et du bien-vivre à un degré qui n'a pas été franchi. Les ruines de Pompéï nous ont montré ce qu'était une ville antique, ce qu'il y avait d'élégance et de somptuosités dans ces demeures où l'on ne voyait que pavés de mosaïque, piscines d'albâtre, voûtes peintes à fresque, murs incrustés d'ivoire. C'était un luxe effrayant, s'il faut en juger par les meubles et vases précieux qu'énumère Clément d'Alexandrie. A peine si le sybarite le plus osé imaginerait les raffinements de gourmandise et de bonne chère que flétrit l'éloquent catéchiste. Aussi les dithyrambes ne manquaient-ils pas en l'honneur d'une civilisation qui avait procuré aux hommes une telle somme de jouissances. Il faut voir dans le rhéteur Aristide, dans Strabon et dans Pline, avec quelle emphase ils célèbrent des progrès que les âges précédents n'avaient pas connus. A les entendre, leur siècle efface tout le passé ; le monde est dans une fête perpétuelle ; les cités ne luttent plus entre elles que de magnificence ; Rome a réalisé l'idéal des sociétés humaines. Eh, grand Dieu ! quel idéal ! de la pourriture sous une enveloppe de soie et d'or. Jamais l'humanité n'était descendue plus bas. Une corruption de mœurs dont les désordres qui règnent dans nos sociétés modernes ne sauraient nous donner une idée ; un abaissement du sens moral, tel qu'on n'en rencontre à aucune époque ; en fait de volupté, la passion du monstrueux et de l'impossible ; l'extravagance et la férocité dans la recherche du plaisir ; le lien de la famille éludé par un célibat oisif et voluptueux, brisé à volonté par le divorce, corrompu par l'adultère, dégradé par la prostitution ; le travail avili et déshonoré ; l'esclave traité d'outil vivant à l'instar du bœuf ou du cheval, et vendu comme de la vieille ferraille quand il est hors de service, des tueries d'hommes organisées périodiquement pour flatter le goût délicat de leurs semblables, c'est à quoi avait abouti cet immense progrès matériel. Je ne parle pas de l'ordre politique : il va sans dire qu'une pareille société était mûre pour la servitude, et tout ce qu'on peut dire à la décharge des monstres qui l'ont gouvernée, c'est qu'ils ne se montraient pas trop indignes d'elle, comme d'ailleurs ses vices expliquent seuls la possibilité de leur domination. Le progrès matériel ne suffit donc pas pour sauver les nations de la décadence : au contraire, il ne fait que l'accélérer, si le progrès moral ne répond pas au développement de la richesse et du bien-être ; car, en allumant la fièvre des jouissances, il livre l'homme sans correctif ni contrepoids aux instincts qui l'asservissent et le dégradent. Malgré sa force apparente, l'empire romain s'affaissait sur lui-même, parce qu'il lui manquait ce que le christianisme venait apporter au monde, des croyances et des vertus.

Voilà pourquoi les moralistes chrétiens, Tertullien à Carthage, Clément à Alexandrie, tonnaient avec tant de véhémence contre l'abus des jouissances matérielles. En prêchant la tempérance et la simplicité, ils indiquaient le vrai remède aux maux qui affligeaient la société de leur temps. Le matérialisme a beau faire pour dissimuler ses résultats sous des apparences de prospérité, il est la ruine des nations. Lorsqu'un peuple ne se laisse plus conduire par d'autres mobiles que l'amour des richesses et la soif du plaisir, sa décadence est inévitable. Sous l'action de ces causes dissolvantes, les cœurs s'amollissent, les caractères s'énervent, les âmes perdent le sentiment de leur dignité, et les hommes deviennent la proie de qui sait leur offrir en échange de leur honneur et de leur liberté, du pain et des spectacles. Ce qui s'est produit sous l'empire romain ne peut manquer de se répéter partout où les théories matérialistes amènent la prédominance des instincts sensuels ; car la nature humaine se les mêmes effets. A la vue de cette société qui se précipitait au-devant de toutes les sources du plaisir, Clément d'Alexandrie se retournait vers les barbares : « J'admire, s'écriait-il, leur vie frugale, ennemie du faste et de la mollesse [1]. » Il avait raison : la force était là, et l'avenir allait prouver que, même avec des ressources merveilleuses, un État épuisé par l'abus des jouissances matérielles ne tient pas contre une race qui a su conserver sa vigueur dans sa simplicité.

C'est vous dire assez, Messieurs, que les Pères de l'Église ne connaissaient pas ces singuliers systèmes d'économie politique, qui consistent à multiplier les besoins d'un peuple avec les moyens de les satisfaire. Clément d'Alexandrie pose carrément la thèse contraire : « Le chrétien, dit-il, doit restreindre ses besoins le plus possible ; comme le pied est la mesure du soulier, ainsi le corps est-il la mesure de la possession ; la frugalité et la modération sont les meilleures provisions que l'on puisse emporter avec soi sur le chemin qui conduit au ciel [2]. » Or, le simple bon sens indique de quel côté se trouve la vérité. Plus l'homme multiplie ses besoins, moins il devient libre ; au contraire, plus il sait s'affranchir de la domination des choses extérieures, plus il acquiert d'empire sur lui-même. C'est une grave erreur de penser que le bonheur de l'homme augmente avec les nécessités factices qu'il se crée : plus il connaîtra de désirs, plus la privation le rendra malheureux. Inspirez-lui le goût de la simplicité, il sera satisfait de peu ; développez en lui l'amour du luxe, il ne sera content de rien. Cette morale est vieille, j'en conviens aussi vieille que l'Évangile, aussi vieille que la nature humaine, dont elle connaît les lois et les instincts. Ah ! sans doute, si le devoir n'est qu'un vain mot, si la vie présente n'est pas ordonnée par rapport à une vie future, si l'homme n'est qu'un animal qui mange, boit et dort, je comprends qu'il faille multiplier ses besoins matériels, et non les res-

---

1. *Pédag*, III, 3.
2. Ibid, III, 7.

treindre ; développer ses appétits, et non les modérer : dans ce cas, amasser et jouir, c'est toute sa devise. Voilà, en effet, le premier et le dernier mot du matérialisme tant moderne qu'ancien. Je ne sais si vous avez lu un livre intitulé *le Progrès*, et qui a, comme tant d'autres de la même espèce, la prétention de réformer l'humanité. A cet effet, l'auteur commence par éliminer le dogme de la vie future, qu'il appelle une hypothèse, dont il se passe comme d'un hors d'œuvre, espérant pouvoir marquer le but de la destinée humaine, sans entraîner ses lecteurs, même en esprit, au-delà des limites de la vie [1]. » Cette *hypothèse* écartée, il annonce qu'il évitera de prononcer le mot devoir dans son livre, parce qu'il s'est interdit la plus furtive excursion dans la métaphysique [2] ; et après avoir supprimé d'un trait de plume l'idée du devoir et le dogme de la vie future, il se met en train de faire progresser l'humanité. Avec cela, vous hâterez la décadence, et non pas le progrès ; vous ferez des machines à produire et à consommer, et non pas des hommes ; vous ferez un troupeau d'esclaves, et non pas des citoyens. Sans l'idée du devoir, l'homme se ravale au niveau de la brute ; et en l'absence de tout frein moral, il ne reste plus que la force matérielle pour contenir et réprimer ses appétits. Est-ce là l'idéal que ces étranges progressistes rêvent pour l'humanité ? C'est précisément aux époques où domine l'amour du bien-être, qu'il faut faire sonner plus haut que jamais ce grand, ce beau, ce saint mot de devoir, pour empêcher l'homme de se rendre l'esclave de la matière. Lui dire : marche en avant, sans t'inquiéter du terme de la course, c'est professer un souverain mépris pour l'intelligence humaine, c'est nous assimiler aux animaux qui marchent à l'aveugle sans savoir où ils vont ni pourquoi ils agissent. Du reste, il est superflu de discuter sur ce point avec un écrivain qui connaît une période de l'histoire où « l'homme n'était guère qu'un sous-officier d'avenir

---

1. *Le Progrès*, par M. Edmond About, c. 1.
2. Ibid., iv.

dans la grande armée des singes [1]. » S'il était permis d'emprunter à l'auteur le style trivial qu'il s'est fait, nous nous bornerions, pour toute réponse, à lui souhaiter de ne pas devenir quelque jour un caporal en retraite dans la grande armée des bouffons.

Laissons-là ces platitudes pour revenir à la thèse de Clément d'Alexandrie. En opposant les préceptes de la tempérance et de la simplicité à l'excès du luxe et des jouissances, l'auteur du *Pédagogue* plaidait la cause des bonnes mœurs ; et l'économie politique ne saurait contester un tel principe, à moins de renoncer à prendre place parmi les sciences morales. Ce n'est pas qu'il blâme ce qu'on peut appeler le côté extérieur de la civilisation, le progrès des arts et de l'industrie. Non, comme nous l'avons déjà fait observer, il distingue avec beaucoup de sagesse entre l'usage et l'abus. Ainsi, en parlant des habits et des parures, il dira : « Il n'est pas interdit de porter l'or, ni de se vêtir avec délicatesse; mais il est défendu de lâcher la bride aux passions déraisonnables, qui nous entraîneraient aux désordres d'une vie molle et dissolue [2]. » Il ne manquait pas, alors comme aujourd'hui, de chrétiens qui trouvaient la morale des prédicateurs trop sévère : « Qui donc, disaient-ils, possédera ce qui est somptueux et magnifique, si nous choisissons tous ce qui est simple et peu coûteux ? — Nous-mêmes, répond Clément d'Alexandrie, pourvu que nous n'y attachions pas notre cœur et que nous tenions ces choses pour indifférentes [3]. » En un mot, c'est la doctrine de l'abnégation qu'il oppose à l'asservissement de l'homme par les biens extérieurs ; et c'est là, Messieurs, l'idée fondamentale de la morale chrétienne. Que les peuples s'occupent d'améliorer leur condition matérielle, qu'ils cherchent à orner et à embellir la vie présente, pourvu qu'ils usent avec modération des fruits de leur travail, l'Église, loin

---

1. *Le Progrès*, II.
2. *Pédag.*, III, 11.
3. Ibid., II, 12.

de se montrer hostile à leurs efforts, les encourage et les bénit. Mais, se rappelant que l'esprit doit dominer la matière, et que les intérêts de l'âme sont supérieurs à ceux du corps. elle ne saurait admettre que tout se résume pour une nation dans la satisfaction des instincts sensuels. Elle place plus haut l'idée de la perfection sociale : à ses yeux, un pays n'est vraiment riche et heureux, qu'autant que le progrès religieux et moral y marche de pair avec le progrès matériel. Elle compte la somme de croyances et de vertus que possède un peuple, et c'est à ce capital immatériel qu'elle en mesure la force et la vitalité. Pour elle, le progrès ne consiste pas seulement à faire plus de kilomètres à l'heure, ou à acheter les denrées à meilleur marché ; c'est encore, c'est surtout l'avancement d'une nation dans la lumière, dans la justice, dans la moralité, dans le respect des droits de chacun, dans les bons rapports des gouvernants avec les gouvernés ; c'est plus de douceur et de pureté dans les mœurs, plus d'équité dans les lois, plus de sagesse dans les institutions ; c'est la modération en haut, la soumission en bas, le dévouement et la charité partout. Si, au contraire, en place de ces grandes choses, elle voit quelque part le droit violé, les principes méconnus, les devoirs foulés aux pieds, les âmes vides de foi et d'espérance, dussent les arts et l'industrie resplendir d'un éclat sans pareil, elle ne s'en laisse pas éblouir, et elle continue d'affirmer que là n'est pas toute la grandeur d'un peuple ni sa dignité morale. Les matérialistes trouveront à y redire, mais qu'importe ? Ceux qui estiment les biens de l'esprit à leur juste valeur, ne pourront s'empêcher de convenir qu'en invitant les hommes à chercher avant tout le royaume de Dieu et sa justice, l'Église pose les principes et indique les éléments essentiels du vrai progrès et de la vraie civilisation.

DIXIÈME LEÇON

Opuscule *sur le Salut des riches*. — Deux extrêmes à éviter dans la question des rapports du riche avec le pauvre. — Interprétation des paroles du Sauveur sur la difficulté du salut des riches. — Définition de la richesse comprise et entendue dans le sens chrétien. — Du véritable usage des biens de la terre. — La thèse de Clément n'a rien qui puisse porter atteinte au droit de propriété. — Idéal que le christianisme tend à réaliser sur la terre, autant que le permettent l'orgueil et les passions humaines.

Messieurs,

On se fait souvent une idée bien fausse de l'état des sociétés humaines à l'époque où le christianisme est venu s'établir dans le monde. A lire les écrivains d'une certaine école, vous vous imagineriez facilement que les premiers prédicateurs de l'Évangile s'adressaient à des populations neuves, enthousiastes du vrai et du beau, et par conséquent peu rebelles à une transformation morale. Ce tableau chimérique est tout juste le contrepied de la vérité. L'Église a fait son apparition au milieu d'une société frivole, sceptique, vieillie dans la corruption, poussant jusqu'à la frénésie l'amour du bien-être et des jouissances matérielles. De là l'extrême difficulté qu'il y avait à propager dans le monde la doctrine du sacrifice et du détachement. On voit assez par le traité du *Pédagogue* à quel excès de raffinement étaient arrivés le luxe et la sensualité, ce qu'il fallait d'efforts pour arracher aux habitudes de leur passé les néophytes qui sortaient du paganisme. Envisagé à ce point de vue, cet ouvrage est un document précieux, parce qu'en faisant la critique des mœurs païennes jusque dans les moindres détails, il montre quels obstacles s'opposaient à l'accomplissement des préceptes de l'Évangile. Pour réagir contre le sensualisme qui débordait de tout côté, Clément d'Alexandrie avait commencé par établir les fondements de la vie raisonnable, c'est-à-dire l'obligation de soumettre les sens à la loi de l'esprit, et l'esprit à la volonté de Dieu. Partant de là il s'était attaché à régler les différentes fonctions de la vie corporelle suivant les maximes de la tempérance et de la simplicité. Élever les âmes au dessus d'une activité purement terrestre et matérielle, en leur persuadant que la vertu fait la beauté morale de l'homme, son principal ornement et sa vraie richesse, tel est le but de ces instructions catéchétiques, qui nous permettent d'assister à la lutte de l'esprit chrétien avec les vices et les désordres de la société païenne.

Une conséquence à tirer du ton et de la forme de ces catéchèses, c'est que vers la fin du IIe siècle, l'Église d'Alexandrie comptait un certain nombre de fidèles dans la partie riche de la population. On ne s'expliquerait pas ces tirades si véhémentes contre l'abus des richesses, le luxe des festins, la magnificence des parures, si un pareil enseignement ne s'adressait qu'à des pauvres. Exhortation et critique, tout suppose des auditeurs ou des lecteurs que leur rang et leur condition mettaient à l'abri du besoin. Il s'agissait donc de marquer le rôle et la vraie fonction de la richesse dans le plan de la Providence et dans l'économie sociale : question aussi grave que délicate. Le sensualisme païen n'avait jamais compris l'opulence que comme un moyen d'augmenter les jouissances matérielles et de satisfaire les passions : il y associait constamment l'oisiveté et le vice. Dans l'organisation de la société antique, le travail manuel était réputé chose vile et indigne d'un homme libre : on l'abandonnait aux esclaves. Le christianisme, au contraire, est venu réhabiliter le travail. Clément d'Alexandrie s'élève avec force contre l'oisiveté des riches. Il ne veut pas que les femmes chrétiennes renvoient à des mains étrangères les occupations et les soins du ménage ; il exhorte les hommes à cultiver les champs, et n'hésite pas à déclarer que c'est là une noble profession. « Ne croyez pas, dit-il, qu'il soit honteux de puiser l'eau et de fendre le bois dont vous avez besoin : il est toujours beau de se servir soi-même[1]. » Pour qui a étudié l'antiquité païenne, il y a dans cet ennoblissement de l'ouvrier toute une révolution. Sans doute, les prédicateurs de l'Évangile ne pouvaient songer à détruire violemment la condition servile : ils auraient bouleversé le monde et prêché la guerre sociale ; mais ils proclamaient des principes et enseignaient des devoirs qui devaient amener nécessairement l'abolition de l'esclavage. Clément flétrit la conduite de ces riches voluptueux, qui, ne voulant absolument se servir eux-mêmes, emploient une foule d'esclaves pour se dispenser de tout travail et satisfaire leurs moindres désirs. Il y voit une insulte à la dignité du prochain[2]. C'est avoir abdiqué toute raison, dit-il, que de traiter les serviteurs comme des animaux : la justice, la patience et la bonté, telles sont les qualités qui doivent distinguer les maîtres[3]. Certes, nous voilà bien loin de « l'outil parlant », *instrumentum vocale*, comme l'appelait Caton. Si la législation romaine s'était laissé pénétrer par l'esprit du christianisme, l'esclavage n'aurait pu tenir un seul instant devant de pareilles maximes : cette plaie sociale ne s'est prolongée dans l'empire que par suite de l'opposition des mœurs païennes aux préceptes de l'Évangile. Il y aurait donc une suprême injustice à refuser au christianisme l'honneur d'avoir détruit l'esclavage ; car, dès l'origine, il avait réglé les rapports du maître et du serviteur sur le pied de la justice et de la charité : sans la résistance d'une organisation invétérée, ces principes eussent immédiatement transformé la condition servile. Avec le dogme de la fraternité chrétienne, l'esclave ne pouvait rester un simple instrument de travail, un jouet sans valeur qu'on brisait à

---

1. *Pédag.*, III, 10.
2. Ibid., III, 4, 7.

volonté, une « seconde espèce humaine, » selon le mot de l'historien Florus [1]. En amenant la chute du système antique, le triomphe du christianisme allait avoir pour conséquence inévitable l'émancipation de cette classe d'hommes vouée à une servitude dégradante. Vous comprenez dès lors la haute importance de ces livres qui, à l'exemple du *Pédagogue*, préparaient la rénovation sociale, en inculquant aux esprits des idées plus larges et plus généreuses. Toutefois, la question du rapport du riche avec le pauvre, ou, en d'autres termes, la question de l'usage des biens terrestres était trop capitale pour que Clément d'Alexandrie crût devoir se borner à la traiter en passant. Il écrivit sur ce thème un ouvrage spécial, intitulé : *Quel riche peut-être sauvé*.

Si je rapproche cette belle pièce des institutions pédagogiques de Clément, c'est à cause de l'analogie du sujet. Ici comme là, le moraliste chrétien expose et discute les devoirs des riches. Après être resté longtemps enseveli dans la poussière des bibliothèques, le livre dont je parle ne revit le jour que vers le commencement du xviie siècle, où Mathieu Cariophyle, archevêque d'Icone, le découvrit dans un manuscrit du Vatican, à la suite des homélies d'Origène. Ce voisinage le fit d'abord attribuer au disciple de Clément ; mais la critique revenue d'une première surprise, ne tarda pas à être fixée sur ce point. En effet, Eusèbe, saint Jérôme et Photius s'accordent à dire que l'auteur des *Stromates* avait composé un ouvrage sous ce titre : *Quel riche peut être sauvé* [2]. Photius

1. Servi quasi secundum hominum genus sunt (iii, 20).
2. Eusèbe, *Hist. Eccl.*, iii, 23 ; vi. 13 ; — S. Jérôme, de *Scrip. Eccl.* ; — Photius, Cod. 111. Une des raisons qui avaient fait mettre cet ouvrage sur le compte d'Origène, c'est qu'on prétendait y trouver la théorie de la préexistence des âmes ; mais à tort, selon nous. L'auteur dit quelque part que « l'âme des justes *retourne* dans la patrie céleste (3) » C'est une locution que nous répétons encore tous les jours, sans affirmer pour cela que les âmes aient vécu dans une vie antérieure à celle-ci. — Même remarque pour le mot *envoyer* qui désigne l'acte par lequel Dieu unit l'âme au corps (26,36). Ce mot, non moins usité que le premier, n'indique pas que l'âme ait déjà fourni une carrière, avant d'être envoyée dans le corps. — Si l'auteur dit ailleurs, « que l'enveloppe extérieure, corporelle, est la

cite les premiers mots du livre, et nous les retrouvons exactement à la même place dans l'exemplaire du Vatican. Eusèbe reproduit sous le nom de Clément toute l'histoire du jeune homme converti par saint Jean ; or, c'est également cette touchante narration qui termine notre manuscrit. Il ne saurait donc y avoir de doute sérieux sur la provenance de cette pièce. S'il y règne plus d'ordre que dans les autres compositions de Clément, cette particularité tient à ce que l'auteur s'y attache à un seul sujet, tandis qu'ailleurs il réunit différentes matières. De là aussi une diction moins obscure, moins abrupte, une couleur plus égale et plus uniforme. Du reste, Messieurs, dans les questions d'authenticité, il ne faut pas se hâter de tirer des conséquences de cette diversité de formes : le style d'un même écrivain varie selon la nature des sujets qu'il traite, le genre d'auditeurs ou de lecteurs auxquels il s'adresse, et enfin suivant les différentes époques de sa vie. Je tenais à dissiper au préalable toute incertitude sur l'origine d'un traité qui peut compter parmi les meilleurs morceaux de la littérature chrétienne, en même temps qu'il répond à certaines objections soulevées par l'ingratitude moderne.

Il y avait, dans la question des rapports du riche avec le pauvre, deux extrêmes à éviter pour l'éloquence sacrée. Comme je le disais tout à l'heure, le sensualisme païen ne voyait dans la richesse qu'un moyen de multiplier les jouissances matérielles, sans se soucier des devoirs attachés à une pareille condition. Cette richesse égoïste, voluptueuse, il

---

cause de notre passage dans le monde, afin que nous puissions entrer dans cette école commune à tous (33), » ces paroles s'expliquent fort bien, sans qu'on ait besoin de recourir à l'hypothèse de la préexistence des âmes dans un monde antérieur. En effet, sans le corps, l'âme ne saurait subir l'épreuve ni soutenir les luttes qui doivent être son partage ici-bas. Ce mot « *passage* dans le monde » signifie que l'âme, esprit créé de Dieu, entre dans l'ordre extérieur et sensible au moyen de l'organisme qui lui sert d'enveloppe. Si de pareilles expressions suffisaient pour justifier le reproche dont nous parlons, il n'y aurait guère d'écrivain qui ne le méritât au même titre.

fallait la flétrir avec toute l'énergie du sens chrétien. C'est ce qu'avait fait Clément d'Alexandrie dans le traité du *Pédagogue.* « Il est absurde, disait-il, qu'un seul vive dans les délices, tandis que des milliers d'autres meurent de faim[1]. » Là-dessus il n'y a jamais eu qu'une voix parmi les prédicateurs de l'Évangile, et la chaire chrétienne n'a cessé de développer ce thème, en se basant sur l'enseignement du Sauveur. Mais, d'un autre côté, il ne fallait pas non plus ébranler les fondements de la propriété, et sous ce prétexte de plaider la cause des pauvres, jeter les riches dans le désespoir. Car la richesse à sa place marquée dans l'économie de la Providence, et la société humaine repose sur l'inégalité des conditions. Or, il paraît qu'alors comme aujourd'hui, tous ne savaient pas concilier les préceptes de la foi, avec les exigences d'une position ou d'un rang plus élevé. Parmi les fidèles d'Alexandrie, il s'en trouvait qui faute d'une instruction suffisante, regardaient la richesse comme incompatible avec le salut. Persuadés qu'ils n'avaient aucune part à l'héritage céleste, ils se rejetaient vers les plaisirs de cette vie passagère, et renonçaient au bonheur de la vie éternelle. Ce qui contribuait surtout à les porter au découragement, c'était une fausse interprétation des paroles du Sauveur sur la difficulté du salut des riches. Pour ranimer leur confiance, Clément crut devoir éclaircir le sens de ces paroles; et c'est là l'objet de son livre.

Vous connaissez tous, Messieurs, ces célèbres paroles qui retentissent depuis dix-huit siècles aux oreilles des riches comme un avertissement solennel. Clément rappelle d'abord dans quelle circonstance elles furent prononcées. Un jeune homme fort riche et d'un rang distingué [2] s'approche du Sauveur et l'interroge sur le bien qu'il doit faire pour

---

1. *Pédag.*, II, 12.
2. S. Luc l'appelle ἄρχων, chef d'une synagogue ou membre d'un tribunal (XVIII, 18). — En suivant le texte de saint Marc, Clément fait observer que la narration est identique dans les autres évangélistes, sauf peut-être quelques légères différences de mots.

avoir part à la vie éternelle. Après lui avoir dit que Dieu seul est bon, et par suite que la volonté divine est la règle du bien, Jésus-Christ énumère quelques préceptes du décalogue, contenus dans la seconde table de la Loi. Le jeune homme déclare qu'il a observé tous les commandements, et demande ce qu'il lui reste à faire. A quoi le Sauveur répond : « Si vous voulez être parfait, vendez tout ce que vous avez, donnez-le aux pauvres, et vous aurez un trésor dans le ciel ; puis venez, et suivez-moi. » A ces mots, le jeune homme s'en alla triste, car il avait de grands biens. Alors Jésus Christ se tournant vers ses disciples leur dit à deux reprises : « Qu'il est donc difficile à ceux qui se confient en leurs richesses d'entrer dans le royaume de Dieu. » — « Mais alors qui pourra être sauvé ? » s'écrient les disciples étonnés d'un tel langage. Le Sauveur les regardant leur dit : « Aux hommes, cela est impossible, mais non pas à Dieu, car tout est possible à Dieu [1].

Tel est le récit que le catéchiste alexandrin reproduit d'après saint Marc, pour le commenter et l'éclaircir. Or, Messieurs, il suffit de lire le texte avec attention pour voir qu'il ne contient nullement une réprobation de la richesse et de la propriété comme telles, mais un conseil de perfection donné à quelques-uns, outre la loi du détachement obligatoire pour tous. L'auteur d'une *Vie de Jésus*, que je n'ai pas besoin de nommer, n'a pas manqué d'abuser de ce passage pour faire dire au Seigneur « que les pauvres seuls seront sauvés. » Selon l'habitude qu'a cet écrivain de dénaturer le sens des textes par des suppressions calculées, il s'est bien gardé de citer à la suite d'une déclaration qu'il qualifie de terrible, cette parole consolante, et qui explique tout : « Ce qui est impossible à l'homme, est possible à Dieu [2]. Et, à ce propos, je dois avouer que nous avons eu tort d'appeler ces retranchements une habileté ; c'est indécence qu'il eût fallu dire.

---

1. S. Matth., XIX, 16-30 ; — S. Marc, X, 17-31 ; — S. Luc, XVIII, 18-30.
2. *Vie de Jésus*, par M. Renan, p. 175.

Lorsqu'on veut comprendre un texte de l'Évangile, il faut avoir soin de l'examiner en lui-même, et dans ses rapports avec ce qui précède ou ce qui suit. Bien loin d'obliger tous les fidèles à réaliser leur fortune et à en donner le prix aux pauvres, Jésus-Christ enseigne tout juste le contraire. « Si vous voulez entrer dans la vie, dit-il au jeune homme riche, gardez les commandements. » Voilà l'obligation universelle : le salut dépend pour tous de l'observation des préceptes. Mais le jeune homme insiste : il ne veut pas s'en tenir là ; il aspire, il se sent appelé à un état plus parfait que la condition commune et ordinaire. Alors le Seigneur lui dit : Si vous voulez être parfait, imposez-vous un plus grand sacrifice, embrassez la pauvreté volontaire, comme mes disciples qui ont renoncé à tout pour me suivre. Il est impossible de distinguer plus clairement entre le précepte et le conseil : l'un est la règle générale ; l'autre, une exception. Cela posé, est-il indifférent pour ceux qui ont reçu cette vocation exceptionnelle, d'obéir au cri de leur conscience ou de l'étouffer ? Évidemment non. Ils compromettent leur salut, en refusant de répondre à l'appel divin ; car chaque homme est tenu de prendre la route que Dieu lui indique. En restant hors de cette voie, l'on se prive des grâces qu'on y aurait obtenues, et l'on s'expose à trouver des périls là où il n'en existerait pas pour d'autres. C'est dans cette situation dangereuse que se plaçait le jeune homme de l'Évangile : voilà pourquoi il s'en alla triste, partagé qu'il était entre le désir d'embrasser un état de perfection auquel il se sentait appelé, et son attachement aux biens de la terre. Il agissait contrairement à sa conviction, témoignant par son refus qu'il mettait les intérêts temporels au-dessus des intérêts spirituels. C'est de là que part Jésus-Christ pour montrer à ses disciples le danger des richesses.

Donc, en insistant sur la difficulté du salut des riches, le Sauveur s'adresse à ceux que les vanités du monde empêchent d'écouter la voix de Dieu et de leur conscience, aux hommes qui *placent leur confiance* dans leurs richesses, suivant l'expression de saint Marc. C'est à ces esclaves de la fortune qu'il applique le proverbe : « Il est plus facile à un chameau de passer par le trou de l'aiguille, qu'à un riche d'entrer dans le royaume de Dieu. » Quelques commentateurs pensent qu'il y avait à Jérusalem une porte étroite, appelée pour cette raison « le trou de l'aiguille, » et par laquelle les chameaux passaient difficilement. Voilà ce qui aura pu donner naissance à ce proverbe fort usité parmi les Juifs, et que l'on trouve également dans le Talmud de Babylone, avec cette différence que le chameau y est remplacé par l'éléphant [1]. La même locution se rencontre dans le Coran qui, selon toute vraisemblance, l'a empruntée à l'Évangile [2]. Quant aux interprètes qui traduisent chameau par câble, leur version ne me semble guère autorisée ; elle enlève à la sentence sa couleur et son tour oriental : c'est la confusion de κάμηλος avec κάμιλος qui aura introduit cette leçon. L'image du chameau se présentait au Sauveur avec d'autant plus d'à propos qu'on se trouvait alors sur la grande route des caravanes, qui allait de Jéricho en Arabie, à travers le Jourdain, en passant par Beth-Phéor et Hésébon. Quoi qu'il en soit, les Juifs employaient ce proverbe pour exprimer une extrême difficulté. Certes, la comparaison était forte, et l'on conçoit que les disciples, faute d'en bien pénétrer le sens, aient manifesté leur étonnement. Mais Jésus-Christ les rassura en ajoutant : ce qui est impossible à l'homme est possible à Dieu. Par suite de son penchant au mal, les richesses sont périlleuses pour l'homme déchu : elles le tiennent entraîné aux choses de la terre, elles nourrisssent son orgueil et lui procurent un moyen facile de satisfaire ses passions ; mais la doctrine de la foi et la grâce divine peuvent détruire cet

---

1. *Bava Metzia*, fol. 38 *verso*. Tu fortean Pombedithæ commoraris, ubi elephantem per foramen acus traducunt. Aruch : qui dicunt impossibilia. — *Berakoth*, fol. 55 *verso*. Non ostendunt homini palmam ex auro, nec elephantem incedentem per forarem acus. *Glose* : Rem, quam non solitus est videre, nec de qua unquam cogitavit.

2. Surate VII, 38 : « Ils n'entreront pas dans le paradis, avant qu'un chameau ait passé par le trou d'une aiguille. »

obstacle en détachant l'homme des biens extérieurs, et en le portant à profiter de ces ressources pour multiplier ses bonnes œuvres et soulager ses frères. C'est ainsi que les apôtres, et toute la tradition chrétienne après eux, ont compris et interprété la doctrine du Sauveur.

Clément d'Alexandrie a très-bien saisi l'esprit de cet enseignement, quoiqu'il s'écarte par intervalle de la lettre du texte. Ainsi, par exemple, voulant expliquer ces paroles : vendez tout ce que vous avez, et donnez-le aux pauvres, il exclut le sens littéral, pour s'en tenir au sens spirituel et allégorique. Selon lui, ces mots ne signifient point : dépouillez-vous de vos possessions, rejetez-les loin de vous ; mais : arrachez de votre âme les vains jugements que vous formez sur vos richesses et l'amour passionné qui vous y enchaîne ; dégagez-vous de ces sollicitudes excessives, de ces épines du siècle qui étouffent en vous la semence de la vie[1]. A force de vouloir spiritualiser les paroles du Sauveur, Clément tombe ici dans un autre extrême, et affaiblit la véritable portée du texte. Il s'agit bien réellement dans cet endroit d'un dépouillement effectif ; ces mots : distribuez-en le prix aux pauvres, suffiraient pour le montrer. Seulement, l'on ne doit pas y voir un précepte imposé à tous, mais un conseil de perfection donné à quelques-uns: *Si vis perfectus esse.* Voilà ce qu'il fallait distinguer avant tout, pour conserver au passage sa vraie signification. Mais, à part cette explication, où nous retrouvons le goût exagéré des Alexandrins pour l'allégorie, on ne peut qu'applaudir à la doctrine que l'auteur développe à ce propos : elle est justifiée par d'autres versets de l'Évangile où le Sauveur déclare bienheureux les pauvres selon l'esprit, et promet la récompense céleste aux riches charitables. Clément ne fait que paraphraser ces maximes solennelles, lorsqu'il dit :

« Si, étant riche, vous regardez comme des dons de Dieu l'or, l'argent et les maisons qui vous appartiennent ; si vous

---

1. *Sur le salut des riches*, II.

les rendez dans la personne de vos frères à Dieu qui vous en a gratifiés, reconnaissant ainsi que vous les possédez pour les autres plutôt que pour vous-même ; si vous élevant au-dessus de ces biens, vous savez leur commander au lieu d'en être l'esclave ; si vous ne les portez pas dans votre âme et que vous ne borniez pas à ces limites étroites l'horizon de votre vie, vous appliquant toujours à quelque œuvre bonne et divine ; si, lorsqu'il faudra vous en priver, vous en supportez la perte avec la même tranquilité d'esprit dont vous jouissiez au milieu de votre abondance, dans ce cas vous êtes celui que le Seigneur déclarait bienheureux, qu'il appelait pauvre selon l'esprit ; vous vous trouvez dans la disposition où il faut être pour avoir part au royaume des cieux, bien mieux que si vous rejetiez le fardeau de vos richesses par la seule impuissance de le porter [1]. »

Cette définition de la richesse comprise et entendue dans le sens chrétien, Clément la reproduit ailleurs avec la même exactitude :

« Si l'homme qui naît malgré lui au sein de l'opulence, était exclu de la vie pour cette seule raison, son Créateur lui ferait assurément une injustice en le privant de la vie éternelle à cause des biens temporels qu'il lui avait départis. Qu'était-il besoin d'ailleurs que la terre produisit tant de richesses, du moment que les richesses donnent la mort ? Non, si au dedans de vous-mêmes vous savez vous soustraire à la domination de vos trésors ; si vous en usez avec sagesse et avec modération ; si c'est Dieu seul que vous cherchez, afin de le posséder et de converser avec lui, vous êtes pauvre dans toute la rigueur du précepte, vous êtes libre, invincible, et les richesses ne vous causeront ni maladie ni blessure. Dans le cas contraire, il est plus facile à un chameau de passer par une aiguille qu'à un riche de votre espèce d'entrer dans le royaume de Dieu [2]. »

Voilà le véritable sens des préceptes de l'Évangile. Ce n'est

---

1. *Sur le salut des riches*, XVI.
2 Ibid., XXVI.

pas la richesse qu'il faut blâmer, mais le mauvais usage qu'on en fait ; comme aussi, ce n'est pas un mérite d'être pauvre, mais c'en est un de pratiquer la pauvreté spirituelle ou le détachement au milieu des richesses. Notre salut, dit Clément d'Alexandrie, ne dépend pas des choses qui sont hors de nous qu'elles soient grandes ou petites, fortes ou faibles, éclatantes ou obscures, peu importe ; ce qui fait notre valeur, ce sont les vertus de notre âme, la foi, l'espérance, la charité, l'amour fraternel, la douceur, la modestie, l'amour de la vérité : voilà ce qui nous sauvera, [1]. On peut être pauvre de fortune et riche en vices, comme il est possible d'avoir en même temps de grands biens et de grandes vertus. Tel brûle de la soif des richesses au milieu de l'indigence, et la seule cause qui l'empêche de faire plus de mal, c'est qu'il n'en a pas le moyen ; tel autre vit pauvre au sein de l'opulence, et sait s'abstenir du mal, quoiqu'il ait toute facilité pour le commettre. Entre les deux il y a la différence du vice à la sainteté[2]. J'aime, Messieurs, à vous citer ces belles pages où l'éloquence sacrée développait avec tant de précision des leçons qui depuis lors sont devenues dans le monde la règle invariable du juste et du vrai.

« Il ne faut pas rejeter loin de soi les richesses qui peuvent être utiles au prochain. On les appelle possessions, parce que leur nature est d'être possédées ; avantages, parce qu'elles sont avantageuses à l'homme, aux besoins de qui Dieu daigne les approprier. Elles sont, entre les mains de celui qui sait les mettre à profit, la matière et l'instrument du bien. Si quelqu'un fait un ouvrage d'après les règles de l'art, son ouvrage est bon ; s'il manque d'art, la faute en est à lui, et non à la matière qu'il emploie. Il arrive de même pour les richesses : elles ne sont qu'un instrument. En faites-vous un bon usage ? Elles vous serviront à pratiquer la justice. En tirez-vous parti pour le mal ? Elles deviendront dans vos mains une source d'iniquité ; car leur nature est de servir et

1. Ibid , XVIII.
2. Ibid., XII, XIX.

non de commander. N'étant par elles-mêmes ni bonnes ni mauvaises, elles ne méritent non plus ni louange ni blâme; ce qu'on doit mettre en cause, c'est l'âme humaine, qui, en vertu de sa liberté, a seule le pouvoir d'user de ces dons avec sagesse ou d'en abuser. Ce n'est donc pas nos richesses qu'il faut détruire, mais les passions de l'âme qui empêchent de les utiliser pour le bien. Devenez probes et honnêtes, et vous ne manquerez pas de faire un bon emploi de vos trésors [1]. »

On ne saurait mieux expliquer la doctrine chrétienne touchant les biens de la terre. Mais, me dira-t-on, à l'époque où écrivait Clément d'Alexandrie, c'est-à-dire vers la fin du IIe siècle, les esprits avaient déjà cédé au grand courant qui emportait les Églises. En consentant à posséder des riches dans son sein, le christianisme avait compris qu'un goût exagéré pour la pauvreté ne pouvait être durable. Mais telle n'était pas l'idée primitive : « le pur *ébionisme*, c'est-à dire la doctrine que les pauvres seuls seront sauvés, fut la doctrine de Jésus. » Aussi la propriété était-elle interdite dans la première génération chrétienne [2]. Voilà ce qu'on objectait récemment dans une *Vie de Jésus*. Permettez-moi, Messieurs, de vous lire la réponse que faisait Clément d'Alexandrie il y a quelque dix-sept cents années.

« Quelle société pourrait exister parmi les hommes, si personne ne possédait rien ? Une pareille maxime ne serait-elle pas en contradiction manifeste avec tant d'autres préceptes que le Seigneur nous a si vivement inculqués? Faites-vous des amis avec le Mammon de l'iniquité, afin que, quand vous viendrez à défaillir, ils vous reçoivent dans les tabernacles éternels. — Amassez-vous des trésors dans le ciel, où ni la rouille ni les vers ne rongent, et où les voleurs ne fouillent ni ne dérobent. — Comment nourrir celui qui a faim, désaltérer celui qui a soif, vêtir celui qui est nu, accueillir l'étran-

---

1. *Sur le salut des riches*, xiv.
2. *Vie de Jésus*, par M. Renan, p. 179, 182, 183, 307.

ger qui vient à nous ; comment, dis-je, observer tous ces préceptes dont la transgression sera punie du feu et des ténèbres extérieures, si nous-mêmes nous manquons de toutes ces choses? Le Seigneur n'a-t-il pas commandé à Zachée et à Matthieu, qui étaient riches et publicains, de lui donner l'hospitalité? Loin de leur prescrire le sacrifice de leurs richesses, n'a-t-il pas prononcé sur eux cette juste sentence : Aujourd'hui le salut s'est levé sur cette maison, parce que celui-là aussi est enfant d'Abraham ? Il loue donc l'usage des richesses, à condition qu'on en fasse part aux autres, en abreuvant celui qui a soif, en nourrissant celui qui a faim, en habillant celui qui est nu, et en ouvrant à l'étranger une maison hospitalière. Or, pour avoir de quoi subvenir à tous ces besoins, il faut être riche [1]. »

J'espère, Messieurs, que la réponse vous a paru péremptoire. Le précepte de la bienfaisance, énoncé à chaque page de l'Évangile, suppose évidemment la propriété : car nul ne peut donner, à moins de posséder soi-même. Si tout appartenait à tous, il n'y aurait aucun mérite à pratiquer la charité ; et l'Évangile deviendrait un non-sens. Le *væ divitibus!* ne s'applique qu'à ceux qui ne remplissent pas les devoirs attachés aux grandes fortunes ; comme aussi le *beati pauperes!* ne s'adresse qu'à la pauvreté selon l'esprit, à la pauvreté spirituelle, πτωχεία πνευματική [2], c'est-à-dire au détachement. Les anathèmes du Sauveur atteignent la richesse égoïste et sensuelle, telle qu'elle était comprise par les Saducéens, ces épicuriens du judaïsme, ou par les païens qui n'en profitaient que pour multiplier leurs jouissances, sans s'inquiéter des besoins du prochain. Mais le Christ est si éloigné de vouloir condamner la richesse en elle-même, qu'il y voit un moyen d'obtenir la récompense céleste par la pratique de la charité. Il n'y a pas trace dans l'Évangile de ces utopies modernes qui, sous prétexte d'enrichir les pauvres, appauvriraient tout

---

1. *Sur le salut des riches,* XIII.
2. Ibid , XVII.

le monde. En disant que le droit de propriété est un des fondements de la société humaine, Clément d'Alexandrie formulait un principe qu'aucune génération chrétienne n'a désavoué, et qui trouve sa justification dans la nature même des choses. Cela est si vrai que, pour soutenir la thèse contraire, Rousseau s'est vu obligé de placer la perfection du genre humain dans l'état sauvage : c'est l'idée capitale de son discours *sur l'Inégalité des conditions*, idée digne à tous égards de l'esprit le plus faux qui ait marqué dans la littérature française. Ceux qui, à son exemple, rêvent une égalité absolue entre les hommes, n'ont pas mieux réussi jusqu'ici à substituer des chimères à la réalité. Peut-on nier qu'il y ait entre les hommes inégalité de forces physiques, inégalité de facultés intellectuelles, inégalité de valeur morale ? Nos niveleurs contemporains connaissent-ils un moyen d'obtenir que tous aient la même taille au centimètre près, qu'aucun n'acquière plus de connaissances que l'autre, et que tous fassent le même usage de leur liberté ? Or, qui ne voit que l'inégalité des conditions découle comme une conséquence logique de cette triple inégalité naturelle ou volontaire ? Vous ne possédez pas autant que vos voisins parce que, sans parler d'une foule d'autres causes possibles, vos ancêtres et vous vous avez apporté dans votre travail moins d'intelligence, moins d'activité, ou que les circonstances ont mal servi vos efforts. Ce sont là des diversités qui se reproduisent chaque jour et à chaque heure : effacez-les aujourd'hui, elles reparaîtront demain. D'ailleurs, ces inégalités, bien loin de nuire au bon ordre des sociétés humaines, ne font que l'affermir et le consolider, en reliant les hommes entre eux par une heureuse réciprocité de services et de fonctions. Nous avons besoin les uns des autres, précisément parce que nous ne possédons pas tous les mêmes aptitudes ni les mêmes ressources. Que chacun se suffise à lui-même, le corps social se dissout, et la communauté perd sa raison d'être. C'est le lien de la nécessité qui, joint à l'instinct de la sociabilité, a rapproché les familles, pour les grouper en associations plus ou moins vastes.

Rousseau repousse l'inégalité des conditions, parce qu'il veut réduire les hommes à l'état sauvage, qui pour lui est l'idéal du genre humain ; cela se conçoit dans une hypothèse aussi dégradante que la sienne ; mais du moment que vous envisagez l'état de société comme la seule situation naturelle, normale, vous êtes obligés d'admettre une dépendance réciproque, des relations multiples et diverses. En réalité, les riches dépendent des pauvres autant que les pauvres profitent des riches ; nul ne peut se passer de l'autre, et les services sont mutuels. Celui-ci donne de son intelligence ; celui-là du travail de ses mains ; tous y mettent de leur existence et de leur vie. Voilà ce qui fait la grandeur et la force des sociétés humaines. En disant que la propriété est un empiètement sur le droit d'autrui, on avance une niaiserie. C'est encore à autrui et non-seulement à vous que profite cette appropriation légitime d'une parcelle de terrain. La valeur que vous savez en tirer est un gain pour toute la communauté : par là, vous ajoutez au fonds commun, vous augmentez le capital social, vous enrichissez l'humanité du fruit de votre travail ; l'intérêt général se confond dès lors avec votre intérêt particulier, car il n'y a pas d'antagonisme là où tous sont redevables à l'activité de chacun. Nier la propriété, ce n'est pas seulement détruire le droit naturel, le droit des gens et le droit divin positif, c'est de plus renverser toute saine notion d'économie politique. Et l'on voudrait prêter au fondateur du christianisme une pareille absurdité ! S'il avait méconnu à un tel point les conditions essentielles de la société humaine, son œuvre, bien loin d'embrasser le monde, serait allée rejoindre au bout d'un siècle toutes ces utopies écloses dans le cerveau de quelques rêveurs qui apparaissent d'âge en âge, sans pouvoir obtenir d'autre succès que le rire ou l'indifférence.

Sans doute, nous voyons se produire à l'origine du christianisme un fait remarquable et qui mérite l'attention. On lit dans les Actes des apôtres que les premiers fidèles de Jérusalem, mus par un touchant esprit de fraternité chrétienne, mettaient leurs biens en commun; mais il ne faut pas exagérer le caractère ni la portée de ce fait. Nous trouvons ici le conseil évangélique de la pauvreté volontaire pratiqué sur une vaste échelle, comme il l'est encore aujourd'hui dans les communautés religieuses du monde entier ; or, ce phénomène n'a rien d'étonnant, si l'on réfléchit au petit nombre de chrétiens que renfermait alors Jérusalem, à l'esprit de foi et de charité qui animait les nouveaux convertis. A côté de la loi du détachement obligatoire pour tous, le Sauveur avait tracé à quelques-uns une règle de perfection plus haute et plus difficile à suivre. Il est tout simple que, dans le premier élan de leur générosité, la plupart des néophytes se soient dépouillés de leurs possessions en faveur de leurs frères nécessiteux. Mais s'ensuit-il de ce mouvement spontané d'une foi ardente que la propriété leur ait été interdite? Pas le moins du monde. Ils restaient libres de vendre leurs biens ou de les conserver. Seulement, il ne fallait pas, comme Ananie et Saphyre, se faire honneur d'un renoncement qu'on ne se sentait pas la force de pratiquer. C'est ce mensonge intéressé et cette fraude coupable que saint Pierre leur reproche avec tant de sévérité. Vous pouviez garder votre champ, leur dit-il, et même vendu, il était encore en votre pouvoir ; mais vous avez menti à Dieu, en vous donnant le mérite d'un sacrifice que vous n'avez pas su faire [1]. Ces paroles excluent formellement l'idée d'une interdiction quelconque de la propriété dans la première génération chrétienne. C'est ainsi que les apôtres et leurs disciples ont compris les préceptes du Seigneur ; et nous voyons par l'écrit de Clément d'Alexandrie que la génération suivante les a interprétés dans le même sens. Conserver l'âme libre et pure, exempte de tout attachement déréglé à des trésors périssables, verser le superflu dans le sein des pauvres, voilà les devoirs des riches d'après l'Évangile. Le moraliste du IIe siècle résume les enseignements de la chaire chrétienne, lorsqu'il indique dans ce beau

---

1. *Actes des apôtres*, v, 1 et suiv.

morceau le moyen d'amasser des mérites pour le ciel, en sacrifiant une partie des biens de la terre :

« O l'admirable commerce ! O le divin marché ! Acheter l'immortalité à prix d'argent, et recevoir en échange des choses passagères de ce monde une demeure éternelle dans le ciel ! O riche, c'est vers une telle foire que vous devrez naviguer, si vous êtes sage. Parcourez, s'il le faut, la terre entière ; n'épargnez ni travaux ni fatigues pour acheter le royaume du ciel, tant que vous le pourrez en cette vie. Pourquoi mettre votre joie dans des émeraudes ou d'autres pierres brillantes, dans des édifices qui seront la pâture du feu ou le jouet du temps : un tremblement de terre suffit pour les renverser, et le caprice d'un tyran pour vous les ravir. Habiter le ciel et régner avec Dieu, que ce soient là vos désirs. Ce royaume, un homme vous le procurera, comme ferait Dieu lui-même. En retour du peu qu'il aura reçu de vous, il vous donnera d'habiter avec lui pendant toute l'éternité. Priez-le d'accepter, pressez, suppliez, dans la crainte qu'il ne vous refuse. Car il ne lui est pas prescrit d'accepter ; il l'est à vous d'offrir.....

« Rassemblez, contre l'usage du reste des hommes, rassemblez autour de vous une armée sans armes, inhabile à la guerre, incapable de verser le sang, une armée qui ne se laisse pas emporter par la colère et que les vices ne souillent point : de pieux vieillards, des orphelins aimant Dieu, des veuves formées à la douceur, des hommes ornés de charité. Faites-vous en par vos richesses des gardes vigilantes autour de votre corps et de votre âme. Dieu les commandera. Par eux, votre navire, prêt à être submergé, se relèvera pour voguer doucement au souffle de leurs prières. Sous l'imposition de leurs mains, la maladie perdra pour vous son aiguillon ; leurs ferventes prières désarmeront l'ennemi qui vous menace ; et devant leurs injonctions répétées, le démon verra sa force brisée et son orgueil confondu dans ses œuvres. Vous aurez là autant de satellites et de soldats vaillants. Aucun ne restera oisif ; nul ne vous sera inutile.

L'un demandera grâce à Dieu pour vous ; l'autre vous consolera dans vos afflictions. Celui-ci versera des larmes pour vous devant le Seigneur; celui-là vous instruira dans les choses utiles au salut. Tel vous reprendra en toute franchise ; tel autre vous donnera des conseils pleins de bienveillance. Tous, enfin, sans fard, sans crainte, sans dissimulation, sans flatterie, vous entoureront d'une véritable amitié. Quelle douceur dans leurs bons offices ! Quelle généreuse liberté dans leur ministère ! Quelle sincérité dans la foi de ces hommes qui ne craignent que Dieu ! Ils ne savent ce que c'est que de mentir ; leurs œuvres n'ont d'autre objet que le service de Dieu ; le fléchir, lui plaire, voilà tout ce qu'ils désirent ; l'attachement qu'ils vous portent n'a rien de charnel ; ils parlent, mais c'est au roi des siècles qui habite en vous[1]. »

Tel est, Messieurs, l'idéal que le christianisme cherche à réaliser sur la terre, autant que l'orgueil et les passions humaines le permettent. Réunir les hommes par des associations dont la charité forme le lien, de telle sorte que les uns trouvent leur intérêt spirituel à veiller aux intérêts temporels des autres, et que le bonheur de chacun augmente avec le bien-être de tous, tel est le but constant auquel tendent ses efforts. En apparaissant sur la scène du monde pour y accomplir sa tâche, l'Église a trouvé l'inégalité des conditions, fait nécessaire, universel, comme la société elle-même, qui ne saurait subsister sans une hiérarchie de pouvoirs et une gradation de ressources. Ce fait, elle ne pouvait le détruire sans porter atteinte aux lois générales qui régissent l'humanité ; mais elle lui a enlevé ce qu'il avait de dur et d'oppressif, en proclamant les principes de la justice et les devoirs de la charité. Au sens moral, l'Évangile a transformé la richesse, comme toutes les choses d'ici-bas : dans cette cause si fréquente de la perdition des âmes, il montre au chrétien un instrument de salut. Cette transformation, le christianisme l'a opérée

---

1. *Sur le salut des riches*, XXXII, XXXIV, XXXV.

d'une double manière, par le précepte du détachement et par le conseil évangélique de la pauvreté volontaire. Il défend à l'homme d'enchaîner son cœur aux possessions terrestres, et par là il lui apprend à ne les estimer qu'autant qu'elles lui permettent de faire le bien. Dès lors, la richesse cesse d'avoir pour but unique la satisfaction personnelle, pour devenir une véritable fonction, un service public, une mission sociale, une participation au ministère de la Providence. Il est clair qu'une pareille doctrine devait changer la face du monde. Aussi, tandis qu'on ne rencontre dans la littérature païenne aucune allusion à un établissement ou à une institution de bienfaisance et de charité, l'histoire des peuples depuis dix-huit siècles est pleine de ces créations de l'esprit chrétien. Toutefois, malgré sa haute portée, le précepte du détachement obligatoire pour tous n'aurait pas obtenu ces résultats, sans le conseil évangélique de la pauvreté volontaire. C'est en mettant au service des indigents ces légions d'hommes qui se dépouillent de tout pour les secourir et les assister, que l'Église a pu réaliser un si vaste plan d'amélioration sociale. Supprimez ce conseil de perfection, vous effacez les plus grandes pages des annales du bien ; car il n'est pas d'œuvre charitable, tant soit peu puissante et féconde, qui ne lui ait dû son origine ou ses développements. Voilà de quelle manière l'Église a transformé les conditions de la richesse et de la pauvreté, sans utopies, sans lois agraires, sans prétention à une égalité absolue et chimérique. Si elle avait tenté quelqu'un de ces procédés, elle n'aurait fait que bouleverser le monde pour un instant, sans profit ni résultat sérieux. La réforme qu'elle venait entreprendre était bien plus radicale et plus profonde, car c'était la réforme du cœur humain, source de toutes les autres. En proclamant la loi du sacrifice, et en la faisant accepter comme la base des sociétés chrétiennes, l'Église a inspiré les progrès du passé, de même qu'elle ouvre un champ illimité aux applications de l'avenir.

ONZIÈME LEÇON

Suite de l'opuscule intitulé *Quel riche sera sauvé*. — Doctrine de Clément sur la nécessité des bonnes œuvres pour le salut. — L'action divine et la coopération humaine dans l'œuvre de la sanctification. — Sacrifices que demande l'Évangile en vue de la vie éternelle. — Comment l'auteur interprète les textes sacrés qui formulent cette obligation. — Les devoirs de famille et les droits de Dieu. — Une parabole de l'Évangile expliquée par Clément. — Origines de l'homélie et du sermon. — Développement de ces deux formes de l'éloquence sacrée dans les trois premiers siècles de l'Église.

Messieurs,

L'une des questions les plus importantes pour l'éloquence chrétienne, dans les premiers siècles de l'Église, était celle de la richesse ou de l'usage des biens temporels. Obscurcie jusqu'alors par l'orgueil et les passions humaines, cette question avait reçu de l'Évangile une solution claire et précise. En acceptant l'inégalité des conditions comme un fait nécessaire, providentiel, le christianisme s'était hâté d'en adoucir les conséquences par ses prescriptions morales. La loi du détachement, d'un côté, le conseil évangélique de la pauvreté volontaire, de l'autre, préparaient des ressources immenses aux classes inférieures de la société. Avec le dogme de la fraternité humaine, la richesse devenait un ministère d'assistance et de secours, aussi profitable à celui qui donne qu'à celui qui reçoit. En outre une multitude d'hommes allaient se lever pour consacrer leur vie entière au service des pauvres, et pratiquer la perfection chrétienne dans le sens du renoncement le plus absolu. La transformation du monde devait sortir de cette loi du sacrifice promulguée par l'Homme-Dieu et consacrée par son exemple. C'est pourquoi il est intéressant d'étudier les livres qui nous permettent d'assister en quelque sorte à l'éclosion d'idées si neuves pour une société où la passion des jouissances matérielles allait jusqu'à étouffer dans le grand nombre tout sentiment d'humanité. Parmi ces productions, l'opuscule de Clément d'Alexandie *sur le Salut des riches* est l'une des plus anciennes, comme d'ailleurs il n'en est pas où l'éloquence ait prêté plus de charme à la doctrine de la charité. Nous avons vu avec quelle chaleur le moraliste chrétien y plaide la cause des pauvres tout en évitant de décourager les riches par une fausse interprétation des paroles du Sauveur ; il ne nous reste plus qu'à examiner quelque passages de ce traité, et à discuter la forme qu'avait prise la prédication évangélique vers la fin du IIe siècle.

Vous avez dû remarquer, Messieurs, combien la doctrine de Clément sur la nécessité des bonnes œuvres pour le salut est contraire au principe fondamental du protestantisme. Je veux parler ici des systèmes de Luther et de Calvin, c'est-à-dire d'un ensemble d'idées qui ne sont plus que du domaine de l'archéologie; car je ne ferai pas aux protestants modernes l'injure de croire qu'ils regardent « les bonnes œuvres comme ce qu'il y a de plus préjudiciable au salut, » suivant l'expression si profondément morale du chef de la prétendue Réforme [1]. Un des textes qui tourmentaient le plus ce singulier esprit, est précisément celui que Clément d'Alexandrie nous développait la dernière fois avec tant d'éloquence : « Si vous voulez entrer dans la vie, gardez les commandements. A lui seul, ce passage renversait toute la théorie de Luther. Car, ou les mots ne signifient plus rien, ou le Sauveur veut indiquer par là que l'observation des préceptes, source de nos bonnes œuvres, est une condition nécessaire pour obtenir la vie éternelle. Aussi, après bien des ambages et des détours,

---

1. *Sermons inédits* de Luther, publiés par Hœck, p. 48, 52, 72 et suiv.

Luther finit-il par déclarer que Jésus-Christ ne parlait pas sérieusement, mais par ironie et dans le but de railler le jeune homme qui l'interrogeait. Selon lui, ces mots : garde les commandements, veulent dire : essaie une fois de les garder, tu verras bien que tu ne le pourras pas [1]. Une pareille interprétation ne mérite pas qu'on la discute. Du reste, je n'ai d'autre intention que de vous montrer à quel point les maximes de l'ancien protestantisme étaient en opposition avec la tradition chrétienne. Ainsi, l'une des thèses favorites du moine apostat consistait à soutenir que, dans les choses spirituelles et divines, qui concernent le salut de l'âme, l'homme ressemble à une statue de sel, à la femme de Loth, à un bloc de bois ou de pierre, à une image inanimée, n'ayant ni yeux, ni bouche, ni sens, ni cœur [2]. «La volonté de l'homme disait-il, est un coursier que monte le démon, jusqu'à ce que Dieu comme le plus fort, désarçonne le cavalier. » A l'entendre, notre libre arbitre n'est qu'une fiction ; nous sommes entre les mains de Dieu un instrument purement passif ; nous ne coopérons d'aucune façon à l'œuvre de notre salut [3]. Doctrine détestable, qui à certains égards plaçait l'ancien protestantisme au-dessous des religions païennes : celles-ci savaient du moins conserver à l'homme le plus noble privilège de sa nature. Vous allez voir, Messieurs, ce que Clément d'Alexandrie, et toute l'Église primitive avec lui, pensaient de ces théories fatalistes, et avec quelle précision les théologiens du IIe siècle distinguaient l'action divine et la coopération humaine :

« Par ces paroles : si vous voulez, le Christ montre divinement que l'âme de son interlocuteur était douée du libre arbitre. A l'homme de choisir, il est libre ; à Dieu de donner, il est le maître. Or Dieu donne à ceux qui veulent, qui font tous leurs efforts et qui sollicitent du secours, afin que le

---

1. *Sermons inédits* de Luther, publiés par Bruns, p. 121 et suiv ; — *Œuvres* de Luther, édit. de Wittemberg (1539), I, 158.
2. Édit. de Wittemberg. III, 162.
3. *Traité de servo arbitrio.*

salut devienne ainsi leur propre ouvrage. Car Dieu ne contraint personne : il est ennemi de la violence ; mais il fraie le chemin à ceux qui cherchent, il accorde à ceux qui demandent, il ouvre à ceux qui frappent. Si donc vous voulez, si vous voulez véritablement, et que vous ne vous trompiez pas vous-même, efforcez-vous d'acquérir ce qui vous manque [1]. »

Ainsi d'après Clément d'Alexandrie, l'homme choisit librement le bien ou le mal, et le salut est son propre ouvrage. On ne saurait condamner en termes plus formels les théories dégradantes de Luther sur la volonté servile, sur l'extinction complète de nos forces spirituelles, sur la passivité absolue de l'homme dans l'œuvre du salut. Est-ce à dire que nous puissions atteindre notre fin par les seules ressources de notre nature ? Ce serait une erreur non moins grave que la précédente. Clément reconnaît la nécessité de la grâce, aussi bien que la réalité du libre arbitre. C'est l'action divine qui excite, fortifie et transforme l'activité humaine, de telle sorte que notre salut est à la fois l'œuvre de Dieu et la nôtre. S'il n'y avait aucune coopération de notre part, la sainteté ne serait plus un mérite, ni la vie éternelle une récompense ; et sans la grâce où l'opération divine, nous resterions incapables de produire un acte surnaturel, et même d'accomplir la loi naturelle dans toute son étendue, par suite de notre penchant au mal et de l'affaiblissement de notre libre arbitre.

« L'homme, dit l'auteur du traité *sur le Salut des riches*, l'homme qui, par lui-même, et sans autre secours, veut vaincre ses passions, n'en vient pas à bout ; mais s'il y met tous ses soins, et qu'il manifeste un vif désir d'y arriver, il atteindra son but avec l'aide de la force divine. Car le souffle de Dieu pénètre les âmes douées d'une bonne volonté, comme le don de l'Esprit divin se retire de celles que n'anime plus ce désir. Sauver les hommes malgré eux, serait le fait de la

---

1. *Sur le salut des riches*, x.

contrainte : les sauver par le libre choix de leur volonté, c'est l'effet de la grâce. Le royaume de Dieu n'appartient pas à ceux qui s'endorment dans les délices, mais ce sont les violents qui l'emportent. La seule violence agréable à Dieu est celle qui consiste à lui arracher le don de la vie éternelle. Dieu cède volontier à l'énergie de ceux qui engagent avec lui ce combat : il se plaît à être vaincu de la sorte [1]. »

C'est ainsi que la grâce divine et la bonté humaine concourent ensemble à l'œuvre de notre salut. Supprimez l'un des deux agents, vous détruisez le caractère moral de l'acte, ou sa valeur naturelle. Clément d'Alexandrie n'est pas moins exact ni moins précis, lorsqu'il interprète la doctrine catholique sur d'autres points. En général, le Sauveur procédait par aphorismes dans son enseignement, comme il convenait à Celui qui avait le droit de parler avec autorité. Renfermée dans des maximes courtes, sentencieuses, sa doctrine exige, pour être bien comprise, qu'on étudie avec soin la lettre du texte, et qu'on tache d'en saisir l'esprit. Ce n'est pas dans un sens grossier et charnel, disait le maître d'Origène, qu'il faut entendre ces hautes formules où nous trouvons la règle de nos croyances et de nos mœurs [2]. Détacher de l'Évangile un verset quelconque, pour l'envisager isolément, sans tenir compte d'autres passages qui l'éclaircissent et l'expliquent, c'est manquer à toutes les lois d'une saine interprétation. Avec de pareils procédés, les Vaudois, les Albigeois, les Anabaptistes, sans parler d'une foule d'autres sectes, ont découvert dans le Nouveau Testament tout ce qu'il leur plaisait d'y chercher. A ces difficultés tirées de la forme brève et concise de l'Évangile, viennent s'en ajouter d'autres qui résultent de la langue même que parlait le Seigneur. En daignant se revêtir de la nature humaine à une époque et au sein d'une race déterminées, le Fils de Dieu ne pouvait se placer en dehors des conditions qu'il avait choisies pour son avènement. De là l'emploi d'une langue plutôt que d'une

---

1. *Sur le salut des riches*, XXI.
2. *Sur le salut des riches*, V.

autre, des images, des comparaisons, des proverbes, des locutions particulières, quantité de choses enfin qui répondent aux habitudes de la nation juive et des races orientales. On s'étonne que Jésus-Christ se soit rapproché des rabbins ou docteurs juifs dans la forme de son enseignement. Auriez-vous préféré qu'il parlât le français où l'espagnol ? Il faut une incroyable étroitesse d'esprit pour s'arrêter à de pareils enfantillages. Mais aussi, l'on conçoit d'autre part qu'une langue si éloignée de la nôtre par le génie qui lui est propre, puisse présenter de graves difficultés, lorsqu'il s'agit d'en interpréter les monuments. Quand le protestantisme s'est imaginé de mettre un livre tel que la Bible entre les mains du premier venu, pour l'en constituer lecteur et interprète, il commettait une hérésie philologique, en même temps qu'il mystifiait les âmes. Aussi n'a-t-il pas tardé à s'infliger un démenti complet, par l'institution d'un ministère enseignant, d'un pastorat chargé d'expliquer l'Évangile une fois par semaine à chaque communauté. Heureuse inconséquence, mais qui démontre la fausseté du principe. Enfin, Messieurs, pour graver profondément au cœur de l'humanité ces paroles qui devaient retentir jusqu'à la fin du monde, le Sauveur s'exprimait quelquefois avec une énergie de langage qui peut étonner à première vue, lorsqu'on ne se rappelle pas la maxime de saint Paul : « La lettre tue, mais l'esprit vivifie [1]. » De toutes ces causes réunies et de tant d'autres encore, il résulte que l'Évangile, abandonné aux commentaires de chacun, sans une autorité infaillible qui l'explique et l'interprète, est de tous les livres celui dont l'ignorance et la mauvaise foi peuvent abuser avec le plus de facilité.

Choisissons, par exemple, un texte dont Clément d'Alexandrie a très-bien rendu le sens dans son traité *sur le Salut des riches*. Pour rappeler aux chrétiens de son temps qu'on doit être prêt à tout sacrifier, plutôt que de désobéir à Dieu, l'auteur cite ces fortes paroles du Sauveur rapportées dans

---

[1] IIe *aux Cor.*, III, 6.

l'Évangile de saint Luc : « Celui qui vient à moi, et ne hait point son père, sa mère, ses frères, et même sa propre âme, ne peut être mon disciple [1]. Voilà un de ces passages qui, pris au pied de la lettre et sans une intelligence suffisante du style biblique, pourraient troubler un esprit faible ; et c'est en présence de ces hébraïsmes, si fréquents dans l'Évangile, qu'on apprécie la sagesse de l'Église catholique, qui, cherchant à protéger l'inexpérience des fidèles, leur recommande de ne point s'aventurer dans la lecture du texte sacré sans notes ni commentaires. Pour ne pas se méprendre sur la portée d'une déclaration qui paraît choquante au premier aspect, il faut savoir que, dans le langage de l'Écriture sainte, le *haïr* signifie très-souvent *aimer moins* [2]. C'est ainsi que, voulant exprimer la préférence accordée à Jacob sur Ésaü, pour le droit de primogéniture, le prophète Malachie, et saint Paul après lui, font usage du même tour oriental : « J'ai aimé Jacob et j'ai haï Ésaü, » c'est-à-dire j'ai moins aimé ce dernier, je ne l'ai pas favorisé autant que son frère [3]. Nous trouvons une locution toute semblable dans la Genèse, où, pour indiquer que Jacob préférait Rachel à Lia, l'écrivain sacré emploie le mot *haïr* dans le sens d'une affection relativement moindre [4]. Même hébraïsme dans le Deutéronome, où de deux attachements mis en parallèle, le moins fort est appelé haine [5]. Du reste, Jésus-Christ lui-même a eu soin de nous apprendre que nous devons interpréter ses paroles dans ce sens, lorsqu'il dit ailleurs : « qui aime son père ou sa mère *plus que moi*, n'est pas digne de moi [6]. » Il s'agit donc là tout simplement d'un amour de préférence devant lequel

---

1. S. Luc, xiv, 26.
2. En hébreu, שׂנה.
3. Malachie, i, 2 ; — Ép. aux Rom., ix. 13.
4. Genèse, xxix, 31, exosam, id est, *minus amatam* (Rosenmuller, *Scholia in Vetus Test.*, 1er vol., p. 158 ; Leipzig, 1828. — Maurer, *Comm. gramm. crit. in vetus Test*, p. 16, Leipzig, 1835). Jacob, en effet, ne haïssait nullement Lia, mais il lui préférait Rachel.
5. *Deuter.*, xxi, 15 ; — Voyez Rosenmuller, ouvrage cité plus haut
6. S. Matth, x, 37.

doit fléchir, en cas de conflit ou d'opposition, tout autre sentiment; or, à moins de nier l'existence de Dieu, on ne saurait contester que les droits du Créateur l'emportent sur ceux d'une créature quelconque. Le Sauveur prévoyait fort bien que la prédication de l'Évangile amènerait un état de crise violente dans l'humanité, et que, sur plus d'un point, les affections de famille se trouveraient en lutte avec l'obligation imposée à tout homme d'embrasser la foi. L'histoire des trois premiers siècles est là pour nous montrer à chaque instant des fils résistant à l'oppression tyrannique de leurs pères, qui voulaient les forcer de désobéir à leur conscience et de renier leurs convictions. Il fallait préparer les âmes à ce redoutable combat, en leur inculquant cette maxime qu'on doit obéir à Dieu, plutôt qu'aux hommes. Car enfin, Messieurs, ne nous laissons pas égarer par une fausse sentimentalité : les liens du sang sont respectables, les droits de la famille sont sacrés ; mais les droits de Dieu le sont encore plus. Dieu a sur nous un domaine souverain et absolu : c'est à lui que nous appartenons avant tout ; le salut demeure l'affaire personnelle de chacun, et nous agissons sous notre propre responsabilité. Entre Dieu qui commande et les hommes qui nous poussent à la désobéissance, le choix n'est pas douteux : il n'y a ni famille ni État qui puissent nous empêcher d'accomplir le premier et le plus essentiel de nos devoirs. Voilà tout ce qui résulte des paroles que je citais tout à l'heure. Il n'est pas question comme on le disait récemment dans une *Vie de Jésus* avec autant d'ignorance de l'hébreu que de la doctrine évangélique, il n'est pas question de « prêcher la totale rupture avec le sang, de mépriser les saines limites de la nature humaine, de vouloir tout réduire à un affreux désert [1]. » Tout cela n'est qu'une pure déclamation, inspirée par l'athéisme : il est question de reconnaître l'existence de Dieu, et ce dogme admis, de placer l'amour de Dieu en tête de nos obligations. Comment, répond Clément d'Alexandrie,

---

[1]. *Vie de Jésus*, par M. Renan, p. 309, 312.

celui qui nous ordonne d'aimer nos ennemis, nous ferait-il un devoir de haïr nos parents ? Ce qu'il nous défend, c'est un amour aveugle, désordonné, qui nous porterait à sacrifier les droits de Dieu aux prétentions abusives de l'homme ; ce qu'il nous ordonne, c'est de repousser la voix de la chair et du sang, du moment qu'elle nous prêche l'apostasie et qu'elle devient un obstacle à notre salut. On dirait vraiment que ces belles pages ont été écrites, il y a plus de seize siècles, pour apprendre à nos modernes sophistes comment il faut interpréter l'Évangile.

« Figurez-nous la chose sous forme de procès, continue l'éloquent catéchiste. D'un côté le père se lève et dit : « C'est
« moi qui t'ai engendré et nourri, suis-moi donc, et commets
« l'injustice avec moi ; n'obéis pas à la loi du Christ : » je tais tout autre blasphème semblable que peut proférer un homme à l'état de mort. D'un autre côté, écoutez le Sauveur qui répond : « Je t'ai régénéré, toi qui étais né pour la mort
« sous l'empire du monde. Je t'ai délivré, guéri, racheté. Je
« te montrerai la face de Dieu, de ce bon père. N'appelle
« point un homme ton père ; laisse les morts ensevelir les
« morts. Suis-moi, et je te conduirai dans un lieu de repos,
« où tu trouveras des biens mystérieux et ineffables, biens
« que l'œil n'a pas vus, que l'oreille n'a pas entendus, et
« dont l'intelligence n'est pas montée au cœur de l'homme,
« mystères que les anges eux-mêmes désirent pénétrer, avi-
« des de voir ce que Dieu a préparé aux saints et à ceux de
« ses enfants qui l'aiment. Je suis ton nourricier, moi qui me
« donne comme un pain dont l'usage éloigne tout danger
« de mort ; moi qui me donne comme un breuvage d'immor-
« talité. Je suis ce maître qui enseigne une doctrine plus
« élevée que le ciel. Pour toi, j'ai lutté contre la mort ; j'ai
« payé la rançon, en subissant la mort que tu avais méritée
« par tes péchés et par ton incrédulité envers Dieu. » Vous avez entendu les deux parties : soyez juge dans votre propre cause, prononcez, mais n'oubliez pas que votre salut dépendra de la sentence. Si votre frère, votre fils, votre femme, ou

qui que ce soit, vous tient de semblables discours, que le Christ l'emporte sur tous : donnez-lui la victoire, car c'est pour vous qu'il combat [1]. »

Voilà de quelle manière la question se posait fort souvent dans les premiers siècles de l'Église : elle se posait entre un fils qui venait d'embrasser la foi, et un père qui voulait l'entraîner à l'apostasie ; entre une épouse convertie à l'Évangile, et un époux prêt à la livrer aux bourreaux, plutôt que de lui laisser le libre exercice de sa religion. Les *Actes* des martyrs sont remplis de ces scènes tragiques, où les droits de Dieu se trouvaient en lutte avec les affections humaines. C'est pourquoi le Sauveur avait insisté avec tant d'énergie sur l'obligation de faire passer les intérêts du salut avant toute autre considération. En cela, il ne portait aucune atteinte aux sentiments de famille ; mais il leur assignait leur vraies limites, en les subordonnant à un principe plus élevé, qui est le souverain domaine de Dieu sur ses créatures. Il n'y a pas de pouvoir paternel contre Dieu : toute tentative que fait un père pour amener son fils à la violation d'une loi divine, est un abus de la force, et non l'usage d'un droit. En proclamant ces maximes, l'Évangile a fondé la vraie liberté des âmes, et brisé à jamais le despotisme paternel comme le despotisme civil, pour nous ranger tous sous la dépendance d'un pouvoir supérieur à chacun. On ne saurait assez rappeler aux hommes que Dieu doit occuper la première place dans leur vie, et que les devoirs de famille, les devoirs envers l'État ne viennent qu'en seconde et en troisième ligne. Clément d'Alexandrie a très-bien marqué ces degrés de l'obligation morale. C'est dans ce but qu'il joint la parabole du samaritain à l'histoire du jeune homme riche de l'Évangile [2]. L'une sert d'éclaircissement à l'autre, en nous montrant dans quel ordre nos devoirs se suivent et s'enchaînent [3]. Aimer Dieu de toute notre âme et de toutes nos forces, tel est le premier et le

---

1. *Sur le salut des riches*, XXIII.
2. *Sur le salut des riches*, XXVII-XXXI.
3 S Luc, x, 25-27.

plus grand des commandements, parce qu'il comprend et résume tous les autres ; aimer le prochain comme nous-mêmes, c'est le second. Par ces deux préceptes, dit Clément, le Sauveur nous enseigne la loi de charité, mais avec ordre et distinction, de telle sorte que la prééminence appartienne toujours à Dieu. Nous trouvons ici une nouvelle preuve de l'art avec lequel les écrivains de l'école d'Alexandrie savaient tirer parti des paraboles de l'Évangile. Rapprocher entre elles la conduite charitable du samaritain et la mission du Sauveur lui-même, est devenu un thème fort commun dans l'éloquence de la chaire ; mais il est intéressant d'observer comment les premiers orateurs sacrés ont frayé la voie à des applications aussi vraies qu'ingénieuses. Le maître d'Origène n'oublie aucun détail pour rendre la comparaison plus vive et plus saisissante :

« Les esprits de ténèbres qui gouvernent ce monde nous avaient frappés de plaies diverses : craintes, désirs, colères, tristesses, fraudes, voluptés, ils avaient soulevé dans notre âme toutes ces tempêtes qui l'agitent, pour assurer sa mort. Jésus-Christ est le seul médecin qui nous ait guéris de nos blessures, en coupant jusqu'à la racine de nos vices, non pas comme la loi dont les efforts impuissants se sont bornés à retrancher les fruits d'une plante mauvaise ; Jésus-Christ a porté la hache au pied même de l'arbre du mal. Il a versé sur nos âmes blessées un vin précieux, sang de la vigne de David ; il a tiré des entrailles de l'Esprit l'huile abondante dont il les a arrosées ; pour les guérir et les sauver, il les a liées par des bandages indissolubles, la charité, la foi, l'espérance. Il nous a confiés aux bons offices des anges, des principautés et des puissances, en retour d'un grand salaire [1]... »

Si je ne me trompe, voilà une application fort heureuse de la parabole du samaritain. La fin du traité *sur le Salut des riches* couronne dignement ces exhortations qui respirent le plus pur esprit de l'Évangile. Fidèle à son plan, qui

1. *Sur le salut des riches*, XXIX.

est de sauver les riches du désespoir, il exhorte à la pénitence ceux d'entre eux qu'un attachement aveugle aux biens et aux plaisirs de ce monde a jetés dans le désordre [1]. Après leur avoir rappelé qu'un repentir sincère peut effacer les fautes les plus graves, il les invite à se placer sous la conduite d'un directeur qu'il appelle « un homme de Dieu. » Ils devront le respecter et le craindre, l'écouter avec docilité, soit qu'il leur adresse des reproches, soit qu'il entreprenne de les guérir. A lui de leur parler librement, d'employer tour à tour la sévérité et la douceur pour les gagner au bien. Voilà le guide qu'il leur faut honorer à l'égal d'un ange de Dieu [2]. Point de doute, Messieurs, que par cette direction des consciences, par ce ministère de la guérison des âmes, Clément d'Alexandrie n'ait voulu désigner la fonction du prêtre au tribunal de la pénitence. Pour montrer que nul crime, si grand qu'il soit, ne dépasse les pouvoirs du pardon confiés au sacerdoce chrétien, le théologien du IIe siècle termine son ouvrage en racontant la touchante histoire du jeune homme converti et réconcilié par l'apôtre saint Jean, après avoir exercé des brigandages à la tête d'une bande de voleurs [3] : Eusèbe a reproduit toute cette narration. Du reste, que la hiérarchie ecclésiastique ait été constituée à Alexandrie, pendant le IIe siècle, dans la même forme que présente encore aujourd'hui l'Église catholique, c'est ce qui ressort avec la dernière évidence des œuvres de Clément. L'auteur du *Pédagogue* nous parle des devoirs particuliers qui incombent aux évêques, aux prêtres et aux diacres, marquant ainsi avec toute la précision possible les trois degrés de la hiérarchie [4]. Cette distinction, il va l'établir avec non moins de netteté dans les *Stromates*, où il dira que « la gradation des évêques, des prêtres et des diacres dans l'Église est une imi-

---

1. *Sur le salut des riches*, XXXIX et XL.
2. Ibid., XLI.
3. Ibid., XLII.
4. *Pédag.*, III, 11.

tation de la gloire angélique et de l'économie céleste[1]. » Or, Messieurs, s'il vous en souvient, nous avons trouvé la même organisation du sacerdoce à Antioche, dans les épîtres de saint Ignace ; à Rome, dans les lettres du pape saint Clément; à Lyon, dans le traité de saint Irénée *contre les Hérésies* ; à Carthage, dans les récits de Tertullien et de saint Cyprien. Il faut rompre avec tous les témoignages de l'histoire, où reconnaître que, dès le premier moment de son existence, l'Église était contituée dans sa forme essentielle, comme elle l'est de nos jours, et que son régime gouvernemental a traversé dix-huit siècles, toujours le même, sans subir dans ce qui est de droit divin la moindre altération.

Si l'opuscule de Clément *sur le Salut des riches* a une haute valeur comme interprétation de la morale évangélique, il nous initie en même temps à la méthode qu'employaient les prédicateurs dans leurs instructions religieuses, du moins à Alexandrie. Car il ne me paraît pas douteux que cette pièce et le traité du *Pédagogue* ne soient le résumé d'un enseignement donné de vive voix. Or, la marche que suit ici l'orateur ou l'écrivain est celle de l'homélie proprement dite. Expliquer un fragment de l'Évangile verset par verset, tel est le plan qu'il adopte dans la composition dont nous venons de nous occuper. On pourrait même à la rigueur y distinguer deux homélies fondues en un seul corps d'ouvrage, répondant l'une à l'histoire du jeune homme riche [2], l'autre à la parabole du samaritain [3], et couronnées par une exhortation générale à la pénitence [4]. Cette particularité nous oblige à rechercher l'origine de l'homélie et du sermon.

Parmi les créations les plus fécondes du christianisme, figure sans contredit l'établissement d'une chaire d'où la doctrine religieuse descend sur l'humanité pour éclairer et fortifier les âmes. Ce spectacle n'a plus rien qui nous étonne,

1. *Strom.*, VI, 13.
2. *Sur le salut des riches*, IV-XXVI.
3. Ibid., XXVII-XXXVIII.
4. Ibid, XXXIX-XLII.

tant nous sommes accoutumés à ces grandes choses de de l'ordre moral. Mais reportez-vous en esprit au delà des siècles chrétiens, pour étudier les religions anciennes : qu'y verrez-vous ? Vous y trouverez des rites, des cérémonies, un culte extérieur ; pas une trace d'enseignement donné dans l'enceinte d'un temple ou au pied d'un autel. Nous possédons en grande partie les monuments de la littérature païenne : poëmes, tragédies, traités philosophiques, toutes les formes de l'art et de la pensée y apparaissent, tout excepté l'éloquence religieuse. Vous y chercheriez vainement le moindre vestige de ce que nous appelons un sermon, c'est-à-dire d'une instruction faite par un prêtre au nom de la Divinité dans un temple du paganisme. J'ose dire que c'est là un phénomène qui n'a pas été suffisamment remarqué, et qui prouve à lui seul l'inanité des cultes païens : tout y est imaginé pour la satisfaction des sens, et la doctrine reste complètement absente de ces représentations symboliques, auxquelles ne vient se mêler aucune direction supérieure pour l'intelligence ni pour la volonté. De là aussi l'impuissance absolue du sacerdoce païen pour remédier à l'ignorance et au désordre des mœurs. Le christianisme au contraire, repose tout entier sur le ministère de la parole ou sur l'enseignement. « Allez et instruisez tous les peuples : » c'est investi de ce mandat qu'il s'est présenté au monde, et c'est pour l'avoir rempli qu'il a conquis l'humanité. Lorsqu'on étudie sérieusement les faits de l'histoire, on trouve là un sujet bien légitime d'admiration et de reconnaissance. Oui, avoir érigé, je ne dirai pas dans chaque ville, mais dans chaque village, dans le moindre hameau, sur la surface du monde entier, une tribune, une chaire au pied de laquelle tout homme, quel qu'il soit, peut venir apprendre ce qu'il lui importe le plus de savoir, son origine, sa vocation, ses devoirs, sa destinée ; ce n'est pas seulement avoir ouvert à l'éloquence le plus vaste champ que l'on puisse imaginer ; c'est encore avoir réalisé un plan d'éducation religieuse et morale qu'aucun homme n'eût même osé rêver, tant il y avait de hardiesse à le concevoir et de difficulté à l'accomplir.

En constatant l'absence d'enseignement dogmatique et moral dans cet ensemble de rites et de cérémonies dont se composaient les religions antérieures au christianisme, je dois faire une exception pour le peuple Juif, cette grande figure de l'Église catholique. Sur ce point, comme sur tant d'autres, la synagogue montrait son incontestable supériorité : son code religieux ne se bornait pas à un simple rituel; mais le sacerdoce lévitique joignait aux fonctions du culte celles d'un ministère enseignant. Tous les jours de sabbat, on lisait dans l'assemblée des juifs un fragment du Pentateuque ou de la Loi (Parasche), suivi d'un morceau tiré des prophètes (Haphthare). Cette lecture était faite debout, par respect pour la parole de Dieu ; puis le chef de la synagogue ou un autre docteur de la Loi s'asseyait pour commenter le texte. C'est l'origine de l'homélie chrétienne qui, prise dans son sens véritable et primitif, consiste à expliquer verset par verset une péricope ou un extrait plus ou moins long de l'Écriture. A côté de cette forme ordinaire de l'instruction religieuse, la synagogue en admettait une autre, qui se rapproche davantage du sermon, ou de l'exposition d'un point de doctrine, emprunté à un verset du saint livre. Nous trouvons un exemple de cette deuxième méthode dans l'Évangile ; et c'est le Sauveur lui-même qui nous le fournit. Un jour qu'il était entré dans la synagogue de Nazareth, on lui présenta le rouleau qui renfermait les prophéties d'Isaïe : l'ayant déplié, il lut un verset qui avait rapport à sa mission messianique ; après quoi, il s'assit pour développer la doctrine contenue dans le texte [1]. Voilà le sermon, sous la forme qu'il n'a cessé de revêtir dans l'Église catholique. Quand les apôtres organisèrent les premières assemblées du culte chrétien, ils y transportèrent la méthode d'enseignement qu'employait la synagogue, et que le Sei-

---

1. S. Luc, iv, 16 et suiv.

gneur avait consacrée par son exemple. La coutume d'expliquer un fragment de l'Écriture verset par verset, et l'usage d'exposer un point de doctrine en partant d'un texte déterminé, ou, pour nous servir du langage technique, l'homélie et le sermon se développèrent parallèlement dans l'éloquence sacrée. Saint Justin, qui vivait au commencement du II⁰ siècle, est à cet égard un témoin qui mérite toute confiance. Parlant de la réunion des fidèles qui avait lieu chaque dimanche, il dit : « On lit les mémoires des apôtres et les écrits des prophètes selon la mesure du temps. Puis quand le lecteur a terminé, celui qui préside l'assemblée adresse une exhortation aux frères pour les porter à imiter ces belles choses [1]. » A la vérité, ces paroles sont trop générales pour nous permettre de décider si c'est l'homélie ou le sermon qui avait prévalu dans les Églises dont Justin décrivait la liturgie ; mais un détail du moins en ressort clairement : l'instruction dominicale roulait sur les morceaux de l'Écriture sainte qu'on lisait pendant le sacrifice de la Messe.

La littérature chrétienne a fait des pertes trop nombreuses au II⁰ et au III⁰ siècle, pour qu'on puisse suivre sans difficulté ni interruption le développement de l'homélie et du sermon pendant cette période primitive. En général, on ne recueillait pas les exhortations adressées aux fidèles dans les assemblées du culte, et leurs auteurs ne se souciaient guère de les transmettre à la postérité. De là vient que parmi un nombre relativement assez considérable de traités, d'écrits dogmatiques, d'ouvrages de controverse, de lettres pastorales, nous possédons fort peu de discours datant de cette époque reculée, et au sujet desquels on puisse affirmer avec certitude qu'ils ont été prononcés de vive voix. Cette disette de monuments nous réduit à juger des formes de l'enseignement moral par celles de l'éloquence écrite. A l'aide de ces inductions d'ailleurs très-légitimes, on arrive à se convaincre que le sermon, avec son plan méthodique et son ordonnance

---

1. Ire *Apologie*, 67.

régulière, a dû être adopté de préférence par les Églises de l'Occident, tandis que la marche plus libre et moins rigoureuse de l'homélie répondait davantage aux habitudes de l'esprit oriental. Ici encore l'Église d'Afrique et l'Église d'Alexandrie se présentent à nous comme les deux expressions parallèles de l'éloquence latine et de l'éloquence grecque. A part le traité de Tertullien *sur l'Oraison dominicale*, lequel a toute l'apparence d'une véritable homélie, les œuvres morales des premiers écrivains de l'Afrique chrétienne se rapprochent généralement de la forme du sermon. Cette méthode est surtout sensible chez saint Cyprien. Son opuscule *sur la Patience* est un sermon de morale, où l'orateur démontre successivement les avantages et la nécessité de cette vertu. Il en est de même de son écrit *sur l'Envie et la Jalousie* : origine de ces vices, leurs effets, moyens de les guérir, tels sont les trois points qu'il se propose de traiter l'un après l'autre. Il y a plus, Messieurs, l'évêque de Carthage ira jusqu'à formuler expressément la théorie qu'il mettait en pratique. Consulté par un de ses collègues, Fortunat, sur la manière dont il faut enseigner le peuple à l'approche de la persécution, il lui trace le cadre d'une instruction ou l'agencement des parties ne laisse rien à désirer. D'abord, dit-il, vous démontrerez que les idoles ne sont pas des dieux, et, cette proposition une fois établie, vous prouverez que Dieu seul mérite l'adoration. Viendront ensuite les motifs qui doivent nous détourner de l'idolâtrie : menaces de Dieu contre ceux qui se rendent coupables de ce crime ; châtiments qu'il leur inflige ; ingratitude du chrétien, qui, racheté par le Christ, ne rougirait pas de lui préférer une vaine idole ; mérites de la persévérance dans le bien ; assistance de Dieu promise à ceux qui soutiennent le bon combat. « Enfin, ajoute Cyprien, vous placerez en dernier lieu le tableau de la récompense qui attend les justes [1]. » On reconnaît là l'esprit d'ordre et d'analyse qui a toujours

---

1. In novissima parte ponendum est, quæ spes et quæ merces maneat justos (*Exhort. mart. ad Fortunatum*).

distingué l'éloquence latine, et qui se réfléchira de bonne heure dans l'enseignement chrétien, pour lui imprimer cette forme régulière que le sermon a conservée chez les orateurs sacrés de l'Occident.

Dans l'Église d'Alexandrie, au contraire, l'usage d'expliquer un fragment de l'Écriture sainte, verset par verset, sans s'astreindre à des divisions nettement marquées, paraît avoir prévalu, du moins à l'époque où nous parlons. Telle est en effet la physionomie que présentent les homélies d'Origène, le plus précieux monument de la prédication évangélique au IIIe siècle. Clément l'avait précédé dans cette voie comme nous le voyons par l'opuscule *sur le Salut des riches*, la première homélie en forme que nous ayons rencontrée chez les Pères grecs. Il résultait de cette méthode à la fois un avantage et un inconvénient. N'étant point assujetti à suivre un ordre bien rigoureux, l'orateur sacré pouvait se mouvoir avec plus d'aisance et de liberté dans un cadre qu'il élargissait à volonté, selon que le texte évangélique prêtait matière à ses digressions. De là dans les homélies des Alexandrins, un abandon plein de charmes, des allures vives, dégagées, qui n'ont rien de contraint ni d'artificiel. D'autre part, cependant, il faut le reconnaître : par suite de cette absence de plan et de divisions, le discours ne pouvait que perdre en ordre et en clarté ce qu'il gagnait en naturel et peut être en intérêt. Mais ce sont là, Messieurs, des observations qui trouveront mieux leur place dans l'étude que nous comptons faire des homélies d'Origène. Il est une autre particularité qui mérite toute notre attention, parce qu'elle nous fournit l'occasion d'envisager la littérature chrétienne sous un nouvel aspect. A la fin des institutions pédagogiques de Clément d'Alexandrie, apparaît un hymne au Christ, le premier essai de poésie lyrique que l'on rencontre chez les écrivains de l'Église. Il s'agit donc pour nous de remonter aux origines de la poésie chrétienne, et d'observer comment elle est venue se joindre à l'éloquence pour y ajouter les ressources de l'ode et du chant sacré. Ce sujet exige trop de développements, pour que nous puissions nous contenter de l'effleurer en passant, au lieu d'y consacrer une leçon tout entière. Disons-le dès à présent, l'hymne qui termine le *Pédagogue* est une œuvre vraiment originale, et suffit pour assurer à Clément d'Alexandrie un rang distingué parmi les poëtes chrétiens.

DOUZIÈME LEÇON

Prière qui termine le traité du *Pédagogue*. — Doctrine de Clément sur la consubstantialité du Verbe — L'*Hymne au Christ Sauveur*. — Origines de la poésie chrétienne. — La première forme de la poésie chrétienne a dû être la forme lyrique, l'hymne ou le chant sacré. — Le lyrisme chrétien dans saint Paul. — La poésie religieuse, auxiliaire de l'éloquence sacrée. — Rythme particulier à l'*Hymne au Christ*. — Beautés poétiques de cette pièce. — *Épître dédicatoire au Verbe*. — Caractère et mérite de cette deuxième composition. — Clément d'Alexandrie envisagé comme poète.

Messieurs,

Nous avions quitté le traité du *Pédagogue* pour étudier l'opuscule *sur le Salut des riches*. L'analogie du sujet nous avait portés à rapprocher entre elles ces deux compositions, qui se complètent l'une par l'autre. Aujourd'hui, nous devrons retourner sur nos pas, pour examiner la prière et l'hymne qui couronne les institutions pédagogiques de Clément d'Alexandrie. Vous vous rappelez avec quelle élévation de langage l'éloquent catéchiste célébrait la nature et le ministère du Verbe précepteur de l'humanité. Après avoir exposé l'objet de cette divine pédagogie, en réglant la vie des néophytes jusque dans les moindres détails, il reprend le panégyrique du Verbe, par lequel il avait débuté ; et, donnant libre cours aux sentiments de foi et d'amour qui se pressent dans son âme, il adresse au Verbe cette prière finale :

« Sois propice à tes enfants, ô maître, père, conducteur d'Israël, fils et père tout ensemble, Seigneur unique. Accorde-nous, à nous qui suivons les préceptes de retracer parfaitement l'image de Dieu, afin que nous ressentions selon nos mérites l'effet de ses bontés, et non les rigueurs de sa justice. Accorde-nous de vivre en paix sous tes lois, dans la cité où tu nous as établis. Accorde-nous de traverser la mer du siècle, au souffle pacifique de l'Esprit-Saint, et sans être agités par les flots du péché. Instruis-nous à l'école de l'ineffable sagesse, afin que, nuit et jour, et jusqu'au jour parfait, nous ne cessions de mêler nos louanges à nos actions de grâces, en l'honneur du Dieu unique, Père et Fils, Fils et Père, du Fils notre précepteur, notre maître, et en l'honneur de l'Esprit-Saint : Dieu absolument un, en qui tout est, par qui toutes choses ont leur unité, par qui est l'éternité, de qui nous sommes tous les membres, à qui est la gloire, à qui les siècles : Dieu infiniment bon, infiniment beau, infiniment sage, infiniment juste, à qui est la gloire maintenant et dans les siècles des siècles [1]. »

Il me semble inutile, Messieurs, de faire ressortir la beauté de cette prière, envisagée comme élévation de l'âme chrétienne vers Dieu ; mais ce que je vous prie de remarquer c'est l'énergique précision avec laquelle le dogme de la Trinité s'y trouve formulé. A ceux qui prétendent que cette croyance fondamentale n'était pas bien arrêtée avant le concile de Nicée, on peut demander comment ils s'y prendraient pour l'exprimer avec plus de netteté que dans cette page écrite un siècle auparavant. En affirmant que le Père, le Fils et l'Esprit-Saint ne sont qu'un seul et même Dieu, absolu et infini dans ses perfections, Clément d'Alexandrie enseigne l'unité de nature et la distinction des personnes en Dieu, de manière à bannir toute équivoque ; et Bossuet pouvait répondre avec raison au ministre calviniste Jurieu que la divinité de Jésus-Christ luit comme le soleil dans les écrits du maître d'Origène [2]. Déjà nous avons eu l'occasion de citer quelques-uns de

---

1. *Pédag.*, III, 11.
2. 6e *Avertissement aux protestants*, édit. de Vers., t. XXII, p 122.

ces textes dont l'esprit le plus prévenu ne saurait méconnaître l'irrésistible clarté. « Le Verbe, nous disait l'auteur de l'*Exhortation aux Grecs*, est Celui qui est dans Celui qui est. — L'image de Dieu, c'est son Verbe, Fils véritable de l'Intelligence, Verbe divin, Lumière archétype de la lumière ; et l'image du Verbe, c'est l'homme. — Le Verbe divin est le Dieu véritable, qui s'est manifesté et qui a été trouvé égal au Maître de l'univers, parce qu'il était son Fils, et que le Verbe était en Dieu[1]. » Voilà l'égalité du Père et du Fils expressément énoncée, et toute idée d'imperfection ou d'infériorité exclue sans la moindre hésitation. Même doctrine dans le *Pédagogue*, qui s'ouvre par ce manifique éloge du Verbe : « Notre précepteur est le Fils de Dieu, impeccable, irrépréhensible, impassible, le Verbe, Dieu dans le Père, Dieu sous forme humaine[2]. » Ailleurs, le Verbe est appelé « le Dieu tout-puissant[3]. » — « O le grand Dieu, s'écrie Clément en parlant de la naissance de Jésus-Christ, ô l'enfant parfait ! Le Fils est dans le Père, et le Père est dans le Fils[4]. » — « Dieu n'a de haine pour aucune créature, ni le Verbe non plus ; car tous deux ne sont qu'une seule et même chose, Dieu. Il est dit en effet : Au commencement le Verbe était en Dieu, et le Verbe était Dieu[5]. » Si ces paroles n'expriment pas, outre la distinction personnelle, l'unité de nature ou la consubstantialité du Père et du Fils, il faut renoncer à vouloir connaître la pensée d'un auteur quelconque. Et remarquez bien Messieurs, que Clément écrivait ces pages vers la fin du IIe siècle, à une époque où Plotin n'était pas même né. C'est donc un

---

1. Leçon IVe, p. 85, 95. — *Exh. aux Grecs*, x.
2. Leçon VIIIe, page 189.
3. *Pédag.*, III, 7, τὸν παντακράτορα θεὸν λόγον.
4. *Pédag.*, I, 5.
5. *Pédag.*, I, 8, ἓν γὰρ ἄμφω ὁ θεός. Ce n'est pas chose indifférente que l'emploi de ce mot ὁ θεός, le Dieu suprême, au lieu de θεός, Dieu ou un Dieu. Clément fait usage plus de cent fois du mot ὁ θεός, en parlant de Jésus-Christ, pour montrer qu'il lui attribue la divinité dans le sens absolu.

anachronisme étrange de prétendre, avec un historien de l'école d'Alexandrie, que le dogme de la Trinité s'est formé sous l'influence du néoplatonisme [1]. L'Écriture sainte et la tradition chrétienne, voilà les sources où Clément puise la doctrine de la consubstantialité du Verbe, doctrine que nous avons trouvée d'ailleurs nette et précise dans saint Justin, dans Athénagore, dans saint Irénée et dans Tertullien, sans parler des Pères apostoliques, qui enseignent la divinité de Jésus-Christ avec non moins de force et de clarté que les apôtres eux-mêmes [2].

S'il ne fallait réfuter que des objections de cette valeur, nous pourrions nous borner aux témoignages tirés de l'*Exhortation aux Grecs* et du *Pédagogue*; mais les assertions de quelques autres écrivains, parmi lesquels j'ai le regret d'être obligé de citer le père Pétau nous font un devoir d'insister davantage sur ce point. Or vous allez voir, Messieurs, que la doctrine contenue dans la prière finale du *Pédagogue* est aussi celle des *Stromates*. Clément ne se montre pas moins explicite dans cet ouvrage, que nous comptons analyser la prochaine fois. Là encore il appellera le Verbe «le Dieu fidèle,» dans le même sens que le Père; « le véritable et légitime Fils de Dieu [3]. » Pour établir que l'acte de la génération du Fils est un acte intérieur et immanent, ce qui exclut toute inégalité de nature, il dira ces belles paroles : « Le Verbe du Père de toutes choses n'est pas simplement la parole proférée au dehors, mais la Sagesse et la Bonté mêmes de Dieu dans leur suprême manifestation, puissance souveraine et vraiment divine, intelligible à tous, même à ceux qui la méconnaissent, volonté toute-puissante [4]. » Il serait difficile d'exprimer avec plus d'énergie l'identité de nature et de propriétés dans le

---

1. *Histoire critique de l'école d'Alexandrie*, par M. Vacherot, tome I, p. 296.

2. Voyez les *Pères apostoliques et leur époque*, leçon ix p. 193 ; xvii, p. 368.

3. *Stromates*, ii, 6 ; v, 13.

4. Ibid., v, 1.

Père et dans le Fils. Du reste, l'on ne citerait pas une perfection divine que Clément d'Alexandrie n'attribue au Verbe. L'omniscience ? « Le Seigneur s'approche des justes ; il n'ignore aucune de nos pensées ni de nos plus secrètes réflexions : je veux dire le Seigneur Jésus qui par sa toute-puissante volonté, pénètre le fond de nos cœurs [1]. » L'immensité ? « Le Fils de Dieu est un cercle infini où toutes les forces convergent vers l'unité [2]. » L'éternité ? « Le Fils de Dieu n'a pas commencé d'être : il est principe sans principe, principe de tout ce qui est [3]. » Ces attributs divins, l'auteur des *Stromates* les résume dans la définition suivante :

« La plus parfaite, la plus sainte, la plus souveraine, la plus éminente, la plus royale, la plus bienfaisante nature est celle du fils, elle qui est la plus rapprochée du seul Tout-puissant. C'est la souveraine excellence qui dispose tout selon la volonté du Père, en sorte que l'univers est parfaitement gouverné, car celui qui le gouverne, agissant par une indomptable et inépuisable puissance, regarde toujours les raisons cachées (les secrets desseins de Dieu). En effet, le Fils de Dieu ne quitte jamais la hauteur d'où il contemple toutes choses ; il ne se divise, ni ne se partage, ni ne passe d'un lieu à un autre : il est partout tout entier sans que rien puisse le contenir, tout pensée, tout œil, tout lumière paternelle, voyant tout, écoutant tout, sachant tout, scrutant les puissances par sa puissance [4]..... »

Vous penserez sans doute comme moi que c'est là un magnifique hommage rendu à la divinité du Verbe; car l'immutabilité, l'omniprésence et la science infinie sont les attributs essentiels de Dieu, ou il n'y a plus d'idées sous les mots. Et pourtant c'est ce passage même qui a valu des reproches à Clément d'Alexandrie ; mais à tort, dirai-je avec Bossuet [5].

1. *Stromates*, IV, 17.
2. *Ibid.*, IV, 25.
3. *Ibid.*, VII, 1.
4. *Ibid*, VII, 2. Nous nous sommes rapproché, dans ce passage, de la traduction de Bossuet.
5. 6e *Avert. aux prot.*, p 119 et suiv.

Il ne faut pas abuser de deux expressions équivoques ou inexactes pour imputer à un écrivain des erreurs que réfutent ses ouvrages. Si l'auteur appelle ici le Père « le seul Tout-puissant, » il dit ailleurs que « le Fils est le seul Dieu de tous les hommes [1], » montrant assez par là qu'il ne veut pas plus exclure la toute-puissance du Fils d'un côté, que la divinité du Père, de l'autre. Ces mots expriment l'unité de la nature divine, et signifient tout simplement qu'il n'y a pas deux Tout-puissants, pas plus qu'il n'y a deux Dieux [2]. Quant à cette phrase : « le Fils est la nature ou la *chose née* (φύσις), la plus rapprochée du Tout-puissant, » j'avoue qu'elle n'est pas d'une exactitude rigoureuse : au lieu de dire *le plus proche* du Père, il eût fallu dire *un avec lui*, pour couper court à toute fausse interprétation. Aussi Clément n'a-t-il pas manqué d'employer ce dernier terme en cent autres endroits, où il affirme que le Père et le Fils sont un, et un de l'unité la plus parfaite. Conséquemment, les lois de la critique exigent qu'on mette la proposition incriminée en regard de celles où l'auteur explique davantage sa pensée. Du reste, ce passage est susceptible d'un excellent sens, pour peu qu'on fasse attention au contexte. Clément compare le Verbe avec l'homme et avec l'ange : eu égard aux termes de comparaison qu'il choisit, il pouvait dire sans se tromper que le Verbe est ce qu'il y a de plus rapproché du Père. En effet, un avec le Père, quant à la substance, le Verbe est ce qu'il y a de plus proche du Père, en tant que distinct de lui. Cette proximité exclut la confusion des personnes, mais ne détruit pas l'unité de nature. En tout cas, je le répète, une locution défectueuse, hasardée entre mille autres parfaitement justes, avant les controverses ariennes qui ont imposé à la théologie une plus grande sévérité de langage, une pareille locution disparaît dans l'ensemble d'une terminologie irréprochable ; et les nombreux passages que j'ai placés sous vos yeux nous

---

1. *Exhort. aux Grecs*, x.
2. « Le *seul* n'est pas exclusif des personnes inséparables de Dieu, mais de celles qui lui sont étrangères. » (Bossuet, *ouvrage cité*.)

autorisent à ranger Clément d'Alexandrie parmi les écrivains qui, soit avant, soit après le concile de Nicée, ont appuyé avec le plus de force sur la consubstantialité des trois personnes divines.

Je devais, Messieurs, traiter ce point avec quelque étendue, pour vous montrer que Clément n'a cessé de rester fidèle à la doctrine exprimée dans la prière qui termine le *Pédagogue*. Après ce beau mouvement de l'âme vers le Verbe, Fils de Dieu et précepteur du genre humain, il ajoute : « Puisqu'il a plu au Pédagogue de nous déposer dans le sein de l'Église, et de nous prendre sous sa propre garde, lui qui nous instruit et qui veille à tout, il convient de profiter du lieu où nous sommes, pour chanter au Seigneur un hymne d'actions de grâces, en harmonie avec les précieux enseignements qu'il vient de nous donner [1]. » Cet hymne au Christ Sauveur, nous allons l'étudier, avec l'attention que mérite le plus ancien fragment de poésie sacrée qui s'offre à nous dans la littérature chrétienne.

Si l'on envisage la poësie comme une récréation ou un simple amusement de l'esprit, il est clair qu'elle ne pouvait occuper une grande place dans la vie sérieuse et militante des premiers chrétiens. Nous l'avons dit plus d'une fois, ce qui fait en partie l'originalité de cette littérature primitive, c'est précisément son extrême simplicité, l'absence complète de toute prétention à l'art ou au savoir humain. Lorsqu'une société se voit persécutée de toutes parts, et quelle est obligée de conquérir pas à pas le terrain qu'on lui dispute, le moment n'est guère propice pour la versification : ces délassements de l'esprit exigent en général des temps moins agités. L'Église avait besoin d'apologies plutôt que de poëmes ; et c'est vers l'enseignement que devaient se tourner les efforts de ceux qui mettaient leurs talents au service de la foi. Ce serait donc se méprendre sur les conditions du premier âge chrétien, que d'y chercher un grand nombre de compositions en vers. Et cependant, si la poésie, comme

---

1. *Pédag.*, III, 11.

l'éloquence, jaillit naturellement des âmes sous l'impression de tout ce qui les ravit et les exalte, il était impossible que le christianisme n'y réveillât point la flamme de l'enthousiasme, en ouvrant un vaste champ à l'inspiration poétique. L'œuvre de l'Incarnation n'était-elle pas d'ailleurs un immense poëme, une création divine qui venait de se dérouler aux yeux du monde avec son caractère à la fois émouvant et et grandiose ? En présence de ce drame, dont l'humanité avait été témoin ; de ces scènes évangéliques qui parlaient si vivement à l'imagination et au cœur ; de ces grands actes de la divinité qui, après avoir eu la Judée pour théâtre, allaient se réfléchir dans la conscience de chacun pour se prolonger dans le monde entier; en présence de toutes ces choses il devait se trouver des âmes assez ardentes pour faire éclater leur émotion dans des hymnes de foi et de reconnaissance. C'est vous dire, Messieurs, que la poésie chrétienne ne pouvait manquer de se produire tout d'abord sous la forme lyrique, naturelle au chant sacré.

Ici, la littérature chrétienne rencontrait devant elle un modèle qui désespérait l'imitation : je veux parler des Psaumes, ce magnifique monument de la poésie religieuse chez les Hébreux. Héritière de la synagogue, par l'accomplissement des prophéties, l'Église adopta pour la liturgie ce recueil de cantiques sans pareil dans le monde. Les Psaumes de David devinrent la poésie du christianisme naissant, dont ils traçaient à l'avance la merveilleuse histoire. Après avoir passé sur les lèvres de tant de générations, ils prirent une vie nouvelle au flambeau de l'Évangile qui les illuminait de ses clartés. Ces odes tout imprégnées du souffle divin, Israël les chantait depuis des siècles, mais sans en pénétrer l'esprit, et en y attachant trop souvent une signification grossière et charnelle ; ou du moins, elles étaient restées dans un demi-jour dont l'avénement du règne messianique pouvait seul dissiper les ombres. Avec la vérité se montrant à découvert, le voile tombe ; et les Psaumes apparaissent ce qu'ils étaient en réalité, une histoire anticipée de l'avenir. Dans ces communications de l'Esprit-Saint, où Israël, aveuglé par des chimères, croyait lire des prospérités temporelles qui devaient tromper son attente, les premiers chrétiens, mieux éclairés par ce qui se passait sous leurs yeux, virent une poésie bien autrement haute, la poésie de l'âme qui crie vers Dieu du fond de sa misère, qui converse avec lui dans le silence des passions, ou qui retourne à lui après l'avoir abandonné : poésie intime et profonde qui répond à tous les besoins du cœur et à toutes les situations de la vie. C'est ainsi que le christianisme se trouva dès le premier jour en possession d'une poésie, née avant lui, mais faite pour lui, parce qu'il lui était réservé d'en avoir la clef et d'en comprendre l'esprit.

Toutefois, Messieurs, à côté de ces hymnes de l'Ancien Testament, rajeunies en quelque sorte par l'Évangile qui en révélait le véritable sens, la foi chrétienne ne pouvait tarder à faire éclore une poésie nouvelle. Aussi voyons-nous, au berceau de l'Église, la piété des fidèles s'exprimer dans des cantiques ou odes religieuses, qu'on chantait pendant l'office public ; et c'est là qu'il faut chercher les commencements de la vraie poésie chrétienne, de celle qui s'est développée avec tant d'éclat et d'originalité dans la liturgie de l'Église. Saint Paul témoigne assez de cet usage primitif, lorsqu'il exhorte les Éphésiens à chanter au Seigneur, outre les psaumes, des hymnes et des *odes pneumatiques*, c'est-à-dire des cantiques spirituels [1]. On peut dire que l'apôtre joignait l'exemple au précepte ; car le lyrisme chrétien déborde dans saint Paul. Que d'endroits de ses épîtres où le style tourne à l'ode, et où vous croiriez entendre une strophe de quelque hymne chantée dans les églises ! Ouvrez la première lettre à Timothée. Après avoir enseigné à son disciple comment il doit se conduire dans l'Église du Dieu vivant, la colonne et le fondement de la vérité, l'apôtre s'interrompt et

---

[1] Ép. *aux Éphés*, v, 19.

donnant à sa pensée un autre tour, il s'écrie : « Et assurément il est grand ce mystère de piété qui a été manifesté dans la chair, justifié par l'esprit, dévoilé aux anges, prêché aux nations, cru dans le monde, reçu dans la gloire....[1] » Je ne doute pas un instant que ce ne soit là quelque fragment d'un hymne. Le mouvement lyrique n'est pas moins sensible dans ces doxologies que saint Paul jette à travers ses épîtres, et qui ressemblent parfaitement à la finale d'un cantique : « Car c'est de lui, par lui, et en lui que sont toutes choses ; à lui la gloire dans les siècles ! Amen. — A lui la gloire dans l'Église, dans le Christ Jésus, pour toutes les générations du siècle des siècles ! Amen. — Au roi des siècles, immortel, invisible, au Dieu unique honneur et gloire dans les siècles des siècles ! Amen [2]. Ces formules de louanges ou d'actions de grâces sont encore plus fréquentes dans l'Apocalypse qui les place sur les lèvres des anges et des saints ; or, tout le monde sait que saint Jean a transporté dans la vie future la liturgie de l'Église, comme expression symbolique de la Jérusalem céleste. « A Celui qui est assis sur le trône et à l'Agneau, bénédiction, honneur, gloire et puissance dans les siècles des siècles ! — Ils disaient : Amen ; la bénédiction, et la gloire, et la sagesse, et l'action de grâces, et l'honneur, et la puissance, et la force à notre Dieu dans les siècles des siècles ! Amen [3]. » Si ces doxologies ne sont pas des strophes d'hymnes déjà répandues dans les églises, elles montrent du moins que la voie était ouverte à des compositions de ce genre, et que l'enthousiasme de la foi a dû chercher de bonne heure dans le cantique sacré sa forme la plus naturelle et la plus élevée.

Du reste, Messieurs, cette apparition de l'hymne ou de l'ode sacrée au berceau même de l'Église est un fait attesté

---

1. Ire à *Timothée*, IV, 16. Le rythme est bien apparent dans le texte grec.

2. *Aux Rom.*, XI, 36 ; — *Aux Éphés.*, III, 21 ; — Ire à *Timothée*, I, 17 ; VI, 16.

3. *Apocalypse*, V, 13 ; VII, 12.

par l'histoire. Dans sa lettre à Trajan sur les usages des chrétiens, Pline le jeune nous apprend « qu'ils avaient coutume de se réunir avant le jour pour chanter une hymne au Christ comme à leur Dieu, « *carmen Christo quasi Deo dicere.* » Le proconsul de Bithynie était mieux informé qu'il ne le pensait lui-même ; car c'est précisément la divinité de Jésus-Christ que célébraient de préférence les premiers essais de la lyre chrétienne. Lorsqu'à la fin du IIᵉ siècle, l'hérétique Artémon attaqua ce dogme capital, on fit valoir contre lui, entre autres arguments, « les odes et les psaumes composés dès l'origine par les fidèles, et qui contenaient leur profession de foi en la divinité du Christ, Verbe de Dieu [1]. » Aussi, quand Paul de Samosate renouvela plus tard l'erreur d'Artémon, « il eut grand soin de faire disparaître de son Église les hymnes qu'on y chantait en l'honneur de Notre-Seigneur Jésus-Christ [2]. » C'est donc à la gloire du Verbe incarné que la poésie chrétienne consacra ses prémices ; et l'on ne saurait désirer un témoignage plus irrécusable de la foi catholique au Iᵉʳ et au IIᵉ siècle ; car la liturgie, c'est la croyance traduite en acte, et rendue sensible par les pratiques du culte. Mais si, dès le principe, l'orthodoxie chrétienne mit à profit cette ressource précieuse pour nourrir la foi et la piété populaire, les hérétiques y cherchèrent également un moyen de propager leurs doctrines. La poésie religieuse prit un rapide développement chez les gnostiques, et devint entre leurs mains un puissant instrument de séduction. Ici, c'est Basilide et Valentin qui s'efforcent de disséminer leurs erreurs par des psaumes qu'ils font chanter à leurs adeptes [3] ; là,

---

1. Fragment d'un écrivain du IIᵉ siècle, cité par Eusèbe, *Hist. Eccl.*, v, 28.

2. Lettre du synode d'Antioche contre Paul de Samosate. (Eusèbe, ibid., VII, 30.)

3. Tertullien, *de carne Christi*, 20. Les odes ophitiques, tirées d'un manuscrit copte, et publiées par Woide et Münter, peuvent donner une idée de ce genre de poésie, bien qu'elles soient postérieures à l'époque dont nous parlons. C'est une imitation ou une paraphrase des psaumes de David et de Salomon, appropriés à un système gnostique, probablement à

c'est Bardesane qui écrit jusqu'à cent cinquante hymnes, donnant ainsi l'exemple à son fils Harmonius, qui s'acquit par ses œuvres poétiques une célébrité non moins grande [1]. Il faut bien que l'un et l'autre aient eu un talent véritable, pour que leurs chants se soient répandus dans les églises de la Syrie, à tel point qu'au ive siècle encore, saint Éphrem se vit obligé de composer à son tour des hymnes, afin de contrebalancer celles des deux gnostiques. Tant il est vrai que de part et d'autre on envisageait la poésie religieuse comme un auxiliaire de l'éloquence sacrée.

Il est à regretter que ces antiques productions de la lyre chrétienne ne soient pas arrivées jusqu'à nous ; car il ne saurait être question ici des livres sibyllins, qui, à part quelques morceaux d'un ton plus élevé, appartiennent à la poésie descriptive ou didactique, comme nous l'avons dit, en analysant ce singulier recueil [2]. Nous n'avons donc, pour former notre jugement sur la poésie lyrique chez les premiers chrétiens, d'autre élément d'appréciation que l'hymne de Clément d'Alexandrie ; car les œuvres de Synésius et de saint Grégoire de Nazianze ne paraîtront que deux siècles plus tard. Or, il est facile de se convaincre par la lecture de cette ode sacrée, que les hymnographes du iie siècle ne se soumettaient pas toujours aux lois d'une métrique bien fixe ni bien régulière. Le rhythme de la pièce est très-indépendant, et ne permettrait pas de la ranger dans l'une des catégories de la versification classique. Ce sont moins des vers que des lignes d'inégale longueur, composées de huit, de sept ou de cinq syllabes, qui ne se suivent pas d'après les règles de la prosodie. Ce fait n'a rien d'étonnant pour ceux qui savent qu'il y avait chez les Grecs comme chez les latins une double poésie: l'une savante, en usage parmi les lettrés, et assujettie à une mesure déter-

---

celui des ophites. (Woide, *appendix ad edit. Nov. Test.*, Oxford, 1799, in-folio, p. 148 ; — Münter, *odæ gnosticæ Salomoni tributæ*, Copenhague, 1812, Progr. in-4°.)

1. Sozomène, *Hist. Eccl*, III, 16.
2. Voyez *les Apologistes chrétiens au* iie *siècle*, 2e volume, leçons XIVe et XVe.

minée par la longueur et la brièveté des syllabes ; l'autre moins compliquée, populaire, ne consultant qu'un certain charme de l'oreille, et alignant les syllabes brèves ou longues, sans tenir compte de leur quantité. La seconde produisait par l'accentuation l'harmonie que la première cherchait dans la mesure ou dans les lois prosodiques. Dès lors, on conçoit aisément que les hymnes de la primitive Église, destinées à être récitées ou chantées par la masse des fidèles, aient dû se rapprocher davantage de cette poésie populaire, affranchie des entraves de la versification proprement dite. La même méthode se remarque dans les proses de la liturgie, qui sont une suite harmonieuse de phrases, coupées avec symétrie, mais sans aucun égard à la quantité des syllabes. Il ne faudrait pas s'imaginer, en effet, que le rhythme fût absent de cette prose poétique : à défaut d'une mesure régulière, le nombre résultait de l'accentuation. Il me suffirait de vous lire en grec la première strophe de l'hymne au Christ, pour vous montrer qu'elle sonne aussi bien à nos oreilles que les vers de Pindare, lorsqu'on y met une intonation particulière. Nul doute que l'auteur n'ait allongé et raccourci tour à tour ces lignes cadencées, suivant qu'il voulait prêter à la récitation et au chant plus de lenteur ou de rapidité. Mais ici les données incomplètes que nous possédons sur la vraie prononciation grecque ne nous permettraient guère d'aller plus avant, sans nous perdre dans des conjectures à tout le moins fort risquées. C'est pourquoi j'aime mieux vous faire admirer les beautés de l'hymne au Christ, dans une traduction en vers français, qui n'a d'autre mérite que celui de la difficulté sinon vaincue, du moins combattue : car la pièce est d'un lyrisme désespérant ; et, pour vous en donner une idée exacte, j'ai dû sacrifier sur plus d'un point l'élégance à la fidélité :

I

O guide assuré de l'enfance,
Pasteur des agneaux du grand roi,
Aile toujours ouverte aux poussins sans défense,
Frein dont l'ardent poulain subit l'austère loi,

> Rassemble tes enfants timides,
> Conduis leurs hymnes triomphants,
> Et fais à leurs lèvres candides,
> Chanter le Christ chef des enfants.

On aurait tort de restreindre la signification du mot *enfants* aux chrétiens d'un âge peu avancé. Dans le premier livre du *Pédagogue*, Clément a eu soin de nous dire dans quel sens il applique cette dénomination à tous les fidèles, pour désigner l'innocence des mœurs et la simplicité de la foi [1]. Toutes ces images de petits oiseaux, de poulains, d'agneaux, il les avait employées à l'endroit dont je parle : ce qui nous montre que l'hymne au Christ est en quelque sorte le résumé poétique de tout le traité. Je continue :

II

> O Verbe, ô roi des saints, ô sagesse du Père,
> O tout-puissant triomphateur,
> En toi tout ce qui souffre espère,
> Vers toi se tourne le malheur.
> Au ciel rien ne manquait à ton bonheur suprême,
> O doux Rédempteur, ô Jésus,
> Tu voulus cependant te faire homme toi-même,
> Pour sauver les hommes perdus.

III

> Frein, gouvernail, aile céleste,
> Pasteur du troupeau des élus,
> Agriculteur de l'âme où rien d'impur ne reste,
> Pêcheur dont les filets tendus,
> Sauvent les naufragés qu'attire
> Dans ses flots orageux un abîme fatal,
> Ton hameçon divin retire
> Les poissons innocents de l'océan du mal.

Nous retrouvons ici l'une des métaphores les plus familières au symbolisme du premier âge chrétien. En étudiant le célèbre acrostiche des livres sibyllins et la *Clef* de saint Méliton de Sardes, nous avons eu l'occasion d'exposer les motifs qui avaient fait adopter le poisson pour emblème du

---

1. *Pédag.*, I, 5.

chrétien[1]. Du reste, toute l'hymne de Clément est remplie d'allusions mystérieuses. Par cette *douce vie* que le Christ communique aux poissons après les avoir retirés de l'eau, le poëte désigne visiblement l'Eucharistie qui devenait le partage des nouveaux baptisés.

IV

O roi des enfants sans souillure,
Ton sceptre nous gouvernera,
Pasteur, de tes brebis te faisant la pâture,
Ta houlette nous guidera.
Ce n'est que nourri par ta grâce,
Qu'on savoure un bonheur sans fiel ;
Et ce n'est qu'en suivant tes traces,
Qu'on peut arriver jusqu'au ciel.

V

Parole éternelle,
Parfaite beauté,
Lumière immortelle,
Source de bonté,
Que nos voix s'unissent
Et chantent en chœur,
Qu'elles te bénissent,
O Christ, ô Sauveur !

VI

Ta sagesse est pour nous comme une mère tendre,
Dont son avide enfant n'épuise pas le sein,
Pour nous du ciel tu fais descendre
Ta grâce, notre lait divin.
Enivrés par ce doux breuvage,
Le cœur rempli d'un saint émoi,
Par nos hymnes rendons hommage
A Jésus Sauveur, au Christ roi.

VII

Chantons la doctrine de vie,
La couronne après les combats,
La gloire dont sera suivie
Notre courte épreuve ici-bas.

---

1. Voyez *les Apologistes chrétiens au IIe siècle*, 2e volume, leçons XVe et XVIIIe.

> Tous ensemble, ô foule pudique,
> Chantons l'enfant divin qui triomphe à jamais ;
> Tous ensemble, ô chœur pacifique,
> Engendrés par le Christ, chantons le Dieu de paix.

Je ne crois pas, Messieurs, dépasser la mesure légitime de l'éloge, en disant que l'hymne au Christ peut soutenir la comparaison avec les plus belles odes de l'antiquité païenne. Car ce qui constitue l'essence de la poésie lyrique, ce n'est pas une versification plus ou moins régulière, mais le transport d'une âme qui, en face des réalités de la nature ou de l'esprit, sait traduire son enthousiasme dans un langage vif, coloré, avec nombre et harmonie. A ce point de vue, l'on imaginerait difficilement une expression plus poétique du sentiment religieux. Rien n'est gracieux comme ces métaphores où le Christ apparaît successivement sous la figure du berger qui conduit ses agneaux ; de l'oiseau qui rassemble ses petits sous son aile ; du laboureur qui cultive le champ céleste ; du pêcheur qui amorce les âmes par les douceurs de la vie divine ; de la mère qui nourrit ses enfants du lait de la sagesse ; et enfin du maître qui réserve à ses serviteurs la récompense éternelle. Car le mouvement qui entraîne le poëte n'empêche pas de saisir une certaine gradation dans les idées, une sorte de mécanisme voilé par le désordre lyrique. L'hymne s'ouvre par une invitation à chanter les louanges du Christ. Suivent les titres que le Verbe possède à notre reconnaissance : il sauve, il enseigne, il dirige, il nourrit, il récompense. Voilà les divers bienfaits que l'hymnographe célèbre tour à tour avec tant d'effusion. Sans doute, il n'est pas une de ces images, si pleines de fraîcheur et de vivacité, que nous n'ayons déjà rencontrée dans le *Pédagogue* ; mais leur réunion n'en a que plus de charme. On dirait, en effet, que Clément a voulu recueillir ces fleurs éparses çà et là dans le cours du livre, pour les rassembler en gerbe, et couronner son œuvre par un bouquet poétique. Tel nous paraît être le véritable caractère de l'hymne au Christ ; et il faut convenir qu'on ne pouvait extraire avec plus de goût la substance de cet enseignement, ni la présenter sous une forme plus attrayante.

A la suite de l'hymne que je viens de vous lire, quelques manuscrits fort anciens en contiennent une autre dont l'origine reste incertaine [1]. C'est une épître dédicatoire au Verbe, dans laquelle l'auteur du *Pédagogue* offre le fruit de son travail à celui qui en est l'objet. Doit-on y voir l'œuvre de Clément d'Alexandrie, ou bien une addition faite par une main étrangère? Il est difficile de décider la question en l'absence de tout témoignage historique. La juxtaposition presque constante des deux pièces a tout l'air de n'être pas fortuite, et semblerait indiquer une commune provenance. D'autre part, cette deuxième composition n'est pas indigne de Clément, quoiqu'elle le cède de beaucoup à la première en grâce et en originalité. Aussi se rapproche-t-elle du genre descriptif plutôt que de la poésie lyrique. Ce n'est pas un cantique destiné à l'usage des fidèles, mais une dédicace des trois livres du *Pédagogue*. Si l'épître n'est pas de Clément lui-même, elle doit remonter à une époque voisine de la sienne ; autrement, elle ne se trouverait pas jointe au reste de ses œuvres dans des manuscrits d'origine si diverse. Peut-être quelque disciple du chef de l'école d'Alexandrie aura-t-il composé ces vers sous forme d'appendice à l'ouvrage du maître. Quoi qu'il en soit, nous rencontrons ici un rhythme moins indépendant que l'hymne au Christ : l'auteur se rapproche davantage des formes classiques, et le mètre qu'il emploie est fort usité chez les poëtes grecs. Toute la pièce est en vers ïambiques de six pieds, où les règles de la prosodie sont généralement observées ; car je préfère mettre sur le compte des copistes les fautes de quantité qu'on y remarque. Comme vous allez en juger par une traduction à laquelle j'ai dû donner éga-

---

1. Nous voulons parler des manuscrits de la bibliothèque des Médicis à Florence, de la bibliothèque royale de Naples, de la bibliothèque impériale de Paris (codex DLXXXVII). Fell, évêque anglican d'Oxford, cite encore d'autres manuscrits dans l'édition qu'il a donnée de cette pièce (1683).

lement la forme métrique, le début est très-gracieux, et rappelle tout à fait la manière de Clément ; mais la suite se traîne un peu dans le lieu commun, et offre moins d'intérêt.

Pédagogue divin, je t'offre une couronne
De mots entrelacés comme de fraîches fleurs,
 C'est le butin que je moissonne
Dans tes livres sacrés, près aux mille couleurs.

Ainsi l'active abeille, à l'aile murmurante,
Des fleurs dont le parfum s'exhale vers le ciel,
 Aspire la sève odorante
Pour donner à son maître un doux rayon de miel.

Il faut pour te louer t'emprunter tes paroles :
Que suis-je devant toi, Créateur tout-puissant,
Grand roi qui nous régis, Père qui nous consoles ?
Tout nous vient de tes mains, ô Maître bienfaisant !

Tu dis, le ciel est fait, les étoiles le parent.
L'immense firmament ne t'a coûté qu'un mot.
A ta voix la lumière et l'ombre se séparent,
Tu fais signe au soleil, il s'élance aussitôt.

Tu raffermis la terre, la mer mugissante
Tu marques la barrière où se brisent ses flots.
La matière à tes lois se plie obéissante.
L'ordre brille partout ; plus d'informe chaos.

Chaque année, en suivant sa course régulière,
Ramène après l'hiver les joyeuses saisons ;
Le printemps de ses fleurs couvre la terre entière,
L'automne de ses fruits, l'été de ses moissons.

C'est par toi que je vis ; conserve-moi sans tâche.
Que je puisse enseigner et pratiquer ta loi.
Que ma bouche et mon cœur te chantent sans relâche,
Que j'adore ton Verbe infini comme toi.

Ne m'accorde jamais l'éclat de la richesse.
Avoir le nécessaire est mon unique vœu,
Sois, tant que je vivrai, l'appui de ma faiblesse,
Et que ma fin soit bonne, ô mon Père, ô mon Dieu !

Certes, il y a loin de là au mouvement lyrique de l'hymne au Christ, bien que la pièce ne manque ni d'élévation ni de sentiment. C'est ainsi que l'éloquence chrétienne cherchait dans la poésie un auxiliaire puissant, pour rendre les vérités de la foi sous une forme plus vivante et plus expressive. Comme je le disais en commençant, le christianisme ne pouvait manquer de devenir pour toutes les branches de l'art une source de vie et d'inspiration. D'une part il agrandissait la sphère de l'intelligence, en ouvrant à la pensée des horizons nouveaux ; de l'autre il ramenait l'âme sur elle-même et la détachait du monde extérieur pour développer en elle le sens et le goût des choses morales. Enfin, il frappait l'imagination par les grands faits de son histoire, qui, loin de se borner aux annales d'un peuple ou d'un pays, embrassait tout l'ensemble des rapports du genre humain avec Dieu. Il est évident qu'une doctrine, qui saisissait par tant de côtés les facultés de l'âme, devait se réfléchir dans une littérature neuve et originale. Et d'abord nous l'avons vu se créer une éloquence à part, qui n'avait pas de précédent chez les peuples païens, l'éloquence de la chaire. Cette forme de l'art chrétien s'est produite et développée avant toutes les autres, parce que l'économie évangélique repose en grande partie sur le ministère de la parole. Mais la poésie, cette sœur de l'éloquence, ne devait pas tarder à lui prêter son concours fraternel. Sans doute, si la poésie n'était qu'un simple jeu de l'imagination, le sens grave et réfléchi des premiers chrétiens, leur situation critique au milieu des épreuves de l'Église, les auraient détournés d'un pareil amusement ; mais ces créations de l'âme peuvent avoir un but plus élevé : elles nourrissent et fortifient le sentiment religieux, outre qu'elles prennent leur racine dans les instincts et les besoins de la nature humaine. Ici, l'hymne ou l'ode sacrée se présentait aux poëtes chrétiens comme l'expression la plus vive et la plus spontanée de leur foi. Je ne veux pas dire que ce genre ait seul obtenu du succès dans les premiers temps de l'Église. La poésie didactique et descriptive y compte des productions estimables. Commodien composera, vers la fin du IIIe siècle, des poëmes apologétiques contre les juifs et les païens ; Juvencus mettra en vers l'histoire évangélique ; d'autres auteurs, dont le nom est resté inconnu, consumeront leurs efforts dans des œuvres analogues. Mais, sans méconnaître l'intention fort louable que révèlent ces travaux, je dois avouer qu'ils ne produisent sur moi qu'un médiocre effet. Mettre l'Ancien ou le Nouveau Testament en vers sera toujours une tentative malheureuse : l'Évangile écrase de pareilles compositions par son inimitable simplicité ; l'auteur de la *Messiade* lui-même, Klopstock, malgré d'incontestables qualités, y a usé son génie. L'originalité de la poésie religieuse chez les chrétiens est ailleurs : elle est surtout dans les hymnes et dans les chants sacrés de l'Église. C'est là qu'on admire ce que vous chercheriez vainement dans Pindare ou dans Horace, cet enthousiasme de la foi, ces élans passionnés du cœur humain vers Dieu, ce colloque vif, entraînant, imagé du chrétien avec son Rédempteur, ces épanchements d'une âme qui passe tour à tour par tous les sentiments de la crainte respectueuse, de la confiance filiale, du repentir, de l'espérance, de l'amour. Aussi comptons-nous bien donner à ces petits chefs-d'œuvre de poésie lyrique toute l'attention qu'ils méritent, à mesure que nous les rencontrerons sur notre chemin en suivant l'ordre des temps ; et dès le ve ou le vi^e siècle déjà, nous pourrons en signaler quelques-uns dans les œuvres de Synésius et de saint Grégoire de Nazianze, en Orient ; dans les écrits du pape Damase, de saint Hilaire, de saint Ambroise, de Prudence, en Occident. Il nous suffira pour le moment d'avoir trouvé chez Clément d'Alexandrie le premier essai de poésie lyrique qu'on découvre parmi les monuments de la littérature chrétienne. Après avoir apprécié le talent du poëte, nous allons nous tourner de nouveau vers l'orateur ou le philosophe chrétien, pour le suivre à travers le plus important de ses ouvrages, les *Stromates*.

TREIZIÈME LEÇON

Les *Stromates*, complément de l'*Exhortation aux Grecs* et du *Pédagogue*. — Idée et plan de l'ouvrage. — Comment l'auteur justifie la forme qu'il a cru devoir lui donner. — Les *Stromates* comparées aux *Pensées* de Pascal. — Puissante originalité de cette esquisse de philosophie chrétienne. — Analyse des sept livres dont se composent les *Stromates*. — Style de l'ouvrage. — Terminologie singulière qu'emploie l'auteur en divers endroits.

Messieurs,

Les œuvres de Clément, avons-nous dit, forment un ensemble dont les différentes parties se succèdent dans un ordre logique et suivant une gradation déterminée. Expression fidèle des besoins de l'époque, ces institutions théologiques prennent l'homme au milieu des superstitions du paganisme, d'où elles s'efforcent de le tirer pour le conduire à la foi et l'initier par degrés à la science et à la perfection chrétiennes. Il suffit d'indiquer cette marche ascendante, pour montrer qu'elle répondait parfaitement à la situation des esprits. D'après une méthode toute naturelle, l'enseignement du Didascalée débutait par la critique des religions et des philosophies païennes : tel est, en effet, l'objet de l'*Exhortation aux Grecs*. Cette introduction une fois achevée, il s'agissait de purifier les âmes, en les soumettant aux règles de la discipline évangélique. Ici venait se placer une série d'instructions qui disposaient le néophyte ou le catéchumène à la pratique des vertus chrétiennes. Le traité du *Pédagogue* et les catéchèses qui s'y rapportent ont pour but d'éclairer sur les devoirs de cette vie nouvelle l'âme qui a passé du paganisme à la foi. Mais le progrès intellectuel et moral ne s'arrête pas à cette condition commune et ordinaire des fidèles. Quand l'âme, affranchie des erreurs de son passé, a parcouru la voie des préceptes sous la conduite de la foi, le christianisme ouvre devant elle de nouveaux horizons. Car la science vient couronner la foi, et la vertu peut s'élever jusqu'à la perfection. C'est vers ce sommet de la connaissance et de la sainteté que Clément se propose de diriger l'homme déjà préparé à un si haut enseignement par un exercice régulier de l'intelligence et de la volonté : cette tâche finale, il va la remplir dans celui de ses ouvrages qu'il nous reste à étudier, je veux dire les *Stromates*.

Un tel plan dénote assurément un esprit large et compréhensif. C'est le mérite de Clément d'avoir embrassé la synthèse théologique dans toute son ampleur, pour la construire sur des bases qui défient l'attaque. A cette étendue et à cette profondeur de vues on reconnaît immédiatement un talent supérieur. Mais si les grandes lignes de ce vaste édifice se dessinent à l'œil sans la moindre difficulté, il s'en faut de beaucoup que l'artiste ait porté dans l'exécution des détails la même régularité et la même symétrie. En étudiant l'*Exhortation aux Grecs* et le *Pédagogue*, nous regrettions de ne pas y trouver assez de suite ni de liaison ; mais ce défaut est encore plus sensible dans les *Stromates* ; et, chose singulière, c'est à dessein et de parti pris que l'auteur s'interdit une méthode plus rigoureuse. Déjà le titre de *Stromates* ou de *Tapisseries* indique une certaine fantaisie dans le choix et dans la distribution des matières. C'est un tissu de sentences librement brodé sur un canevas qui laisse toute latitude au jeu de l'imagination. On voit de prime abord que le philosophe chrétien cherchait moins à mettre de l'unité dans son discours qu'à charmer l'esprit par l'agrément de la variété. Le titre moderne qui répondrait le mieux à l'idée et au plan de l'ouvrage serait celui de *Mélanges*. Du reste laissons à l'auteur lui-même le soin de justifier la forme qu'il a cru devoir donner à une composition si vaste et si originale :

« Je n'ignore pas quelle est la faiblesse de ce recueil de

souvenirs, si on le compare à l'esprit plein de grâce que nous avons été jugés dignes d'entendre : aussi n'est-ce qu'une image reproduisant les archétypes pour celui qui a été frappé du thyrse[1]. Car il est dit : «Parle au sage, et il deviendra plus sage ; celui qui possède recevra davantage encore. » Par là je ne me flatte pas d'interpréter suffisamment les mystères, il s'en faut de beaucoup ; je me propose seulement de les rappeler, soit que nous les ayons oubliés, soit afin que nous ne les oubliions plus. Je le sais, beaucoup de choses, pour n'avoir pas été écrites, nous sont à la longue sorties de la mémoire. Aussi, pour obvier à cet inconvénient, ai-je voulu consigner mes souvenirs par écrit afin de les retrouver dans ce recueil divisé en chapitres. Bien des détails nous ont échappé, car la force d'esprit de ces saints personnages (nos maîtres) était merveilleuse ; quelques autres, faute de n'avoir pas été notés, se sont avec le temps effacés de notre mémoire. Il en est enfin dont l'impression allait s'affaiblissant de jour en jour dans notre esprit, car un pareil ministère n'est pas facile à ceux qui n'y sont pas exercés ; cet écrit a pour but de les sauver de l'oubli. Mais tout en réveillant mes souvenirs, j'omettrai plusieurs choses à dessein, j'aurai soin de faire un choix dans mes matières, pour ne pas écrire ce que je me suis même gardé de dire, non par envie, ce qui serait coupable, mais dans la crainte que quelque lecteur ne prenne mes paroles en mauvaise part, et qu'on ne m'accuse, comme dit le proverbe, d'avoir mis une épée entre les mains d'un enfant. Car ce qui est écrit ne peut manquer de se répandre, et demeure quand même on ne le publierait pas ; vous avez beau rouler le parchemin dans tous les sens et l'interroger sur tous les tons, il ne vous répondra jamais que par ce qui est écrit. Pour ne pas se méprendre sur l'idée d'un livre,

---

1. Allusion aux mystères de l'antiquité où l'on attribuait au thyrse des bacchantes une vertu magique Suivant son habitude, Clément transporte cette métaphore dans la vie chrétienne, pour désigner l'action de la grâce. (Voyez Euripide, *les Bacchantes*, v. 700 et suiv.) Le style du célèbre Alexandrin est émaillé de locutions pareilles dues à ses réminiscences classiques.

il faudrait pouvoir recourir à celui qui l'a composé, ou à tel autre qui a suivi les mêmes traces [1]. »

Ces paroles nous montrent que les *Stromates* sont un recueil de souvenirs, des *Mémoires* où Clément se proposait de résumer ce qu'il avait appris de ses maîtres, et enseigné à ses disciples. Voilà l'idée générale de l'ouvrage. Mais ce qui ressort également du passage dont je viens de vous donner lecture, c'est que le chef du Didascalée croyait devoir user d'une certaine réserve dans l'exposition de la doctrine chrétienne. Il ne veut pas confier les mystères à l'écriture, dans la crainte que l'ignorance ou le sophisme n'abuse d'un texte susceptible d'être pris en mauvaise part et incapable de se défendre par lui-même contre une fausse interprétation. Évidemment, nous trouvons là une allusion à la discipline du secret motivée par les conditions de l'époque ; et, sous ce rapport, on doit approuver les précautions que prenait Clément d'Alexandrie pour ne pas livrer à la connaissance du premier venu ce que le christianisme a de plus auguste et de plus sacré [2]. Mais, si je ne me trompe, ces réticences tiennent encore à une autre cause. On voit par divers endroits du livre que l'auteur avait à lutter contre un parti qui se montrait peu favorable aux spéculations philosophiques, sous prétexte que ces rapprochements entre les sciences humaines et la science divine menaçaient d'altérer la simplicité de la foi. Il se rencontre à toutes les époques des esprits timides ou étroits qui semblent redouter pour la révélation divine des recherches dont le résultat final ne peut être que le triomphe de la vérité. C'est pour échapper à la critique de ces censeurs, dont il se plaint à mainte reprise que le philosophe chrétien voudrait « voiler les semences de la gnose », pour me servir de son expression [3]. Il regarde comme périlleux d'enseigner la vraie philosophie en face de gens toujours prêts à contredire sans motif ce qu'ils ignorent [4].

---

1. *Stromates*, I. 1.
2. Voyez leçon VIII.
3. *Strom.*, I, 2.
4. Ibid.

Voilà pourquoi il tient dans l'ombre certains points de doctrine qu'il aurait pu mettre en lumière sans le moindre danger. Était-ce le vrai moyen d'éviter un blâme injuste? Je ne le crois pas. Moins l'on apporte de précision dans le développement de sa pensé, plus l'on court risque de la voir dénaturer par des commentaires malveillants. Quoi qu'il en soit, vous comprenez sans peine que ce désir de ne pas vouloir être compris par tous devait nécessairement engendrer quelque obscurité; et je suis convaincu que la plupart des accusations dont Clément d'Alexandrie a été l'objet, se réduisent à des malentendus causés par le ton énigmatique et la forme irrégulière de son exposition. Esquisser le sujet à grands traits, en obligeant le lecteur de suppléer par un travail personnel aux imperfections d'une première ébauche, telle est la méthode qu'il compte employer dans les *Stromates*; car nous n'avons pas besoin d'efforts pour découvrir le but qu'il se propose; lui-même nous rend compte en ces termes du plan de son livre :

« Nos mémoires, ainsi que nous l'avons dit plus d'une fois, pour prévenir les reproches de lecteurs peu instruits, nos mémoires continuent de ressembler à des tapisseries de formes diverses, comme du reste leur nom l'indique. C'est une suite de discours où l'on passe en revue quantité de sujets, annonçant telle chose pour en montrer telle autre. Le mineur, dit Héraclite, qui cherche l'or dans les entrailles de la terre, creuse beaucoup pour trouver peu. Au contraire, quand ceux qu'on peut appeler l'or véritable cherchent ce qui leur ressemble, ils trouvent beaucoup dans peu. A tout le moins ce livre rencontrera-t-il un lecteur qui le comprenne! Nos Stromates sont donc dans la main de l'homme que la raison dirige au milieu de ses recherches, un auxiliaire pour la mémoire et une démonstration de la vérité. Mais ils ne vous dispensent pas de mettre la main à l'œuvre, ni d'ajouter vos recherches aux nôtres, puisqu'il suffit d'indiquer la véritable route au voyageur qui l'ignore. A lui ensuite de marcher sans guide, et de trouver par lui-même le reste du chemin [1]. »

Il ne faudrait pas voir dans cet avertissement l'une de ces formules banales à l'aide desquelles un auteur dissimule ses prétentions sous un faux semblant de modestie. Non, tel est bien le caractère des *Stromates*: Clément y indique sa pensée plutôt qu'il ne la développe ; et il n'est pas rare qu'après avoir énoncé un principe, il laisse au lecteur le soin d'en tirer les conséquences, pour aborder une nouvelle thèse sans autre forme de transition. De là vient que son ouvrage renferme une foule d'esquisses, des aperçus sur presque tous les points de la doctrine chrétienne ; mais on chercherait vainement à travers ces pensées jetées çà et là sans liaison apparente, l'ordre et la clarté d'une exposition systématique. D'ailleurs, je le répète, nul n'a mieux jugé ces mélanges que leur propre auteur ; et pour en décrire la physionomie, l'on ne saurait employer une comparaison plus pittoresque ni plus juste que celle dont il va se servir :

« Les Stromates ressemblent à une prairie où les fleurs les plus variées se mêlent et se confondent. J'ai mis par écrit mes pensées, selon qu'elles me venaient à l'esprit, sans les ranger par ordre ni les grouper avec art, et même je les ai dispersées à dessein. Conçus de la sorte, ces commentaires auront pour moi l'avantage de réveiller mes souvenirs ; quant à celui qui se sent des aptitudes pour la science, il y trouvera, non sans quelque fatigue, ce qui peut lui être utile et profitable [2].

Cela posé, vous entrevoyez déjà, Messieurs, les qualités et les défauts des *Stromates*. Exécuté sur un pareil plan, l'ouvrage ne pouvait que charmer le lecteur par l'agrément de la variété ; mais il est clair en même temps que l'unité du sujet et la rigueur des déductions allaient être plus ou moins sacrifiées à cette libre fantaisie d'un écrivain qui promène son lecteur d'une matière à l'autre, sans se préoccuper

1. *Strom.*, iv, 2.
2. Ibid, vi, 1.

de l'enchaînement des parties. Sous ce rapport, l'on ne saurait mieux comparer les *Stromates* qu'aux *Pensées* de Pascal. Là aussi nous trouvons des sentences juxtaposées avec peu de suite, des fragments qui ne se relient pas entre eux par un fil bien serré. Comme le catéchiste alexandrin, le philosophe du xviie siècle jetait sur le papier les idées qui se présentaient à lui, sans les coordonner d'après un plan arrêté d'avance. Il est vrai que Pascal avait le dessein de réunir en un corps d'ouvrage ces matériaux épars : nous ne sommes pas en droit de lui supposer, comme à Clément d'Alexandrie, le parti pris d'exclure une méthode plus rigoureuse ; son esprit géométrique ne lui aurait pas permis d'ériger le désordre en système, et la mort seule a dû l'empêcher de ramener à l'unité d'un tout harmonieux les différentes parties de son œuvre. Toujours est-il que cette grande ébauche, sous la forme où nous la possédons, offre les mêmes inconvénients que les *Stromates*. Sur bien des points, la pensée de l'auteur reste vague et indécise, faute de n'être pas suffisamment développée. Que deviendrait par exemple le prétendu scepticisme de Pascal, si en place de quelques tirades, très-vives, mais incomplètes, nous avions une théorie de la connaissance exposée avec plus d'étendue ? Autant qu'on peut en juger par d'autres passages qui se rapportent au même sujet, il se réduirait tout simplement à la thèse très-juste et très-légitime de la nécessité d'une révélation positive pour mettre l'homme en pleine possession de la vérité naturelle [1]. C'est la forme elliptique et fragmentaire des *Pensées* qui seule a permis d'abuser de quelque texte isolé, pour prêter au vigoureux apologiste des opinions de ce genre. Clément d'Alexandrie a subi le même sort, par suite du peu d'ordre qu'il a mis dans son grand ouvrage. Si on a pu l'accuser, et à tort, d'avoir enseigné la préexistence

---

1. C'est bien Pascal qui a écrit cette phrase pour affirmer les droits de la raison : « La raison nous commande bien plus impérieusement qu'un maître ; car en désobéissant à l'un, on est malheureux, et en désobéissant à l'autre, on est un sot. » (*Pensées*, vi, 2, édit. Havet.)

des âmes, l'éternité de la matière, l'inégalité du Père et du Fils, etc., cela tient à ce qu'il passe trop brusquement d'un sujet à l'autre, laissant là sans commentaire une proposition qui aurait besoin d'être expliquée. Je sais ce qu'il nous répondrait dans son gracieux langage. Il préfère les parcs où les plantations sont mêlées, aux jardins où l'art groupe les arbres par genre et par espèces [1]. Sans doute, le mélange ne laisse pas d'avoir de l'attrait, et la variété repose agréablement l'esprit qu'une application trop exclusive à un seul et même objet finirait par lasser ; mais si la narration des faits s'accommode très-bien de cette diversité, l'analyse et l'exposition des doctrines exigent en général une méthode plus sévère. Là, l'ordre et la clarté sont des qualités qui dominent toutes les autres et auxquelles rien ne peut suppléer. D'ailleurs, la régularité d'une belle ordonnance n'ôte rien au charme ni à l'agrément du discours. L'auteur des *Stromates* aurait pu émailler son pré spirituel de différentes fleurs, sans négliger les lois de la symétrie ; en prévenant toute confusion, un arrangement plus systématique n'eût fait que répondre à ce besoin d'harmonie qui est au fond de l'âme humaine, et qui nous porte à chercher partout, comme la condition suprême de l'art, l'unité dans la variété.

Toutefois, Messieurs, ne nous montrons pas trop exigeants envers l'écrivain qui, le premier, a tracé une esquisse de philosophie chrétienne. Cette initiative est si belle que les défauts de l'exécution disparaissent en quelque sorte devant le mérite de l'originalité. On se tromperait d'époque en voulant trouver au IIe ou au IIIe siècle de l'ère chrétienne une œuvre comparable à la *Somme* de saint Thomas d'Aquin. Dans un temps où la science ne faisait que de naître, la synthèse théologique ne pouvait se construire sur un tel plan, ni revêtir des formes bien rigoureuses. Pour arriver à un ensemble aussi complet, aussi fortement lié dans toutes ses parties, il ne fallait rien moins que le travail de plusieurs

---

1. *Strom.*, VI, 1.

siècles. Certes les matériaux étaient prêts dès le premier jour, je veux dire les principes de la foi ; mais il s'agissait de les réunir, de les coordonner, d'en composer un système scientifique, suivant les lois de la pensée et les procédés naturels à l'esprit humain. Or, bien que l'école d'Alexandrie ait beaucoup fait pour hâter l'épanouissement de la science chrétienne, il serait peu juste de lui demander autre chose qu'un premier jet, un essai vigoureux, mais inachevé. Les grandes œuvres ont leur jour et viennent à l'heure marquée : vouloir les devancer par des tentatives prématurées, serait une entreprise aussi difficile que peu profitable. Aucun père de l'Église n'a songé à ramasser toutes les branches de la doctrine dans l'une de ces sommes théologiques si nombreuses au moyen âge. Saint Augustin, qui va parcourir tout le champ des vérités religieuses, consacrera bien un traité spécial à chaque article du symbole ; mais aucun de ces ouvrages n'embrassera la théologie entière dans le but de l'exposer sous une forme systématique. Pour faire naître le goût et le besoin de ces vastes productions, il a fallu que la scholastique développât dans les âges suivants l'esprit de méthode et d'analyse : en communiquant à la pensée plus de vigueur et de précision, cette discipline sévère permettra aux théologiens du moyen âge de résumer la science chrétienne en un tout organique, dont les membres s'enchaînent et se fortifient l'un par l'autre. Mais, je le répète, ce n'est pas au berceau de la théologie qu'on doit chercher les résultats de cette gymnastique intellectuelle, ni par conséquent les habitudes d'ordre et de clarté qui ont prévalu dans la science après ce long et laborieux exercice des facultés humaines. Le travail de la création précède ; celui de l'organisation ne vient qu'après. Les pères de l'Église préparaient les éléments destinés à être réunis plus tard, distribués et mis en ordre par les scholastiques ; et il y aurait autant d'injustice à méconnaître la puissante originalité des *Stromates*, qu'à refuser à la *Somme* de saint Thomas le mérite d'une ordonnance savante et régulière.

Ainsi, Messieurs, tout en regrettant l'absence de méthode dans le grand ouvrage de Clément d'Alexandrie, nous ne saurions oublier que le maître d'Origène a jeté les fondements d'un édifice qui allait s'élargir avec le temps et se consolider par le travail des siècles. Quelle que soit la forme rudimentaire de cet essai de philosophie chrétienne, nous y trouverons les vrais principes de la science, dispersés çà et là, j'en conviens, sans cohésion logique, mais formulés d'une manière satisfaisante, sinon avec toute la netteté désirable. Nous avons entendu de la bouche même de l'auteur le jugement qu'il portait sur son œuvre ; vous allez vous convaincre, par une courte analyse, que cette appréciation répond à la réalité.

Les *Stromates* sont divisées en sept livres, qui ressemblent à autant de pièces de tapisserie, juxtaposées selon le caprice de l'artiste plutôt que d'après la nature du sujet. A la fin du septième livre, l'auteur promet une continuation, ce qui prouve que l'ouvrage est inachevé, ou du moins que la dernière partie n'est pas arrivée jusqu'à nous[1]. Le temps n'a pas épargné davantage quelques phrases du commencement, dont la disparition n'est pas d'une grande importance. Après avoir indiqué le but qu'il se propose, Clément démontre l'utilité de la philosophie, et des sciences humaines en général, pour l'intelligence et la démonstration des vérités religieuses. En comparant les époques respectives, il prouve que les institutions et les livres des Hébreux sont beaucoup plus an-

---

1. Acace, évêque de Césarée en Palestine, reproduit quelque part un passage du VIII⁰ livre des *Stromates*, où Clément combat l'opinion de la préexistence des âmes *(Catena græca in Genesim)*. Si l'évêque de Césarée n'a pas confondu un autre récit de Clément avec ce qu'il appelle le VIII⁰ livre des *Stromates*, il faudrait en conclure que ce livre a réellement existé et qu'il est perdu comme tant d'autres ouvrages du célèbre catéchiste. En tout cas, cette perte doit remonter très-haut ; car au temps de Photius, on remplaçait déjà le VIII⁰ livre des *Stromates*, soit par l'opuscule *sur le salut des riches*, soit par un fragment des *Hypotyposes* dont nous parlerons plus loin. Or, la simple lecture de ces deux pièces fait voir qu'elles n'ont rien de commun avec les *Stromates*, ni pour le fond ni pour la forme.

ciens que la philosophie grecque ; et il en conclut que celle-ci a largement profité de l'Écriture sainte. A ce calcul de chronologie succède une longue dissertation sur la supériorité de la loi mosaïque comparée aux législations des peuples païens. Voilà l'objet du Ier livre. Déjà il vous est facile de juger que l'auteur suit fidèlement son programme, en traitant toute espèce de matière sans s'astreindre à une marche bien rigoureuse. Avec le IIe livre nous entrons dans un nouvel ordre d'idées. Les rapports de la foi et de la science y tiennent la première place. En même temps qu'il établit ces grandes bases de l'ordre intellectuel, le philosophe chrétien pose les fondements de l'ordre moral, où la crainte, l'espérance et la charité se suivent et s'enchaînent comme autant de degrés d'ascension vers Dieu. C'est de là qu'il part pour ébaucher le portrait du chrétien parfait ou du vrai gnostique, portrait qu'il va retoucher à maintes reprises, pour l'achever à la fin de l'ouvrage. S'il fallait absolument chercher un lien entre ces deux livres et le suivant, qui traite du mariage, on le trouverait dans la vertu de tempérance nécessaire au chrétien dont Clément vient d'esquisser la vie. Mais le IIIe livre rentre plutôt dans le genre polémique. Deux classes de sectaires y sont l'objet d'une réfutation, aussi vigoureuse que sensée : ceux qui affranchissent l'homme de toute loi morale, pour autoriser les désordres de la chair ; et ceux qui, blasphémant l'œuvre du Créateur, condamnent l'union de l'homme avec la femme, à l'exemple de Tatien et de Marcion. Entre ces deux extrêmes également blâmables, Clément suit le droit chemin de la vérité, en proclamant à la fois la légitimité du mariage et le mérite de la continence volontaire.

Cette énergie du sens chrétien, exemple de faiblesse et d'affectation, l'auteur des *Stromates* ne la porte pas à un moindre degré dans l'apologie du martyre, qui remplit le IVe livre. Tout en réprouvant la témérité de ceux qui courent au-devant de la persécution, et s'exposent eux-mêmes à une épreuve qu'ils pourraient éviter, il célèbre avec enthousiasme l'excellence d'un sacrifice dont la charité est le principe. Après avoir rappelé que tout chrétien, pour être vraiment digne de ce nom, doit rendre témoignage à Dieu par la sainteté de sa vie, il reprend le portrait du gnostique qu'il avait ébauché précédemment ; et dans cet idéal de la perfection, sur lequel il revient sans cesse avec tant de complaisance, il a soin de comprendre le détachement complet des biens et des jouissances de ce monde. Le V⁰ livre nous reporte vers la question des rapports de la science avec la foi. Là, nous rencontrons, outre la théorie de l'auteur concernant l'interprétation allégorique de l'Écriture sainte, un aperçu général sur le symbolisme religieux chez les anciens peuples. C'est également dans cette partie des *Stromates*, que le chef du Didascalée a réuni le plus de preuves à l'appui de sa thèse sur les emprunts faits aux livres saints par les poëtes et les philosophes grecs. Cette singulière proposition, il continue à la développer au VI⁰ livre, en même temps qu'il y montre, avec une force et une chaleur toujours croissantes, quel secours la foi peut recevoir de la philosophie et des autres sciences humaines. Le reste du VI⁰ livre ainsi que le VII⁰ sont consacrés à l'analyse de la connais- et des vertus qui deviennent le partage du gnostique ou du chrétien arrivé au sommet de la science divine et de la perfection morale. Enfin, pour répondre à une objection tirée de la multiplicité des sectes, l'auteur indique les vraies sources de la foi, l'Écriture sainte et la tradition ecclésiastique. Il n'y a qu'une Église véritable, une et universelle, antérieure à toutes les hérésies: c'est là qu'il faut chercher, et c'est là seulement qu'on trouve le dépôt intact de la révélation. L'argument de prescription, si bien formulé par Tertullien, est aussi le dernier mot des *Stromates*.

Certes, Messieurs, vous en conviendrez, si l'édifice pèche par le défaut de symétrie et de régularité, on ne peut s'empêcher d'y voir une œuvre largement conçue et exécutée avec hardiesse. C'est un véritable traité de philosophie chrétienne, où les faits de l'histoire sont ramenés à l'unité du plan divin, et les données de la science aux principes qui les dominent. Déjà l'examen du *Pédagogue* et de l'*Exhortation aux Grecs* nous avait obligés d'anticiper quelque peu sur l'étude des *Stromates,* pour mettre en relief certains points que l'auteur n'avait fait qu'indiquer dans ses premiers ouvrages. Nous ne toucherons plus à cette série de questions en tête desquelles figurait la théorie de Clément sur le commerce des écrivains de la Grèce avec les livres saints. Mais il en est d'autres qui méritent toute notre attention, en particulier la grande thèse des rapports de la science et de la foi, de la philosophie et de la théologie. Là est l'importance capitale des *Stromates*, comme d'ailleurs il n'est pas de sujet qui puisse nous offrir un plus haut intérêt. Avant d'aborder une matière que nous n'avons pas encore eu occasion de traiter à fond, je crois devoir vous présenter quelques réflexions sur le style de l'ouvrage qui a le plus contribué à la réputation de Clément d'Alexandrie.

S'il fallait prendre au pied de la lettre une déclaration de l'auteur, on pourrait en conclure que les *Stromates* se recommandent d'un bout à l'autre par une diction simple et facile, sans aucune espèce de prétention à l'élégance du discours. Voici, en effet, dans quels termes Clément rend compte des qualités littéraires de son œuvre :

« Nous l'avons dit plus d'une fois, nous ne sommes point exercé à l'art grec, et nous en faisons peu de cas : il ne sert qu'à éloigner le grand nombre de la vérité, tandis que la vraie philosophie cherche moins à flatter l'oreille des auditeurs qu'à porter la lumière dans leur âme. Il faut, selon nous, que le zélateur de la vérité, sans artifice de style ni de préoccupation de langage, se borne à exprimer du mieux qu'il peut sa pensée. Le fond des choses échappe à ceux qui soignent laborieusement la forme et n'ont souci que des mots. Voyez l'agriculteur : il cueille, sans se blesser, la rose qui croît au milieu des épines. Le lapidaire surprend la perle cachée dans la chair du coquillage. On dit encore que les poules dont la chair est la plus succulente, ne sont pas celles qu'on a le mieux nourries, mais celles qui ont creusé la terre pour en arracher péniblement une rare pâture. Ainsi donc l'homme qui, n'étudiant que la vraisemblance, chercherait la vérité à travers le cercle des probabilités et la vaine science des Grecs, ressemblerait à celui qui se fatigue vainement à saisir les traits d'une figure sous le masque où elle se cache [1]. »

Assurément, si le docteur alexandrin a voulu dire par là que le style des *Stromates* est très-inégal, peu conforme à ces habitudes de politesse et de clarté qui distinguent les écrivains du siècle de Périclès, il ne s'est pas trompé ; et l'on ne peut que souscrire au jugement qu'il porte sur le mérite littéraire de sa composition :

Les *Stromates,* écrit-il, sont loin de ressembler à ces jardins travaillés avec soin, où les plantations s'alignent dans un ordre symétrique pour le plaisir des yeux. Je les comparerais plus volontiers à un coteau couvert d'un bois épais, où croissent ensemble le cyprès, le platane, le laurier, le lierre, le pommier, l'olivier et le figuier, de telle sorte que la plante stérile et l'arbre fruitier viennent s'y mêler à dessein. Et pourquoi ce mélange ? Parce que l'Écriture veut rester mystérieuse, afin d'échapper aux mains rapaces qui dérobent et emportent les fruits arrivés à leur maturité. Mais que le laboureur aille dans cette pépinière enlever les arbres avec leurs racines, pour les transplanter ailleurs, il en formera un jardin plein d'agrément et un délicieux bosquet. Nos *Stromates* ne visent donc ni à l'ordre ni à l'élégance du style. Les Grecs eux-mêmes ne suppriment-ils pas à dessein les ornements du langage, en tenant sous le voile les doctrines qu'ils sèment dans leurs écrits, au lieu de présenter la vérité telle qu'elle est, afin d'exciter par là l'intelligence et l'activité du lecteur ? A des poissons d'espèces différentes il faut des amorces nombreuses et variées [2]. »

---

1. *Strom*, II, 1.
2. *Strom.*, VII, 18. — « Pour échapper à l'œil de ceux qui s'en vont ramassant des lambeaux de phrases, comme les geais recueillent les graines

Voilà bien, en effet, la physionomie des *Stromates*. C'est de propos délibéré que l'auteur s'interdit l'ordre et la clarté. Il craint que l'ignorance et la mauvaise foi n'abusent de son livre. En conséquence, il s'efforce de laisser la doctrine dans un demi-jour qui permette aux initiés de saisir la vérité, et qui empêche les autres de la travestir par des commentaires malveillants. Nous l'avons dit, il y a là un scrupule exagéré : la discipline du secret n'obligeait pas à une telle réserve, d'autant plus que les *Stromates* ne touchent en rien aux sacrements, c'est-à-dire à cette partie de la religion qu'il importait de ne pas exposer indistinctement aux yeux de tous les lecteurs. Mais ne revenons pas là-dessus ; c'est du style de l'ouvrage qu'il s'agit en ce moment. Or, s'il est vrai de dire avec Clément que sa diction s'éloigne de la pureté et de l'élégance grecques, nous devons ajouter qu'elle n'en sent pas moins le travail et même l'affectation. Il est rare de rencontrer un style moins simple et plus chargé de métaphores. C'est le langage de la poésie transporté dans la prose, et ne reculant devant aucune audace pour donner du relief à l'idée. Je n'en voudrais d'autre preuve que ces allusions perpétuelles aux mystères du paganisme, dont Clément applique la terminologie tout entière à la doctrine et aux institutions chrétiennes. Une telle forme peut être très-expressive, piquante, originale ; mais il faut bien avouer que l'exposition du dogme n'y gagne pas en rigueur ni en netteté. Quoi que vous fassiez, vous n'arriverez par là, en fin de compte, qu'à prêter à la vérité un vêtement qui servait d'enveloppe à des idées fausses ; or, ce costume d'emprunt n'est pas de nature à écarter toute confusion. Sans doute, l'auteur des *Stromates* ne manque pas de justifier son procédé par des raisons spécieuses. « Comme il s'agit de se faire entendre d'un grand nombre, dit-il, nous devons employer des locutions qui sonnent bien à leurs

éparses, ces Mémoires contiendront la vérité en forme de semence répandue çà et là ; mais qu'elle rencontre un laboureur intelligent, cette semence germera et produira du blé. » (I, 12.)

oreilles, et qui les disposent à nous écouter avec plus de faveur [1]. » Assurément cette maxime est fort sage ; mais, pour ne pas trouver un péril en cherchant un secours, on a besoin de la renfermer dans de justes limites ; car les mots ne sont pas indifférents lorsqu'il est question de doctrines ; et un exemple, tiré des *Stromates*, suffira pour montrer qu'une expression mal choisie ou équivoque peut donner lieu à de fausses interprétations, et répandre sur tout un ouvrage une couleur défavorable.

Il est clair, Messieurs, que la première condition pour se faire entendre de ceux auxquels l'on s'adresse, c'est de parler un langage qu'ils comprennent. Rien n'est plus propre à introduire de la clarté dans une discussion que l'emploi d'une terminologie à laquelle de part et d'autre on attache le même sens. En outre, il n'y a pas d'inconvénient à emprunter aux adversaires des mots heureux, qui rendent bien l'idée, et qui bannissent tout malentendu. C'est ainsi que les Pères, tant grecs que latins, ont transporté dans la langue ecclésiastique une foule de locutions dont les écrivains du paganisme s'étaient servis pour exprimer des doctrines toutes différentes. Il fallait bien trouver dans le vocabulaire déjà existant des termes à l'aide desquels on pût développer les vérités révélées. Sans cette communauté de langage, le rapprochement des esprits eût été impossible. Pour faciliter aux païens l'intelligence du dogme évangélique, il convenait de le présenter sous une forme appropriée à leur éducation intellectuelle. Clément d'Alexandrie est l'écrivain des premiers siècles qui a fait le plus de concessions aux habitudes littéraires de ceux qu'il s'agissait d'amener sur le terrain de la foi : il adopte leur style, pour leur insinuer sa doctrine. Certes, l'intention était excellente ; et tout porte à croire que cette condescendance pleine d'habileté ne contribuait pas peu au succès de son enseignement ; mais il est un point extrême, où une pareille méthode pouvait devenir périlleuse. S'il n'y a pas de

---

1 *Strom.*, I, 1.

danger à se servir d'expressions dont l'usage peut facilement corriger le sens, la question change, lorsqu'on est en présence de mots qui constituent précisément la formule propre à l'erreur : ces mots, il faut les éviter avec soin, sous peine de porter la confusion dans les idées. Ainsi, pour citer un exemple pris dans le langage moderne, le mot *socialiste* serait une expression mal choisie, si l'on voulait désigner par là un homme qui défend les vraies théories sociales. Pourquoi? Parce que le mot *socialisme* est un terme peu reçu, consacré par la coutume, pour indiquer des utopies qui tendent au bouleversement de la société. Vous auriez beau dire que vous entendez parler du vrai socialisme, du socialisme compris dans le sens chrétien, ces restrictions n'exclueraient pas toute équivoque, et laisseraient le champ libre à des interprétations fâcheuses. Eh bien, c'est une locution de ce genre que je reprocherais à Clément d'Alexandrie, s'il n'avait usé de tant de précautions pour empêcher toute méprise. Voulant définir le vrai savant, le chrétien parfait, l'homme parvenu à un degré de sainteté éminente, il emploie sans hésiter le mot *gnostique*, et cela, d'un bout des *Stromates* à l'autre. Si l'on ne devait consulter que l'étymologie, toute difficulté disparaîtrait : saint Paul avait appelé *gnose* ce que les siècles chrétiens ont nommé la science de la foi. Mais depuis lors, les systèmes gnostiques avaient bien altéré la signification de ce mot, devenu caractéristique pour désigner les hérésies des premiers siècles. Devant un pareil fait, il y avait plus de hardiesse que de prudence à choisir, comme expression de la vérité, un terme qu'on tenait généralement pour synonyme d'erreur. Aussi cette locution n'a-t-elle point passé dans la langue théologique où l'on continue à qualifier de la sorte les socialistes du premier âge de l'Église. Le résultat le plus clair de cette terminologie empruntée aux gnostiques, c'est d'avoir valu à Clément d'Alexandrie des accusations immeritées. Dans son ouvrage *sur la Gnose chrétienne*, le docteur Baur n'a pas manqué de conclure de cette analogie verbale que les *Stromates* diffèrent peu du gnosticisme pour le fond des idées [1]. Rien n'est moins exact que cette assimilation ; mais il faut bien avouer que le maître d'Origène a prêté le flanc à l'attaque, en adoptant avec trop de complaisance un vocabulaire sous lequel le mensonge avait coutume de se cacher. Tant il est difficile d'épurer un langage corrompu par de fausses théories, et d'ajuster à la vérité le vêtement de l'erreur.

Je tenais, Messieurs, à faire ces réserves avant d'aborder l'examen des *Stromates*, car ce brillant essai de philosophie chrétienne mérite trop d'éloges pour qu'on ait besoin d'amoindrir la part de la critique. L'homme qui, le premier, a tenté de réunir dans une vaste synthèse les faits de l'histoire et les éléments de la doctrine, occupera toujours dans la littérature chrétienne un rang que nul ne peut lui disputer. On a beau signaler un défaut de méthode dans le plan de son livre ; et dans son style, des étrangetés, voire même des bizarreries ; il n'en reste pas moins vrai que les *Stromates* sont une composition de premier ordre eu égard à l'ampleur et à la hardiesse de la conception. Pour nous en convaincre, il nous suffira d'étudier la grande thèse qui fait le fond de l'ouvrage, la question des rapports de la science avec la foi.

1. *Die christliche gnosis* von Bauer, p. 502 540, Tubingue, 1835.

QUATORZIÈME LEÇON

La question des rapports de la foi avec la science, point capital des *Stromates*. — Définition de la foi. — Analyse de l'acte de foi. — Principe de la foi. — La foi, résultat d'une illumination et d'une impulsion divines. — La foi, acte de l'intelligence qui adhère à la vérité, et de la volonté qui détermine cette adhésion. — Motif suprême de la foi, la véracité divine. — L'Église, canal par lequel la révélation nous arrive pure et intacte. — Objet de la foi : les vérités divinement révélées. — Le propre de ces vérités, c'est de s'appuyer sur l'autorité divine et non sur des preuves intrinsèques. — Comment les vérités de l'ordre naturel peuvent être comprises dans l'objet de la foi. — Sources de la foi : l'Écriture sainte et la Tradition. — Doctrine de Clément sur l'inspiration des livres saints. — Pour interpréter l'Écriture dans son véritable sens, il faut consulter la tradition vivante et orale de l'Église. — L'Église catholique et les sectes. — Résumé de cet enseignement.

Messieurs,

J'ai essayé, dans ma dernière Leçon, de vous donner une idée générale des *Stromates*. Après avoir marqué la place qui revient à ce traité parmi les œuvres de Clément d'Alexandrie, il fallait indiquer le but que l'auteur s'est proposé d'atteindre. Recueillir l'enseignement de ses maîtres, tel qu'il l'a transmis de vive voix à ses disciples, c'est à quoi se résume la tâche du célèbre catéchiste. Nous avons discuté les motifs qui lui font préférer à une distribution méthodique des matières, cette forme plus libre et moins correcte que prennent d'ordinaire les Esquisses et les Mélanges : d'une part, il veut assurer à son livre l'agrément de la variété, et tenir en haleine l'intelligence du lecteur par la nécessité d'une application soutenue ; de l'autre, il cherche à prévenir la critique d'esprits malveillants, en dérobant les mystères de la foi à l'œil de ceux qui ne sont pas initiés. C'est dans ce but aussi que le docteur alexandrin emploie un style qui permet de deviner la pensée, plutôt qu'il ne la montre à découvert. Ajoutez à ces réticences calculées le désir de gagner ses adversaires païens ou hérétiques, en leur empruntant une partie de leur vocabulaire, bien que dans un autre sens, et vous aurez une idée des difficultés qu'offre l'étude des *Stromates*. Nous n'y trouverons pas une exposition claire et systématique du dogme, mais une foule d'aperçus qui entraînent l'attention d'un sujet à l'autre, en sorte que, pour saisir la véritable pensée de l'auteur sur un point quelconque, il faut réunir et comparer entre elles des propositions disséminées dans toute la suite de l'ouvrage. Il va sans dire que cette manière de présenter une doctrine par fragments, par morceaux détachés, n'est pas de nature à faciliter l'intelligence du texte, et qu'il a dû en sortir des interprétations bien diverses. Nous verrons plus tard comment Bossuet et Fénelon, dans leur controverse sur le pur amour, ont cherché à tirer les *Stromates* chacun de son côté ; et rien ne prouve mieux les inconvénients de la méthode de Clément que cette lutte acharnée sur le terrain d'un livre dont l'autorité était invoquée de part et d'autre. Toutefois, je me hâte de le dire, ce défaut de méthode ne saurait effacer le mérite d'une composition originale entre toutes ; et lorsqu'on a pris soin de ramener à l'unité ce corps d'ouvrage démembré à dessein on reste frappé de l'étendue et de la profondeur d'esprit que révèle une pareille production. Je commence par la question qui domine toutes les autres, celle des rapports de la science avec la foi.

Le mot foi est corrélatif à celui de révélation. Qui dit vérité révélée affirme pour tout être raisonnable l'obligation d'y croire. Refuser à Dieu l'adhésion de l'esprit, c'est nier son existence, ou se révolter contre lui. Dieu a parlé : cela suffit ; à l'homme de s'incliner et d'obéir. Il ne s'agit pas de demander à Dieu, comme condition préalable de notre assentiment, la raison intime des choses : une pareille défiance serait un outrage à la véracité divine qui ne peut pas nous tromper, et à la puissance divine qui ne veut pas nous nuire. Lors donc que le Christ apparut au milieu du monde en sa qualité d'envoyé divin, de Fils de Dieu, il exigea de l'homme la foi, une foi absolue et sans réserve. Est-ce à dire qu'il ait voulu imposer au genre humain une foi aveugle, sans fondement ni motif? Certes non. S'adressant à des êtres doués d'intelligence, il les traite conformément à leur nature et à leur dignité. Il présente à l'humanité ses lettres de créance ; il donne les preuves de sa mission. Il en appelle aux prophéties : « Scrutez les Écritures, dit-il, elles rendent témoignage de moi [1]. » Il en appelle à ses miracles, attestation authentique et solennelle de la toute-puissance divine : « Si vous ne voulez pas me croire, croyez aux œuvres que je fais . » Bref, il veut que la foi de l'humanité soit raisonnable, et dans ce but il multiplie les motifs de crédibilité ; mais du moment qu'il a démontré sa mission divine par des arguments irréfutables, il n'admet pas que l'homme puisse lui refuser sa croyance, sans s'insurger contre Dieu, et par suite sans s'exclure volontairement de la voie du salut. « Celui qui ne croira pas, dit-il, sera condamné [3]. » Il pose ainsi la foi comme le premier devoir du chrétien, comme une condition sans laquelle l'homme ne saurait atteindre sa fin ; et la doctrine, objet de cette croyance, il ordonne à ses apôtres de l'enseigner au monde, en leur promettant de les assister dans leur ministère jusqu'à la consommation des siècles.

Fidèles à ce mandat, les apôtres prêchèrent dans l'univers entier la foi au Christ et à sa doctrine. Pas plus que leur Maître, ils ne demandent aux hommes une foi aveugle et irréfléchie ; ils prouvent avant tout que Dieu a parlé par son Fils : cette preuve de fait, ils la fournissent en s'appuyant sur les prophéties accomplies dans la personne de Jésus-Christ,

---

1. S. Jean, v, 39.
2. Ibid., x, 38.
3. S. Marc, xvi, 16.

sur ses miracles, et en particulier sur sa résurrection. C'est par là qu'ils débutent dans tout le cours de leur prédication, sachant bien que la foi, pour être un acte moral, suppose des motifs capables d'entraîner notre assentiment ; mais ces motifs une fois exposés et déduits, ils voient dans l'incrédulité une insulte à la majesté divine. « Sans la foi, il est impossible de plaire à Dieu [1]. » Ni la loi naturelle avec ses préceptes, ni la loi mosaïque avec ses œuvres ne sauraient jusjustifier l'homme qui refuse de s'unir à Dieu par le lien surnaturel de la foi. Telle est la thèse que saint Paul développe dans l'Épître aux Romains. Sans doute, par cette foi justifiante, l'apôtre n'entend pas seulement l'adhésion pure et simple de l'esprit aux vérités révélées : il veut parler d'une foi qui se traduit en acte, qui opère par la charité ; mais ce qu'il y a de certain, c'est que saint Paul envisage la croyance à la révélation comme un élément essentiel de la foi justifiante : « La foi, dit-il, vient par l'audition, et l'audition par la parole du Christ [2]. » Et enfin, voulant préciser l'idée de la foi dans l'Épître aux Hébreux, il donne cette magnifique définition : « La foi est le fondement des choses qu'on espère, et la preuve de celles qu'on ne voit pas [3]. » Comme la vie présente est une préparation à la vie future, et que nous ne possédons les biens éternels qu'en espérance, c'est la foi aux promesses divines qui soutient, qui affermit cet espoir ; et comme, d'ailleurs, les vérités révélées ne sont pas évidentes par elles-mêmes, c'est la foi qui en fournit la preuve dans les motifs de crédibilité qu'elle propose à l'intelligence humaine. Le syllogisme de la foi, dont parle saint Paul, se formule ainsi : la véracité divine nous oblige à croire tout ce que Dieu a révélé ; or, la doctrine chrétienne est révélée de Dieu ; donc il faut adhérer à la doctrine chrétienne. La majeure du syllogisme est une vérité de sens commun, qu'on ne saurait nier sans détruire la raison ; la mineure est l'objet

---

1. Ép. aux Hébr., xi, 6.
2. Ép. aux Rom., x, 17.
3. Ép. aux Hébr., xi, 1.

même de la démonstration évangélique : de telle sorte que la foi a une double assise inébranlable dans les données de la conscience et dans les faits de l'histoire.

Cet acte de foi, Clément d'Alexandrie veut l'analyser d'après saint Paul. Et d'abord il constate un fait psychologique, qui se reproduit dans n'importe quel ordre de connaissances, c'est que nous avons besoin d'une certaine foi préalable pour apprendre quelque chose que ce soit. « Voulez-vous, dit-il, que l'enseignement pénètre dans l'esprit du disciple ? il faut que ce dernier y contribue à son tour par la foi qu'il accorde au maître. Cette foi est pour lui un moyen naturel de s'instruire. Ainsi la fertilité d'une terre favorise-t-elle le travail du semeur. La meilleure éducation est stérile sans l'assentiment de l'élève, et les prophéties restent vaines sans la docilité des auditeurs [1]. » Un peu auparavant déjà, il avait dit dans le même sens que cette soumission anticipée est nécessaire pour acquérir une connaissance quelconque. Théophile d'Antioche énonçait la même proposition, et l'on n'a pas de peine à en comprendre la justesse, pour peu qu'on y réfléchisse [2]. Sans cette foi naturelle ou cette confiance que nous accordons à ceux qui nous instruisent, tout enseignement serait impossible. Seulement, pour être raisonnable, il faut que cette confiance soit bien placée, qu'elle trouve dans celui qui en est l'objet une garantie sérieuse. Si donc l'homme est obligé d'admettre, sur la foi d'un témoignage certain, quantité de faits qu'il ne saurait ni connaître ni vérifier par lui-même, cette loi est plus impérieuse encore lorsqu'il s'agit d'une révélation divine, soit qu'il plaise à Dieu de nous promettre des biens dont il recule la possession dans la vie future, soit qu'il veuille nous enseigner des vérités dont la raison intime nous échappe. C'est en partant de cette analogie empruntée à l'ordre humain, que Clément d'Alexandrie définit la foi à la suite de saint Paul : « une anticipation vo-

---

1. *Stromates*, ii, 6.
2. Voyez *les Apologistes chrétiens au* iie *siècle*, 2e volume, leçon XI, p. 232 et suiv.

lontaire, un pieux assentiment, le fondement des choses que nous espérons, la preuve de celles que nous ne voyons pas, selon le langage du divin apôtre [1]. » Et encore : « une adhésion volontaire, une sage présomption de ce que nous comprendrons plus tard [2]. » Et enfin : « l'assentiment raisonnable d'une âme dans l'exercice de sa liberté [3]. » Peut-être, Messieurs, l'une ou l'autre de ces expressions vous aura-t-elle paru quelque peu singulière : l'auteur des *Stromates* a toujours une manière originale de dire les choses les plus simples ; mais il n'y a rien dans ces phrases qui ne soit d'une exactitude rigoureuse. Le propre de la foi, envisagée comme acte de l'intelligence, c'est d'adhérer à la vérité révélée. Eu égard à l'objet même de cette révélation, la foi, comme la définit très-bien Clément, est une anticipation sur la vision intuitive, sur l'évidence intrinsèque, qui sera notre partage dans la vie future : ici-bas, nous préjugeons l'avenir, nous présumons ce que nous ne pouvons comprendre dans l'état présent de nos facultés, et ce qu'il nous sera donné de contempler un jour ; c'est un jugement formé avant la compréhension pleine et entière de la chose jugée, πρόληψις. il en va tout autrement lorsqu'il s'agit, non plus de l'objet même de la révélation, mais des motifs sur lesquels repose la croyance : sous ce rapport, nous ne préjugeons rien, nous jugeons à la suite d'un examen préalable, ὑπόληψις ; nous cherchons le fondement des choses que l'on doit espérer [4] ; nous demandons la preuve de celles que l'on ne peut voir [5]. Cette analyse de l'acte de foi est très-juste : pour entrer plus avant dans la pensée de l'auteur, nous allons voir comment il détermine et circonscrit chaque élément l'un après l'autre, c'est-à-dire le principe, le motif et l'objet de la foi.

1. *Strom*, II, 2. πρόληψις, *res præjudicata*, jugement formé avant la compréhension de la chose jugée

2. *Stromates*, II, 6, ὑπόληψις, *res postjudicata*, jugement formé après l'examen des motifs qui l'ont fait porter

3. Ibid., V, 1.

4. Ὑπόστασίς τῶν ἐλπιζομένων.

5. Ἔλεγχος πραγμάτων οὐ βλεπομένων.

Je crois inutile, Messieurs, d'insister devant vous sur l'importance de cette question, capitale en théologie ; et il faut vraiment savoir gré au docteur alexandrin d'y avoir porté l'attention de son esprit, autant que la forme et le plan de son ouvrage le lui permettaient. Il n'en est pas de la foi surnaturelle et divine comme de la foi naturelle et humaine. Quand nous donnons notre assentiment à la parole d'un homme qui relate des faits dont il a été le témoin sincère et compétent, nous n'avons pas besoin d'un concours de Dieu différent de celui qu'il prête à tous nos actes en général : nos facultés suffisent pleinement pour cet ordre de connaissances qui est à la portée de notre raison, et qui ne va pas au-delà de nos fins naturelles. Mais la foi chrétienne est une préparation à la vision béatifique, don absolument gratuit, qui dépasse les exigences et les aptitudes de notre nature. Donc, pour qu'il y ait proportion entre la fin et les moyens, il faut que la foi du chrétien soit surnaturelle comme la fin où elle tend. En d'autres termes, à la racine même de l'acte de foi, il doit y avoir autre chose encore que le fait de l'homme, que le simple travail de son intelligence et de sa volonté : sinon, cet acte, purement humain, n'aurait aucune valeur pour une fin qui est d'un autre ordre, et avec laquelle il ne serait plus en rapport. Or qu'est-ce qui peut élever l'acte de foi au-dessus de lui-même, en lui communiquant un caractère et un prix surnaturels ? L'opération divine qui, prévenant, accompagnant, perfectionnant l'action de l'homme, la pénètre et la transforme. Par suite de cette opération divine, l'acte de foi sort du domaine des choses purement humaines, pour entrer dans l'ordre surnaturel. Et comme la foi est tout ensemble le fait de l'intelligence qui adhère à la vérité, et celui de la volonté qui détermine l'adhésion, cette opération divine a nécessairement une double face : elle est une illumination pour l'intelligence, et une impulsion pour la volonté. Lumière initiale, la grâce divine prépare l'homme à la vision béatifique qui est le terme final de la connaissance ; premier moteur, elle l'incline vers le souverain bien dont la possession est le plus haut degré du bonheur et de la vertu. Bref, soit comme lumière, soit comme force, la grâce est à l'origine de l'acte de foi : elle en est le principe suprême et universel.

Cette loi fondamentale de l'ordre surnaturel, Clément d'Alexandrie l'a reconnue et proclamée de manière à ne pas laisser de doute sur son vrai sentiment. « La science, dit-il, est cet état de l'âme où l'on arrive par la démonstration ; mais la foi est *une grâce* au moyen de laquelle nous nous élevons des choses où la démonstration est impossible vers le principe simple, universel, qui n'est pas avec la matière, qui n'est pas la matière, qui n'est pas sous la matière [1]. — On ne saurait comparer celui qui parle de la vérité à la vérité s'interprétant elle-même. Autre chose est la simple conjecture, autre chose la vérité. Ici, c'est la réalité ; là, une ressemblance. D'un côté, le résultat de l'étude et de l'exercice; de l'autre, l'effet de la puissance et de la foi. Car la doctrine qui enseigne la piété est un don, comme la foi est *une grâce* [2]. » Vous le voyez, Clément fait ressortir avant tout l'élément divin de la foi, ce qu'il y a en elle de supérieur aux efforts de l'homme. Et pourquoi la grâce doit-elle être le principe de la foi? Parce que la foi est pour nous le moyen d'atteindre notre fin surnaturelle. « Elle nous donne, dit Clément, la force d'arriver au salut, le pouvoir de parvenir à la vie de l'éternité [3]. » Or, nul travail, nul exercice des facultés humaines n'est par lui-même en rapport avec un but qui dépasse les limites de notre nature. Et qu'on ne dise pas que le théologien du IIe siècle veut parler uniquement de cette parole extérieure qui transmet aux chrétiens la vérité révélée. Non, il s'agit bien dans sa pensée d'une action de l'Esprit-Saint sur l'âme du fidèle, d'une illumination intérieure qui répond à l'enseignement du dehors. « Nous

---

1. *Stromates*, II, 4, ἡ πίστις δὲ χάρις...
2. *Stromates*, I, 7, χάρις δὲ ἡ πίστις.
3. Ibid., II, 12, ἰσχὺς εἰς σωτηρίαν καὶ δύναμις εἰς ζωὴν αἰώνιον.

affirmons, dit-il dans son langage si énergique et si expressif, que l'Esprit-Saint est insufflé à celui qui croit [1]. » Par la foi l'Esprit-Saint est répandu et transplanté en quelque sorte dans notre âme, selon la mesure de chacun, sans être circonscrit lui-même [2]. L'auteur des *Stromates* n'admet pas que l'on puisse, sans le secours de la grâce, acquérir une connaissance de Dieu méritoire et profitable pour le salut. « Soit donc, continue-t-il, que le Père attire à lui quiconque a vécu sans tache et s'est élevé jusqu'à la notion de la nature bienheureuse et incorruptible, soit que le libre arbitre, qui est en nous, parvenu à la connaissance du souverain bien, s'élance et franchisse la barrière, selon le langage de la gymnastique, ce n'est jamais néanmoins sans le secours d'une grâce spéciale que l'âme reçoit des ailes et prend son vol par-delà les régions supérieures [3]. » Ce secours céleste, il l'étend à n'importe quelle connaissance dans l'ordre divin: « Ceux qui se tiennent pour divinement instruits, dira-t-il en comparant les lumières de l'Évangile aux ténèbres du paganisme, ceux-là même arrivent difficilement à la notion de Dieu, bien qu'ils aient l'assistance de la grâce pour quelque connaissance que ce soit [4]. » Donc, d'après la doctrine de Clément, la foi est le fruit de la grâce, le résultat d'une action de l'Esprit-Saint sur l'âme humaine. Rien n'est plus éloigné de son esprit que les théories si peu logiques et si superficielles du pélagianisme et du semi-pélagianisme: théories qui heurtent la raison non moins que la foi, parce qu'elles attribuent à un acte purement naturel la vertu de conduire l'homme à une fin qui excède les forces et les limites de la nature.

Mais si la foi, envisagée dans son principe, est un don de Dieu, s'ensuit-il que l'homme n'ait aucune part à cet acte qui doit être le fondement de son salut? Non, certes. Il y a dans

---

1. *Stromates*, v, 13.
2. Ibid., vi, 15.
3. Ibid., v, 13.
4. Ibid., vi, 18.

la foi un double élément, un élément divin et un élément humain : sans l'un elle cesserait d'être surnaturelle ; sans l'autre elle ne serait plus méritoire. Dieu éclaire l'intelligence et meut la volonté de l'homme ; mais il reste toujours en notre pouvoir d'ouvrir ou de fermer les yeux à cette lumière, de suivre cette impulsion ou d'y résister. La foi est donc « l'assentiment raisonnable d'une âme agissant dans l'exercice de sa liberté [1]. » C'est la définition que donne Clément d'Alexandrie : elle indique nettement la part de la raison et de la volonté dans l'acte de foi. Cette participation, les basilidiens la niaient, prétendant que la foi est innée à une certaine catégorie d'hommes, qu'elle est la conséquence nécessaire d'une élection faite dans un monde antérieur, et par suite que Dieu la réserve aux pneumatiques comme un privilége de leur nature. Mais, répond Clément, si la foi n'est pas un acte volontaire et libre, elle se réduit à quelque chose de machinal, de mécanique, où la vertu n'entre pour rien : dès lors, il n'y a pas plus de mérite à croire, qu'il n'y a de faute dans l'incrédulité ; la récompense devient aussi injuste que le châtiment, et l'homme tout entier tombe sous l'empire de la fatalité [2]. Cette argumentation est sans réplique : par-dessus les gnostiques des premiers siècles, elle atteint également les théories fatalistes de Luther et de Calvin, qui suppriment la coopération humaine dans l'affaire du salut. Donc, ici encore, le docteur alexandrin a très bien saisi le caractère de l'acte de foi, produit simultané d'une opération de la grâce et d'une détermination de la volonté : il ne néglige aucun des deux facteurs qui concourent à ce résultat. Si la foi est un don de Dieu, elle n'en demeure pas moins une vertu. Or la vertu suppose comme conditions essentielles l'usage de la raison et l'exercice de la liberté. En quoi consiste cet exercice du libre arbitre ? Dans la faculté qu'a l'homme de donner ou de refuser son assentiment aux vérités révélées. Sur quoi porte le travail de la raison ? Sur les motifs de crédibilité dont l'ap-

1. *Stromates*, v, 1.
2. Ibid., ii, 3.

préciation est nécessaire pour rendre l'adhésion raisonnable. Ceci nous amène à discuter le motif de la foi, tel que l'indique l'auteur des *Stromates*.

Vous voyez, Messieurs, que l'acte de foi, tout simple qu'il paraît à première vue, présente néanmoins différents aspects, quand on l'étudie dans ses divers éléments. En allant à la racine de cet acte, nous y avons trouvé, avec Clément d'Alexandrie, d'une part, une illumination et une impulsion divines; de l'autre, l'intelligence qui adhère à la vérité révélée, et la volonté qui détermine l'adhésion. Mais quel est le motif de cette détermination ? Voilà le deuxième point qu'il fallait mettre en lumière pour donner une notion exacte de la foi. Nous ajoutons foi à la parole d'un homme, lorsque nous avons des motifs sérieux de croire qu'il n'a pas pu se tromper, et qu'il ne veut pas nous tromper. C'est sur les qualités, sur la valeur de son témoignage que se fonde notre assentiment : ces qualités peuvent se rencontrer à un degré tel, qu'elles engendrent la certitude morale ; et cette certitude morale suffit assurément pour la conduite ordinaire de la vie. Mais il est clair aussi que la certitude basée sur le témoignage humain, quelque haute qu'on la suppose, ne saurait jamais d'elle-même revêtir le caractère de l'infaillibilité ; car il reste toujours pour l'homme la possibilité de tomber dans l'erreur et d'y entraîner ses semblables. Autre est la valeur du témoignage divin : ici, nulle surprise n'est admissible, en raison de la science et de la sainteté infinies de Dieu. Voilà ce qui met la foi surnaturelle et divine hors de pair avec la foi humaine et naturelle : fondée sur la parole infaillible de Dieu, elle a pour motif suprême la véracité divine. « Nous produisons, dit le chef du Didascalée, un argument décisif, péremptoire, en montrant que c'est Dieu lui-même qui a parlé, et qui s'est expliqué dans les Écritures sur chacun des points devenus l'objet de mes investigations. Quel est donc l'homme assez impie pour ne pas donner croyance à Dieu et pour lui demander des preuves comme on en demande aux hommes? — Eh quoi ! les disciples de Pythagore de Samos refusent dans leurs recherches le secours de la démonstration, persuadés que ce mot : Le maître l'a dit, suffit pour motiver la foi, pour confirmer ce qu'ils ont entendu ; et ceux qui désirent s'élever à la contemplation de la vérité, n'auraient pas foi dans un maître si digne de confiance, dans le seul Dieu Sauveur, jusqu'à lui demander des preuves à l'appui de sa parole[1]. » On ne saurait mieux dire que la parole de Dieu mérite toute créance parce que Dieu, étant la vérité même, ne peut ni se tromper ni nous tromper. Ce motif de la foi, Clément ne cesse de l'indiquer dans le cours de l'ouvrage : « Obéir au Verbe que nous avons proclamé notre maître, c'est se fier à lui en toutes choses sans la moindre contradiction. Car qui sommes-nous pour résister à Dieu[2] ? » Ailleurs, il fait encore mieux ressortir le caractère de la foi, qui s'appuie non pas sur l'évidence de la vérité révélée, mais sur l'autorité du révélateur : « Croire, dit-il, ce n'est pas donner son assentiment à la suite d'une démonstration préalable ; c'est se soumettre à une autorité. Or, quelle autorité pourrait être supérieure à celle de Dieu ?...

Nous croyons à la parole de Dieu, persuadés que par lui nous arriverons à la gloire et au salut. Cette confiance, nous l'accordons à Dieu seul, car nous savons qu'il ne violera pas ses promesses[3]. » Le théologien du IIe siècle joint ici le motif de l'espérance à celui de la foi, parce qu'en effet la véracité divine est le fondement de l'une et de l'autre : nous espérons la vie éternelle et les moyens d'y arriver, à cause de la certitude des promesses divines, comme nous croyons aux vérités révélées sur l'autorité infaillible de la parole de Dieu.

En décrivant ainsi le motif de la foi, Clément d'Alexandrie exposait nettement la doctrine catholique ; et il importe de

---

1. *Stromates*, v, 1 ; ii, 5.

2. *Stromates*, ii 4. « Sachant que notre Maître est le Fils de Dieu, je suis obligé par là même de croire que sa doctrine est vraie. » (Ibid. v, 13.)

3. *Stromates*, ii, 6.

se former sur ce point une idée bien précise, car les écrivains protestants, en particulier, ont cherché à l'obscurcir par des objections mal fondées. A les entendre, la foi catholique aurait pour motif l'autorité des hommes. Rien n'est moins exact. Si l'Église intervient dans l'acte de foi, c'est pour apprendre à l'homme ce que Dieu a révélé, mais non pour ajouter une nouvelle autorité à la parole de Dieu, comme si cette parole n'avait pas une garantie suffisante dans la véracité divine. A cet égard, le rôle de l'Église est celui d'un témoin qui rapporte ce qu'il a vu et entendu ; d'un dépositaire qui garde fidèlement et transmet ce qu'on lui a confié. Nous savons par l'Église quelles sont les vérités divinement révélées, mais ces vérités, nous les croyons parce que Dieu les a révélées : voilà le motif de notre foi. Le témoignage de l'Église porte sur l'existence même de la révélation : comme c'est à elle que cette révélation a été faite, c'est à elle aussi qu'il appartient de la communiquer, telle qu'elle l'a reçue, soit de vive voix, soit par écrit ; quant à la révélation prise dans son objet, elle ne tire pas son autorité de l'Église, mais de la véracité divine. Sans doute il a plu à Dieu d'attacher au témoignage de l'Église le privilége ou la garantie de l'infaillibilité : en vertu de cette infaillibilité, nous sommes certains que la révélation nous arrive pure et intacte par le canal de l'Église ; mais, encore une fois, ce témoignage infaillible n'est pour nous que le moyen de connaître sûrement la parole de Dieu, parole qui d'elle-même s'impose à notre croyance. Pour expliquer plus clairement ma pensée, vous me permettrez de choisir un exemple, celui de l'Eucharistie. Que Dieu ait révélé aux hommes le dogme de la présence réelle, c'est un fait que nous admettons sur le témoignage infaillible de l'Église ; mais que ce dogme soit une vérité, en d'autres termes, que Jésus-Christ soit réellement présent dans l'Eucharistie, c'est un mystère que nous croyons sur l'autorité de Dieu qui l'a révélé. La véracité divine reste ainsi le motif de la foi, dont l'objet nous est connu sans risque ni mélange d'erreur par l'enseignement de l'Église.

Nous retrouvons sur ce point la sûreté de coup-d'œil que Clément d'Alexandrie a montrée jusqu'ici dans l'analyse de l'acte de foi.

S'agit il de savoir ce que Dieu a révélé ? C'est à l'Église qu'il faut le demander, dit le catéchiste alexandrin : « Elle est une mère chargée de nourrir ses enfants du lait de la doctrine [1]. » En nous adressant à elle, nous avons la certitude d'apprendre la vérité, « car, ajoute Clément dans son gracieux langage, elle est vierge et mère tout ensemble », c'est-à-dire que le mensonge et l'erreur ne sauraient corrompre son enseignement. L'Église est donc le canal par lequel la doctrine révélée nous arrive sans la moindre altération. Voilà pourquoi, dit l'auteur, « nous devons accourir vers cette bonne mère, nous qui sommes ses enfants, et les nourrissons de la pédagogie [2]. » Mais, quand l'Église nous instruit est-ce sa propre doctrine qu'elle nous communique ? Non, c'est la doctrine du Verbe incarné, dont elle ne fait que répéter les leçons. Comme nous l'avons vu, tout le premier livre du *Pédagogue* a pour but de montrer que le Verbe est l'unique maître de l'humanité : en adhérant aux vérités que l'Église nous propose de croire, nous donnons notre assentiment à la parole de Dieu ; la véracité divine reste par conséquent le motif de notre croyance. Ce côté de la question va s'éclaircir davantage, après que nous aurons recherché, à la suite de Clément, l'objet et les sources de la foi.

Si la grâce est le principe de la foi, si la véracité divine en est le motif, l'objet n'en saurait être que les vérités divinement révélées. Or, le propre de ces vérités, selon le philosophe chrétien, c'est de n'être pas évidentes par elles-mêmes, de ne pouvoir se démontrer à l'aide d'arguments tirés de leur nature. Comme il le fait observer avec beaucoup de raison, l'évidence de l'objet, ou l'évidence intrinsèque exclut la

---

1. *Pédagogue*, I, 6

2 Ibid. III, 11 πρὸς τὴν ἀγαθὴν προσδράμωμεν μητέρα.

foi : ce que l'on perçoit directement, ce qui ressort pour l'esprit du fond même des choses, *ex visceribus rei*, on ne le croit pas simplement ; on le voit, ou on le sait [1]. De là vient que saint Paul définit la foi « la preuve des choses qui ne se voient pas » ; car, du moment qu'on les verrait, la foi ferait place à la science ou à la vision. Clément d'Alexandrie a donc nettement distingué la foi de la science, en assignant à la première pour objet des vérités appuyées sur l'autorité divine, et non sur des démonstrations proprement dites [2]. C'est en cela que consiste le mérite de la foi, mérite qui s'évanouirait devant l'évidence d'une perception directe et immédiate. Ce principe établi, l'auteur des *Stromates* comprend dans le domaine de la foi les choses passées non moins que les choses futures, en un mot, toute l'histoire des communications de Dieu avec l'homme : aussi bien le passé, accompli dans le présent, est-il une garantie pour l'avenir [3]. Doit-on en conclure que chaque fidèle ait l'obligation de connaître en détail tout l'objet de la révélation ? Non, une telle étude demeure le fait du savant ou du théologien. La foi, dit Clément d'Alexandrie, la foi commune à tous les chrétiens, « est une connaissance abrégée des choses nécessaires au salut [4]. » En effet, par là même que le chrétien accepte le symbole de la foi sur la proposition de l'Église, il adhère implicitement à tout l'ensemble de la révélation. La thèse du catéchiste alexandrin ne souffre pas de doute. Il n'y a qu'un point sur lequel on pourrait soulever quelque difficulté dans cette analyse de l'acte de foi, et nous allons tâcher de la résoudre.

Lorsqu'on étudie attentivement les *Stromates*, on ne peut qu'être frappé de la persistance avec laquelle l'auteur fait rentrer le dogme de l'existence de Dieu dans l'acte de foi surna-

---

1. *Strom.*, II, 4 ; V, 1.
2. Ibid., V, 1 : ἐν δυνάμει θεοῦ, τῇ μόνῃ καὶ ἄνευ τῶν ἀποδείξεων διὰ ψιλῆς τῆς πίστεως.
3. Ibid., II, 12.
4. Ibid., VII, 10. σύντομός τῶν κατεπειγόντων γνῶσις.

turelle et divine [1]. Or, d'après ses propres principes, il semblerait que ce dogme fondamental ne dût pas être compris dans l'objet de la révélation puisque toute révélation le présuppose nécessairement. Comme nous l'avons établi par des textes irréfragables, Clément d'Alexandrie reconnaît avec Tertullien que l'idée de Dieu est naturelle à l'homme, qu'elle n'a jamais été absente de la conscience humaine sur n'importe quel point du globe [2]. Dans les *Stromates*, où cette pensée reparaît sous tant de formes, il s'exprime de la sorte : « Il est possible par un effort de la dialectique d'entrevoir Dieu, lorsque, sans le secours des sens et au moyen de la raison, nous partons de chaque être pris isolément, pour nous élever de degré en degré vers ce qu'il y a de supérieur, jusqu'à ce que nous ayons saisi par l'intelligence le bien suprême, qui est le terme du monde intelligible [3]. » Je sais bien qu'il parle au même endroit de la difficulté qu'éprouve la raison à découvrir et à démontrer ce qu'elle est même impuissante à désigner par un nom convenable ; mais il veut dire tout simplement que le premier principe des choses ne saurait être déduit d'aucun autre principe : maxime fort juste, qui n'affaiblit en rien la valeur des preuves de l'existence de Dieu par la voie de l'induction [4]. Comment donc le docteur alexandrin peut-il renfermer dans l'objet de la révélation surnaturelle, une vérité à laquelle l'intelligence humaine est capable d'arriver par ses propres forces ? Ce sentiment s'explique sans la moindre difficulté. Nul doute que l'homme ne se porte vers Dieu par un mouvement instinctif et spontané, ni que la raison, en réfléchissant sur elle-même, et en remontant des effets à la cause, ne puisse s'élever à la notion de l'Être tout-puissant et infini : sous ce rapport, la connaissance de Dieu demeure une vérité de l'ordre naturel, que la révélation présuppose et implique : elle est le préambule de la foi, le préliminaire indispensable de toute croyance

---

1. *Stromates*, II, 2 ; v, 1, 11, 12, 13.
2. Leçon VIe, p. 149.
3. *Stromates*, v, 11.
4. Ibid., v, 12.

ultérieure. Mais Dieu, connu par la raison, peut-être connu en même temps par la révélation, et cela d'une manière plus parfaite : il peut être connu, non-seulement comme l'être des êtres et le premier principe des choses, mais encore dans sa vie intime, en tant que Père, Fils et Esprit-Saint ; dans les relations d'un ordre supérieur où il a daigné entrer avec ses créatures ; dans les œuvres miraculeuses par lesquelles il a manifesté sa puissance aux différentes époques de l'histoire ; dans l'économie surnaturelle de la grâce, de la rédemption et de la gloire. Cette connaissance plus haute et plus spéciale, cette connaissance, fondement du salut, est celle dont le Sauveur entendait parler, lorsqu'il disait : « Personne ne connaît le Père, si ce n'est le Fils et celui à qui le Fils aura voulu le révéler [1]. » Clément ne cesse de répéter ces mots, et avec raison, pour montrer que la révélation seule peut nous faire connaître Dieu, tel qu'il veut et doit être connu, relativement à notre fin surnaturelle. Les philosophes grecs, dit l'auteur des *Stromates,* admettent bien l'existence d'une cause suprême, mais les conséquences de cette doctrine leur échappent, à moins qu'ils ne soient instruits par nous: ils ne savent ni ce que c'est que Dieu, ni comment il est Seigneur, Père, Créateur ; toute cette économie de la vérité, ils l'ignorent, si la vérité elle même ne se manifeste à eux [2]. » — « Les plus vertueux d'entre les Grecs, écrit-il ailleurs, adorent le même Dieu que nous ; mais ils n'ont pas une connaissance complète de Dieu, comme nous, n'étant pas instruits dans la doctrine du Fils..... Ils connaissent Dieu de la façon qui leur est propre, tandis que nous, chrétiens, nous le connaissons *d'une nouvelle manière et spirituellement* [3]. » Il y a donc une connaissance de Dieu, nouvelle et plus profonde, qui provient de la révélation, comme il y en a une qui résulte du travail de la raison : la première est l'objet direct et immédiat de la foi ; la seconde est une préparation

---

1. S. Luc, x, 22.
2. *Stromates*, v, 14.
3. Ibid., vi, 5, καινῶς καὶ πνευματικῶς.

à la foi, plutôt qu'elle n'en fait partie. Dieu nous est également connu par cette double voie, mais à divers titres et suivant des manifestations différentes : ici, dans l'unité de sa substance, là dans la trinité de ses personnes ; d'un côté, en tant qu'auteur de la nature, de l'autre comme auteur de la grâce et de la gloire.

Passons maintenant aux sources de la foi. Si la révélation divine est l'objet de notre croyance, où faut-il la chercher ? Clément d'Alexandrie répond sans hésiter: dans l'Écriture sainte et dans la tradition de l'Église. Que l'Écriture sainte renferme la parole de Dieu, c'est une thèse que le théologien du IIe siècle développe dans chacun de ses écrits. « Nous avons, dit-il vers la fin des *Stromates*, nous avons pour principe de la doctrine le Seigneur, qui, par les prophètes, par l'Évangile, par les bienheureux Apôtres, à différentes époques et de plusieurs manières, nous a conduits du commencement au terme de la connaissance... Celui qui est fidèle par lui-même mérite donc notre foi, soit qu'il parle de vive voix, soit qu'il enseigne dans l'Écriture..... S'il ne nous suffit pas de dire simplement : cela est ; s'il faut encore des arguments à l'appui de ce que nous avançons, alors, sans attendre le témoignage des hommes, nous prouvons, par la parole de Dieu, la question en litige, parole qui est plus digne de créance que toute démonstration. Je me trompe ; elle est la démonstration unique, la science par laquelle sont fidèles ceux-là même qui n'ont fait que goûter aux Écritures [1]. » Voilà pourquoi l'auteur appelle l'Ancien et le Nouveau-Testament, les lettres sacrées, les écritures divines, les écritures du Seigneur, les écritures divinement inspirées[2]. Il va jusqu'à les comparer avec Marie qui a enfanté le Seigneur sans perdre sa virginité : ». Ainsi en est-il des Écritures : mères de la vérité, elles l'enfantent en demeurant vierges par le voile qu'elles jettent sur les mystères de la

---

1. *Stromates*, VII, 16.

2. Ibid. I, 20, ἱερὰ γράμματα ; VII, 16, θεῖαι γραφαί ; VII, 16, κυριακαὶ γραφαί ; VII, 16, θεόπνευσται γραφαί.

vérité¹.» Certes, on ne dira pas que Clément d'Alexandrie ait voulu amoindrir l'autorité de l'Écriture sainte, comme source de la révélation. Mais, se demande-t-il, si le fidèle trouve dans ce document sacré l'objet de sa croyance, est-ce que l'hérétique n'y cherche pas également ses opinions ? Voici comment il décrit les procédés des sectaires ; et vous allez juger si ce portrait, pris sur les gnostiques, n'a pas un air de parenté frappante avec d'autres hérésies plus rapprochées de nous :

« D'abord, les hérétiques n'admettent pas toutes les Écritures ; puis, ils ne les acceptent pas dans leur intégrité ; enfin ils ne leur prêtent pas le sens que réclament le corps et la contexture de la prophétie. Mais que font-ils ? Ils choisissent à dessein les passages ambigus qu'ils plient à leurs opinions propres, recueillant çà et là quelques mots isolés et s'arrêtant à la lettre simple et nue du texte au lieu d'en pénétrer l'esprit. Suivez-les dans presque tous les endroits qu'ils allèguent : vous les verrez s'attacher uniquement aux mots et altérer le sens des choses : ils ne savent pas tenir compte des formes du langage, ni prendre dans leur signification naturelle les extraits qu'ils citent... Lors donc qu'ils s'en vont répandre dans le public leurs doctrines mensongères, sentant bien qu'ils sont en contradiction flagrante avec presque toutes les Écritures, et d'ailleurs réfutés sans cesse par les raisonnements que nous leur opposons, ils ont recours au seul moyen qui leur reste, et qu'ils continuent d'employer encore aujourd'hui : ils rejettent une partie des Écritures prophétiques ; et pour ce qui est de nous, ils nous calomnient ². »

---

1. *Strom.*, vii, 16. On voit par ce texte combien la doctrine de l'inviolable et perpétuelle virginité de Marie était enracinée dans l'esprit du grand nombre, τοῖς πολλοῖς, à l'époque où écrivait Clément, c'est-à-dire au ii⁰ siècle. En excluant, pour la naissance du Sauveur, les conditions ordinaires de l'enfantement, comme par exemple, l'ouverture du sein maternel, l'auteur enseigne clairement le dogme de la virginité *ante partum* et *in partu*.

2. Ibid., vii, 16.

Un peu plus loin, Clément d'Alexandrie, reprenant la même idée, montre que les hérétiques n'ont pas la vraie clef qui ouvre à l'intelligence les portes de la vérité :

« Ils abusent des divines Écritures, dit l'éloquent écrivain; ils se ferment à eux-mêmes le royaume des cieux et entraînent loin de la vérité les victimes qu'ils ont trompées. N'ayant pas la clef qui ouvre la porte d'entrée, ils se servent d'une fausse clef, ils prennent la clef de derrière, selon le proverbe : ils ne tirent pas le rideau, comme nous qui entrons par la doctrine du Seigneur ; mais ils pratiquent une ouverture à côté de la porte, ils percent ténébreusement le mur de l'Église, et passant par-dessus la vérité, ils se présentent pour initier les âmes aux mystères de l'impiété [1]. »

Cela posé, quel chemin faut-il suivre pour ne pas s'égarer dans les sentiers où se perdent les sectes ? A côté du document sacré, qui contient la parole de Dieu écrite, on doit consulter la tradition vivante et orale de l'Église. Là-dessus Clément d'Alexandrie s'est exprimé avec une précision et une clarté que les écrivains protestants eux-mêmes n'ont pu méconnaître [2]. » Celui-là cesse d'être l'homme de Dieu et le serviteur fidèle du Seigneur, qui repousse la *tradition ecclésiastique*, pour embrasser les opinions des hérésies humaines [3]. » Il serait difficile d'affirmer avec plus d'énergie l'obligation de se conformer en tout point à l'enseignement traditionnel de l'Église. Sans cette règle infaillible, nous courons risque de nous méprendre sur le véritable sens des Écritures. Expliquant ce passage du livre des Proverbes : « Toutes mes paroles sont droites pour ceux qui comprennent », Clément en restreint l'application à « ceux qui ont accepté et qui conservent, selon le *canon ecclésiastique*, l'interprétation des Écritures manifestée par le Christ [4]. »

---

1. *Strom.*, VII, 17.
2. Guerike, *de schola quæ Alexandriæ floruit*, p. 109. Halle, 1824.
3. *Strom*, VI, 16.
4. Ibid., VI, 15.

D'où il suit que, pour entendre les Écritures dans leur véritable sens, il faut admettre pour *canon* ou pour règle l'explication qu'en donne l'Église. Voilà pourquoi, voulant préciser ailleurs ce qui constitue l'hérésie, Clément déclare qu'elle se réduit à dévier du *canon ecclésiastique*, ou de la règle de foi tracée par l'Église [1]. C'est encore pour cette raison que l'auteur des *Stromates* parle à tant de reprises de la tradition orale qui, partie des apôtres, s'est prolongée dans l'Église, et dont il a recueilli le fruit après tant d'autres [2]. Il y a même quelque exagération dans son insistance à montrer que le Seigneur avait communiqué les mystères de la doctrine à un petit nombre et non pas à tous, par la voie de la parole, de préférence à celle de l'Écriture [3]. Et de quelle Église veut-il parler, lorsqu'il relève avec tant de soin le grand rôle de la tradition, envisagée comme source et comme règle de la foi? Il veut parler de la seule Église véritable, de l'Église une, apostolique, universelle. Après avoir prouvé que toutes les sectes sont postérieures à l'Église catholique, et qu'elle seule remonte au Christ et aux apôtres, il résume en ces termes les caractères qui la distinguent :

« Il résulte clairement de ce qui précède qu'il existe une seule Église véritable, ayant réellement pour elle l'antériorité, et comprenant dans son sein ceux qui ont la ferme volonté d'être justes. Il n'y a qu'un seul Dieu, qu'un seul Seigneur. Conséquemment ce qu'il y a de plus vénérable ici-bas doit se distinguer aussi par son unité, image du principe unique. Voilà pourquoi il n'y a qu'une seule Église, indivisible dans son unité, bien que les hérésies s'efforcent de la dissoudre en plusieurs sectes. Essence, dogme, principe, excellence, nous proclamons une sur chacun de ces points l'Église ancienne, l'Église catholique, dont tous les membres

---

1. *Strom.*, VII, 15.
2. Ibid., I, 1. Selon le témoignage d'Eusèbe, Clément annonçait, dans son *livre sur la Pâque*, qu'il s'était proposé de mettre par écrit les *traditions* provenant des anciens prêtres (H. E. VI, 13).
3. *Strom.*, I, 1.

conspirent à l'unité d'une même foi, et qui s'appuie sur les testaments propres à chaque époque, je me trompe, sur un testament toujours le même dans tous les âges ; car c'est ce testament unique qui, par la volonté d'un seul Dieu et la médiation d'un seul Seigneur, devait réunir tous ceux que Dieu a prédestinés, sachant dès avant la constitution du monde qu'ils pratiqueraient un jour la justice. Au reste, la dignité de l'Église, non moins que son principe constitutif, repose sur l'unité : supérieure à tout ce qui existe, elle ne connaît rien sur la terre qui lui ressemble ou qui l'égale[1]. »

Donc, Messieurs, d'après la doctrine de Clément d'Alexandrie, la vraie foi ne se trouve que dans l'Église catholique : c'est là seulement qu'il faut chercher le véritable sens de l'Écriture et le dépôt intact de la tradition. Par cette indication des sources de la révélation, l'analyse de l'acte de foi se complète et s'achève. Surnaturelle dans son principe, qui est la grâce, la foi est tout ensemble le fait de l'intelligence et de la volonté, agissant sous l'influence d'une lumière et d'une force divines. Son motif, c'est la véracité de Dieu ; son objet, les vérités révélées ; ses sources, l'Écriture sainte et la tradition, telles qu'elles sont conservées et interprétées par l'Église. Assurément, s'il y a un acte raisonnable, c'est l'acte de foi dans les conditions que Clément d'Alexandrie vient de nous décrire : le travail des facultés humaines n'a point de but plus élevé, comme d'ailleurs il est impossible à l'homme d'atteindre ici-bas à une plus haute certitude. Et cependant, ne l'oublions pas, évidente quant à son motif, la foi ne l'est pas et ne saurait l'être dans son objet : elle cesserait d'être la foi, pour devenir la science ou la claire vue. Si l'on veut bien comprendre ce caractère essentiel de la foi, il faut toujours se rappeler qu'elle est ordonnée par rapport à la vision béatifique : c'est une épreuve à laquelle Dieu soumet notre esprit, avant de nous récompenser par une connaissance qui dépasse nos aptitudes et nos droits naturels. Or, la récom-

1. *Strom.*, VII, 17.

pense suppose le mérite, et l'acte par lequel on mérite doit être en harmonie avec le terme proposé à nos efforts. Remplacez le mystère par l'évidence de l'objet, à l'instant même l'épreuve disparaît et avec elle la vertu. Voilà pourquoi il est dans la nature de la foi d'avoir un côté mystérieux, impénétrable au regard de l'homme. Mais s'ensuit-il de là qu'elle n'ait pas également son côté lumineux ? En nous apprenant des vérités auxquelles nous n'aurions pu arriver par nos seules forces, la révélation n'a-t-elle pas élargi la sphère de nos connaissances ? N'y a-t-il pas dans cet ordre de choses surnaturelles un nouveau et vaste sujet de recherches ou de méditations pour l'esprit humain? Nous est-il interdit de faire aucun progrès dans l'intelligence des vérités révélées ? Si, pour rester méritoire, la foi doit nécessairement conserver un certain degré d'obscurité, n'est-il pas permis de soulever un coin du voile qui en recouvre l'objet ? Si la substance ou la raison intime des mystères nous échappe, ne pouvons-nous pas du moins les étudier dans leurs rapports avec l'ensemble des choses, avec les lois générales de la pensée, avec les conditions et les besoins de notre nature? En deux mots, y a-t-il une science de la foi, et quel en est le domaine, l'étendue, la portée ? Telle est la question que Clément d'Alexandrie va traiter après celle de la foi ; et vous reconnaîtrez sans peine qu'elle ne le cède à la première ni en importance ni en difficulté.

QUINZIÈME LEÇON

La question de la science, parallèle à celle de la foi. — Maxime fondamentale de Clément : il n'y a pas plus de foi sans science qu'il n'y a de science sans foi. — La foi peut devenir savante, mais à condition que la science restera fidèle. — Les sciences humaines dans leurs rapports avec la théologie. — Rôle et importance de la philosophie. — L'enseignement de la philosophie dans l'école d'Alexandrie. — Fragment des *Hypotyposes*. — Ce traité de logique est une imitation des œuvres analogues d'Aristote. — La psychologie et la métaphysique dans l'école d'Alexandrie. — L'éclectisme de Clément. — Dans quel sens et pour quelle fin l'auteur des *Stromates* emploie la méthode éclectique.

Messieurs,

L'analyse de l'acte de foi constitue l'un des points les plus graves et les plus délicats de la Théologie. Pour décomposer cet acte essentiel en ses divers éléments, il nous a suffi d'examiner l'une après l'autre les propositions que Clément d'Alexandrie a émises concernant la foi. Sans doute, la forme irrégulière des *Stromates* excluait d'elle-même tout traité méthodique sur cet important sujet. Nous l'avons dit, le maître d'Origène ne procède pas avec la rigueur d'un théologien scolastique : pour arriver à connaître toute sa pensée sur un point quelconque, il faut réunir des textes disséminés dans le corps de l'ouvrage, les comparer entre eux et les éclaircir l'un par l'autre. Ce travail qui, à première vue, paraît assez ingrat, perd beaucoup de sa difficulté, lorsqu'on s'est rendu familier avec le style et les habitudes de l'auteur. C'est ainsi que nous avons pu discerner sans peine le vrai sentiment du docteur alexandrin touchant le principe, le motif, l'objet et les sources de la foi. Nous allons voir comment il va traiter une question parallèle à celle de la foi, la question de la science.

La thèse fondamentale de Clément est celle-ci : « Il n'y a pas plus de foi sans science qu'il n'y a de science sans foi [1]. » Cela est incontestable. Si, pour rester méritoire, la foi doit exclure l'évidence de l'objet, pour être raisonnable, elle implique nécessairement l'évidence du motif. On n'a pas besoin de voir ce que l'on croit, mais il faut que nous sachions pourquoi nous croyons. L'Évangile dit bien : « Heureux ceux qui ont cru sans voir ; mais il ajoute également : « Scrutez les Écritures, parce qu'elles rendent témoignage de moi. — Les œuvres que je fais prouvent que mon père m'a envoyé [2]. » Sans nul doute, il s'agit là de titres à vérifier, de preuves destinées à motiver la croyance. S'il faut croire véritablement au Fils de Dieu, dit Clément, *croire* à sa qualité de Fils, au fait de son avènement, au comment, au pourquoi de son incarnation, de ses souffrances, il n'est pas moins nécessaire de *savoir* quel est le Fils de Dieu [3]. » A quels signes peut-on le distinguer ? Par quelles œuvres a-t-il démontré sa mission ? Où et comment trouver sa doctrine sans crainte de se tromper ? Voilà autant de points sur lesquels nous avons besoin d'être éclairés pour donner notre assentiment en connaissance de cause. Il y a donc dans la foi de chaque chrétien une part ou un élément de science ; et je n'en excepte pas, Messieurs, le plus humble fidèle. Car lui aussi doit se rendre compte de sa croyance, et peser les motifs sur lesquels elle repose. Il doit savoir, et il sait en effet, que Jésus-Christ s'est prouvé Dieu par ses œuvres qui dépassent la puissance de l'homme ; que l'Église se distingue des sectes par des caractères d'unité, de sainteté, d'universalité et de perpétuité qui obligent de voir en elle la vraie société fondée par le Fils de Dieu. « Où est, s'écrie Clément, le signe auquel on reconnaît que le Fils de Dieu lui-même est notre Sauveur ?

---

1. *Stromates*, v, 1.
2. S. Jean, xx, 29 ; v, 36, 39.
3. *Stromates*, v, 1.

Demandez-le aux prophètes qui l'ont annoncé d'avance et précédé sa venue ; demandez-le aux témoignages qui ont accompagné sa naissance selon la chair ; demandez-le enfin à sa puissance qui est proclamée solennellement depuis son ascension et que l'on peut toucher au doigt, tant elle est visible [1]. » Cette connaissance des motifs de crédibilité peut être plus ou moins développée dans l'esprit du chrétien, suivant le degré de culture auquel il est arrivé ; mais il faut qu'elle s'y trouve dans une mesure proportionnée à ses aptitudes. Voilà pourquoi, fidèle à ce principe qu'il n'y a pas de foi sans une certaine science, Clément d'Alexandrie n'hésite pas à dire que chacun participe à la *vraie philosophie*.

« L'Église entière est pleine d'hommes, de femmes sages, qui pendant tout le cours de leur vie ont médité sur la mort par laquelle nous revivons dans le Christ. Quiconque règle sa conduite sur nos croyances et nos mœurs, qu'il soit barbare, grec, esclave, vieillard, enfant ou femme, est capable de philosopher, même sans le secours des lettres ; car la sagesse est commune à tous les hommes qui l'ont embrassée [2]. »

Ce n'est pourtant pas à cette connaissance inséparable de la foi, et commune à tous les chrétiens, que l'auteur des *Stromates* va restreindre l'idée de la science. Après avoir posé en principe que la science entre nécessairement pour une certaine part dans l'acte de foi, il se hâte de déclarer que tous les fidèles ne sont pas obligés d'être des savants, dans le sens rigoureux du mot. Autre est la tâche du simple chrétien qui cherche uniquement à se rendre compte de sa croyance, autre celle du théologien qui a pour devoir d'approfondir les vérités de la foi. C'est ce travail d'analyse et de synthèse qui mérite, à proprement parler, le nom de science, γνῶσις. Expliquant ces paroles de saint Paul: « La justice de Dieu est révélée dans l'Évangile, comme venant de la foi et se complétant par la foi », Clément s'exprime de la sorte:

---

1. *Stromates*, vi, 15.
2. Ibid, iv, 8.

« L'apôtre paraît ici annoncer une double foi, ou plutôt une foi unique, mais susceptible de s'accroître et de se perfectionner. Car la foi ordinaire est le fondement de la foi plus consommée. A ceux qui, mus par la foi, désiraient être guéris, le Seigneur disait : Votre foi vous a sauvés. Mais il est une foi plus éminente, construite sur la première et progressant avec le fidèle, par suite de l'étude et de l'accomplissement des préceptes. Telle était la foi des apôtres [1]. »

Ainsi, Messieurs, d'après l'auteur des *Stromates*, la foi admet deux degrés : le premier est le degré ordinaire, où le fidèle adhère aux vérités révélées sur des motifs suffisants, de telle sorte cependant que ses aptitudes ou la culture de son esprit ne lui permettent pas d'entrer bien avant dans l'intelligence de la doctrine ; le second, plus élevé et plus rare, où la foi s'affermit et se perfectionne, d'un côté par l'étude, de l'autre par la sainteté de la vie. Déjà il nous est facile de voir sur quelle base le docteur alexandrin s'appuiera pour déterminer les rapports de la science avec la foi. La foi, dit-il, peut devenir savante, mais à condition que la science restera fidèle ; car Dieu a établi entre elles une correspondance réciproque [2]. On ne saurait tomber plus juste, et il serait difficile de mieux dire. La foi, continue Clément, sert de fondement à la science ; la science est l'édifice que le travail de l'intelligence construira sur la foi [3]. Le savant *est cloué* à la foi comme le simple fidèle ; mais aussi la science, qui est la perfection de la foi, va-t-elle plus loin que l'enseignement catéchétique [4]. La foi est une connaissance abrégée des choses nécessaires au salut ; la science est une démonstration ferme et puissante des vérités reçues et embrassées par la foi [5]. Et de quelle manière peut-on acquérir cette science

---

1. *Stromates*, v, 1.
2. Ibid., II, 4, πιστὴ τοίνυν ἡ γνῶσις, γνωστὴ δὲ ἡ πίστις.
3. Ibid., v, 1, πίστις καθάπερ θεμέλιος.
4. Ibid., II, 11, πέπηγεν οὖν τῇ πίστει ὁ γνωστικός ; ibid., VI, 18.
5. Ibid., VII, 10 ; II, 11, ἀπόδειξις ἰσχυρὰ καὶ βέβαιος, ἀπόδειξις επιστημονική.

de la foi ? Par la méditation des dogmes révélés, par un exercice assidu des facultés de l'âme, par le concours des sciences humaines, et en particulier de la philosophie. Il s'agit donc avant tout de discuter le rôle que Clément d'Alexandrie assigne aux sciences humaines par rapport à la théologie.

En résumant les idées du disciple de Pantène sur l'histoire du paganisme, nous avons vu qu'il envisageait la philosophie grecque comme une préparation à l'Évangile, une instruction préalable qui disposait les esprits à recevoir l'enseignement de la foi. La philosophie étant, ainsi que la définit Clément d'Alexandrie, « une recherche de la vérité et de la nature des choses [1] », la philosophie, cultivée avec ardeur, doit conduire une âme sincère vers Celui qui a pu dire de lui : Je suis la vérité. L'exemple des savants convertis au christianisme dans le premier âge de l'Église était une confirmation éclatante de cette thèse que l'auteur des *Stromates* a plaidée avec tant de chaleur et de conviction [2]. Mais si les études philosophiques sont profitables à ceux qui cherchent la vérité, perdent-elles toute leur utilité pour ceux qui l'ont trouvée ? Cet exercice de l'esprit n'est-il pas d'un grand secours, après comme avant la foi, pour fortifier la croyance aussi bien que pour la produire ? Nous l'avons dit, à Alexandrie et ailleurs, quelques esprits trop rigides ou trop craintifs témoignaient à l'égard de la philosophie une défiance excessive, ne pouvant oublier les doctrines malsaines qui avaient prévalu dans la plupart des écoles de la Grèce. Il leur semblait que l'amour de la spéculation, transporté dans le domaine de la foi, ne pouvait qu'y engendrer des erreurs funestes. Certes, les témérités du gnosticisme montraient assez que ces alarmes n'étaient pas sans fondement ; mais enfin, l'abus qu'on peut faire d'une science ne peut rien contre elle. « A quoi bon, disaient quelques-uns, savoir, par exemple, pourquoi ou comment le soleil et le reste des astres

---

1. *Stromates*, I, 5.
2. Voyez leçons VII et VIII.

accomplissent leur révolution ? que nous importent et les théorèmes de la géométrie et les arguments de la dialectique, et les spéculations des autres sciences ? Tout cela ne nous apprend pas nos devoirs[1]. » Clément d'Alexandrie n'a rien négligé pour combattre ce sentiment, qui lui paraissait préjudiciable aux vrais intérêts de la religion. Répondant à ceux qui « redoutaient la philosophie grecque comme les enfants ont peur des fantômes », il écrivait : « Nous ne nous laissons pas entraîner loin de la foi par la philosophie, comme si nous étions fascinés par les prestiges de quelque art trompeur ; mais couverts, pour ainsi dire, d'un rempart plus solide, nous trouvons dans cet exercice un nouveau moyen d'affermir la foi[2]. » Cet avantage que procurent les sciences humaines, le docteur alexandrin l'a indiqué avec autant de force que de clarté dans un autre passage des *Stromates* :

« Il est des hommes qui, se croyant heureusement nés, pensent n'avoir besoin de se livrer ni à l'étude de la philosophie, ni à celle de la dialectique, ni même à la contemplation de la nature ; ils ne demandent que la foi pure et simple. C'est comme si, n'ayant pris aucun soin de la vigne, ils voulaient dès le principe y cueillir des raisins. Or le Seigneur est appelé vigne dans le sens figuré ; et l'on ne récolte les fruits de cette vigne qu'après l'avoir cultivée avec ardeur selon la doctrine du Verbe. Il faut la tailler, la bêcher, la lier, sans parler du reste. A cet effet nous avons besoin, ce me semble, d'une serpe, d'un hoyau, et des autres instruments aratoires, afin que la vigne nous donne de bons fruits. En agriculture, en médecine, on n'est habile qu'autant qu'on a étudié les diverses sciences dont le but est d'apprendre à mieux cultiver la terre ou à mieux guérir les malades. De même, en fait de religion, on n'est pas solidement instruit, à moins de tout rapporter à la vérité ; de prendre à la géomé-

---

1. *Stromates*, VI, 11.
2. Ibid, I, 2.

trie, à la musique, à la grammaire, à la philosophie ce qu'elles ont d'utile pour sauvegarder la foi contre toutes les embûches.... Combien l'étude des choses intelligibles n'est-elle pas nécessaire à celui qui veut embrasser les œuvres de la puissance divine ? Quel avantage n'y a-t-il pas à savoir discerner le sens véritable des mots amphibologiques ou équivoques qui se trouvent dans les deux testaments [1]. »

Ces paroles n'ont pas besoin de commentaire : la pensée de l'auteur s'y révèle sans la moindre difficulté. Pourquoi la philosophie est-elle nécessaire à celui qui peut approfondir les vérités de la foi ? Parce qu'elle lui apprend à manier les instruments de la pensée ; c'est une gymnastique intellectuelle, συγγυμνασία, qui met en mouvement les facultés de l'âme, auxquelles cet exercice communique plus de force et de souplesse. Clément se sert encore d'une autre image pour bien rendre le rôle de la philosophie par rapport au christianisme : elle est le rempart qui couvre la doctrine révélée, περιβολή ; la haie et le mur, φραγμὸς καὶ θριγκος, qui entourent la vigne du Seigneur, pour en défendre l'entrée aux voleurs [2]. Il veut dire que la philosophie rend impuissantes les attaques des sophistes, dont elle enseigne à démêler les arguties et à réfuter les objections. » Que font au philosophe chrétien les artifices d'un discours captieux? Il ne les redoute pas, habitué qu'il est à surprendre l'erreur dans ses détours, à bien poser la question et à y répondre. La dialectique, en effet, se dresse comme un rempart qui arrête les sophistes et les empêche de fouler aux pieds la vérité [3]. » C'est à ce titre-là surtout que le chef du Didascalée recommande l'étude de la philosophie. Il ne cesse de répéter qu'on doit s'exercer dans la dialectique pour être en état de repousser les arguments fallacieux d'une sophistique ennemie de la foi [4]. Évidemment, cette obligation ne s'étend pas à tous les fidèles ; elle se restreint aux

---

1. *Stromates*, i, 9.
2. Ibid., i, 2, 20.
3. Ibid., vi, 10.
4. Ibid., i, 6, 9, etc.

plus éclairés d'entre eux, à ceux qui, pour me servir des expressions de l'auteur, ont le dessein d'instruire leurs frères soit de vive voix, soit par écrit [1]. » Car, tout pénétré qu'il est de l'importance des études philosophiques, Clément se garde bien de soutenir que sans elles on ne saurait acquérir la vraie sagesse. Il se hâte d'ajouter que les sciences humaines contribuent pour leur part à l'intelligence de la doctrine du salut, mais que nous ne pouvons ni la trouver ni la comprendre « sans le secours du Fils. » On voit clairement qu'il tient à mesurer ses paroles, pour ne pas exagérer le rôle de la philosophie, que d'autres s'efforçaient d'amoindrir.

« S'il faut, dit-il, nous expliquer en termes précis pour ceux qui aiment à chicaner, nous qui disons que la philosophie, étant la recherche du vrai, dispose à l'intelligence de la vérité en qualité de cause auxiliaire et coopérante, nous avouerons qu'elle est pour le savant chrétien (le gnostique) une discipline préparatoire ; mais nous ne regardons pas comme cause ce qui n'est que la cause ni comme cause contenant son effet ce qui n'est que la cause coopérante; nous ne tenons pas davantage la philosophie pour une cause *sine quâ non*. Presque tous, en effet, sans avoir parcouru le cercle entier des sciences, ni la philosophie grecque, quelques-uns même, sans le secours des lettres, avec les seules lumières de la philosophie divine qu'on appelle barbare, presque tous, dis-je, nous avons reçu à l'aide de la foi, par une puissance supérieure, la doctrine qui traite de Dieu ; nous avons été formés à l'école de la sagesse qui opère par elle-même [2].

Qu'on ne l'oublie donc pas, c'est à l'école du Verbe fait chair, et non à celle des philosophes, que s'acquiert principalement la science des choses divines. L'enseignement du Fils de Dieu reste la source première et véritable de nos connaissances religieuses ; et la compréhension de la vérité ré-

---

1. *Stromates*, vi. 11.
2. Ibid , i, 20.
3. Auxiliaire , vi, 11.

vélée, κατάληψις της ἀληθείας, n'est l'effet direct d'aucune discipline humaine. La philosophie n'est qu'un secours, une cause auxiliaire, par le moyen de laquelle nous arrivons plus facilement à l'intelligence de la doctrine chrétienne ; elle ne fait que coopérer avec le seul maître véritable, dont nous sommes les disciples. Assurément, ce secours est grand ; cette coopération est utile : un pareil exercice, en disciplinant notre esprit, nous aide à mieux comprendre le sens des Écritures, à pénétrer plus avant dans les mystères qui sont l'objet de nos méditations, à défendre la foi contre les entreprises des sophistes. Mais encore une fois, c'est de la révélation du Fils de Dieu, et non d'aucune spéculation humaine que la religion tire sa doctrine, « doctrine qui est parfaite et se soutient par elle-même : nul effort de l'esprit humain ne saurait ajouter à sa force, ni porter atteinte à son intégrité [1]. » Je tenais, Messieurs, à insister sur ce point, pour vous montrer que Clément d'Alexandrie n'a pas confondu le domaine de la foi avec celui de la science; et qu'en appelant la philosophie une auxilaire de la religion, il a très-bien marqué leur relation réciproque. D'ailleurs, la suite de nos études nous obligera de revenir sur cette question, quand le chef du Didascalée s'efforcera de construire sous nos yeux l'échelle entière des sciences.

D'après les idées que je viens d'exposer, vous ne devrez pas vous étonner que l'enseignement de la philosophie ait occupé une grande place dans l'école d'Alexandrie. Là-dessus, nous n'en sommes pas réduits à de simples conjectures ; car nous possédons fort heureusement une pièce qui prouve avec quelle ardeur on cultivait au Didascalée cette branche importante des sciences humaines. Je veux parler d'un fragment des *Hypotyposes* ou *Esquisses*, ouvrage qui formait le pendant des *Stromates*, et dans lequel Clément d'A-

---

1. *Stromates*, 1, 20, αὐτοτελὴς μὲν οὖν καὶ ἀπροσδεὴς ἡ κατὰ τὸν Σωτῆρα διδασκαλία· προσιοῦσα δὲ φιλοσοφία ἡ Ἑλληνικὴ οὐ δυνατωτέραν ποιεῖ τὴν ἀλήθειαν.

lexandrie avait résumé une grande partie de ses leçons [1]. Ce morceau, précieux à plus d'un titre, est un véritable cours de logique, qui nous permet d'apprécier l'état de la philosophie dans les écoles chrétiennes, au IIe siècle de l'Église.

Lorsqu'on étudie avec soin ce traité de logique, le plus ancien qui se rencontre dans la littérature chrétienne, il est facile de voir que l'auteur s'est inspiré des œuvres parallèles d'Aristote, dont il extrait la substance et s'approprie les formules. Ce sera l'éternelle gloire du philosophe de Stagyre, d'avoir codifié les lois de la pensée humaine avec une sagacité et une patience d'analyse qui commandent l'admiration. Quel monument scientifique que cette série d'ouvrages qui s'ouvre par le traité des *catégories*, et se ferme avec celui des *sophismes*, embrassant ainsi toutes les formes de l'activité intellectuelle, pour les régler et les circonscrire ! Certes, Clément d'Alexandrie ne se trompait pas, lorsqu'il attribuait à de tels hommes une mission providentielle ; car il serait injuste de méconnaître les éminents services que leurs travaux ont rendus à la science chrétienne. Aussi les premiers écrivains de l'Église se hâtèrent-ils de mettre à profit ces ressources que Dieu leur avait préparées de longue main ; et la logique d'Aristote entra dans les écoles chrétiennes dès le jour où les progrès de la foi avaient permis de donner à l'enseignement un caractère plus scientifique. Je n'en voudrais d'autre preuve que l'exactitude scrupuleuse avec laquelle le chef du Didascalée suit les pas de ce grand maître dans l'art de raisonner. Son but est d'exposer les principes et les règles de la *démonstration scientifique*, $\dot{\alpha}\pi o\delta \varepsilon\iota\xi\iota\varsigma$ $\dot{\varepsilon}\pi\iota\sigma\tau\eta\mu o\nu\iota\varkappa\dot{\eta}$ [2]. A cet effet il recueille différentes maximes dis-

---

1. Ce fragment ne saurait être une continuation des *Stromates* : sujet, méthode, style, tout diffère d'un ouvrage à l'autre. En le rattachant aux *Hypotyposes*, nous croyons suivre l'opinion la plus probable. C'est ainsi que Sextus Empiricus avait appelé *Hypotyposes* ses institutions philosophiques, dont le deuxième livre traitait également des lois de la pensée.

2. *Hypotyposes*, I.

séminées dans les *Catégories*, les *Topiques*, et surtout dans les *premières* et les *dernières Analytiques* d'Aristote. Ces maximes, expression du bon sens et de la raison, il les relie entre elles, les développe, y ajoute ses propres réflexions ; et de ce travail, où l'imitation n'exclut pas toute originalité, est sorti le morceau dont je parle. Permettez-moi, sans entrer dans les détails, de vous en donner une idée générale, ne serait-ce que pour vous faire voir quelle importance on attachait à l'étude de la logique dans l'école d'Alexandrie.

Clément part de ce principe, que le but de nos recherches, dans n'importe quel ordre de connaissances, c'est d'arriver à la certitude. Or, quel est le moyen d'obtenir ce résultat ? Il faut observer fidèlement les règles que prescrit la dialectique. Ces règles les voici : avant tout, bien définir les mots et les choses en question ; choisir pour point de départ une proposition placée en dehors de la controverse, et sur laquelle on est d'accord de part et d'autre; tenir pour certain qu'on ne peut jamais tirer une vérité de prémisses fausses, lors même que la conséquence serait légitimement déduite ; se rappeler que la démonstration ne va pas à l'infini, mais qu'elle s'arrête aux axiomes ou à certains principes indémontrables, et qui n'en méritent pas moins l'adhésion de notre esprit ; suivre tour à tour, et selon que la nature du sujet le demande, la voie de l'induction ou celle de la déduction, l'une qui consiste à remonter de l'effet à la cause, du particulier au général, l'autre qui nous fait descendre du principe à ses conséquences ; distinguer la division du genre en ses espèces, qui est la vraie division, et celle du tout en ses parties, de la substance en ses accidents, divisions qui ne méritent pas ce nom à proprement parler ; surtout ne pas confondre entre elles les différentes espèces de causes, la cause matérielle, la cause formelle, la cause finale, la cause efficiente, la cause occasionnelle, la cause auxiliaire, etc. Telles sont les maximes que l'auteur des *Hypotyposes* développe l'une après l'autre ; et comme elles s'appuient sur les principes incontestables de la logique, nous n'avons pas besoin d'en faire ressortir la justesse. Bornons-nous à montrer que Clément d'Alexandrie a su joindre l'exemple au précepte. Voici comment il argumente contre les sceptiques, pour leur prouver qu'en affirmant la nécessité du doute universel, ils se mettent en contradiction avec eux-mêmes.

« Prenons pour exemple, dit-il, la maxime chère aux Pyrrhoniens, cette suspension de jugement qui ne laisse rien subsister de certain. Si elle s'applique son propre principe, il est clair qu'une pareille théorie s'annule d'elle-même. Ou elle accorde qu'il y a quelque chose de vrai, et alors il ne faut pas suspendre son jugement sur toutes choses ; ou elle persiste à dire que rien n'est vrai, et dans ce cas il est évident qu'elle aussi ne dit pas la vérité. Point de milieu, ou elle dit la vérité ou elle ment. Si elle dit la vérité, elle reconnaît malgré elle qu'il y a quelque chose de vrai. Si elle ment, elle laisse debout la vérité qu'elle voulait détruire. En effet, du moment que la maxime qui prétendait étouffer la vérité est convaincue de mensonge, la vérité qu'elle cherchait à étouffer conserve toute sa force. Il en est de cela comme d'un songe qui affirmerait que tous les songes sont menteurs : en se détruisant de soi, la maxime pyrrhonienne confirme tout le reste. Bref, si elle est vraie, qu'elle commence par elle-même, en suspendant le jugement sur ce qu'elle affirme. Si le pyrrhonien admet qu'il est homme ou qu'il suspend son jugement, il est clair par là même qu'il ne le suspend pas. Quand on l'interroge, il répond ; donc sur ce point du moins, il ne s'abstient guère. Et pourtant, écoutez-le : Je suspends mon jugement, dira-t-il. En suivant ce raisonnement, si nous étions condamnés à ne pouvoir nous prononcer sur quoi que ce soit, il faudrait d'abord suspendre notre jugement sur la suspension même du jugement. Doit-on admettre cette maxime ou non ? Impossible de le décider. Il y a mieux, si ce principe : il n'y a pas de vérité connue, est vrai, il ne peut pas se donner pour la vérité. Est-il douteux ? il démontre par là même que la vérité peut être connue, puisqu'il n'ose affirmer le contraire [1].

Si ce raisonnement a un défaut, c'est de vouloir prouver trop longuement ce qui n'a pas besoin de l'être. En affirmant qu'il faut douter, le pyrrhonisme se détruit lui-même, puisqu'à son tour il affirme quelque chose, et que son prétendu doute universel repose sur cette affirmation. J'ai dit, Messieurs, que cet essai de logique se rapproche beaucoup des œuvres parallèles d'Aristote qu'il résume en les abrégeant; mais il est un autre écrit moins ancien qui offre une grande analogie avec ce fragment des *Hypotyposes* : c'est l'opuscule de Pascal *sur l'Esprit géométrique*. Inachevées l'une et l'autre, les deux compositions portent sur le même sujet. A l'exemple de Clément, le philosophe du xviie siècle se propose « de montrer la conduite qu'on doit garder pour rendre les démonstrations convaincantes. » Les règles qu'il prescrit à cet effet sont celles-là mêmes qu'indiquait le chef de l'école d'Alexandrie, à la suite d'Aristote : « N'employer aucun terme dont on n'ait auparavant expliqué nettement le sens; n'avancer jamais aucune proposition qu'on ne démontre par des vérités déjà connues. » Il fait observer à son tour, et avec non moins de raison, « qu'en poussant les recherches de plus en plus, on arrive nécessairement à des mots primitifs qu'on ne peut plus définir, et à des principes si clairs qu'on n'en trouve plus qui le soient davantage pour servir à leur preuve. » Seulement, Pascal a mieux saisi le motif de cette impuissance à démontrer les premiers principes. Clément semble vouloir dire que nous sommes obligés de les *croire*, ne pouvant les prouver : il en fait l'objet d'une *foi* nécessaire et invincible [2].

---

1. *Hypot.*, v.

2. *Hypot.*, iii : « S'il est une démonstration, la nécessité veut absolument qu'il y ait quelque chose d'antérieur qui soit *croyable de soi*, πιστὸν ἐξ ἑαυτοῦ, et qu'on appelle le principe premier et indémontrable. Toute démonstration se ramène *à une foi indémontrable* ἀναπόδεικτον πίστιν. » Aristote s'était mieux exprimé en tête de ses *dernières Analytiques* : « Toute doctrine, toute discipline intellectuelle dérive d'une *connaissance antérieure*, προ ὑπαρχούσης γνώσεως. »(L. I, c. I).

Au fond, la pensée peut être juste ; mais, à coup sûr, l'expression manque d'exactitude. Les axiomes ne sont pas l'objet de la foi, mais de la science : nous ne croyons pas simplement que le tout est plus grand que sa partie ; nous le savons, nous le voyons à la lumière d'une évidence directe et immédiate. « La cause, dit très-bien Pascal, la cause qui rend les vérités premières incapables de démonstration n'est pas leur obcurité, mais au contraire leur extrême évidence ; ce manque de preuve n'est pas un défaut, mais plutôt une perfection. D'où l'on voit que la géométrie ne peut définir les objets, ni prouver les principes ; mais par cette seule et avantageuse raison, que les uns et les autres sont dans une extrême clarté naturelle, qui convainc la raison plus puissamment que le discours [1]. » La terminologie de Clément est en défaut sur ce point, si tant est qu'il n'y ait pas une erreur dans son analyse des procédés de la raison humaine. Quoi qu'il en soit, ce détail disparaît devant l'ensemble d'une dissertation irréprochable pour le fond des idées, en même temps qu'elle se recommande par un esprit d'ordre et de méthode qui se retrouve trop rarement dans les autres écrits du célèbre catéchiste.

Nous venons de voir, Messieurs, comment l'école d'Alexandrie s'exerçait à l'art de penser et de raisonner juste. Là toutefois ne se bornait point l'enseignement philosophique dans ce centre primitif de la théologie chrétienne. Il a fallu arriver au siècle de progrès où nous vivons pour trouver des programmes d'études qui réduisent la philosophie à un cours de logique : à l'époque des Pères de l'Eglise, cette tentative de mutilation eût semblé fort analogue à celle d'un homme qui se mettrait en tête de vouloir supprimer une faculté de l'âme. La philosophie existe dans sa totalité, comme l'esprit humain lui-même ; il ne suffit pas d'un trait de plume pour en effacer une partie. Et d'abord, il est clair que l'étude des lois de la pensée et du raisonnement sup-

---

1. *De l'Esprit géométrique*, i.

pose celle des facultés de l'âme : en d'autres termes, la psychologie est inséparable de la logique. Aussi le maître d'Origène avait-il composé un traité *sur l'Ame*, à l'exemple de Tertullien : malheureusement, nous ne possédons plus cet écrit, qu'il eût été intéressant de pouvoir comparer avec le livre analogue du prêtre de Carthage [1]. La même observation s'applique aux traités *sur l'Ame* qu'Eusèbe mentionne parmi les œuvres de saint Justin et de saint Méliton de Sardes [2] : les ravages du temps, si cruel pour les productions littéraires des premiers siècles chrétiens, n'ont pas épargné davantage ces deux essais de psychologie ; mais ce qui résulte clairement du caractère et de l'objet de ces compositions, c'est que les philosophes convertis au christianisme n'en continuaient pas moins à disserter sur la nature et les facultés de l'âme. Toutefois ni la psychologie ni la logique n'embrassent le cercle entier de la philosophie : l'étude des facultés de l'âme et celle des lois du raisonnement ne font qu'ouvrir à l'intelligence un champ d'investigations plus large et plus élevé ; elles trouvent leur couronnement dans la science rationnelle des choses intelligibles, des êtres qui ne tombent pas sous les sens, ou dans la métaphysique. Ici encore, nous avons à regretter la perte d'un ouvrage de Clément, intitulé *de la Providence*, et qui portait sans nul doute sur cette branche supérieure de la philosophie, puisque le seul fragment qui nous en reste contient la définition de la substance [3]. Il est impossible, en effet, que le chef de l'école d'Alexandrie n'ait pas fait rentrer la métaphysique dans son enseignement, lui qui définit la philosophie : « la recherche de la vérité et de la nature des choses [4] ; » et ailleurs : « la science du bien et de la vérité [5]. » Pour marquer avec plus de précision encore l'objet de la métaphysique, il dira dans

---

1. S. Maxime cite quelques lignes de ce traité dans l'un de ses sermons. (Serm., 53, *de anima*.)
2. Eusèbe, *Hist. Eccl.*, IV, 11, 26.
3. S Maxime cite également ce morceau (Op. t II, p. 144).
4. *Strom.*, I, 5.
5. Ibid., I, 19.

un autre endroit : « la connaissance est la science de l'être lui-même, τοῦ ὄντος αὐτοῦ [1]. » Du reste, à défaut du traité *de la Providence*, les *Stromates* peuvent nous éclairer suffisamment sur ce point ; et pour vous montrer combien l'on s'efforçait d'approfondir les notions métaphysiques dans l'école d'Alexandrie, je n'aurais besoin que de vous lire cette belle page sur l'idée de Dieu :

« Si le principe d'une chose quelconque est malaisé à découvrir, à plus forte raison le principe absolument premier et le plus ancien de tous sera-t-il difficile à démontrer. De quel nom appeler, en effet, ce qui n'est ni genre, ni différence, ni espèce, ni individu, ni nombre, ni accident, ni substance soumise à rien d'accidentel ? Direz-vous qu'il est un tout ? L'expression demeure incorrecte, car un tout est une quantité mesurable, et Dieu est le père de toutes choses. Lui donnerez-vous des parties ? Non, sans doute, car l'Un est indivisible. Voilà pourquoi il est infini, non pas dans ce sens que la pensée humaine le conçoive comme impossible à embrasser ; mais parce qu'il n'admet point de dimensions et ne connaît point de limites. Aussi n'a-t-il pas de formes et ne peut-il être nommé. Que si nous l'appelons l'Un, le Bien, l'Intelligence, l'Être ; ou encore, Père, Dieu, Créateur, Seigneur, aucune de ces expressions ne lui convient a vrai dire. Nous ne recourons à ces beaux noms que par l'impuissance où nous sommes de trouver le nom véritable : nous y fixons la pensée, pour l'empêcher de s'égarer ailleurs. Aucun de ces termes, pris séparément, n'exprime Dieu ; réunis ensemble, ils indiquent sa toute-puissance. On désigne les choses ou par leurs propriétés ou par les rapports qu'elles ont les unes avec les autres. Or rien de tout cela ne saurait s'appliquer à Dieu. Nous ne pouvons pas le saisir davantage par une science démonstrative ; car celle-ci se tire de principes antérieurs et mieux connus ; or rien n'existe avant l'Être incréé [2]. »

1. Ibid., ıı, 17.
2. *Strom.*, v, 12.

Clément prend ici le mot démonstration dans le sens où l'entendait Aristote, dont il reproduit les expressions [1]. Ce philosophe avait dit, et avec beaucoup de raison, que le principe d'une démonstration proprement dite doit être supérieur à ce que l'on veut démontrer. Or, il est clair qu'il n'y a pas de principe antérieur ou supérieur au premier principe des choses. Si l'on attache au mot démonstration ce sens particulier et restreint, les paroles du docteur alexandrin s'expliquent d'elles-mêmes. L'existence de Dieu ne peut se déduire d'une cause quelconque, par la raison bien simple que Dieu n'a pas de cause ; mais nous sommes obligés d'y conclure par les effets que nous avons sous les yeux, en vertu même du principe de causabilité ou de raison suffisante. Qu'on appelle ce procédé de l'esprit humain *preuve* ou *démonstration*, peu importe, c'est une question de mots : toujours est-il qu'on n'en saurait concevoir de plus logique. Nous ne déduisons pas l'infini du fini comme la conséquence du principe, parce que l'infini n'est pas contenu dans le fini ; mais nous concluons du fini à l'infini, comme de l'effet à la cause, parce que, seule, l'existence de l'infini explique celle du fini. C'est sur cette base inébranlable que reposent les preuves de l'existence de Dieu, preuves tirées soit de l'idée de Dieu qui est en nous et que Dieu seul a pu nous donner ; soit de l'existence des êtres contingents, laquelle suppose l'existence de l'Être nécessaire ; soit de l'ordre admirable qui règne dans l'univers, ordre qui ne se conçoit pas sans une intelligence souveraine ; soit de la loi morale qui régit nos consciences, et qui n'a de base et de sanction que dans l'autorité d'un législateur suprême ; soit du consentement unanime des nations, accord qui ne se comprendrait pas sans la réalité objective de l'idée de Dieu, etc. Tout en affirmant, et à bon droit, que le premier principe des choses ne peut se déduire d'un principe antérieur ou supérieur, comme d'une cause qui le renferme, Clément d'A-

---

1. Ἐκ προτέρων καὶ γνωριμωτέρων, *a prioribus et notioribus* (Aristote, *Analyt. post.*, l. 1, c. ii).

lexandrie admet parfaitement la légitimité des preuves que je viens d'énumérer. Il démontre aux païens la nécessité de croire au Dieu unique, par l'idée de Dieu qui est en nous et qu'on retrouve dans la conscience de tous les peuples [1]. Il leur fait voir combien il est déraisonnable de méconnaître la main de l'architecte suprême dans l'œuvre de la création [2]. Il apprécie la valeur du procédé dialectique, suivant lequel on part du vrai, du beau, du bien relatif, pour s'élever de degré en degré à la Vérité ou à la Beauté absolue [3]. S'il appuie sur l'impossibilité où nous sommes de donner à Dieu un nom qui lui convienne, c'est pour rappeler qu'aucune intelligence finie ne saurait avoir une notion complète et adéquate de l'Être infini [4]; mais l'incompréhensibilité de l'essence divine ne l'empêche pas de creuser ni d'approfondir l'idée de Dieu en la dégageant de toute représentation matérielle. La page que je vais vous lire dénote sans contredit un esprit habitué à parcourir les sommets de la métaphysique :

« Par l'analyse, dit-il, nous arrivons jusqu'à l'intelligence première, en partant des êtres qui lui sont subordonnés et en dégageant les corps de leurs propriétés naturelles. Ainsi nous en retranchons les trois dimensions, la profondeur, la largeur et la longueur. Ce qui reste après cela, c'est un point, ou, pour ainsi parler, une monade occupant une certaine place. Supprimez cette place elle-même, vous avez la monade intelligible. Si donc, écartant des corps les propriétés qui leur sont inhérentes, et celles qui distinguent les choses incorporelles, nous nous précipitons dans les grandeurs du Christ, et qu'à force de sainteté nous nous élevions ensuite jusqu'à son immensité, nous parviendrons en quelque sorte à l'intelligence du Tout-Puissant, moins toutefois pour le comprendre dans ce qu'il est que dans ce qu'il n'est pas.

---

1. *Exhort. aux Grecs*, VI ; — *Strom.*, v, 14.
2. *Exhort. aux Grecs*, I, 4.
3. *Strom* v, 11.
4. Voyez les endroits parallèles dans Théophile d'Antioche (*Apolog. chrétiens au IIᵉ siècle*, 2ᵉ vol., XIᵉ leçon, p. 226 et suiv.).

Mais que ces expressions des livres saints, *figure*, *mouvement*, *état*, *trône*, *lieu*, *main droite*, *main gauche*, soient littéralement applicables au Père de toutes choses, il ne faut pas même le penser. Que signifie chacun de ces mots ? Nous le montrerons à l'endroit convenable. Quant à la cause première, elle ne se trouve pas renfermée dans un lieu ; mais elle est au dessus des lieux, au-dessus du temps, au-dessus du langage et de l'intelligence [1]. »

Cette page est extrêmement remarquable, parce qu'elle nous fait voir que, longtemps avant Leibnitz, Clément d'Alexandrie avait transporté dans la métaphysique le procédé infinitésimal, suivant lequel on arrive à la monade suprême ou à Dieu, en effaçant tout ce qui qui limite ou circonscrit les êtres finis. Or, Messieurs, s'il faut dire là-dessus ma pensée, je ne crois pas que ce procédé emprunté aux mathématiques soit légitime, lorsqu'il s'agit de l'Être infini. Il y a là une confusion évidente entre l'idée de l'infini et celle de l'indéfini. Les mathématiques n'opèrent que sur l'indéfini; l'infini est l'objet propre de la métaphysique. Vous avez beau supprimer les dimensions d'un corps, pour le réduire à un point sans étendue, vous n'arriverez par là qu'à un être de raison, et non pas à un être réel et concret. Ce serait une grave erreur de croire que l'infini équivaille au fini dépourvu de limites ; car l'essence de l'infini est tout autre que celle du fini. Retranchez en esprit toute limite du fini, nous dit-on, vous avez l'infini; non, vous avez l'indéfini, l'indéterminé, mais nullement l'infini. L'idée de l'infini ne s'obtient point par voie d'élimination : elle est au contraire la plus pleine, la plus absolue, la plus positive de toutes les idées. Voilà pourquoi l'École appelle Dieu la plénitude de l'Être, l'Être qui possède toutes les réalités à un degré suréminent, *ens realissimum*. Quand nous nous élevons du fini à l'infini, ce n'est pas en supprimant les limites du fini, car nous aboutirions au néant ou à une pure abstraction ; mais c'est en con-

---

1. *Strom.*, v, 11.

cluant de l'imparfait au parfait, du relatif à l'absolu, du créé à l'incréé, en vertu du principe de causalité ou de raison suffisante. Clément d'Alexandrie a fort bien entrevu que la méthode d'élimination dont il parle ne peut avoir qu'un résultat purement négatif : aussi se hâte-t-il d'ajouter que par là on arrive « à connaître ce que Dieu n'est pas, et non ce qu'il est. » En effet, Dieu n'a pas de bornes : si l'on exclut mentalement ce qui limite et circonscrit les êtres créés, nul doute qu'on ne se rapproche de Dieu par cet endroit : ou, pour mieux dire, l'indéfini est un reflet de l'infini, comme l'étendue est une image de l'immensité, et le temps de l'éternité ; mais il n'en reste pas moins vrai que ces deux ordres d'idées diffèrent du tout au tout. Quoi qu'il en soit, vous avez dû sentir qu'un souffle platonicien circule à travers ces pages des *Stromates*. Dans le traité du *Pédagogue* nous avions rencontré des formules stoïciennes corrigées par la morale de l'Évangile ; les *Hypotyposes* viennent de nous offrir une imitation de la logique d'Aristote ; l'*Exhortation aux Grecs* et les *Stromates* prouvent qu'en métaphysique Clément incline de préférence vers la doctrine de Platon. Bref, le philosophe alexandrin suit la méthode éclectique, et il l'avoue sans détour :

« Par le mot philosophie je n'entends ni la doctrine stoïcienne, ni celle de Platon, ni celle d'Épicure, ni celle d'Aristote, mais tout ce que chacune de ces écoles a enseigné de bon sur la justice, la piété et la science ; j'appelle philosophie l'ensemble qui résulte de ce choix..... La vérité est une; le mensonge suit mille sentiers divers. De même que les bacchantes mirent en pièces Penthée et dispersèrent ses membres, ainsi les sectes ont-elles déchiré le sein tant de la philosophie barbare que de la philosophie grecque ; et pourtant chacune d'elles voudrait faire passer son lambeau pour la vérité tout entière..... On retrouve des parcelles de vérité dans les sectes (je parle de celles qui ne sont pas entièrement absurdes, qui n'ont pas détruit tout ordre naturel). Bien qu'elles aient déchiré le Christ, comme les bacchantes firent de Penthée, et qu'ainsi leur dissemblance soit manifeste, ces écoles se rencontrent néanmoins sur le chemin de la vérité ; elles s'y rattachent par quelque côté, soit comme partie, soit comme espèce, soit comme genre. Dans un instrument de musique, la plus haute corde est le contraire de la plus basse; et pourtant de leur vibration simultanée résulte un seul accord. Le nombre pair diffère du nombre impair ; et cependant l'arithmétique les rapproche. Ainsi du cercle, du triangle, du tétragone, et des autres figures géométriques si opposées l'une à l'autre. De plus, toutes les parties de l'univers, quelle que soit leur diversité, conservent néanmoins leurs rapports avec l'ensemble. Il en est de même de la philosophie barbare et de la philosophie grecque : elles ont pris des fragments de l'éternelle vérité, non dans la mythologie de Bacchus, mais dans la théologie du Verbe éternel. Or celui qui réunira de nouveau en un seul tout ces fragments épars, sachez qu'il contemplera, sans danger d'erreur, le Verbe parfait, la vérité [1]. »

Rien n'est plus clair que le sens de ces paroles ; l'éclectisme de Clément s'explique par là sans la moindre difficulté. Le docteur alexandrin part de ce principe, que la vérité divine existait parmi les hommes dès le commencement, mais que les différentes écoles philosophiques et les sectes religieuses ont déchiré dans la suite des temps ce corps de doctrines, pour s'en approprier chacune un lambeau, accolé depuis lors à un tissu d'erreurs. Celui là donc qui, dégageant l'élément primitif du mélange postérieur, réunirait en un seul tout ces fragments épars, celui-là, dis-je, arriverait à recomposer l'ensemble de la vérité, telle qu'elle a été communiquée aux hommes et consignée dans les livres saints. Car n'oublions pas que l'auteur des *Stromates* prête aux philosophes de l'antiquité une étude sérieuse des monuments de la révélation, et qu'il fait dériver de cette source la plupart de leurs connaissances [2]. Mais, en dehors même de ce

---

1. *Strom*, I, 7, 13.

2 *Strom*, VI, 7 : « La philosophie est l'accord d'une vie vertueuse avec

sentiment qui n'est plausible que dans une certaine mesure, la thèse de Clément demeure incontestable. Chaque système de philosophie renferme une part de vérité qui le soutient et le fait vivre : sinon, ce serait une pure négation ou le néant. Que l'erreur vienne s'ajouter à cette vérité primitive, elle l'altèrera peu à peu, mais sans la détruire. Si donc l'on parvenait à extraire de chaque système ce qu'il a de vrai, et à réunir les résultats partiels de ce travail d'analyse, nul doute qu'on obtiendrait par là un recueil de maximes fort saines. Mais que suppose un pareil examen critique ? Il suppose une règle sûre, à laquelle on puisse rapporter ce qui est l'ojet de l'appréciation ; un criterium qui permette de discerner le vrai du faux ; il suppose, en un mot, la vérité déjà trouvée et connue. Alors la méthode éclectique devient excellente pour faire passer au crible du raisonnement les systèmes philosophiques qui ont surgi d'âge en âge. Un exemple emprunté à l'histoire moderne achèvera d'éclaircir ce passage des *Stromates*.

L'école éclectique, qui a tenté de se former parmi nous il y a quelque trente années, ne s'est pas fait faute de chercher un appui dans l'opinion de Clément d'Alexandrie [1]. Mais elle n'a pas su remarquer que toute analogie se borne à une ressemblance de mots, auxquels on attache de part et d'autre une signification bien différente. Cette école, elle aussi, se proposait de choisir dans chaque système la part de vérité qu'il renferme, pour constituer la vraie philosophie. Mais, lui répondait-on avec beaucoup de sens, pour être en état de distinguer si la vérité se trouve ici ou là, il faut savoir au préalable ce que c'est que la vérité ; or, vous avouez ne pas la connaître, puisque vous la cherchez. Comment donc jugerez-vous ces systèmes contradictoires ? Quelle règle d'ap-

---

les dogmes irrépréhensibles empruntés aux diverses écoles philosophiques, et réunis en un seul tout : dogmes dérobés au trésor divin des traditions barbares, et recouverts des ornements de l'éloquence grecque. »

1. Histoire de l'école d'Alexandrie, par M. Jules Simon, tome I, p. 90.

préciation suivrez-vous dans cette étude comparative ? Où est votre criterium, votre commune mesure ? Évidemment vous courez dans un cercle vicieux : vous placez au bout de vos recherches ce qui devrait déjà figurer au commencement. N'ayant ni guide ni principes bien arrêtés, vous ne rapporterez de votre voyage à l'histoire de la philosophie que des idées disparates, des lambeaux de doctrine qui ne se raccordent pas ; cartésien avec Descartes, vous serez panthéiste avec Schelling et Hégel, selon que l'imagination voudra se mettre de la partie ; vous flotterez d'une école à l'autre, sans pouvoir vous reposer dans aucune ; vous ferez de l'histoire, de la littérature, mais jamais vous n'arriverez, avec un pareil procédé, à constituer une philosophie. Cela n'a pas manqué. Rien de pareil chez Clément d'Alexandrie. S'il fait usage de la méthode éclectique, s'il cherche à démêler ce qu'ont de vrai les doctrines de Zénon, d'Aristote, de Platon, c'est qu'il possède une règle sûre d'après laquelle il juge ces différentes théories, pour en apprécier la valeur. A ses yeux, le christianisme est la vérité absolue ; et les opinions des hommes lui semblent vraies ou fausses, selon qu'elles se rapprochent ou s'écartent de cette norme souveraine et infaillible. « La foi, dit-il, est le criterium de la science [1]. » Voilà sa maxime fondamentale. Avec cette maxime, il pourra s'aventurer sans risque dans le dédale des systèmes philosophiques, sûr qu'il est d'y trouver le chemin de la vérité à l'aide de ce fil conducteur. Le dogme chrétien sera pour lui la pierre de touche, ou, comme il l'appelle, « la pierre de Lydie au moyen de laquelle on discerne l'or pur de l'or qui contient de l'alliage [2]. » Cette simple réflexion suffit pour vous montrer qu'il y a tout un abîme entre l'éclectisme rationaliste et la méthode éclectique telle que la concevait Clément d'Alexandrie. L'un aboutit à la confusion des doc-

---

1. *Strom.*, II, 4, κυριώτερον οὖν τῆς ἐπιστήμης ἡ πίστις, καὶ ἔστιν αὐτῆς κριτήριον.
2. *Strom*, I, 9.

trines; l'autre est un excellent moyen d'en éprouver la valeur. Arme de destruction entre les mains des rationalistes, l'éclectisme devient un procédé aussi sûr que fécond, lorsqu'il prend son point de départ dans la vérité, et qu'il s'appuie sur des principes certains. Aussi cette méthode critique a-t-elle été appliquée à l'étude des systèmes de philosophie par les Pères de l'Église et par les théologiens : dans le sens où l'entend l'auteur des *Stromates*, elle est éminemment rationnelle et n'a rien que de légitime.

En résumé, nous pouvons conclure des œuvres de Clément d'Alexandrie que la philosophie était cultivée avec ardeur dans les premières écoles chrétiennes. Est-il besoin, Messieurs, d'ajouter qu'elle n'a jamais cessé de l'être depuis lors, et que les grands siècles théologiques sont ceux où elle a fleuri davantage? Un historien a dit récemment dans un livre où il y a trop d'erreurs pour qu'on n'éprouve pas une agréable surprise à trouver au moins une vérité : « On parle trop des philosophes. Leurs livres, même en Grèce, étaient peu lus [1]. » Cela est vrai, mais cela cesse d'être vrai à partir de l'époque où apparaissent les premiers représentants de la théologie chrétienne. On peut affirmer, sans crainte de tomber dans l'exagération, qu'Aristote et Platon ont dû en grande partie leur célébrité aux écrivains catholiques. Jamais leurs œuvres, jusqu'alors connues d'un très-petit nombre, n'auraient pu recevoir une telle publicité ni trouver tant d'écho, si elles n'avaient été méditées, discutées, commentées par les Pères de l'Église. Platon a compté parmi eux plus d'admirateurs qu'il n'en avait rencontré autour de lui ; et la Grèce n'eut pas même osé rêver pour Aristote l'auréole de gloire dont les siècles chrétiens du moyen âge devaient un jour environner son nom. Bien loin de s'être jamais montrée hostile à la philosophie, l'Église n'a cessé de la défendre et de la couvrir de de sa protection. Elle n'a répondu aux déclamations insensées de Luther et de Mélanchthon contre les sciences philoso-

---

[1]. M. Michelet, *la Bible de l'humanité*, p. 4.

phiques qu'en continuant à encourager des études si élevées et si importantes [1]. Chaque fois que, depuis le xvi⁰ siècle, des esprits extrêmes ont voulu exalter la foi aux dépens de la raison, l'Église a réprimé ces écarts d'un zèle mal entendu. Nous en avons vu plus d'une preuve à l'époque où nous sommes. Une pareille conduite n'a rien qui doive étonner de la part d'une institution divine, chargée de sauvegarder ici-bas les droits de la vérité. Car les intérêts de la raison sont aussi ceux de la foi. Selon le mot de Clément d'Alexandrie la philosophie est une auxiliaire de la religion ; et les sciences humaines sont comme les propylées qui conduisent à ce majestueux édifice de la théologie que le christianisme a élevé sous les yeux du monde, et auquel les travaux de chaque siècle viennent ajouter une nouvelle force et un nouvel éclat.

[1]. Mélanchthon, *Loci theol.*, p. 22 et suiv. : Pseudotheologi nostri falsi cæco naturæ judicio commendarunt nobis *philosophica studia*, etc.

SEIZIÈME LEÇON

Les sciences humaines sont autant de degrés d'ascension vers Dieu. — Rôle des autres sciences par rapport à la philosophie, et rôle de la philosophie relativement à la théologie. — Les sciences naturelles viennent aboutir à la philosophie comme à leur centre commun. — La philosophie trouve à son tour dans la théologie son faîte et son couronnement — Subordination de la philosophie à la théologie. — La certitude des vérités de la foi est plus haute que la certitude résultant des démonstrations rationnelles — L'objet de la révélation est plus élevé que celui des connaissances purement humaines. — Cette subordination des sciences humaines à la théologie n'empêche pas chacune d'elles d'avoir sa sphère propre, ses lois, sa méthode, ses attributions. — Vraie et fausse liberté de la science. — Les sciences groupées autour de la foi aux trois époques les plus remarquables de l'histoire des peuples chrétiens.

Messieurs,

Nous continuons d'étudier, à la suite de Clément d'Alexandrie, la question des rapports de la foi avec la science. La doctrine du célèbre cathéchiste sur ce point capital se résume dans la formule que nous avons citée : « Il n'y a pas plus de foi sans science qu'il n'y a de science sans foi. » Pour que la croyance du chrétien soit raisonnable, il faut nécessairement que la science s'y mêle dans une proportion quelconque : à défaut de l'évidence intrinsèque des mystères de la foi, nous avons besoin de connaître et d'apprécier les motifs de crédibilité. Or ces motifs sont l'objet de la science. Nous démontrons la mission divine de Jésus-Christ et l'autorité de l'Église, d'après les principes et suivant les procédés ordinaires de la raison humaine. Ces principes sont si clairs, et les faits auxquels ils viennent s'appliquer ont une certitude telle, que l'enseignement catéchétique les met sans peine à la portée de tous, donnant ainsi à la foi de chacun une base pleinement suffisante. Mais, outre cette connaissance élémentaire, qui est indispensable dans une certaine mesure, on conçoit la possibilité d'une science plus haute et mieux approfondie. La révélation divine ouvre, en effet, un champ illimité aux méditations de l'esprit humain. En scrutant ces vérités d'un ordre supérieur, il est facile d'arriver à une intelligence plus complète de la doctrine chrétienne, surtout lorsqu'on profite du secours des sciences humaines, et en particulier de la philosophie. Nous avons vu avec quelle ardeur l'école d'Alexandrie se livrait à l'étude des facultés de l'âme, des lois de la pensée et du raisonnement, à l'analyse des notions métaphysiques. Là cependant ne s'arrêtait point, dans la pensée de Clément, le cercle des travaux préparatoires à la théologie. Cet esprit si vaste et si élevé voyait dans toutes les sciences humaines autant de degrés d'ascension vers Dieu. Ici, Messieurs, nous abordons la plus belle partie des *Stromates*.

« La chose principale pour le savant chrétien (le gnostique), c'est la connaissance (la gnose). Voilà pourquoi il s'adonne également aux exercices qui aident à la connaissance, empruntant à chaque discipline ce qu'elle a d'utile pour la vérité. La musique lui enseigne l'harmonie par le rythme mesuré de ses accords. L'arithmétique avec ses progressions ascendantes et descendantes lui apprend les rapports des nombres, en lui montrant que la plupart des choses sont soumises à des proportions numériques. Vient-il à contempler en elle-même l'essence de la géométrie ? Il s'accoutume à concevoir un espace continu, une essence immuable, différente des corps terrestres. Avec l'astronomie, il monte en esprit au-dessus de la terre, plane dans les régions célestes, suit les astres à travers leurs révolutions, le regard de l'intelligence toujours attaché sur les merveilles divines et sur le parfait concert qui en résulte : c'est par la contemplation de ces phénomènes qu'Abraham s'éleva jusqu'à la connaissance du Créateur. Le savant ne s'arrêtera point là : il étudiera la dialectique avec sa division des genres en leurs espèces ; il apprendra d'elle à distinguer les êtres, pour remonter par cette voie jusqu'aux substances premières et simples... Toutes nos erreurs et nos opinions fausses proviennent de ce que nous ne savons pas discerner en quoi les choses se rapprochent et par où elles diffèrent. Celui qui ne s'entend pas à conduire le discours suivant les diverses catégories, confond à son insu le particulier avec le général. En procédant de la sorte, l'on s'égare nécessairement et l'on tombe dans l'erreur. Au contraire, distinguez bien les noms et les choses, vous répandrez une grande lumière sur les Écritures elles-mêmes. Il est indispensable, en effet, de comprendre les termes qui ont plusieurs acceptions, et ceux qui signifient une seule et même chose. De là dépend la justesse des réponses [1]. »

Aux études préparatoires qu'il vient d'énumérer, Clément ajoute ailleurs celle de la grammaire et de la rhétorique [2]. Nous trouvons ici l'échelle des sciences dressée d'après le plan qu'on devait adopter plus tard dans les écoles du IXe et du Xe siècle ; et c'est un fait digne d'attention que cette alliance des sept arts libéraux groupés autour de la théologie, dans l'antique Didascalée, c'est-à-dire au berceau du christianisme. Les sciences que le chef de l'école d'Alexandrie appelle « encycliques ou encyclopédiques, » sont celles-là mêmes qui formèrent le *trivium* et le *quatrivium*, comprenant, l'un, la grammaire, la dialectique, la rhétorique ; l'autre, l'arithmétique, la géométrie, la musique et l'astronomie [3]. Chacune d'elles, dit l'auteur des *Stromates*, a son utilité pour l'intelligence des choses divines et humaines : ce sont autant de ruisseaux qui se jettent dans le fleuve éternel

---

1. *Strom.*, VI, 10.
2. Ibid., I, 5, 9.
3. Τὰ ἐγκύκλια. Cette expression, par laquelle on désignait le *cercle* entier des sciences, se retrouve également chez Philon, à qui du reste l'auteur des *Stromates* fait de nombreux emprunts dans cette partie de l'ouvrage. (Philon, *de cong. erudit. quær. gratia*, p. 435 et suiv.).

de la vérité[1]. « Sans doute il sacrifie trop à son goût pour l'allégorie, lorsqu'il veut à toute force découvrir certains mystères de la doctrine sous le voile des nombres et des figures géométriques : nous signalerons bientôt l'abus de cette méthode d'interprétation dont Philon avait donné l'exemple ; mais la critique la plus sévère ne trouverait rien à reprendre dans cette page, où Clément s'attache à montrer que les sciences humaines conduisent à Dieu :

« Voyez l'astronomie. D'une part, elle nous initie à la connaissance des phénomènes célestes ; elle nous enseigne la configuration du monde, les révolutions du ciel et le mouvement des astres ; par là elle rapproche notre âme de la puissance créatrice. D'autre part, elle nous apprend à distinguer sans peine le retour des saisons, les changements de température, le lever ou le coucher des constellations. Aussi prête-t-elle un grand secours à la navigation et à l'agriculture, de même que l'architecture s'aide de la géométrie pour construire ses monuments. Cette dernière science exerce singulièrement les facultés de l'âme, qu'elle rend plus prompte à percevoir et à discerner la vérité, à réfuter le mensonge, à reconnaître les choses homologues ou analogues. Par elle nous saisissons la ressemblance dans la dissemblance ; par elle nous trouvons une longueur sans largeur, une surface sans profondeur, un point indivisible ; par elle enfin nous nous élevons des choses sensibles à celles que l'intelligence seule peut atteindre. Les sciences sont donc les auxiliaires de la philosophie, et la philosophie elle-même un aide pour traiter de la vérité. Considérez ce manteau. D'abord ce n'était qu'une toison ; puis la laine fut cardée ; puis on en forma une trame, une chaîne, puis enfin une étoffe. Il en est ainsi de l'âme : avant d'arriver à la perfection, il lui faut passer par divers exercices ou opérations préparatoires [2]. »

---

1. *Strom*, I, 5.
2. *Strom.*, VI, 11.

Cela posé, il est facile de déterminer le rôle des sciences humaines par rapport à la philosophie, et celui de la philosophie elle-même relativement à la théologie. L'arbre de la science plonge ses racines dans le sein de la terre, d'où il s'élance vers le ciel, suivant ainsi une direction unique ; mais ses branches sont multiples. Parmi ces branches, les unes se rapprochent davantage du sommet ; les autres, de la base : ou pour parler sans métaphore, il y a une gradation, une hiérarchie dans les connaissances humaines, bien que leur but final soit identique. Aux degrés inférieurs de l'échelle, Clément d'Alexandrie place « le cycle » des arts libéraux : la science des sons ou des accords, la musique ; la science des nombres, ou l'arithmétique ; la science de l'étendue, ou la géométrie ; la science des corps célestes ou l'astronomie. Chacune de ces sciences mène à l'infini, qui est l'archétype de toutes choses, la raison suprême et régulatrice des lois de l'harmonie, du nombre, de l'étendue, de la création tout entière. Mais là ne s'arrête point le savant, dans le dessein qu'il a d'embrasser tout le cercle des connaissances humaines. Au-dessus ou à côté de ces sciences qui ont pour objet direct la matière et ses lois, il en est d'autres qui se rapportent plus immédiatement à l'ordre intellectuel et social : la science du langage, ou la grammaire ; l'art oratoire, ou la réthorique ; la science du raisonnement ou la dialectique. Voilà autant de disciplines qui aident l'intelligence dans la recherche de la vérité. Mais, si utiles, si hautes qu'elles soient, ces disciplines ne constituent pourtant pas la science du bien, de l'être, de la vérité absolue : elles se bornent à y préparer l'esprit, en le faisant passer par une série d'exercices préliminaires. Où donc est le terme auque viennent aboutir les arts libéraux ? Ce terme, dit Clément, est dans la philosophie. La philosophie domine et gouverne toutes les sciences humaines, comme elle trouve à son tour dans la théologie son faîte et son couronnement :

« La philosophie n'est pas dans la géométrie, qui s'appuie sur des concessions et des hypothèses ; ni dans la musique, art conjectural : ni dans l'astronomie, qui s'attache à la vraisemblance, et dont l'objet est matériel, passager. Il faut à la philosophie la science du bien et de la vérité. Autre chose est le Bien lui-même ; autre chose les routes qui y conduisent. C'est pourquoi Platon ne veut pas non plus que le *Cercle des études* suffise pour atteindre à la connaissance du Bien : selon lui, le seul fruit qu'on en retire, est un stimulant pour l'esprit, un exercice qui habitue l'âme à comprendre les choses intelligibles [1]. »

Partant de là, Clément appelle la philosophie « la maîtresse des sciences humaines ; » et, par le fait, il n'en est aucune qui puisse lui contester cette supériorité ; car elles empruntent toutes à la philosophie leurs principes et leur méthode. A ce propos, Messieurs, je ne puis m'empêcher de signaler une singulière tendance qu'on observe depuis quelques années dans le camp des adversaires de la révélation. Leur hostilité contre le christianisme n'a d'égale que le dédain qu'ils affectent pour la philosophie. A les entendre, la philosophie ne serait pas même une science ; et ce qu'elle aurait de mieux à faire, serait d'abdiquer pour céder la plac à la physique et à la chimie, sinon à la morphologie zoologique ou à la biologie. Pour ma part, je ne connais pas de symptôme plus alarmant que cette infirmité d'esprit qui ne permet plus à une certaine classe d'écrivains de comprendre le rôle de la métaphysique. Vous allez juger s'il est possible de pousser plus loin la naïveté, pour ne pas dire davantage. Nous n'admettons, disent les nouveaux empiriques, nous n'admettons absolument que les faits, ce qui tombe sous l'expérience, ce qui est le résultat de l'observation ; quant à ces notions transcendantes dont l'esprit humain s'est si fort occupé jusqu'ici, nous les mettons bien nettement en dehors de toute réalité, comme n'ayant aucun rapport avec l'existence et les faits. — Fort bien, mais prenez-y garde : vous risquez beaucoup de vous engager dans la métaphysique

---

[1] *Strom*, I. 19.

sans le savoir. Vous n'admettez, dites-vous, que les faits ; vous ne voulez opérer que sur des réalités sensibles. Mais les faits sont régis par des lois ; les effets ont des causes ; les phénomènes ou les accidents supposent des substances. Or, qu'est-ce que ces idées de loi, de cause, de substance, d'être, etc., sinon des notions métaphysiques, sans lesquelles on ne saurait pas même aborder l'étude d'un grain de sable ou d'un brin d'herbe ? A chaque pas que vous hasardez sur le terrain des sciences expérimentales, vous suivez une méthode qui a sa base dans la nature de l'entendement humain ; vous appliquez des principes qui ne sont pas tirés des faits, et que vous empruntez à un ordre supérieur aux réalités sensibles. Et si ces principes indépendants des faits, si ces idées régulatrices de l'entendement n'ont pas leur racine dans l'absolu, qui seul peut leur donner un caractère de nécessité et d'immutabilité, à l'instant même ils perdent leur valeur : ils rentrent à leur tour dans le domaine des choses contingentes et variables : vrais aujourd'hui, ils peuvent cesser de l'être demain ; et alors que deviennent les sciences humaines ? Où est leur légitimité ? où est leur certitude ? Si la cause absolue n'existe pas, comment prétendre que le principe de causalité puisse avoir une valeur absolue ? D'où la tirerait-il, puisqu'en dehors de l'absolu il n'y a que du relatif ? Et si le principe de causalité n'a qu'une valeur relative, c'est-à-dire s'il peut y avoir des effets sans cause, je vous défie de produire une affirmation sérieuse en physique ou en chimie. Vous voilà donc forcément ramenés à la métaphysique, à ses notions fondamentales, et à l'Être absolu de qui elles tirent leur caractère de nécessité et d'immutabilité, si vous voulez donner une base solide au reste des sciences : autrement, elles crouleront sur elles-mêmes. Il y a plus, Messieurs : à moins d'avoir perdu le sens, il faut à tout le moins reconnaître l'existence d'un ordre moral et d'un ordre social, qui reposent sur l'idée du devoir ou de la loi. Or, est-ce au bout d'un télescope que vous saisirez l'idée du devoir ! Est ce d'un alambic que vous ferez sortir l'obligation morale ? Je sais bien qu'un professeur d'esthétique s'est plu à dire dans un livre intitulé les *Philosophes français* : « Le vice et la vertu sont des produits comme le vitriol et le sucre. » Mais nous ne nous arrêtons pas à des théories dont les fruits ne peuvent être bien appréciés que par les cours d'assises ; nous nous adressons à des détracteurs moins cyniques de la philosophie, et nous leur disons : Si vous niez la métaphysique, vous détruisez l'obligation morale. Car l'idée du Bien n'a de réalité objective qu'autant que le Bien est réalisé dans l'essence divine : sinon, c'est une pure abstraction, un simple phénomène psychologique, qui, en dehors d'un législateur suprême, n'a ni valeur morale ni caractère impératif. On me dira : les hommes ont toujours appliqué l'idée du bien à telle ou à telle action : voilà une règle que tous sont tenus de suivre. Oui, si cette règle est un reflet de la raison divine, une émanation de la loi éternelle ; non, si ce n'est qu'un fait contingent et relatif, qui n'a pas sa racine dans une intelligence et une volonté souveraines. De quelque côté qu'on se tourne, l'on vient toucher à la métaphysique ou à la science de l'absolu. C'est sur ce roc de granit que s'appuient toutes nos connaissances naturelles ; et il ne faut rien moins qu'une singulière inadvertance ou une incroyable légèreté d'esprit pour ne pas reconnaître, avec Clément d'Alexandrie, que la philosophie est la maîtresse et la reine des sciences humaines.

Mais, Messieurs, si les sciences humaines sont groupées autour de la philosophie comme autour de leur reine et de leur maîtresse, δέσποινα, la philosophie à son tour doit saluer une souveraine dans la révélation divine. Car la nature est ordonnée par rapport à la grâce, et la parole de Dieu domine les conceptions de l'homme. C'est à ce sommet de la connaissance que l'auteur des *Stromates* veut conduire le savant déjà préparé par l'étude des arts libéraux et de la philosophie.

« Bon nombre d'hommes, séduits par les charmes trompeurs des études préparatoires qui ne sont que des servantes, ont dédaigné la science maîtresse, c'est-à-dire la philosophie, et ont vieilli, les uns dans la musique, les autres dans la géométrie, plusieurs dans la grammaire, la plupart dans la rhéthorique. De même que les études encyclopédiques sont des degrés utiles pour arriver à la philosophie, ainsi la philosophie contribue-t-elle à l'acquisition de la sagesse. Car la philosophie est un exercice préparatoire à la sagesse ; mais la sagesse est la science des choses tant divines qu'humaines, et de leurs causes. La sagesse reste donc la souveraine de la philosophie, comme celle-ci demeure la maîtresse des sciences préparatoires...... Les sciences humaines ne sont pour le savant chrétien que des exercices préparatoires qui l'aident, autant qu'il est possible, non-seulement à s'élever jusqu'à la vérité et à s'affermir sur cette base inébranlable, mais encore à réfuter les sophismes qui conspirent contre la vérité. Il ne doit donc rien ignorer de ce qui concerne les connaissances, dites encycliques, et la philosophie grecque ; mais il n'en fera pas le but principal de ses efforts : il n'y verra que des études secondaires auxquelles il est nécessaire de s'appliquer selon que les circonstances l'exigent. Armes de l'iniquité entre les mains des artisans de l'hérésie, ces sciences serviront au vrai gnostique pour le bien. Ainsi, quoique la vérité renfermée dans la philosophie grecque ne soit que partielle, elle ne laisse pas d'être la vérité. Elle sert à réfuter une sophistique captieuse, comme le soleil qui, venant à luire sur les objets blancs ou noirs, en fait ressortir la couleur. Les Grecs, eux aussi, ont donc eu raison de s'écrier : Mère des grandes vertus, vérité, reine du monde [1] ! »

De cette manière, toutes les sciences se réunissent dans une large synthèse, où chacune d'elles occupe la place que lui assigne son importance. Les arts libéraux forment le cortége de la philosophie, cette reine des sciences humaines ;

---

1. *Strom.*, I, 5 ; VI, 10. Imitation du traité de Philon, *de cong. erudit. quær. gratia*, p. 435 et suiv.

et la philosophie, à son tour, doit se ranger sous le sceptre de la théologie, qui est la science des vérités révélées. Et pourquoi la philosophie est-elle subordonnée à la théologie ? Clément d'Alexandrie allègue deux raisons : la certitude des vérités de la foi, plus haute que la certitude résultant des démonstrations rationnelles ; et l'objet de la révélation, plus élevé que celui des connaissances purement humaines. « La foi, dit l'auteur des *Stromates*, est supérieure à la science parce qu'elle en est le criterium [1]. » Appuyé sur l'autorité infaillible de la parole de Dieu, le théologien a le droit de juger d'après cette règle souveraine les assertions du philosophe, pour approuver celles qui s'accordent avec la révélation, et condamner celles qui s'en écartent. Lors donc que le philosophe vient à heurter un dogme de la foi dans ses spéculations individuelles, cette contradiction l'avertit qu'il fait fausse route, et par conséquent qu'il doit revenir sur ses pas, pour soumettre ses opinions à un examen plus approfondi ; car il est impossible que l'homme ait raison contre Dieu. Voilà dans quel sens la philosophie reste subordonnée à la théologie : cette subordination n'est autre que celle de la raison humaine à la raison divine. De plus, la révélation initie l'homme à un ordre de connaissances auxquelles la raison n'aurait pu atteindre par ses propres forces. Cette prééminence incontestable, Clément d'Alexandrie, marchant sur les traces de Philon, l'exprime sous la forme d'une allégorie : il compare la philosophie et la théologie aux deux femmes d'Abraham, Agar l'Égyptienne et Sara, la servante et la maîtresse ; l'une figurant la science de l'Égypte, la science mondaine ; l'autre représentant la science magistrale et divine [1]. Quelle que soit la valeur de cette interprétation allégorique, l'idée qu'elle met en relief est de toute justesse. La philosophie a des notions certaines sur Dieu, sur l'âme et sur le monde ; mais lorsqu'elle veut donner une solution claire et précise à certaines questions qui intéressent nos destinées au

---

1. *Strom.*, II, 4.
2. *Strom.*, I, 5 ; — Philon, *de cong. erudit quær. gratia.*

plus haut point, elle ne peut que bégayer ; elle manque de lumières. Ces lumières, la révélation divine est venue nous les communiquer : non-seulement elle éclaire l'intelligence dans l'ordre rationnel, en prêtant un nouveau jour à la vérité philosophique ; mais de plus, elle déroule au regard de l'esprit toute une série de connaissances que la raison n'aurait pu soupçonner. Ce domaine supérieur de la foi, c'est l'ordre surnaturel avec son admirable économie de la grâce, de l'incarnation, de la rédemption, de la vie divine, de la vision béatifique. Une science qui a un pareil objet l'emporte évidemment sur toutes les autres, par ce simple motif que l'ordre surnaturel domine et couronne l'ordre naturel. Si donc les arts libéraux et la philosophie sont autant de colonnes qui supportent le temple de la science, la théologie doit en être le sommet et la clef de voûte.

C'est, Messieurs, ce que les meilleurs esprits ont reconnu et proclamé. Les raisons qui déterminent Clément à revendiquer pour la théologie la supériorité sur les autres sciences, sont celles-là mêmes que donne saint Thomas en tête de sa *Somme théologique :* la certitude plus haute des vérités de la foi, qui reposent sur l'autorité infaillible de la parole de Dieu ; et l'objet surnaturel de la révélation, laquelle initie l'homme à un ensemble de connaissances et le conduit à des fins qui dépassent nos lumières et nos forces naturelles [1]. Cette hiérarchie des sciences, que le grand théologien du moyen-âge expliquait avec tant de netteté et de précision, le premier des poëtes chrétiens, Dante l'a représentée sous une forme allégorique dans la *divine Comédie.* Deux guides dirigent les pas du poëte durant son mystérieux pèlerinage : Virgile et Béatrice. Virgile, c'est la raison humaine, la philosophie, les sciences profanes ; Béatrice, la foi, la théologie, la science de la révélation. Dans le dessein qu'il a de sonder les questions de la destinée, Dante vient se placer tout d'abord sous la conduite de Virgile, qui explique à son élève tout ce

---

1. S. Thomas, *Pars prima quæst.*, I, art. 5 : utrum sacra doctrina sit dignior aliis scientiis.

que la raison humaine est en état de connaître par ses propres forces. Quand le poëte, avide d'en savoir davantage, demande à son conducteur des solutions que celui-ci est incapable de donner, la philosophie lui répond par la bouche de Virgile : « Je ne puis te dire ici que ce que la raison est à même de comprendre ; au-delà, Béatrice t'attend, car c'est une question de foi [1]. » Aussi, lorsque Dante, ayant parcouru les cercles de l'enfer et du purgatoire, arrive à l'entrée du Paradis, Virgile le quitte, après avoir dit le dernier mot des sciences humaines; c'est Béatrice, ou la théologie, qui l'introduira dans l'ordre surnaturel, pour lui dévoiler le mystère de la béatitude céleste. Admirable conception, où le théologien et le poëte rivalisent d'originalité et de profondeur ! Dans un autre endroit de son grand poëme, Dante n'a pas tracé avec moins d'exactitude la ligne de démarcation qui sépare les sciences profanes de la doctrine révélée. Pour montrer que les connaissances humaines ne sauraient, sans la foi, avoir pour terme la vision béatifique, il place dans le premier cercle de l'enfer un chateau de lumière auquel on arrive par sept portes. Ce château symbolique, c'est l'édifice de la science profane, que Clément d'Alexandrie appelait la science de l'Égypte ; quand aux sept portes, elles représentent les sept arts du *trivium* et du *quatrivium :* la grammaire, la rhétorique, la dialectique, la musique, l'arithmétique, la géométrie et l'astronomie. Dante ne place pas ce château de lumière au milieu du paradis et avec raison ; car les arts libéraux, se renfermant dans le domaine de la nature, n'ont aucune proportion avec la fin surnaturelle de l'homme, ou la vision béatifique. C'est par la foi et avec le secours de la grâce, que les connaissances et les vertus humaines, élevées au-dessus d'elles-mêmes et transfigurées, acquièrent une valeur pour le salut. Aussi les retrouvons-nous à la fin du II° acte de cette magnifique trilogie; et alors personnifiées sous la figures des

---

[1]. *Le Purgatoire*, chant XVIII.

femmes qui entourent le char triomphal, elles disent au poëte :
« Avant que Béatrice descendit dans le monde, nous fûmes
destinées à être ses servantes. Nous te mènerons devant ses
yeux [1]. » En effet, selon l'expression de Clément d'Alexandrie, les « sciences encycliques », ou les arts libéraux, sont
les servantes de la doctrine révélée, qu'elles nous préparent
à recevoir et à embrasser. Sous une forme dramatique, la
divine Comédie reproduit l'idée fondamentale des *Stromates*
avec cette élévation d'esprit et cette richesse d'imagination
qui ont mérité au grand Alighieri d'être surnommé le théologien des poëtes et le poëte des théologiens.

Toutefois, Messieurs, il importe de serrer la question de
plus près, pour empêcher tout malentendu. Nous avons
entendu dire à Clément d'Alexandrie, comme plus tard à
saint Thomas et à Dante que la philosophie et les autres
sciences humaines sont les servantes de la théologie,
θεραπαινίδες. Le mot a paru excessif à quelques philosophes,
qui ont cru y trouver une irrévérence envers la discipline
que l'auteur des *Stromates* appelait si bien la maîtresse des
arts libéraux. S'il ne s'agissait que du mot, j'y renoncerais
pour ma part sans le moindre regret, préférant de beaucoup
l'épithète d'*auxiliaire* que le chef du Didascalée a employée
bien plus souvent, συναίτιον καὶ συνεργόν. En effet, cette deuxième
qualification est peut être plus délicate ; elle ne peut blesser
la susceptibilité de personne, et au fond elle exprime la
même idée. Mais si, en repoussant les locutions dont les philosophes d'autrefois, un peu plus modestes sans doute, ne
s'effarouchaient nullement, on voulait exclure en même
temps le principe qu'elle formule, c'est-à-dire la subordination de la philosophie à la théologie, la question changerait
de face. En présence d'une révélation divine, il est impossible de soutenir sérieusement que les assertions d'un philosophe échappent au contrôle de la parole de Dieu. Il va
sans dire que les opinions d'un hommes sont fausses, du

[1] *Le Purgatoire,* chant XXXI.

moment qu'elles contredisent une vérité divinement révélée Nier ce principe, c'est placer la raison humaine au dessus de la raison divine. Et qu'on ne vienne pas dire : oui, les philosophes ont le devoir de se soumettre à l'autorité de la révélation, mais non pas la philosophie : celle-ci est indépendante ; ceux-là sont subordonnés. C'est la distinction qu'imaginait récemment le docteur Frohschammer, professeur à l'université de Munich. Mais, comme le faisait observer le Pape Pie IX dans ses *lettres apostoliques du 11 décembre 1862, adressées à l'archevêque de Munich*, une pareille distinction est illusoire. Qui est-ce qui enseigne la philosophie, sinon les philosophes ? Il ne s'agit pas de juger la philosophie en elle-même, mais telle qu'elle est comprise et entendue par ceux qui la professent. Sans doute, s'il s'agissait de la philosophie, telle qu'elle existe dans l'entendement divin, toute difficulté disparaîtrait, par la raison bien simple que la vérité ne saurait être contraire à la vérité ; mais, est-ce là l'état de la question ? Nous parlons de la philosophie telle qu'elle est enseignée, permettez-moi cette locution triviale, telle qu'elle est enseignée par Pierre ou par Paul, par Jean ou par Jacques; c'est à cette philosophie-là, qui s'affirme par tel ou tel organe, dans telle ou telle école, c'est à elle que nous disons : Vous êtes que vous le vouliez ou non, justiciable de la théologie ; il ne vous est pas permis d'affirmer quoi que ce soit de contraire aux enseignements de la révélation divine ou de l'Église ; vous prouvez par là même que vous n'êtes pas la vraie philosophie ; revenez sur vos pas, examinez derechef, livrez-vous à une étude plus attentive de la question que vous traitez, et vous finirez par vous mettre d'accord avec la parole de Dieu, ou bien il restera établi que vous raisonnez mal: Quoi de plus rationnel et de plus logique ? Il n'y a qu'un moyen d'échapper à ce contrôle, c'est de nier que la raison divine soit supérieure à la raison humaine ; mais vous comprenez fort bien que l'athéisme est au bout de cette proposition.

Maintenant, Messieurs, cette subordination nécessaire, logique, de la philosophie à la théologie empêche-t-elle l'une ou l'autre d'avoir sa sphère propre, ses lois, sa méthode, ses attributions ? Est-ce à dire que la théologie, parce qu'elle tient le sceptre des sciences, doive les absorber de manière à leur ôter toute liberté de se mouvoir et d'agir ? Pas le moins du monde. La philosophie demeure une science distincte de la théologie, puisqu'elle en est le prélude ou le préliminaire, comme disait Clément d'Alexandrie. Ce n'est pas dans l'Écriture sainte qu'elle cherche les lois du raisonnement ni l'analyse des facultés de l'âme ; ce n'est pas à la révélation qu'elle emprunte les principes de contradiction et de raison suffisante, ces deux pôles de la logique ; ni les idées d'être, de substance, de cause, d'effet, sur lesquelles opère le métaphysicien. Tout cela est du domaine de la raison : aussi longtemps que la philosophie s'y renferme, et qu'elle n'avance rien de contraire à l'enseignement de la foi, elle se trouve sur son terrain, elle garde sa liberté et son autonomie. « Elle possède, dit le Souverain Pontife dans l'admirable Lettre que je rappelais tout à l'heure, elle possède, aussi bien que les autres sciences, le droit d'user de ses principes, de sa méthode et des conclusions auxquelles elle arrive ; ce droit, elle peut l'exercer de façon à ne rien embrasser qui lui soit étranger ou qu'elle n'ait acquis d'elle-même, et selon les conditions qui lui sont propres [1]. » Certes, on ne dira pas que l'Église veuille absorber la philosophie dans la théologie : il serait impossible de reconnaître plus hautement et de mieux définir ce que Pie IX appelle « la liberté légitime de la philosophie », *justa philosophiæ libertas*. Mais, ajoute le Pape, cette liberté a des limites : la révélation divine est là comme une règle infaillible et souveraine, dont personne ne peut dévier sans se rendre coupable du crime de rébellion contre l'autorité de Dieu. Cette règle salutaire, en préservant la spéculation individuelle de

---

1. Lettre apostolique de Pie IX, *Gravissimas* (Recueil des allocutions consistoriales, encycliques, etc., Paris, Adrien Le Clère, p. 471).

tout écart funeste, n'empêche pas la philosophie de se mouvoir librement dans le cercle de ses attributions ; et pour vous montrer que la théologie n'entend nullement amoindrir le rôle des sciences rationnelles, vous me permettrez de vous lire cette page où le docteur suprême de la chrétienté apprécie les services qu'elles peuvent rendre à la foi:

« La vraie et saine philosophie a sa place, qui est très-élevée. Il lui appartient de faire une recherche diligente de la vérité ; de cultiver avec soin et rectitude et d'éclairer la raison humaine qui, bien qu'obscurcie par la faute du premier homme, n'a pas cependant été éteinte en aucune façon; de percevoir, de bien comprendre, de mettre en lumière ce qui est pour cette même raison l'objet de sa connaissance, et une foule de vérités ; d'en démontrer un grand nombre que la foi propose aussi à notre croyance, par exemple, l'existence de Dieu, sa nature, ses attributs ; de les démontrer par des arguments tirés de ses propres principes ; de justifier ces vérités, de les défendre, et par là de préparer la voie à une adhésion plus droite dans la foi à ces dogmes, sans excepter ceux qui sont plus cachés et que la foi seule peut d'abord percevoir, de telle sorte que ceux-là aussi soient en quelque manière compris par la raison. Voilà ce que doit faire et à quoi doit s'appliquer l'austère et très-belle science de la vraie philosophie [1]. »

En vérité, Messieurs, ce serait se montrer trop difficile, que de souhaiter un éloge plus complet de la philosophie. Non-seulement le chef de l'Église lui reconnaît le droit et le pouvoir de démontrer par ses propres principes les vérités accessibles à la raison, mais encore il voit en elle une discipline qui prépare l'intelligence à comprendre « d'une certaine manière, » *aliquo modo*, les dogmes de la foi. C'est l'idée même qu'exprimait Clément d'Alexandrie, lorsqu'il appelait la philosophie une auxiliaire de la théologie. En effet, quand le théologien veut raisonner sur les vérités de la foi,

---

1. Lettre apostolique de Pie IX, *Gravissimas* (Recueil des allocutions consistoriales, encycliques, etc., Paris, Adrien Le Clère, p. 468).

les formuler d'une manière nette et précise, les coordonner entre elles, les réunir en faisceau suivant les lois constitutives de l'entendement humain, il se trouve inévitablement engagé sur le terrain de la logique, de la psychologie rationnelle, de la métaphysique. Comment expliquera-t-il les dogmes de la Trinité, de l'Incarnation, de l'Eucharistie, s'il n'appelle à son aide les idées d'unité et de pluralité, de nature et de personne, de substance et d'accident, etc.? Or, ce n'est pas la foi qui a mis en nous ces idées rationnelles, que la philosophie éclaircit et développe. Quel moyen de porter l'esprit de méthode et d'analyse dans la science des vérités révélées, si l'étude des lois de la pensée et du raisonnement ne discipline l'intelligence en lui apprenant à faire un bon usage de ses forces? Vous le voyez, nul moins qu'un théologien n'aurait aucun intérêt à rabaisser la philosophie; nous le disons hautement: sans elle, pas de théologie, parce que la grâce suppose la nature, et que la foi ne peut exister sans la raison. Mais aussi, que la philosophie n'excède pas ses limites ; qu'elle ne s'érige pas en juge de la parole de Dieu ; qu'elle n'aille pas mettre la raison humaine au-dessus de la raison divine ; mais, au contraire, qu'elle reconnaisse dans la révélation et dans le jugement de l'Église qui en est la gardienne et la dépositaire, une règle souveraine pour ses recherches et ses spéculations. Alors tout est dans l'ordre : de ces deux sciences faites pour tendre au même but, aucune n'empiète sur l'autre ; « la foi, selon le beau mot de Clément d'Alexandrie, la foi devient savante, et la science reste fidèle par une relation divine et dans une alliance inséparable [1]. »

Ce que nous disons de la philosophie s'applique également aux autres sciences profanes. La théologie, écrivait l'auteur des *Stromates*, occupe le centre des « études encycliques, » ou arts libéraux, car elle est « la science des choses divines et humaines [2] ; » or, il n'est aucun ordre de connaissances

---

1. *Stromates*, II, 4, θείᾳ τινὶ ἀκολουθίᾳ τε καὶ ἀντακολουθίᾳ.
2. *Ibid*, I, 5.

qui ne se rapporte au même objet de près ou de loin et qui ne conduise à Dieu. Mais en quoi consiste cette magistrature que le chef du Didascalée revendique pour la théologie ? Doit-on entendre par là que la musique, l'arithmétique, la géométrie, etc., empruntent à la révélation chrétienne leurs éléments, leurs principes, leurs méthodes ? Est-ce par la loi qu'il faudra démontrer le binôme de Newton ou la loi de Mariotte ? Il serait absurde de le penser, et personne ne l'a jamais dit. Nous admettons que chaque science se meut librement dans la sphère qui lui est propre : les procédés qu'elle adopte sont indiqués par la nature même de son objet, et répondent aux lois constitutives de l'esprit humain. La théologie n'a pas la prétention de dicter aux sciences naturelles la marche qu'elles doivent suivre, pas plus qu'elle ne songe à les contrarier dans leur essor. Ce serait brouiller toutes les notions, que de chercher à résoudre des problèmes de chimie par les principes de la foi. J'avoue que parmi les théologiens scolastiques il s'en est trouvé qui n'ont pas gardé sur ce point toute la réserve nécessaire : ils voulaient décider *a priori* des questions que l'expérience seule est capable de trancher ; ils procédaient par voie de déduction là où une observation attentive des faits auraient dû précéder le raisonnement. On oubliait trop dans certaines écoles du moyen âge que le syllogisme, excellente arme pour la défense des vérités déjà connues, ne saurait être l'instrument de la découverte ; car vous ne pouvez faire sortir des prémisses que ce qui s'y trouve contenu. Clément d'Alexandrie ne s'y était pas trompé lorsqu'il disait : « Le syllogisme n'a d'autre résultat que de tirer des prémisses la conclusion qu'elles renferment[1]. » En s'obstinant à employer toujours et partout une méthode de démonstration stérile pour la découverte, et à résoudre par la révélation des problèmes qu'elle abandonne aux recherches de l'esprit humain on entravait sans le vouloir le progrès des sciences naturelles. Pour fa-

---

1. *Hypotyposes*, III.

voriser leur épanouissement, il faut leur laisser une juste
liberté, *justa libertas*, de telle façon qu'elles puissent,
comme le disait naguère le Souverain Pontife, user de leurs
principes, de leurs méthodes, et se développer d'elles-mêmes
dans les conditions qui leur sont particulières. S'ensuit-il de
là que leur liberté soit sans limites, et que la théologie perde
sur elles toute espèce de droit? Pas davantage. Sans doute,
la révélation ne vous apprendra pas à calculer la distance de
la terre au soleil : ce n'est pas sa fonction, bien que l'Écriture sainte fournisse à certaines sciences, telles que la géologie et la linguistique, des données lumineuses. Mais elle
n'abdique pas pour cela son droit de contrôle et de souveraineté; elle l'exerce, et voici comment. Si, sous prétexte de
fouiller les couches du globe, de compter les étoiles du firmament, d'étudier les racines des langues, de déchiffrer les
annales des peuples, vous venez à nier le dogme de la création, l'unité de la race humaine, les faits bibliques en un mot,
la théologie vous arrête au nom de la révélation. Retranchée
derrière un enseignement divin, elle vous répond : Il ne vous
est pas permis de contredire la parole de Dieu ; cette seule
contradiction prouve que vous vous êtes trompé, que votre
analyse est incomplète, que vos conclusions sont trop hâtives;
car entre le témoignage de Dieu et l'affirmation d'un homme,
toute hésitation serait une folie. Donc, rebroussez chemin, observez de nouveau, recommencez vos calculs : vous pouvez
être sûr qu'un examen plus approfondi des faits donnera raison au dogme contre une opinion formée à la légère. Cela
n'a jamais manqué. Que sont devenus tous ces systèmes
du siècle dernier, si bruyamment vantés par une science qui
ne faisait que de naître? Ils sont tombés l'un après l'autre
sous les coups d'une science plus robuste ; et la révélation
est restée debout, triomphante et hors d'atteinte. Voilà dans
quel sens la théologie est la maîtresse des arts libéraux:
elle marche à leur tête, quand ils suivent le droit chemin de
la vérité ; elle les y ramène lorsqu'ils s'en écartent.

Le plus beau spectacle qui puisse s'offrir ici-bas aux regards de l'homme, c'est la réunion de toutes les sciences groupées autour de la théologie, et rendant hommage, par ce concert harmonieux, à l'éternelle vérité. Ce spectacle, les peuples chrétiens l'ont contemplé à trois reprises dans tout l'éclat de sa beauté. Une première fois, ce fut à l'époque des Pères de l'Église. On vit alors ces nobles représentants de la foi et de la science rassembler autour de la doctrine révélée toutes les connaissances humaines, comme autant de rayons qui convergent à un centre unique. Commencé par l'école d'Alexandrie, ce travail alla s'achever à trois siècles de là dans les écrits de saint Augustin. Philosophie, art, érudition, rien ne fut négligé dans ce vaste effort pour ramener l'ensemble des sciences à l'unité d'un même but. Le monde vécut de cette première synthèse pendant des siècles; et nul ne songeait à troubler une harmonie qui paraissait fondée sur la nature même des choses. Mais si la foi est immuable, la théologie, ou la science de la foi, est progressive comme les autres sciences : elle marche avec elles, profite de leurs travaux, et les aide de ses lumières. Lors donc que cette période de l'histoire si active et si tourmentée, qu'on appelle le moyen âge, fut arrivée à son point culminant, il devint nécessaire d'approprier la synthèse scientifique aux besoins des intelligences et aux conditions de l'époque. Inutile de vous rappeler avec quel accord les sciences vinrent se ranger derechef sous le sceptre de la théologie, leur souveraine : cette harmonie trouva sa grandiose expression, d'une part dans la création des universités, de l'autre dans ces œuvres encyclopédiques qui, sous le nom de *Sommes*, embrassèrent le cercle entier des connaissances divines et humaines. Ce faisceau de doctrines, œuvre des théologiens du moyen âge, de saint Thomas en particulier, était si solide et si compacte, que rien ne put le rompre, ni les assauts du néo-paganisme au xve siècle, ni le choc du protestantisme au xvie. Et lorsque, au sortir de ces luttes et de ces controverses, le mouvement des esprits eut placé la théologie en face d'un nouvel ordre de choses, elle refit de concert avec les arts et les sciences, elle refit sous une autre forme cette vaste synthèse qu'on avait pu admirer au moyen âge et à l'époque des Pères. Préparé par les travaux du xvie, notre grand xviie siècle offrit pour la troisième fois au monde ce magnifique spectacle des arts et des sciences groupés autour de la théologie et lui rendant en éclat ce qu'elle leur prêtait de force et d'inspiration. Vous savez ce qui s'est passé depuis lors. Grâce à une meilleure méthode, à une observation plus attentive des phénomènes physiques, les sciences naturelles ont fait des progrès auxquels nous applaudissons de grand cœur. Mais, il faut bien le dire, en place de l'antique harmonie de la raison avec la foi, on remarque çà et là quelques symptômes de division, une tendance plus ou moins marquée à séparer ce qui doit rester uni. Soit en géologie, soit en astronomie, soit en chimie, quelques esprits trop prompts à conclure ont hasardé des théories contraires à la révélation. Tout cela, Messieurs, n'aura qu'un temps ; et, ici surtout, l'on peut affirmer sans crainte que le passé répond de l'avenir. Mieux connus, parce qu'ils seront étudiés avec plus de soin et appréciés avec moins de prévention, les faits géologiques, ethnographiques, physiologiques, viendront appuyer comme par le passé les vérités de la foi ; et la théologie en recevra une confirmation d'autant plus éclatante. La synthèse scientifique se fera de nouveau, et avec plus de largeur que jamais : ceux-là même qui travaillent à la retarder contribuent à l'accélérer par leurs travaux et par leurs découvertes. Car l'homme est impuissant à défaire le plan de Dieu ; et le plan de Dieu, c'est l'union des intelligences dans la foi, c'est l'union des cœurs par la charité.

DIX-SEPTIÈME LEÇON

Théorie de Clément sur la science des Écritures et sur les différentes méthodes d'interprétation qu'on peut leur appliquer. — Son érudition biblique. — Valeur de son témoignage pour l'authenticité de l'Ancien et du Nouveau Testament. — Dans quel sens et pour quelle fin il cite parfois des écrits apocryphes. — Clément use d'une assez grande liberté dans la reproduction du texte sacré — Prédilection trop marquée pour le sens allégorique. — Idées de Clément concernant le symbolisme. — Influence de Philon et de l'école juive d'Alexandrie sur Clément pour l'interprétation allégorique des livres saints. — Le Décalogue expliqué dans le sens mystique. — Abus de cette méthode.

Messieurs,

En prêtant aux sciences humaines le rôle d'auxiliaires de la théologie, Clément d'Alexandrie montrait assez qu'il n'entendait ni absorber la raison dans la foi, ni sacrifier la foi à la raison. La foi devenue savante, et la science restée fidèle, voilà ce qui constitue, selon lui, l'idéal du gnostique, ou du vrai savant. A quelque degré de connaissance que l'on soit parvenu, la foi conserve son caractère obligatoire. Et d'abord, aussi longtemps que l'homme vit ici-bas à l'état d'épreuve, la foi ne saurait se résoudre dans la science ou dans la claire vue ; car les vérités qui en font l'objet ne sont pas évidentes par elles-mêmes, quoiqu'elles s'appuient sur des motifs de crédibilité absolument certains. La foi demeure toujours, comme la définit l'auteur des *Stromates* après saint Paul, le fondement des choses que l'on doit espérer, et la preuve de celles qu'on ne voit pas. D'autre part, bien loin d'être moins nécessaire au savant qu'au simple fidèle, la foi acquiert pour le premier une importance encore plus haute, parce qu'elle lui sert de règle au milieu des spéculations périlleuses. Préservatif infaillible contre l'erreur, elle l'empêche de s'égarer dans des recherches auxquelles peu de chrétiens ont le temps ou le moyen de se livrer. Voilà pourquoi le docteur alexandrin ne craint pas de dire : « La foi est aussi nécessaire au vrai savant que la respiration est indispensable, pour vivre, à celui qui habite ce monde. Sans les quatre éléments, la vie est impossible ; en dehors de la foi, on ne peut atteindre à la connaissance. La foi est donc la base de la vérité[1]. » C'est là, Messieurs, une maxime d'or ; et il serait à désirer que tous les savants en fussent bien pénétrés : la liste des égarements de l'esprit humain se trouverait par là fort raccourcie. En tous cas, la pensée de Clément se traduit dans ce passage sans la moindre équivoque : la haute idée qu'il conçoit de la science n'affaiblit en rien son sentiment sur la nécessité de la foi. C'est dans le même sens qu'il dit ailleurs : « La vérité qui est perçue par la foi est nécessaire à la vie de l'âme, comme le pain à la vie du corps ; quant aux études préparatoires, elles ressemblent aux mets que l'on mange avec le pain et à ceux qui composent le dessert[2]. » Il y aurait donc une extrême injustice à reprocher au célèbre catéchiste d'avoir exalté les sciences humaines aux dépens de la foi : les métaphores si expressives de l'*air* et du *pain* prouvent clairement qu'il a su se renfermer sur ce point dans la limite rigoureuse de l'orthodoxie.

Mais, si la foi divine est nécessaire au salut, il n'en résulte pas que les sciences humaines perdent leur utilité. L'air est un élément essentiel à la vie, le pain est la première des nourritures ; il existe néanmoins quantité d'autres substances qui ont la vertu d'entretenir et de fortifier la santé de l'homme. Aussi, tout en proclamant que la science ne sert de rien sans la foi, Clément ne se lasse pas de répéter qu'elle est

---

1. *Strom.*, II, 6.
2. Ibid., I, 20. « Le gnostique touche à la philosophie grecque, comme à l'un de ces mets qu'on mange avec son pain et qu'on ajoute au repas en guise de dessert. » (*Strom.*, VI, 18.)

d'un grand secours au fidèle pour la défense des vérités révélées. Ce secours, dit-il, devient presque indispensable, lorsqu'il s'agit de comprendre certains passages des livres saints dont le sens obscur ou allégorique présente quelques difficultés. Que les prophètes et les apôtres aient pu se passer d'un pareil aide pour l'intelligence des Écritures, cela se conçoit : ils étaient les disciples de l'Esprit saint ; autre est la condition de ceux qui ne participent point à cette faveur exceptionnelle. Si l'on veut saisir l'enchaînement de la doctrine révélée, on doit se fortifier le plus possible dans la dialectique[1]. Ces paroles nous amènent à examiner la théorie de Clément sur la science des Écritures et sur les différentes méthodes d'interprétation qu'on peut leur appliquer. Ici, Messieurs, nous allons retrouver de nombreux points de contact entre le chef du Didascalée et l'école juive d'Alexandrie, du moins en ce qui concerne l'explication allégorique des livres de l'Ancien Testament.

Si la science des Écritures est comprise dans l'idéal du vrai gnostique ou du savant chrétien, on peut dire que Clément d'Alexandrie n'a rien négligé pour se rapprocher du modèle dont il analysait les traits. L'érudition biblique qu'il déploie dans ses écrits est vraiment surprenante ; et depuis l'*Exhortation aux Grecs* jusqu'aux *Stromates*, chacune de ses productions dénote une connaissance approfondie des documents de la révélation. Il s'était assimilé la Bible et l'Évangile au point que les textes sacrés viennent se placer sous sa plume sans le moindre effort, et à mesure que le sujet les appelle. Il y a telle partie de ses ouvrages, comme la fin du *Pédagogue*, qui n'est autre chose qu'une longue suite de citations prises çà et là dans le corps des Écritures, et reliées entre elles par le fil du discours. Vous comprenez sans peine la portée d'un pareil témoignage, tant pour l'authenticité de l'Ancien Testament que pour celle du Nouveau ; car il ne faut pas oublier que le disciple de Pantène écrivait

---

1. *Strom.*, I, 9, 28.

à la fin du IIe siècle, et qu'il s'attachait avant tout à recueillir fidèlement les traditions de ses maîtres. Or, l'on ne citerait guère de livre appartenant au canon des Écritures, dont il n'ait fait mention comme d'une œuvre divinement inspirée. Et d'abord pour ce qui regarde l'Ancien Testament, il n'invoque pas seulement l'autorité des livres reçus dans le canon des juifs et dans celui des chrétiens sans la moindre contestation ; mais il place sur le même rang les deutéro-canoniques, c'est-à-dire ceux qui, après être restés en dehors du catalogue au sein de quelques Églises particulières, y furent admis par le jugement irréformable de l'Église universelle. Il me suffira d'indiquer les livres de la Sagesse, de Tobie, de Judith, et la prophétie de Baruch [1]. Quant à l'Ecclésiastique, Clément le cite plus de vingt-quatre fois dans un seul livre du Pédagogue, comme faisant partie de l'Écriture sainte [2]. Nous pouvons tirer de là deux conclusions que l'étude des écrits d'Origène ne fera que fortifier : au IIe et au IIIe siècle, l'Église d'Alexandrie professait pour les deutéro-canoniques la même vénération que pour le reste de la Bible ; et ces livres avaient déjà dû se trouver dans les anciens manuscrits de la version des Septante, qui est celle dont se sert l'auteur des *Stromates*. Le témoignage de ce dernier n'est pas moins précieux pour confirmer l'authenticité de quelques deutéro-canoniques du Nouveau Testament tels que l'Épître de saint Jude et l'Apocalypse : Clément les rapporte à leurs véritables auteurs, et n'établit aucune différence entre eux et les autres écrits des apôtres. Il faudrait compter par centaines et par milliers, si l'on voulait énumérer les passages qu'il emprunte aux quatre Évangiles, aux Actes des apôtres, à presque toutes les

---

1. Pour le livre de la Sagesse : *Strom*, IV, 16 ; *Pédag.*, II, 1 ; *Strom.*, VI, 14 ; V, 14. — Pour le livre de Tobie : *Strom.*, II, 23 ; VI, 12. — Pour le livre de Judith : *Strom.*, II, 7 ; IV, 19. — Pour le prophétie de Baruch : *Pédag.*, II, 3 ; I, 10.

2. Comparez *Pédag*, II, 6 avec *Eccli.*, XX, 5, 8. — *Pédag.*, II, 7 ; *Eccli.*, XIV, 1 ; XXXII, 11 ; VII, 15. — *Pédag.*, II, 2 ; *Eccli.*, XXVI, 11 ; XXXI, 30, 31, 36, 38. — *Pédag.*, II, 1 ; *Eccli.*, XVIII, 32. — *Pédag.*, II, 5 *Eccli.*, XXI, 23. — *Pédag.*, II, 10 ; *Eccli.*, XXIII, 25, 26, 27.

Épîtres de saint Paul, y compris l'Épître aux Hébreux, à la première Lettre de saint Pierre et à la première de saint Jean. Le chef du Didascalée ne se contente pas de multiplier ces extraits, mais il en indique l'origine, en y joignant le nom de l'écrivain sacré, ce qui est fort important, surtout pour les Actes des Apôtres et pour l'Épître aux Hébreux. Ici, Messieurs, la littérature chrétienne a fait une perte sensible : car le traité des *Hypotyposes*, que nous ne possédons plus, était un véritable commentaire de l'Écriture sainte ; et l'on peut juger, par le peu qu'en dit Eusèbe, combien cet ouvrage aurait pu répandre de lumières sur certaines questions d'exégèse.

« Dans ses Hypotyposes, dit l'évêque de Césarée, Clément donne un commentaire abrégé de tous les écrits des deux Testaments, sans omettre ceux-là mêmes dont l'origine est controversée : j'entends l'Épître de Jude et les autres épîtres catholiques, la Lettre de Barnabé et ce qu'on appelle la Révélation de Pierre. Quant à l'Épître aux Hébreux, il affirme qu'elle est de Paul, mais qu'elle a été écrite en hébreu comme s'adressant aux Hébreux ; c'est Luc qui la traduisit avec soin en grec et pour les Grecs. Voilà pourquoi le style de cette Épître à la même couleur que celui des Actes. L'apôtre Paul ne voulut pas mettre son nom en tête, et avec raison. Écrivant à des Hébreux remplis de défiance et de préventions contre lui, il jugea prudent de ne pas les heurter dès le commencement de la lettre, en y apposant un nom qui aurait pu les détourner de la lire. Un peu plus loin, Clément ajoute: comme disait le bienheureux prêtre, le Seigneur, en sa qualité d'apôtre du Tout-Puissant, avait été envoyé vers les Hébreux ; Paul ne voulut point, par modestie, s'intituler leur apôtre, puisqu'il avait sa mission à remplir auprès des Gentils. En cela, il agit par respect pour le Seigneur, montrant en outre qu'il n'écrivait aux Hébreux que par surcroît, lui le héraut et l'apôtre des nations. Dans les mêmes livres, Clément rapporte une tradition qui provenait des anciens prêtres, tradition relative à l'ordre des Évangiles et ainsi conçue : on avait d'abord mis par écrit la partie des Évangiles qui renferme les généalogies du Seigneur. Quant à l'Évangile de Marc, il fut rédigé dans les circonstances que voici. Lorsque Pierre eut prêché publiquement à Rome la parole de Dieu, et annoncé l'Évangile sous le souffle de l'Esprit saint, beaucoup d'assistants prièrent Marc d'écrire la prédication de l'apôtre qu'il avait suivi depuis longtemps, et dont par conséquent il devait se rappeler les paroles. Marc composa donc son Évangile, pour le communiquer à ceux qui l'en avaient prié. Pierre en ayant eu connaissance, n'y mit point d'opposition, pas plus qu'il n'avait poussé Marc à exécuter ce dessein. Jean, resté le dernier de tous, voyant que ce qui a rapport à l'humanité du Christ avait été raconté dans les autres Évangiles, écrivit à la prière de ses amis, et sous l'inspiration du Saint-Esprit, un Évangile spirituel [1]. »

Cette page, intéressante à plus d'un titre, nous montre assez de quel secours seraient les *Hypotyposes* pour la critique et pour l'archéologie chrétienne, si ce précieux document était arrivé jusqu'à nous [2]. Ce qu'il y a de certain, c'est qu'on ne saurait désirer une meilleure preuve de l'authenticité des quatre Évangiles. En présence d'un témoignage si

---

1. Eusèbe, *Hist.*, *Eccli.*, vi, 14.
2. Photius a porté un jugement défavorable sur cette œuvre, telle qu'il l'avait sous les yeux au ix⁰ siècle, mais il me paraît difficile de ne pas conclure que le célèbre érudit se servait d'un manuscrit remanié et altéré par les hérétiques. Si les *Hypotyposes* avaient réellement contenu les erreurs monstrueuses que Photius signalait dans son exemplaire, comment expliquer qu'Eusèbe et saint Jérôme eussent fait un éloge si complet de cet ouvrage, sans y mêler un mot de restriction ? Le jugement de ces deux écrivains, si compétents et si versés dans de pareilles matières, serait inconcevable. On sait avec quel acharnement les sectaires des premiers siècles cherchaient à corrompre et à falsifier les textes des anciens auteurs, pour s'en faire un argument contre l'orthodoxie. Un exemplaire des *Hypotyposes* ainsi dénaturé aura pu tomber entre les mains de Photius qui, du reste, paraît avoir soupçonné la fraude, puisqu'il dit : « Soit que Clément ait réellement enseigné ces erreurs, *ou qu'un autre se soit caché sous son nom.* » (Biblioth., Cod , 109, 110.) Cette forme dubitative nous dispense d'insister sur une allégation qui trouve d'ailleurs son démenti dans les œuvres authentiques de Clément.

formel, il y aurait de la déraison à prétendre que les Évangiles canoniques n'étaient pas connus dans l'Église fondée par saint Marc, à l'époque où écrivait l'auteur des *Stromates*. Or, rappelons-nous bien qu'il ne s'était pas écoulé plus d'un demi-siècle entre la mort de saint Jean et la naissance de Clément d'Alexandrie, et que le disciple de saint Pantène se faisait une loi rigoureuse de ne point dévier des traditions léguées par les hommes de la génération précédente, par les *anciens prêtres*, c'est-à-dire par les disciples immédiats des apôtres. Si donc il tient pour canoniques les seuls Évangiles de Matthieu, de Marc, de Luc et de Jean, c'est que l'Église d'Alexandrie n'en avait jamais admis d'autres depuis sa fondation, qui remonte à l'origine même du christianisme. Et maintenant, Messieurs, si vous ajoutez à ce nouveau renseignement ceux que nous fournissaient Papias dans l'Asie Mineure, saint Justin à Rome, saint Irénée dans les Gaules, Tertullien et saint Cyprien en Afrique, vous formerez un faisceau de témoignages que le scepticisme le plus audacieux ne parviendra pas à rompre. Ce sont toutes les parties du monde qui se réunissent pour attester que les quatre Évangiles canoniques existaient dans la première moitié du IIe siècle, sans qu'il y ait eu parmi les chrétiens orthodoxes la plus légère contestation sur leur provenance ni sur leur autorité. On m'a reproché quelque part d'avoir traité de plaisanterie le système de Strauss sur l'origine des Évangiles ; mais devant le témoignage de Clément d'Alexandrie venant se joindre à tous ceux que nous avons eu occasion de citer, je ne puis que maintenir ce mot, faute d'en trouver de plus expressif pour qualifier une pareille hypothèse. Si les écrits de quatre faussaires ont pu surgir un beau matin on ne sait d'où ni comment, et passer à l'instant même, aux yeux du monde chrétien, pour l'œuvre authentique d'écrivains divinement inspirés, il faut supposer, du nord au midi, de l'orient à l'occident, un concert inexplicable de fourbes et d'insensés. Que le rationalisme admette cette hypothèse, à la bonne heure, mais qu'il nous soit permis de nous montrer plus difficiles, ne serait-ce que pour l'honneur de la raison et de la conscience humaines.

Je n'ignore pas ce qu'on peut opposer au témoignage de Clément d'Alexandrie. Outre les écritures canoniques, il a cité des livres apocryphes, des ouvrages qui n'ont pas été reçus dans le canon de l'Église. Cela est vrai, mais il faut remarquer avec soin la différence qu'il établit entre les uns et les autres. Ainsi, par exemple, on lui objecte quelque part un mot du Seigneur cité par l'hérétique Cassien. Que va-t-il répondre ? « D'abord, dit-il, ce mot ne se trouve pas dans les quatre Évangiles qui nous ont été transmis, mais seulement dans l'Évangile selon les Égyptiens [1]. » Il est impossible d'affirmer plus clairement que l'Évangile selon les Égyptiens ne mérite pas la même autorité que les quatre Évangiles canoniques. Si donc l'auteur des *Stromates* mentionne à deux reprises la première de ces pièces, ce n'est pas qu'il la range sur la même ligne que les livres divinement inspirés ; il en fait usage comme d'un document plus ou moins historique, où la tradition a pu déposer quelques paroles du Seigneur, qui n'avaient pas été insérées dans les quatre Évangiles. Il agit de même à l'égard des *Traditions de Matthias*, de la *Prédication de Pierre*. En effet, nous l'avons dit en traitant des évangiles apocryphes et des homélies clémentines, il ne faudrait pas s'imaginer que ces documents sont dénués de toute valeur historique : plus d'une parole ou d'une action du Sauveur, recueillie par la tradition orale, a dû y trouver place. C'est pourquoi, sans les assimiler aux livres saints, Clément d'Alexandrie pouvait fort bien emprunter l'un ou l'autre passage à ces recueils très-répandus dans le premier âge chrétien. J'avoue qu'il professe une haute vénération pour le IVe livre d'Esdras, pour l'Épître de saint Barnabé, pour le Pasteur d'Hermas, pour la Ire Lettre de saint Clément, pape, aux Corinthiens ; mais cette vénération irait-elle jusqu'à leur attribuer le caractère de l'inspiration divine, elle ne

---

1. *Strom.*, III, 13.

prouverait qu'une chose, c'est qu'à l'époque où écrivait Clément, il y avait doute dans quelques esprits sur l'autorité de ces ouvrages. Le jugement de l'Église pouvait seul trancher la question de savoir quels livres devaient entrer dans le canon des Écritures ou en être exclus. Otez ce jugement suprême et infaillible, quel moyen de décider si l'Épître de saint Barnabé ou la lettre de saint Clément aux Corinthiens ne méritent pas d'être rangées parmi les livres divinement inspirés aussi bien que la lettre particulière de saint Paul à Philémon? On conçoit donc facilement que les écrivains du iie siècle aient hésité à se prononcer pour ou contre l'inspiration de tel ou tel document émané d'un disciple des apôtres. La seule conclusion qu'on puisse en tirer, c'est la nécessité d'une sentence irréformable de l'Église pour fixer définitivement le canon des Écritures.

Après avoir établi que les œuvres de Clément fournissent un argument solide en faveur de l'authenticité des livres saints, il n'est pas sans intérêt d'étudier la méthode que le docteur alexandrin adopte pour ces citations. D'abord, l'on reconnaît sans peine qu'il suit généralement la version des Septante pour les écrits de l'Ancien Testament, non pas de telle façon qu'il ne s'en écarte point ici et là, soit parce qu'il cite de mémoire, soit parce qu'il réunit plusieurs textes en un seul. Il est impossible, en effet, de ne pas remarquer qu'il use d'une assez grande liberté, dans la reproduction des sentences bibliques. Souvent il se borne à rapporter un verset de l'Écriture quant à l'idée, au lieu de le transcrire mot pour mot. D'autres fois la citation se rapproche davantage de la lettre ; mais alors il n'est pas rare qu'elle comprenne des membres de phrase empruntés à divers endroits d'un même livre, ou à des livres différents. Il en résulte qu'on éprouve de la difficulté à remonter aux sources où puise l'auteur ; et l'on est parfois tenté de croire qu'il fait usage d'un écrit apocryphe, alors qu'il reproduit tout simplement, mais avec quelque altération dans la forme, tel ou tel passage d'un document authentique. Sa grande connaissance des Écritures lui permettait de citer de mémoire d'assez longs fragments ; mais l'on s'explique par là même qu'il ait pu se glisser parmi tant d'extraits quelques erreurs de détail, comme, par exemple, d'avoir attribué au prophète Osée une parole du prophète Amos ou réciproquement. Ces inexactitudes sont insignifiantes et ne méritent pas qu'on s'y arrête. Une question plus utile pour déterminer jusqu'où s'étendait l'érudition de Clément, serait de savoir s'il possédait la langue hébraïque ; mais nous manquons de données suffisantes pour la décider. Les explications qu'il hasarde au sujet de certains mots ou noms hébreux, tels que Moïse, Rébecca, hosannah, ou sont tirées de Philon ou n'ont pas grande valeur. C'est pourquoi au lieu de nous appesantir sur des détails où la lumière nous ferait défaut, il vaut mieux examiner les principes qui ont guidé le chef du Didascalée dans l'interprétation des livres saints.

La règle d'herméneutique à laquelle Clément s'attache avec le plus grand soin, est celle-ci : à côté du sens ordinaire, indiqué par la valeur grammaticale des mots, l'Écriture sainte renferme un sens spirituel ou mystique, dont la lettre du texte est comme l'enveloppe ou l'écorce. Découvrir ce deuxième sens, ce sens mystérieux et caché, tel est, selon lui, l'objet de la science sacrée ou de la gnose. Ce n'est pas qu'il songe à déprécier ou qu'il néglige l'explication littérale de l'Ancien et du Nouveau Testament : on rencontre dans ses ouvrages des applications fort heureuses de cette méthode, surtout dans le IIIe livre des *Stromates* où il prouve la légitimité du mariage. Lorsqu'il s'agit des vérités dogmatiques ou des préceptes de morale, Clément ne manque pas, à peu d'exceptions près, de prendre les mots dans leur signification propre et naturelle. Il n'est pas moins vrai de dire que le catéchiste alexandrin a une prédilection marquée pour le sens allégorique, surtout en ce qui concerne l'histoire et les institutions du peuple juif. Or, Messieurs, que l'Ancien Testament ait un caractère profondément symbolique, et que la synagogue soit une grande et vaste figure de l'Église, c'est là une thèse incontestable. En expliquant l'Épître de saint Barnabé, qui a servi de modèle à l'auteur des *Stromates*, nous avons établi qu'on ne saurait nier le principe de l'interprétation allégorique sans porter atteinte à l'autorité du Sauveur lui-même et de ses apôtres. En effet, Jésus-Christ s'applique dans l'Évangile certaines figures de l'ancienne loi ; et saint Paul dit positivement que toutes choses arrivaient aux Hébreux en vue de l'avenir. Il n'y a donc pas de doute possible sur la légitimité d'une méthode d'exégèse qui trouve sa justification dans un pareil témoignage. Aussi le peuple de Dieu n'avait-il cessé d'envisager sa loi et son histoire comme une prophétie du règne messianique : l'école juive d'Alexandrie, malgré l'esprit grec qu'elle s'était inoculé, suivait sur ce point les traditions du passé ; et si on peut lui adresser un reproche, c'est d'avoir exagéré le caractère figuratif ou emblématique du mosaïsme, bien loin de l'avoir méconnu. Il y a plus, Messieurs, le symbolisme, sous une forme ou sous une autre, est de l'essence d'une religion, parce que tout rit, toute cérémonie est nécessairement une image qui élève l'esprit vers les réalités d'un ordre supérieur. La création même n'est-elle pas, d'ailleurs, une manifestation symbolique de Dieu, par le moyen de laquelle nous remontons des choses visibles aux choses invisibles ? Toute vérité est tant soit peu cachée sous un voile, comme aussi une pensée quelconque a besoin d'un signe pour se produire au dehors. Partant de là, Clément d'Alexandrie parcourt les religions et les écoles philosophiques de l'antiquité pour démontrer l'universalité du symbolisme : les expressions et les formes allégoriques abondent chez Platon comme chez Pythagore, en Grèce et en Égypte non moins que parmi les Indiens et les Scythes [1]. Il ne faut donc pas s'étonner que la loi mosaïque ait renfermé le sens supérieur des choses divines sous une enveloppe plus ou moins transparente. Voici les motifs qui expliquent et justifient l'emploi du langage allégorique :

---

[1]. *Strom*, v, 4, 5, 7, 8.

« Aider la mémoire, exprimer la doctrine sous une forme concise, pousser les hommes vers la recherche de la vérité ; tel est le but du style symbolique dans les écrits de la philosophie barbare. Ces écrits ne communiquent la philosophie réelle et la vraie théologie qu'à ceux qui les relisent fréquemment, et dont la foi comme la vie est déjà éprouvée. Ils veulent nous faire sentir que nous avons besoin d'un interprète et d'un guide. Par là, nous apportons plus de soin à l'étude, et nous ne courons pas risque de nous égarer, puisque la science nous est transmise par ceux qui la possèdent, et qui nous ont jugés dignes d'en profiter. Ajoutez à cela que la vérité aperçue à travers un voile prend un aspect plus auguste et plus grandiose, pareille à ces fruits dont la transparence de l'eau relève la beauté, ou à ces formes que l'on devine sous le vêtement qui leur prête une nouvelle grâce, tandis que la lumière venant à frapper de tous les côtés sur un objet, en fait saillir les défauts. Disons enfin qu'il n'y a qu'une seule manière de comprendre les vérités manifestes ; au contraire, là où il peut y avoir divers degrés de compréhension, comme par exemple, dans les choses qu'on nous présente sous une forme emblématique, l'homme ignorant ou inexpérimenté est inhabile à pénétrer le mystère, tandis que le gnostique soulève aisément le voile [1]. »

Ces réflexions ne manquent certainement pas de justesse. La forme symbolique frappe davantage l'esprit, se grave mieux dans la mémoire, aiguise l'intelligence par la difficulté qu'on éprouve à la saisir, et oblige de recourir aux lumières d'autrui celui qui ne voudrait accepter d'autre maître que lui-même. Il ne faudrait pourtant pas en conclure que l'allégorie soit le mode nécessaire de l'enseignement religieux, pas plus qu'on ne devrait chercher le type de la perfection littéraire dans le langage d'un homme qui ne parlerait que par métaphores. Les dogmes et les préceptes de morale sont exprimés le plus souvent, dans l'Ancien Testament, sous une

---

1. *Strom* v, 9.

forme où l'allégorie n'entre pour rien ; et si les paraboles de l'Évangile présentent la vérité à travers un vêtement symbolique, le Sermon de la montagne et le discours de la Cène nous la montrent à découvert et sans voile. Cette réserve faite, on ne peut qu'approuver le sentiment de l'auteur sur l'utilité du symbolisme, usité chez tous les peuples de l'antiquité, comme il est d'ailleurs fondé sur la nature même de l'esprit humain. D'autre part, il n'est pas moins certain que l'Ancien Testament figurait le Nouveau dans ses principaux personnages et dans l'ensemble de ses institutions. Mais voici où commence la difficulté. Les grandes lignes de ce vaste symbolisme sont nettement marquées ; aussi longtemps qu'on se borne à faire ressortir l'harmonie générale des deux alliances, le rapprochement est indiqué par l'Évangile et par la tradition tant juive que chrétienne. Il n'en est plus de même, lorsqu'on veut descendre dans le détail pour déterminer le caractère typique de l'Ancien Testament, en dehors de la voie tracée par le Sauveur et par les apôtres. Ici l'on tombe facilement dans l'arbitraire ou dans la fantaisie ; et il est à regretter que les Alexandrins aient poussé la théorie de l'interprétation allégorique jusqu'à ce point extrême où toute raison plausible disparaît devant le caprice de l'imagination. Vous allez en juger par quelques exemples que j'emprunte au V⁰ et au VI⁰ livre des *Stromates*. Certes, je suis bien éloigné de vouloir blâmer les efforts que fait Clément pour découvrir la signification mystique du tabernacle de Moïse, des ornements sacerdotaux d'Aaron et de ses successeurs : il est évident que toute cette organisation du culte préfigurait les hautes réalités de l'avenir [1]. On aurait également tort de méconnaître la portée morale des leçons qu'il sait tirer de la distinction établie par la loi mosaïque entre les animaux purs et les animaux impurs : sur ce point, comme sur bien d'autres, il ne fait qu'imiter l'auteur de l'Épître de saint Barnabé [2].

---

1. *Strom.*, v, 6.
2. Ibid., v, 8 ; vii, 18.

Mais je vous demande si ce n'est pas porter trop loin le goût
de l'allégorie que de chercher tant de mystères dans la forme
et les dimensions d'une table :

« La table qui était dans le temple avait six coudées, et
chacun de ses quatre pieds une coudée et demie. La somme
de ces douze coudées représente les douze mois qui accomplissent leur révolution dans le cercle de l'année, et pendant
lesquels la terre, servie par les quatre saisons, conduit ses
productions à leur maturité. La table, selon moi, est l'image
de la terre appuyée sur ses quatre pieds, l'été, l'automne, le
printemps, l'hiver ; car c'est ainsi que marche l'année. De là
vient, dit l'Écriture, que la table avait une *bordure ondoyante*, soit pour signifier que tout roule, emporté par les
révolutions du temps, soit peut-être comme image de la terre
que les flots de l'Océan environnent de toutes parts [1]. »

Vous le comprenez, Messieurs, avec une pareille méthode
on peut trouver dans les objets toutes les allégories qu'on
voudra bien y chercher. Si la table dont parle Clément avait
eu sept coudées au lieu de six, nul doute que le subtil interprète n'y eût découvert une autre série de merveilles. Les
chiffres se prêtent aisément au jeu de l'imagination ; et le
moins qu'on puisse dire de ce mysticisme arithmétique, auquel l'auteur des *Stromates* accorde tant de confiance, c'est
qu'il laisse trop de prise à l'arbitraire. Assurément, je me
garderais bien de contester la signification mystérieuse de tel
ou tel nombre que l'on rencontre dans l'Écriture sainte ;
mais, alors, nous sommes avertis par le texte lui-même, ou
c'est la tradition qui nous donne la clef de l'énigme. Hors de
là, l'interprétation allégorique n'a pas de règles très-précises;
et rien n'est plus facile que de se lancer à perte de vue dans
le champ des conjectures. A cet égard, je ne puis m'empêcher de dire que l'école chrétienne d'Alexandrie a excédé les
limites d'une exégèse vraiment scientifique. Il y a sans contredit une grande dépense d'esprit et d'érudition dans les

---

[1]. *Strom.*, VI, 11.

recherches auxquelles se livre Clément pour déterminer le sens mystique des nombres triangulaires, carrés, pentagones, hexagones, etc. [1], mais, appliqués aux faits bibliques, ces calculs n'ont pas une grande valeur, et le texte sacré en reçoit peu de lumière. Ce qu'il y a de moins douteux dans cette partie des *Stromates*, c'est qu'on y trouve à un haut degré l'influence de l'école juive d'Alexandrie, et surtout de Philon. Or, comme nous avons déjà eu occasion de le dire, cette influence a été funeste sous plus d'un rapport. C'est à Aristobule et à Philon que Clément doit sa singulière thèse sur le commerce assidu des philosophes et des poëtes de l'antiquité grecque avec les livres saints. C'est en imitant l'école juive d'Alexandrie qu'il accepte de confiance tant d'écrits sortis de cette officine d'apocryphes. Le chef du Didascalée s'était pénétré des œuvres de Philon. Il le suit, pour ainsi dire pas à pas, dans l'histoire de Moïse, qui termine le premier livre des *Stromates*, et dans l'analyse de la partie morale du mosaïsme [2]. La célèbre allégorie de Sara et d'Agar, figurant la théologie et la philosophie ; la signification mystique du tabernacle et des ornements sacerdotaux ; le symbolisme des nombres ; l'hypothèse touchant les observations astronomiques d'Abraham ; la théorie sur les dix parties de l'homme et sur les trois critériums de la vérité, le sens, la parole et l'intelligence : tout cela est extrait presque textuellement des ouvrages de Philon [3]; et l'on peut juger ainsi de l'action qu'a exercée le célèbre écrivain juif sur l'école chrétienne d'Alexandrie, en particulier pour ce qui regarde l'interprétation des livres de l'Ancien Testament. Si donc nous sommes

---

1. Ibid., vi, 11.
2. *Strom.*, i, 23 et suiv. ; Philon, *de la vie de Moïse, ou de la théologie et de la prophétie.* — *Strom.*, ii, 18 ; Philon, *Allégories des lois sacrées; sur les trois Vertus.*
3. *Strom.*, i, 5 ; Philon, *de la réunion pour les sciences préparatoires.* — *Strom.*, v, 6, Philon, *de la vie de Moïse.* — *Strom.*, vi, 11 ; Philon, *de la Création du monde; du Septénaire et des fêtes ; de la Réunion pour les sciences; du Décalogue.* — *Strom.*, v, 1 ; Philon, *biographie d'Abraham.* — *Strom.*, ii, 11 ; Philon, *de la Réunion pour les sciences préparatoires.*

en droit de reprocher à Clément de s'être perdu quelquefois dans des explications trop subtiles, le blâme remonte jusqu'à ces anciens commentateurs juifs, à la tête desquels apparaît Aristobule. Cette école gardait si peu de mesure dans son goût pour le symbolisme, qu'elle ne craignait pas d'interpréter le Décalogue allégoriquement ; et je regrette en vérité que Clément d'Alexandrie ait cru devoir suivre Philon dans une voie si périlleuse. Aucun exemple n'est plus propre à nous montrer l'abus qu'on peut faire de cette méthode, quand on l'applique à contre-temps et sans y apporter la réserve exigée par la nature du sujet.

Certes, Messieurs, si l'allégorie paraît déplacée quelque part, c'est bien dans la série des préceptes qu'on appelle le Décalogue. Tout y est net, précis, et doit se prendre au pied de la lettre. Les commandements destinés à devenir la règle de chacun, ne se formulent point par métaphores. Que le nombre dix n'ait pas été choisi sans dessein et qu'on en trouve des applications remarquables dans la nature et dans le corps humain, Clément a raison de le soutenir. Il en est de même de la perfection arithmétique qu'il prête au nombre six, recomposé par l'addition de ses facteurs, et au nombre sept qui n'est le produit d'aucun autre. Ce n'est pas sur ces rapprochements plus ou moins fondés que portera notre critique. Mais ce qu'il y a de répréhensible dans ces tours de force, c'est qu'on y sacrifie le sens littéral à des raffinements de mysticité. Ainsi quoi de moins équivoque et de plus clair que les préceptes qui ordonnent à l'homme d'honorer son père et sa mère, ou qui lui défendent l'adultère, l'homicide et le vol ? Ces prescriptions s'expliquent d'elles-mêmes, lorsqu'on n'est pas en quête d'opinions singulières. Mais l'interprétation générale ne satisfait point l'écrivain mystique ; et voici le commentaire auquel il s'arrête :

« Le cinquième précepte a pour objet l'honneur dû au père et à la mère. Il dit clairement que Dieu est notre Père et notre Seigneur : de là le titre de fils et de père donné à ceux qui l'ont reconnu. Notre père et notre Seigneur, c'est donc le Créateur de toutes choses. Mais quelle sera notre mère ? La chercherons-nous avec quelques-uns dans la substance dont nous sommes sortis ? Ou bien sera-ce l'Église, comme le veulent d'autres interprètes ? Nullement, notre mère, « la mère des justes », selon le langage de Salomon, c'est la divine connaissance, la sagesse, qu'il faut choisir pour elle-même. D'ailleurs, la connaissance de tout ce qui est beau et honnête nous vient de Dieu par le Fils. Suit le précepte qui défend l'adultère. On se rend coupable d'adultère, lorsqu'on abandonne la vraie connaissance, la doctrine de l'Église, la foi en Dieu pour s'attacher à une opinion folle et mensongère ; ou bien quand on déifie une créature, qu'on se fait une idole de ce qui n'existe pas... Vient le précepte concernant le meurtre. Le meurtre est une suppression fermement résolue. Supprimer, au sujet de Dieu et de son éternité, les vrais principes pour y substituer l'erreur; dire, par exemple, que nulle Providence ne gouverne l'univers, que le monde n'a pas été créé, nier enfin quelque point de la véritable doctrine, c'est faire acte de meurtrier au premier chef. Le précepte suivant interdit le vol. De même que le ravisseur du bien d'autrui mérite justement les peines qui le frappent, en raison du dommage qu'il a causé, ainsi doit-on assimiler au voleur celui qui usurpe les attributions de l'ouvrier divin par la peinture et la sculpture, se proclamant le créateur des animaux et des plantes ; ou bien encore ceux qui imitent la philosophie véritable [1]. »

Ces explications ont pu paraître ingénieuses à quelques-uns, mais j'avoue, pour ma part, qu'elles ne me satisfont guère. Elles prêtent au Décalogue un sens qui n'est pas le véritable. Il s'agit bien réellement, dans cet abrégé, de la loi morale, du meurtre, de l'adultère, du vol, tels que les entend le commun des mortels. Vouloir ramener ces crimes à des attentats contre la doctrine ou la vraie gnose, c'est introduire la confusion dans le langage. Encore si cette interprétation laissait subsister le sens littéral dans son intégrité, on pour-

---

1. *Strom.*, vi, 16.

rait n'y voir qu'une tentative pour donner au précepte une extension plus vaste, en l'appliquant également à l'ordre intellectuel ; mais nous venons de remarquer, au sujet du quatrième commandement, que l'auteur ne craint pas d'en exclure le respect des parents, pour mettre en place le respect de la sagesse, qui est la mère des justes. Voilà un abus manifeste de l'allégorie. Je ne voudrais pas trop insister sur les défauts d'une pareille exégèse, car il serait absurde de supposer que le catéchiste alexandrin ait voulu affaiblir la portée morale du Décalogue : bien au contraire, jamais spéculatif ne s'est préoccupé davantage de la pratique : le traité du *Pédagogue* en est une preuve éclatante. Toutefois, l'impartialité nous oblige à dire qu'ici du moins le goût du symbolisme et une estime exagérée pour les écrits de Philon l'ont entraîné sur une pente périlleuse. Il ne faut pas trop allégoriser lorsqu'il s'agit d'expliquer une loi : en fait d'obligation morale, les commentaires les plus positifs sont les meilleurs ; et ce qu'il importe avant tout de communiquer aux hommes, c'est la vue claire et le sentiment ferme du devoir. A force de vouloir chercher un mystère sous la lettre de chaque mot, on risque beaucoup d'obscurcir le sens véritable, et de substituer la fantaisie à la réalité. Les textes prennent alors une signification indécise, flottante, qui permet à l'erreur de s'y glisser sans trop de peine. On ne peut pas dire que Clément et Origène aient toujours gardé sur ce point une juste mesure. Le penchant de l'esprit oriental pour le symbolisme les entraîne quelquefois au-delà des limites d'une saine interprétation. L'école juive d'Alexandrie a trop déteint sur eux ; et Philon peut être appelé à certains égards leur mauvais génie. C'est de lui que s'inspire l'auteur des *Stromates*, lorsqu'il perd de vue le sens réel des textes et des faits bibliques, pour s'attacher à de vaines subtilités. S'il a su se préserver des erreurs plus graves du philosophe juif, il n'en a pas moins contracté dans un commerce assidu avec les écrits de Philon, l'habitude d'envisager trop exclusivement le côté idéal des doctrines, au risque de sacrifier la réalité simple et nue. C'est ainsi qu'il restreignait tout à l'heure au respect de la sagesse le précepte qui oblige l'homme à honorer sa mère; vous conviendrez avec moi qu'un pareil spiritualisme est excessif. Ailleurs il ne craindra pas de dire: « La chair et le sang du Verbe divin, c'est la connaissance de l'essence divine. — Le mode de purification du chrétien, c'est la confession ; et le moyen d'arriver à la contemplation, c'est l'analyse, par laquelle nous montons de degré en degré jusqu'à l'intelligence première [1]. » Que la main lourde de quelque rationaliste d'outre-Rhin vienne à peser sur ces textes, elle les écrasera sous le poids de suppositions interminables ; mais quiconque s'est familiarisé avec le style de l'auteur y verra tout simplement ce tour philosophique qu'il aime à prêter aux doctrines et aux institutions chrétiennes. Dans le fond, rien n'est plus juste. L'Eucharistie, étant le gage de la vision béatifique, aura pour fruit la connaissance parfaite ou la vue de l'essence divine. D'autre part, il n'est pas moins certain que plus l'homme se purifie de ses fautes, plus il avance dans la perception des choses divines. On est toujours sûr de trouver une grande idée sous le voile de ces métaphores qui, je l'avoue, ont leur étrangeté, et ne laissent pas de choquer à première vue. Maintenant, Messieurs, faut-il conclure de ces exemples que l'interprétation littérale est absente des écrits du docteur alexandrin ? Nullement, je me hâte de dire qu'il suit d'ordinaire cette méthode, lorsqu'il s'agit de l'Évangile et des lettres apostoliques : s'il s'ingénie trop souvent pour chercher des allégories dans l'Écriture sainte, il explique très-bien celles qui s'y rencontrent ; et, ne serait-ce que pour vous faire oublier l'interprétation mystique du Décalogue, vous me permettrez de vous lire ces quelques lignes sur la parabole des dix Vierges :

« Voilà le sens de ces lampes que les vierges prudentes allument au milieu des épaisses ténèbres de l'ignorance, dé-

[1] *Strom*, v, 10, 11.

signées dans l'Écriture sous le nom de nuit. Pareilles à des vierges sans tache, les âmes sages et prudentes, sachant qu'elles vivent dans la nuit de ce monde, allument leurs lampes, tiennent leur intelligence en éveil, éclairent l'obscurité qui les environne, dissipent les ténèbres de l'ignorance, cherchent la vérité et attendent l'avènement du maître [1]. »

En résumé, nous pouvons dire qu'il serait injuste de refuser à Clément d'Alexandrie une connaissance profonde de l'Écriture sainte. En raison de leur date, ses écrits fournissent un argument solide pour l'authenticité des livres de l'Ancien et du Nouveau Testament. Quant au système d'interprétation qu'il a suivi, on doit convenir que l'influence de l'école juive d'Alexandrie, jointe à une prédilection particulière pour l'allégorie, l'a éloigné trop souvent du sens littéral. Mais, en dehors de cette exégèse trop subtile, nous retrouvons l'interprète élevé de la doctrine catholique, tel que ses écrits nous l'ont montré jusqu'ici, et tel qu'il va nous apparaître dans le tableau de la perfection chrétienne. C'est là que le grand moraliste va se révéler à nous sous un nouvel aspect.

1. *Strom.*, v, 3.

DIX-HUITIÈME LEÇON

L'école d'Alexandrie a très-bien compris les rapports qui existent entre l'ordre intellectuel et l'ordre moral. — Après avoir construit l'échelle des sciences, Clément fait la synthèse des vertus chrétiennes. — Le sentiment religieux à son degré le plus infime, c'est la crainte. — Apologie de la crainte de Dieu contre les hérétiques. — La crainte purement servile, la crainte révérentielle et la crainte filiale. — Deuxième sentiment, plus élevé que celui de la crainte : la confiance. — Rang que Clément assigne à l'espérance dans la série des vertus religieuses. — La foi et l'espérance trouvent leur couronnement dans la charité. — Pour être parfait, le gnostique doit se déterminer par le mobile de l'amour divin. — Ce mobile exclut-il, dans la pensée de Clément, le motif de la béatitude ? — Controverse entre Bossuet et Fénelon sur le pur amour. — Comment l'un et l'autre s'appuyaient sur les *Stromates* dans ce grave débat.

Messieurs,

C'est le propre du christianisme d'embrasser la nature humaine tout entière par l'ensemble de ses dogmes, de ses lois et de ses institutions. En même temps qu'il éclaire l'intelligence des lumières de la foi, il dirige et fortifie la volonté dans la pratique du bien. Jamais il ne sépare la vertu de la science, pas plus qu'il ne sacrifie l'ordre spéculatif à l'ordre pratique ou moral. Uniquement préoccupés du devoir, les stoïciens se souciaient peu des dogmes, dont l'étude leur paraissait inutile. Les systèmes de l'Inde, au contraire, absorbaient l'homme dans une contemplation stérile, sans donner à l'activité morale l'attention qu'elle mérite. La religion chrétienne se tient à égale distance de ces deux extrémités : elle reconnaît à l'homme le droit d'approfondir la vérité, comme elle lui impose l'obligation de pratiquer la vertu. Voilà pourquoi elle l'invite à étudier la doctrine qu'elle lui communique, tout en proclamant que le développement de l'intelligence n'a pas de valeur morale, s'il n'est accompagné d'un progrès parallèle dans le bien. Se soumettre à une loi, sans savoir ni pourquoi ni comment, c'est agir à l'aveugle, raisonner à perte de vue sur le principe des choses, sans accomplir le devoir, c'est se perdre dans de vaines spéculations. Le christianisme n'admet pas ces inconséquences ; il ne cherche pas à isoler nos facultés l'une de l'autre : c'est tout l'homme qu'il veut saisir et perfectionner. A ses yeux, la connaissance reste infructueuse tant qu'elle n'influe pas sur la conduite de la vie. Pour remplir sa vraie fonction, la science doit conduire à la sainteté : elle dévie de la ligne droite et manque son but, si le travail et les recherches de l'esprit n'ont pour terme la perfection chrétienne.

L'école d'Alexandrie a très-bien compris les rapports de l'ordre scientifique avec l'ordre moral, et le secours mutuel que doivent se prêter l'intelligence et la volonté. Une telle estime pour la perfection chrétienne fait honneur à cette pléiade de savants, en tête desquels apparaît le maître d'Origène. Certes, nous l'avons vu, Clément est éloigné de vouloir amoindrir le rôle ou la dignité de la science ; mais de quelle science veut-il parler ? Est-ce d'une science purement spéculative, sans action directe ni indirecte sur les mœurs ? Non ; une pareille science n'aurait aucun résultat sérieux. » C'est par la conduite de la vie, dit l'auteur des *Stromates*, que doit se révéler la connaissance des préceptes. Tels discours, telle vie. L'arbre se distingue à ses fruits, non à ses fleurs et à ses feuilles. La gnose se manifeste donc par son fruit ou par la conduite, non par ses fleurs ou par les discours. Nous ne la réduisons pas à une parole stérile et nue, mais nous y voyons une science divine ; et cette lumière qui se produit dans l'âme par l'obéissance aux préceptes se répand sur toutes les choses créées, met l'homme en état de se connaître lui-même, et lui enseigne la route qui mène à la possession de Dieu [1]. »

Ainsi, Messieurs, la connaissance doit se réfléchir dans la pratique : elle nous éclaire sur la conduite qu'il est nécessaire de tenir pour arriver à Dieu. Si elle n'avait pour résultat une amélioration morale, elle resterait stérile. Il faut que la foi et la science se manifestent par des fruits de sainteté, ou par des vertus qui ornent le vrai chrétien. Cela posé, Clément d'Alexandrie entreprend de construire l'échelle des vertus, comme il avait fait la synthèse des sciences ; et ce deuxième travail, parallèle au premier, est tout aussi remarquable. A la vérité, il s'agit moins ici des vertus morales que de celles qui ont Dieu pour objet immédiat. C'est dans le *Pédagogue* que le philosophe chrétien avait traité de cet ensemble de vertus dont la pratique constitue la vie raisonnable, telles que la prudence, la force, la justice et la tempérance. Sans perdre de vue ces éléments essentiels de la moralité humaine, l'auteur des *Stromates* s'attache de préférence à développer les vertus qui ont un rapport plus direct avec la béatitude surnaturelle, comme la foi, l'espérance et la charité. C'est l'homme religieux qu'il veut former dans cette partie de ses œuvres où le vrai savant et le parfait chrétien se rencontrent et s'unissent sous le nom de *gnostique*. Nous allons le suivre pas à pas au milieu de cette analyse profonde et délicate du sentiment religieux.

Pour décrire la Genèse des vertus chrétiennes, Clément prend l'homme à ce degré initial où l'enseignement de la foi commence à opérer la conversion de l'âme. La foi vient d'apprendre au païen l'existence d'un Dieu créateur, maître souverain de l'univers, vengeur de la loi morale qu'il a établie. Sous l'empire de cette croyance, le premier sentiment qui s'éveille dans le pécheur, est celui de la crainte. Éclairé par les lumières de la révélation, le catéchumène sent qu'il est coupable envers un Dieu qui a le droit et le pouvoir de lui

[1] *Strom.,* III, 5.

demander compte d'un passé criminel : ce sentiment de sa culpabilité, joint à celui de sa dépendance, le détourne du mal par la vue des châtiments qui en sont la suite. En d'autres termes, le repentir naît de sa foi par la crainte, du moins quand on l'envisage à son origine ou à son point de départ. « Car, dit Clément, à moins de croire que les liens où l'on était retenu auparavant soient les liens des péchés, on ne les rompra jamais. Et si l'on ne croit qu'un châtiment soit réservé au pécheur, on ne changera pas de conduite [1]. » La crainte peut donc être salutaire, bien qu'elle constitue le sentiment religieux à son degré le plus infime. Est-ce à dire que toute crainte du péché ou de ses suites ait une valeur pour le salut ? Évidemment non. Craindre le péché, à cause des maux temporels qu'il pourrait entraîner, tels qu'une maladie, par exemple, ou une perte de fortune, c'est un sentiment qui n'a rien de répréhensible, mais qui, tout seul, n'a pas de mérite devant Dieu. « Notre loi à nous, dit l'auteur des *Stromates*, nous ordonne de fuir les véritables maux, savoir: l'adultère, le libertinage, la pédérastie, l'ignorance, l'injustice, les maladies de l'âme, la mort, non celle qui sépare l'âme du corps, mais celle qui sépare l'âme de la vérité. Voilà les maux graves et vraiment formidables, nos vices et les désordres qui en résultent [2]. » De même, celui qui redouterait l'enfer, tout en demeurant attaché de cœur au mal, ne retirerait aucun avantage spirituel de cette crainte purement servile : non pas qu'il ait tort de redouter l'enfer, mais une pareille crainte reste stérile, si elle n'a pour effet de le détourner du péché. Autre est la condition de celui que la pensée des châtiments éternels détache du mal : cette crainte-là est salutaire et doit être envisagée comme un don

---

1. *Strom.*, II, 6 : « Ce n'est pas la crainte qui engendre la foi, puisque c'est de la foi que la crainte tire ses motifs. Grâce aux merveilleux changements que Dieu opère par la foi, l'incrédule devenu croyant conçoit en même temps l'espérance et la crainte. Il nous paraît donc évident que la foi est le premier pas vers le salut. » Ibid., II, 6.

2. *Strom.*, II, 7.

de Dieu et un fruit de la grâce. J'en dirai autant des dispositions d'un homme qui recule devant le péché à cause de la laideur qu'il y découvre, ou qui s'en repent par suite de la honte intérieure qu'il éprouve : une pareille aversion a sans contredit une grande valeur morale et prépare les voies à la justification. Clément d'Alexandrie devance en quelque sorte les définitions du concile de Trente sur le mérite de la contrition imparfaite, lorsqu'il s'exprime ainsi :

« Il y a deux classes de pénitents : les uns, et c'est le plus grand nombre, se repentent par crainte des châtiments qu'ils ont mérités ; les autres, et le nombre en est plus restreint, obéissent à une honte intérieure que le cri de la conscience excite dans leur âme. On peut marcher par l'une et par l'autre de ces deux voies : quel est le lieu où n'agisse la miséricorde divine [1] ?

Au IIe siècle, déjà, il y avait des hérétiques qui repoussaient le sentiment de la crainte comme indigne de Dieu et stérile pour l'homme. Leurs attaques portaient principalement sur la loi mosaïque, où ce mobile des actions humaines occupe une si grande place. Assurément, s'ils s'étaient contentés d'exclure la crainte purement servile, celle qui n'en laisse pas moins subsister l'affection au péché, ils n'auraient fait qu'affirmer une vérité de sens commun ; mais ils poussaient l'exagération jusqu'à méconnaître l'influence salutaire que peut exercer la vraie crainte de Dieu sur la moralité humaine. « La crainte s'écriaient-ils, n'est qu'une défaillance condamnée par la raison, une maladie de l'âme [2]. »
— Qu'est-ce à dire ? répond le chef du Didascalée. Comment pouvez-vous admettre une pareille définition, quand le précepte de la crainte m'a été donné par le Verbe lui-même ? L'Écriture ne déclare-t-elle pas que la crainte de Dieu est le commencement de la sagesse ? Il ne s'agit point là d'une crainte purement servile, qui se bornerait à jeter le trouble

---

1. *Strom.*, IV, 6. — *Concil. Trident.*, ses. XIV, can., V ; sess. VI, can., VIII.
2. *Strom.*, II, 7.

dans l'âme, sans y produire d'amélioration réelle. Pour préparer les voies à la sagesse, la crainte doit détacher l'homme du mal : elle n'est salutaire qu'à cette condition, nous l'avouons volontiers ; mais, du moment qu'elle amène ce résultat, il vous est impossible de la réprouver sans détruire l'économie du salut.

« Si donc, continue le prêtre d'Alexandrie, la crainte du Seigneur éloigne du mal, il s'ensuit de là qu'on doit y voir un bien : la crainte provenant de la loi n'est pas seulement juste, elle est encore bonne, puisqu'elle nous délivre du vice. Ainsi affranchis de la crainte par la crainte, nous ne cherchons pas le calme dans un trouble de l'âme, mais nous apprenons par la discipline à modérer nos passions. C'est pourquoi lorsqu'on nous dit : « Craignez le Seigneur, et vous serez fort, mais ne craignez que lui », nous devons en conclure que craindre le péché et obéir aux préceptes de Dieu, c'est honorer Dieu. La crainte née du respect, telle est la vraie crainte de Dieu. Mais, lors même que la crainte serait une passion, comme le veulent quelques-uns, toute crainte n'est pourtant pas un trouble de l'âme : c'est la superstition qui bouleverse l'âme, parce qu'elle est la crainte des démons, qui ne sont que trouble au dedans et au dehors. Quant à Dieu, qui est impassible, il inspire une crainte aussi exempte de trouble que lui-même. Ce n'est pas Dieu que je crains, mais je crains d'être détaché de Dieu. L'homme qui redoute le malheur, a peur d'y tomber ; celui qui recule devant une faute, veut être incorruptible et sans passions. Que dit l'Écriture ? Le sage se détourne du mal, parce qu'il craint ; l'insensé s'y expose et ne craint pas. — Et ailleurs : Dans la crainte du Seigneur réside l'espoir de la force [1]. »

Vous voyez par là combien Clément d'Alexandrie était éloigné du système de Luther, qui envisageait le repentir né de la crainte comme n'étant propre qu'à faire des hypo-

[1] *Strom.*, II, 8.

crites et à aggraver nos fautes [1]. Du reste, en cela le moine saxon se montrait conséquent avec sa théorie favorite qui consistait à écarter de l'Évangile toute idée de législation ou de justice distributive, pour le réduire à l'annonce pure et simple du pardon. On connaît les déclamations scandaleuses de cet homme bizarre contre la loi de Moïse, qu'il appelait le « maître de tous les bourreaux », jusqu'à le tenir pour plus « méchant que le diable lui-même [2]. » Propos inconcevable dans la bouche d'un théologien qui prétendait croire à l'origine surnaturelle de l'ancien Testament. Mais, il faut bien en convenir, la logique se trouvait ici d'accord avec la passion. Du moment que Luther, pour endormir la conscience dans une fausse sécurité, s'efforçait de bannir la crainte de Dieu comme un sentiment mauvais, contraire à l'Évangile, il devait nécessairement condamner la loi mosaïque, qui était surtout une loi de crainte, bien qu'elle n'exclût point l'amour. Cette conséquence inévitable, Clément d'Alexandrie la signalait déjà aux hérétiques de son temps. « Les détracteurs de la crainte sont en même temps les détracteurs de la loi. Or, attaquer la loi, c'est évidemment attaquer Dieu, auteur de la loi [3]. »

On dirait, en vérité, que ces paroles sont dirigées contre la théorie de Luther sur la crainte de Dieu et sur la loi mosaïque, tant elles la serrent de près et l'atteignent au vif. Il est à peine nécessaire de vous faire observer qu'en refusant toute efficacité au repentir né de la crainte, le prétendu réformateur se mettait en opposition formelle avec l'Évangile. Jésus-Christ n'a-t-il pas dit : « Craignez celui qui peut précipiter l'âme et le corps dans l'enfer [4] ? » Que de fois ne

---

1. Hæc contritio facit hominem hypocritam, imo magis peccatorem, quia solum timore præcepti et dolore damni id facit (sermon de 1517 dans Læscher, *Actes de la Réforme*, ɪ 567).

2. Propos de table, édit., Walch. xxɪɪ, 649, 652 ; — Voyez S. Irénée, leçon XV.

3. *Strom*, ɪɪ, 7.

4. S. Matth.. x, 28.

cherche-t-il pas à inculquer aux pécheurs le précepte de la pénitence, en les menaçant « du feu éternel, des ténèbres extérieures, du ver qui ne meurt pas, etc. ? » Comment pourrait-on, sans folie, appeler mauvais un sentiment que le Sauveur s'efforçait de produire dans les âmes? Assurément, je le répète, si la crainte des châtiments éternels laissait subsister l'attachement au mal, elle ne serait d'aucun profit ; mais qui donc s'est jamais permis d'attribuer la moindre valeur morale à de pareilles dispositions? Ce n'est certes pas le concile de Trente, qui ne regarde cette crainte comme salutaire qu'autant « qu'elle détourne du péché et qu'elle est accompagnée d'un ferme propos de mener une vie meilleure [1]. » Ce n'est pas non plus Clément d'Alexandrie, puisqu'il définit la crainte de Dieu, « un éloignement du mal [2]. » Vous allez discerner, par quelques passages des *Stromates*, la crainte qu'il admet et celle qu'il rejette :

« La crainte, dit-il, est le commencement de l'amour. Elle devient, par accroissement, la foi d'abord, l'amour ensuite. Mais la crainte de Dieu ne ressemble pas à la crainte ni à l'aversion qu'inspire une bête féroce ; car il y a une double crainte. Ainsi j'appréhende le blâme du père que je crains et que j'aime à la fois. En craignant d'être puni, j'ai de l'amour pour moi-même ; mais craindre d'offenser son père, c'est aimer son père. Heureux donc celui qui devient fidèle, sous la double influence de l'amour et de la crainte [3] ! »

Dans un autre endroit, l'auteur revient sur le même sujet, pour distinguer les divers degrés de la crainte :

« Il faut que nous cessions d'être les fils de l'incrédulité, pour passer des ténèbres à la vie. En prêtant l'oreille à la voix de la sagesse, nous devons être tout d'abord des ser-

---

1. *Concil. Trid.*, sess. 14, can. 5 : *Cum proposito vitæ melioris* ; — Sess. VI, can. 8 : Gehennæ metum, *per quem a peccando abstinemus* ; — Sess. XIV, cap. 4 : *Si voluntatem peccandi excludat*.
2. *Strom.*, II, 2.
3. *Strom*, II, 12.

viteurs de Dieu selon la loi, pour devenir ensuite des ministres fidèles qui craignent le Seigneur Dieu. Quiconque franchit ce degré de vertu est mis au nombre des enfants de Dieu [1]. »

En réunissant ces divers passages, on n'a pas de peine à se convaincre que le docteur alexandrin distingue trois espèces de craintes : la crainte purement servile, la crainte révérencielle et la crainte filiale. On peut redouter les effets de la colère de Dieu, sans renoncer pour cela au péché : cette crainte, Clément la repousse, comme n'ayant aucune valeur morale ; bien plus, il y découvre un élément de haine, et ne craint pas de la comparer avec l'effroi qu'inspirerait une bête féroce. A l'extrême opposé de ce sentiment injurieux pour Dieu, stérile pour l'homme, il place la crainte filiale. Celui qui obéit à ce mobile, fuit le péché, non pas à cause du châtiment qu'il redoute, mais parce qu'il craint de déplaire à Dieu, de l'offenser, semblable à un fils qui chérit tendrement son père. Il est évident que cette crainte filiale naît de l'amour et se confond avec lui. Mais entre la crainte de l'esclave, δοῦλος, qui ne voit que le châtiment, et la crainte du fils, υἱός, qui en fait abstraction, il y a la crainte du serviteur fidèle, θεράπων, qui craint et aime tout ensemble, qui aime son maître et qui craint le châtiment. Ce sentiment intermédiaire, mélange de crainte et d'amour, ou plutôt cette crainte révérencielle, δέος, Clément l'admet comme efficace pour le salut : elle détache l'homme du péché, lui inspire la résolution de changer de vie, et le conduit par degrés à une crainte moins égoïste et plus désintéressée, à la crainte filiale. C'est dans ce sens que le moraliste chrétien appelle la crainte « le commencement de l'amour », un amour initial, parce que si l'amour n'y avait aucune part, la crainte toute seule ne suffirait pas pour convertir l'homme et l'unir à Dieu. Toute cette exposition est parfaitement conforme à la doctrine du concile de Trente, qui, tout en estimant véritable

---

1. Ibid., I, 27.

et utile le repentir né de la crainte, exige néanmoins pour la justification du pécheur un commencement d'amour de Dieu comme source de toute justice [1]. »

Faisons maintenant un pas de plus, à la suite du prêtre d'Alexandrie, dans cette analyse du sentiment religieux. Je n'ai pas besoin, Messieurs, de vous rappeler combien ces études de psychologie chrétienne exigent d'attention ou d'exactitude ; et j'admire en toute sincérité la finesse de coup d'œil que l'auteur des *Stromates* a su y porter. Si, dans les conditions où nous venons de la décrire, la crainte est le commencement de la sagesse, nous devons ajouter cependant qu'elle reste la forme la plus imparfaite du sentiment religieux : voilà pourquoi Clément la place à l'échelon inférieur des vertus chrétiennes. La crainte, comme nous l'avons dit, naît du sentiment de la dépendance joint à celui de la culpabilité. Ce que l'homme pécheur considère tout d'abord en Dieu, c'est le maître, le législateur, le juge. Les menaces de la loi, d'un côté, la conscience de ses fautes, de l'autre, l'avertissent qu'il s'est exposé au châtiment, et que le repentir seul peut l'en préserver. Mais il y a d'autres aspects sous lesquels Dieu s'offre à nous, car Dieu est le bienfaiteur de l'homme, dont il veut le bonheur. S'il menace du châtiment ceux qui transgressent la loi, il promet la récompense à ceux qui l'accomplissent ; et de plus il vient en aide par sa grâce à quiconque fait des efforts pour pratiquer le devoir. Sous l'impression de ce nouvel ordre de vérités que la foi lui découvre, il se produit dans l'homme un deuxième sentiment plus élevé que la crainte, celui de la confiance. Nous nous fions aux promesses divines, et cette confiance est un puissant mobile pour nous détacher du mal et nous porter au bien. Lorsqu'elle passe en habitude de manière à constituer une disposition permanente de l'âme, elle devient une vertu qui s'appelle l'espérance. Voici le rang que Clément lui assigne dans l'échelle des vertus religieuses :

1. *Concil. Trid.*, sess. VI, can. 6 : Deum tanquam omnis justitiæ fontem deligere incipiant.

Il nous paraît évident que la foi est le premier pas sur le chemin du salut. Après elle, la crainte, l'espérance et la pénitence, unies à la continence et à la persévérance, nous conduisent progressivement vers la charité et la science parfaite (la gnose)... La crainte nous mène au repentir et à l'espérance. L'espérance est l'attente d'un bonheur ou la confiance que nous avons d'entrer en possession d'un bien absent. On passe par des épreuves pour arriver à cette bonne espérance qui nous dirige vers la charité... Les vertus se trouvant ainsi subordonnées les unes aux autres, est-il besoin de dire ce que nous avons déjà montré, que la foi espère à la suite du repentir, et la crainte à la suite de la foi ; que la persévérance et l'exercice de ces vertus viennent avec l'étude aboutir ensemble à la charité, qui elle-même se perfectionne par la connaissance... Le premier degré pour s'élever au-dessus de l'homme charnel est le précepte uni à la crainte, par laquelle nous nous abstenons de l'injustice; le second, l'espérance qui nous fait désirer le souverain bien ; la charité achève le tout, comme de juste, puisqu'elle donne la connaissance parfaite[1]. »

L'espérance occupe donc, dans la pensée de Clément, une place intermédiaire entre la crainte et la charité. La confiance est un mobile supérieur à la crainte ; mais elle le cède à l'amour, parce qu'elle est moins désintéressée. Il vaut mieux se déterminer par l'attente d'un bien, que d'agir sous l'impression d'un châtiment. Si l'espérance est plus noble que la crainte, elle a aussi plus de force pour soutenir l'homme au milieu des épreuves de la vie. Qu'est-ce que les difficultés de la vertu, ou les obstacles qui nous sont suscités par les hommes, en regard de la béatitude céleste ? Clément est si convaincu de l'efficacité de cette vertu, qu'il ne craint pas de lui attribuer, conjointement avec la charité, le plus grand des sacrifices, c'est-à-dire le martyre :

« L'espérance de la béatitude et l'amour que nous avons pour Dieu demeurent libres et sans plaintes comme sans

---

1. *Strom.*, II, 6, 9; IV, 7.

murmures au milieu des vicissitudes de la vie. Que l'espérance et l'amour tombent sous la dent des animaux les plus féroces, qu'ils soient consumés par la flamme du supplice, que la tyrannie les accable de ses tourments, peu importe ! Attachés à Dieu par des liens indissolubles, ils s'élèvent sans avoir jamais connu la servitude vers les demeures célestes, abandonnant aux hommes la dépouille du corps, seule chose sur laquelle ceux-ci aient quelque pouvoir [1]. »

Je disais tout à l'heure que Luther réprouvait la crainte de Dieu comme un sentiment qui ne fait qu'aggraver la culpabilité de l'homme. Au sujet de la confiance que nous devons placer en Dieu, il s'est jeté dans l'extrême contraire : cette confiance, il l'exagère au point de prétendre que tout homme doit être absolument convaincu de sa justification actuelle et de son salut futur. Là-dessus il n'admet aucune hésitation ; à ses yeux le seul péché que l'homme puisse commettre ici-bas, c'est de douter de son salut [2]. Que l'on vive bien ou mal, qu'on accomplisse les préceptes de la loi ou non, peu importe : pourvu que l'on se croie justifié ou sauvé, cela suffit ; le reste est indifférent. « Jésus-Christ, disait cet étrange moraliste, Jésus-Christ seul me rend juste, sans aucun concours de mes œuvres, et sans que mes péchés puissent l'en empêcher [3]. » Nous allons voir, Messieurs, si l'antiquité chrétienne partageait cette fausse sécurité, et si elle poussait la confiance dans la bonté divine jusqu'à s'imaginer, comme Luther, « que nulle œuvre, nul commandement n'est nécessaire au chrétien pour sa sanctification [4] » Clément d'Alexandrie a une trop haute idée de la foi et de l'espérance, pour qu'on puisse lui reprocher d'avoir voulu en amoindrir l'efficacité ; mais il ne se laisse pas aveugler par une confiance chimérique, sachant bien que la grâce divine n'exclut pas la coopération de l'homme :

---

1. *Strom.*, IV, 8.
2. Œuvres de Luther, *édit. de Leipzig*, VII, 537.
3. *Com. sur l'Épître aux Galates,* Francfort, 1543, f. 402 ; — Christus solus me justificat contra opera mea mala et sine operibus meis bonis.
4. Œuvres de Luther, *édit. d'Eisleben*, I, 14.

« Nous devons, dit-il, accomplir des œuvres qui crient vers le Seigneur, et nous souvenir que nous marchons en plein jour. « Que vos œuvres brillent. » — « Voici l'homme, et ses œuvres le précèdent. Car voici Dieu et ses œuvres. » Il faut que le gnostique imite Dieu autant qu'il est possible.... Tous n'atteignent pas à la perfection du bien. Il nous est impossible d'y arriver sans un ferme propos ; tout ne dépend pas non plus de notre volonté, l'avenir par exemple ; car nous sommes sauvés par la grâce, jamais néanmoins sans le concours des bonnes œuvres.... Mes brebis connaissent ma voix, dit le Seigneur, c'est-à-dire qu'elles comprennent le sens intime de mes préceptes. Elles les acceptent de grand cœur, et apprécient à sa valeur la rémunération qui suit les œuvres. Lors donc que nous lisons dans l'Évangile : Votre foi vous a sauvé, n'allons pas nous imaginer que tous ceux qui croient, n'importe comment, arriveront au salut ; il faut que les œuvres viennent se joindre à la foi.... De même que le médecin guérit ceux qui concourent avec lui au rétablissement de leur santé, ainsi Dieu accorde-t-il le salut éternel à ceux qui travaillent avec lui pour développer leurs connaissances et leurs vertus. La promesse divine ne se réalise que jointe à la coopération de l'homme, puisqu'il est en notre pouvoir d'accomplir les préceptes [1]. »

Rien de plus clair que le sens de ces paroles. Pour que la confiance ne devienne pas de la témérité et que l'espérance ne dégénère pas en présomption, il faut que l'homme de son côté travaille à son salut, qu'il s'efforce de l'assurer par sa fidélité à remplir la volonté de Dieu. Certes, l'espoir que nous avons d'arriver à la vie éternelle est fondé sur les mérites de Jésus-Christ et sur les promesses divines ; mais dispenser le chrétien de toute coopération, sous prétexte que Jésus-Christ a daigné accomplir la loi pour nous, en notre lieu et place, comme disait Luther, c'est endormir la conscience dans une sécurité trompeuse et détruire la notion de la responsabilité

---

1. *Strom.* IV, 26 ; V, 1 ; VI, 14 ; VII, 7.

personnelle. Laissons là, Messieurs, ces théories subversives de toute moralité, pour suivre Clément d'Alexandrie dans l'analyse du sentiment religieux. Si la crainte d'un Dieu vengeur et la confiance en un Dieu rémunérateur sont deux puissants mobiles pour détourner l'homme du mal et le porter au bien, il est pourtant vrai de dire que ni l'une ni l'autre ne sauraient l'élever au sommet de la perfection morale. Obéir à la loi sous la menace du châtiment ou par l'espoir d'obtenir la récompense, c'est un acte qui a sa valeur sans doute ; mais l'on conçoit aussi une forme plus parfaite du sentiment religieux, car Dieu n'est pas seulement pour l'homme un juge et un bienfaiteur, c'est encore un père qui a droit à l'amour de ses enfants. De même que l'idée de la souveraineté divine engendrait la crainte et le respect dans l'ancienne loi, ainsi l'idée de la paternité divine produit-elle l'amour sous la loi nouvelle. Non pas que le précepte de l'amour divin ne fût inscrit en tête de la législation mosaïque ; il ne s'agit pas ici d'exclusion, mais de prédominance ; or, tout le monde accordera que la loi du Sinaï, avec ses menaces et ses terreurs, était une loi de crainte plutôt qu'une loi d'amour ; le christianisme, au contraire, se résume dans la loi de charité, qui en est l'âme et l'essence. Voilà pourquoi, dit Clément d'Alexandrie après saint Paul, « dans cette sainte trinité de vertus qui s'appellent la foi, l'espérance et la charité, celle-ci occupe le rang le plus élevé[1]. » En effet, les autres vertus sont comme autant d'échelons qui conduisent à la charité, c'est-à-dire au faîte de la perfection chrétienne. L'auteur des *Stromates* décrit très-bien ce développement progressif, cette gradation ascendante du sentiment religieux, venant aboutir à ce qu'il y a de plus éminent dans l'ordre religieux et moral : « Savoir qu'on ne sait rien, est le premier degré de la science pour celui qui marche selon l'esprit du Verbe. Cet homme ignorait, il a cherché ; en cherchant, il a trouvé le Maître ; après l'avoir trouvé, il a cru ; depuis qu'il

---

[1] *Strom*, IV, 7.

croit, il espère ; et enfin, conduit de l'espérance à l'amour, il s'assimile au bien-aimé, en s'appliquant à devenir ce qu'est l'objet de son amour [1]. » Telles sont, en effet, les différentes phases que parcourt le sentiment religieux avant de se produire sous sa forme la plus parfaite, ou du moins tel est le développement logique de ce drame auquel l'âme humaine sert de théâtre. La foi et l'espérance trouvent leur couronnement dans la charité. Or, à quoi tend l'homme qui aime Dieu par-dessus toutes choses ? A lui ressembler, à s'unir, à s'identifier avec lui autant qu'il est possible ; car, dit Clément d'Alexandrie, le propre de l'amour c'est de rapprocher ceux qui s'aiment, en sorte qu'il s'établit entre eux à la longue une entière communauté de pensées, de sentiments et d'affections [2]. Lors donc que l'amour de Dieu est devenu chez le chrétien une habitude, une disposition permanente de l'âme, la vie se transforme. Plaire à Dieu, lui être agréable, voilà le but que se propose, dans chacune de ses actions, l'homme parvenu à ce degré d'union intime avec Dieu : c'est ce qui constitue le parfait chrétien, ou le vrai gnostique, pour me servir de l'expression favorite de Clément. Dans une pareille situation, il ne s'agit plus de mal ni de passions coupables : enraciné dans l'amour de Dieu, le chrétien sait dominer et réduire sous l'empire de la loi tous ses appétits déréglés ; mais il n'y a pas jusqu'aux sentiments de la tristesse et de la joie qu'il n'apprenne à maîtriser, car cette conformité à la volonté divine éloigne de lui toutes les perturbations de l'âme. Certes, personne n'accusera Clément d'avoir placé trop bas l'idéal de la perfection chrétienne dans ce tableau du vrai gnostique :

« On peut accorder, dit-il, que ces mouvements de l'âme n'ont rien de blâmable, quand ils sont réglés par la raison. Toutefois, ils ne sauraient trouver place dans l'âme du parfait chrétien. A quoi lui servirait la hardiesse ? La vie ne pouvant amener pour lui ni événement redoutable, ni tribu-

---

1. *Strom.*, IV, 3.
2. Ibid., II, 9.

dation qui l'arrache à l'amour de Dieu, il n'est jamais en péril. Qu'a-t-il besoin de montrer du courage ? Il n'est jamais en proie à la douleur, soutenu par la conviction que tout arrive pour le bien. Jamais il ne s'irrite. Qu'est-ce qui soulèverait les flots de la colère dans celui qui aime toujours Dieu, qui n'a de pensées que pour Dieu, et qui par conséquent ne saurait haïr aucune des créatures de Dieu ? Le sentiment de l'émulation ! Il lui est inconnu. Que lui manque-t-il pour sa complète assimilation avec le bien et le beau ? Il n'aime personne d'une amitié commune et vulgaire ; mais il chérit le Créateur dans la créature. Loin de lui le désir et la convoitise ! Il n'a besoin de rien, du moins quant à l'âme, puisque la charité le fait vivre dans le commerce du Bien-Aimé, auquel il est déjà uni par un choix réciproque, resserrant encore par une pratique assidue les doux liens de cette intimité, et heureux de l'abondance de tous les biens. Tels sont les motifs pour lesquels il s'efforce de fermer son cœur aux passions humaines, suivant l'exemple du Maître. En effet, tout est intelligence dans le Verbe de Dieu, par qui l'homme seul reflète l'image de l'intelligence. C'est sous ce rapport que l'homme de bien s'élève, par son âme, jusqu'à la forme ou à la ressemblance de Dieu, et que Dieu à son tour est semblable à l'homme, puisque la forme de l'un et de l'autre est l'intelligence, attribut qui nous distingue et nous caractérise [1]. »

Il est évident, Messieurs, que l'auteur de ces lignes fait ici un portrait idéal ; et si on doit lui adresser un reproche, « c'est d'avoir monté son instrument à un ton trop élevé, » pour parler son langage. Car, à quelque degré d'union avec Dieu que l'homme puisse arriver ici-bas, l'amour n'acquiert jamais une intensité telle, qu'il bannisse toute perturbation de l'âme. Du reste, c'est un point que nous nous réservons d'examiner plus tard. La question qui surgit à présent est celle-ci : en assignant l'amour divin pour mobile à l'acti-

---

1. *Strom.*, VI, 9.

vité morale du gnostique ou du parfait chrétien, Clément d'Alexandrie excluait-il le désir de la béatitude ? en d'autres termes, admettait-il la possibilité d'un état permanent de l'âme, où l'homme se détermine par le seul motif de l'amour divin, sans aucun mélange d'intérêt propre, sans le plus léger retour sur lui-même, ni le moindre égard à la récompense éternelle ? Fénelon l'a prétendu ; et c'est dans les *Stromates* qu'il croyait avoir trouvé une autorité à l'appui de son propre sentiment. Vous connaissez, Messieurs, l'objet de la célèbre controverse entre Bossuet et Fénelon. Emporté par les ardeurs d'une belle âme, l'archevêque de Cambrai soutenait que pour être vraiment pur, l'amour de Dieu doit rester complétement désintéressé ; que la perfection consiste dans un état habituel d'amour de Dieu, auquel ni la crainte des châtiments ni le désir des récompenses n'ont plus aucune part. Dans cet état de la sainte indifférence, on ne veut rien pour soi ; mais on veut tout pour Dieu ; on ne veut rien pour être parfait ni bienheureux dans un motif d'intérêt propre ; mais on veut toute perfection et toute béatitude, autant qu'il plaît à Dieu de nous faire vouloir ces choses par l'impulsion de sa grâce. En cet état, on ne désire plus le salut comme salut propre, comme délivrance éternelle, comme récompense de nos mérites, comme le plus grand de nos intérêts ; mais on le veut d'une volonté pleine, comme la gloire et le bon plaisir de Dieu, comme une chose qu'il veut, et qu'il veut que nous voulions pour lui [1]. A de pareils raffinements de mysticité, Bossuet répondait avec beaucoup de sens que ce prétendu amour pur n'est qu'une illusion. « On peut bien disait-il, se détacher de soi-même jusqu'à s'aimer en Dieu et pour Dieu ; lui rapporter son propre bonheur et le désirer pour sa gloire, c'est-à-dire pour honorer sa magnificence envers les siens ; mais se détacher de soi-même jusqu'à ne plus désirer d'être heureux, c'est une erreur que ni la na-

---

1. C'est en ces termes que la Constitution d'Innocent XII résume les *Maximes des saints* de Fénelon (prop. I, II, V, VI).

ture, ni la grâce, ni la raison, ni la foi ne peuvent souffrir[1]. »
En effet, quelque désintéressé qu'on le suppose, l'homme ne saurait se dépouiller entièrement de sa personnalité : il ne peut pas ne pas s'aimer, ni s'aimer sans désirer d'être heureux : il a une tendance nécessaire à sa béatitude qui est la jouissance de Dieu. Qu'il y ait des moments où il se porte au bien sans autre mobile que le pur amour de Dieu, et abstraction faite de tout intérêt propre, cela est incontestable ; mais ces actes isolés, ces élans extraordinaires de l'âme ne constituent pas un état permanent. Ce qu'il y a d'impossible, ce qui dépasse les forces de la nature humaine, c'est un pareil désintéressement devenu une disposition habituelle de l'âme ; car cela supposerait un anéantissement, une absorption complète de notre personnalité [2]. Fénelon avait raison de dire que le caractère propre et spécifique de la charité, c'est d'aimer Dieu pour lui-même, comme le bien en soi ou le bien absolu ; mais il ne considérait pas assez que le bien absolu est aussi *notre* bien, le principe de *notre* béatitude ; que la perfection ou la justice absolue est également la source de *notre* justice. On peut distinguer ces deux choses par une abstraction de l'esprit, mais non les séparer dans la réalité. En aimant la bonté infinie pour elle-même, le chrétien ne

1. Avertissement sur les *Maximes des saints*, (édit. de Vers.), t. XXVIII, p. 349.
2. Remarquons bien que la condamnation d'Innocent XII porte uniquement sur la supposition « d'un état *habituel* d'amour de Dieu, où le motif de l'intérêt propre n'entrerait plus pour aucune part : *Datur habitualis status* (prop., I); *in statu vitæ contemplativæ* (prop., III); *in statu sanctæ indifferentiæ* (prop. IV), etc. La Bulle pontificale emploie à dessein ce mot *status*, état, disposition habituelle, pour ne pas exclure la possibilité d'un acte d'amour pur, où le chrétien ferait abstraction de tout intérêt propre, et n'envisagerait que la gloire ou le bon plaisir de Dieu. Bossuet aurait pu mieux appuyer sur cette distinction entre l'*acte* et l'*habitude* dans sa controverse avec Fénelon Parfois il semble nier la possibilité d'un acte d'amour de Dieu où l'amour de soi n'entrerait pour rien, comme dans le passage suivant : « C'est pourquoi il nous avait déjà dit qu'on s'aime toujours ; par conséquent *dans quelque acte que ce soit*, et cette tendance n'en est que plus continuelle, parce qu'elle est un poids invincible, une inclination nécessaire, dont on ne doit jamais disconvenir. » (Avertissement sur les *Maximes des saints*, p. 349.)

peut pas ne pas l'aimer en tant qu'elle s'est communiquée ou se communiquera aux créatures ; car c'est précisément cette bonté communicative qui manifeste le plus l'excellence de la nature divine. Donc, aimer l'auteur de tout bien, c'est encore aimer le bien lui-même : loin d'affaiblir la charité, l'espérance l'excite et l'enflamme ; comme aussi, plus l'homme aime la beauté parfaite, plus il désire d'être uni à elle, plus il craint d'en être séparé. En théorie, je le répète, on peut prendre ces différentes formes du sentiment l'une après l'autre, pour les considérer isolément ; mais il est impossible de les séparer dans la pratique. A force de vouloir subtiliser, Fénelon venait se heurter contre la logique invariable du cœur humain, qui n'admet pas des lignes de démarcation si nettement tranchées. Mais, eu égard à notre sujet, cette controverse n'a d'intérêt pour nous qu'autant qu'elle touche aux doctrines de l'école d'Alexandrie. Eh bien, Fénelon était-il autorisé à invoquer l'autorité de Clément en faveur de son opinion ? Il est incontestable que les *Stromates* renferment des textes où l'idée de la perfection chrétienne semble exclure tout motif intéressé de crainte et d'espérance. Vous allez en juger, Messieurs, par les passages que je vais placer sous vos yeux :

« Il faut, selon moi, que ce ne soit ni la crainte du châtiment, ni la promesse d'une récompense, mais l'excellence du bien en lui-même qui nous conduise au Verbe Sauveur. Les hommes qui sont dans ces dispositions se tiennent à la droite du sanctuaire ; ceux au contraire qui comptent acquérir les biens impérissables en échange des biens corruptibles qu'ils ont distribués, ceux-là sont appelés mercenaires dans la parabole des deux frères..... L'œuvre du gnostique ne se borne pas à s'abstenir du mal, car ce n'est là qu'un degré pour s'élever plus haut ; il faut encore qu'il ne se laisse pas déterminer par le motif de la crainte, dans l'accomplissement du bien. Il est écrit : « Où fuir ? où me cacher devant votre face ? Si je monte vers les cieux, vous y êtes ; si je me retire aux extrémités de la mer, votre droite m'y apparaît ;

si je descends au fond des abîmes, votre esprit s'y trouve. » Le gnostique ne fait pas non plus le bien en vue de la récompense ; car il est dit : « Voici le Seigneur, et la récompense est devant sa face ; il vient pour rendre à chacun selon ses œuvres. L'œil n'a point vu, l'oreille n'a point entendu, et le cœur de l'homme n'a jamais conçu ce que Dieu prépare à ceux qui l'aiment. » Quel sera donc le mobile du gnostique ? Le bien, ayant son principe dans l'amour, et le beau considéré en lui-même [1]. »

Clément va plus loin encore : il suppose, par impossible, que le gnostique se trouve dans l'alternative de choisir entre la perfection chrétienne et le salut éternel ; or voici comme il résout le cas :

« J'ose dire que le gnostique ne recherche pas l'état de perfection (la gnose) parce qu'il veut être sauvé ; mais il s'y attache à cause de la science divine prise en elle-même... Si, par hypothèse, on lui proposait de choisir entre la perfection et le salut éternel, et que ces deux choses, absolument inséparables, pussent se séparer, il prendrait sans hésiter la perfection comme une chose, qui, surpassant la foi par la charité, est désirable en elle-même. Tel est donc le premier principe du bien chez l'homme parfait : il n'agit point dans une vue d'intérêt personnel [2]. »

A cette première hypothèse, l'auteur des *Stromates* en ajoute une deuxième. Il suppose, toujours par impossible, qu'au lieu d'encourir le châtiment, le vice soit récompensé par une félicité éternelle ; le gnostique, c'est-à-dire l'homme spirituel, le parfait chrétien, n'en préférerait pas moins la vertu :

« L'homme qui répond à sa vocation pour elle-même, uniquement parce qu'il a été appelé, ne tend vers la perfection ni par les menaces de la crainte, ni par l'attrait du plaisir. En retirera-t-il au dehors quelque fruit ou quelque

---

1. *Strom.*, IV, 6, 22.
2. *Strom.*, IV, 22.

délectation? Il ne l'examine pas. Entraîné par l'amour de celui qui est réellement aimable, et conduit au devoir par ce motif, il rend à Dieu le culte qu'il lui doit. Supposez, si vous le voulez, que Dieu lui ait donné le pouvoir de faire impunément ce qui est défendu ; supposez qu'en retour de cette violation de la loi, la félicité des bienheureux lui soit assurée ; supposez même, ce qui est impossible, que ses actions dussent toujours demeurer cachées à Dieu, jamais il ne voudra rien faire contre la droite raison, une fois qu'il aura embrassé ce qui est vraiment beau et désirable en soi, ce qui est aimable dès lors et digne d'être recherché[1]. »

Assurément, Messieurs, il serait difficile de concevoir une plus haute idée de la vertu, et d'affirmer avec plus d'énergie qu'on est obligé à aimer le devoir parce que c'est le devoir ; qu'il faudrait encore pratiquer la vertu, lors même qu'on n'en retirerait aucun fruit, et que nulle récompense n'y serait attachée. Or, cela est incontestable. Mais, hâtons-nous d'ajouter ce que d'ailleurs le moraliste chrétien a pris soin de dire lui-même, c'est que de pareilles suppositions sont impossibles. L'homme ne saurait être placé dans l'alternative de choisir entre la perfection chrétienne et le salut éternel ; car le salut éternel est précisément la récompense de la perfection chrétienne. De même la sainteté et la science divines ne permettent pas de supposer que le mal puisse rester impuni ou caché aux yeux de Dieu. Ces hypothèses, ou, pour mieux dire, ces fictions n'ont donc pas d'autre but que de faire ressortir le caractère absolu du devoir, l'obligation d'aimer Dieu par-dessus toutes choses, et l'excellence toute particulière de la charité. Comment nier que l'amour soit un mobile supérieur à la crainte du châtiment ou au désir de la récompense ? Plus l'homme a coutume d'agir par amour pour Dieu, c'est-à-dire pour le bien ou le beau absolu, plus il tend à la perfection chrétienne. Mais cet amour de Dieu doit-il, peut-il même étouffer dans l'homme tout sentiment d'intérêt

---

1. *Strom.*, IV, 8

propre, jusqu'à le rendre indifférent à son salut ? Si telle était la pensée de Clément d'Alexandrie, il se serait mis en contradiction avec lui-même. Ne joint-il pas *l'espoir de la béatitude* à l'amour de Dieu, lorsqu'il veut expliquer le principe du martyre, c'est-à-dire l'acte d'amour le plus parfait que l'on puisse imaginer ? Nous citions tout à l'heure ce texte qui ne donne lieu à aucune équivoque [1]. N'assigne-t-il pas « pour base à la perfection chrétienne, ce qu'il appelle la *sainte trinité* des vertus, la foi, l'espérance et la charité [2] ? » Ne dit-il pas ailleurs que le temple de Dieu repose ici-bas sur trois fondements : la foi, l'espérance et la charité [3] ? Comment donc pourrait-il, sans la plus grave des inconséquences, supposer un état où l'un de ces trois fondements viendrait à manquer ? Il exclut si peu la vertu d'espérance de la haute spiritualité, qu'il en fait un élément de la perfection chrétienne : « Le gnostique, écrit-il, vit dans une sainteté parfaite, avec le témoignage d'une bonne conscience, mêlant dans l'attente de l'avenir, l'espérance à la foi [4]. » Un peu auparavant, il avait déclaré que « celui qui a fait le bien par le motif pur et simple du bien lui-même réclame le salaire à titre de bon ouvrier [5]. » Impossible d'affirmer plus clairement que le pur amour n'exclut pas le désir ni l'espoir de la béatitude. Voilà pourquoi, loin de séparer ces deux motifs, l'auteur des *Stromates* enseigne « que le parfait chrétien reste inviolablement attaché au précepte et à l'espérance [6]. » Si donc il exhorte le gnostique à se déterminer par le seul motif de la charité, il veut écarter tout simplement la crainte des maux et l'espoir des biens temporels, le désir d'une récompense différente de Dieu lui-même ; ou encore il veut rappeler que l'amour divin, étant le plus parfait de tous les sentiments, doit devenir le mobile suprême de notre

1. *Strom*, IV, 8.
2. Ibid., IV, 7.
3. Ibid., V, 1.
4. Ibid., VII, 13.
5. Ibid., VII, 12.
6. Ibid., VII, 12.

activité morale : ce que personne ne révoquera en doute [1]. Mais, à moins de le mettre en contradiction avec lui-même, on ne saurait soutenir que Clément fasse consister la perfection chrétienne dans un état de sainteté, où l'homme, désormais indifférent à son salut, n'agirait plus que par amour pour le bien ou le beau infini, sans y mêler le motif de la béatitude éternelle.

Autant la doctrine chrétienne cherche à inspirer aux âmes le goût et le désir de la perfection, autant elle s'efforce de les prémunir contre toute fausse mysticité. Certes, le précepte de l'amour divin est le premier et le plus élevé de tous : Clément d'Alexandrie ne se trompait pas en plaçant la charité au sommet de l'échelle des vertus religieuses. Aimer Dieu pour lui-même, à cause de l'excellence et de la perfection infinie de sa nature, c'est le plus noble sentiment du cœur humain. Il est impossible de concevoir un acte dont la valeur morale dépasse le mérite de la charité, envisagée dans son objet propre et spécifique, qui est l'amour du bien en soi. Mais à quelque degré d'intensité qu'arrive cet amour parfait, l'homme ne saurait se dépouiller complétement de sa personnalité : le désir de la béatitude lui est inné ; c'est une loi de son être. Qu'il puisse faire abstraction de tout intérêt

---

[1]. Bossuet fait remarquer avec beaucoup de justesse que Clément distingue deux espèces de récompenses : les biens qu'on reçoit de Dieu, ou Dieu lui même. Les premiers biens, il les appelle les biens *du dehors* (ἔξωθεν), les récompenses extérieures et comme étrangères à la vertu. C'est ainsi qu'il fait consister le désintéressement des parfaits en « ce qu'ils aiment le bien pour lui-même, et non pour la gloire et la bonne réputation ou pour quelque autre récompense à recevoir soit des hommes soit de Dieu. » (*Strom.*, IV, 22) Ces paroles excluent nettement toute récompense autre que Dieu lui-même, mais non la béatitude éternelle, dont Dieu est l'objet. Aussi Clément appelle-t-il dans le même endroit, « prière vraiment royale celle qui nous enseigne à demander le salut des hommes *sans récompense* (sans autre récompense), afin que le Seigneur soit notre héritage et notre possession. » Par où l'on voit clairement que l'auteur ne sépare point de l'amour parfait le désir de la béatitude éternelle ; au contraire il l'y renferme, pour écarter uniquement le désir d'une récompense temporelle, d'une récompense autre que Dieu lui-même. (Voyez Bossuet, 5ᵉ *écrit sur les Maximes des saints*, p. 504 et suiv.).

propre et n'en tenir aucun compte, dans tel ou tel acte particulier, pour agir uniquement en vue de plaire à Dieu, nous sommes loin de le nier : ces actes-là sont les plus beaux de sa vie. Mais que l'homme soit capable ici-bas d'arriver à un état permanent de perfection tel, que le désintéressement absolu éteigne en lui le désir de sa béatitude propre, c'est une opinion extrême que le pape Innocent XII a justement condamnée dans les *Maximes des saints* de Fénelon. Comme l'a fait observer le concile de Trente, les plus grands saints se sont excités et encouragés au bien par le motif de la récompense éternelle [1]. Et qu'on ne dise pas, avec quelques mystiques exagérés, que le désir de la béatitude détruit la perfection de l'amour divin. Non, car aimer Dieu comme notre bien, c'est encore aimer Dieu pour lui-même ; c'est chercher sa gloire, puisque le bonheur de sa créature le glorifie en faisant éclater sa munificence ; c'est accomplir sa volonté, puisqu'il veut que nous voulions notre salut. Appeler un tel amour, un amour mercenaire, c'est manquer de respect au Sauveur lui-même, qui, après avoir tracé dans les huit béatitudes le code de la perfection chrétienne, ajoute ces paroles : « Réjouissez-vous et triomphez de joie, parce que votre récompense est grande dans le ciel [2]. » Assurément, si cette récompense était autre chose que Dieu, on pourrait dire qu'il y a de l'imperfection à la désirer ; mais cette récompense, c'est Dieu lui-même. Celui qui la désire veut être immuablement uni à Dieu ; or l'union avec Dieu, ou la possession de Dieu est précisément la perfection de la vertu, la consommation de l'amour en même temps qu'elle constitue la plénitude de la récompense. Mais c'est assez nous appesantir sur un point, qui méritait notre attention parce qu'il se rattache à une controverse restée célèbre. Vous avez pu juger, par ce que nous venons de voir, combien ces matières sont subtiles, délicates ; et s'il était vrai que Clément d'A-

---

1. *Concil. Trid*, sess. VI, cap. 15.
2. S. Matth, V, 12 ; S. Luc, X, 20.

lexandrie eût partagé dans une certaine mesure l'erreur de Fénelon, nous ne pourrions que lui appliquer le mot d'Innocent XII, à propos de l'illustre archevêque de Cambrai : Il a péché par excès d'amour pour Dieu ; ce qui est, à coup sûr, la moins contagieuse et la plus excusable de toutes les erreurs.

DIX-NEUVIÈME LEÇON.

Les derniers livres des *Stromates* forment la partie la plus mystique des œuvres de Clément d'Alexandrie. — Principes généraux qu'il ne faut pas perdre de vue, lorsqu'on veut saisir la véritable pensée du maître d'Origène. — Dans quel sens il regarde comme inamissible la vertu du gnostique ou du parfait chrétien. — Doctrine de l'apathie ou de l'impassibilité. — Doit-on la confondre avec le sentiment des quiétistes du XVIIe siècle ? — Chez Clément d'Alexandrie, l'exagération est dans les mots plutôt que dans les idées. — Théorie de la contemplation permanente. — Entendue dans le sens de Clément, la prière habituelle n'a rien que de conforme à l'esprit de l'Évangile. — Prédilection trop marquée du mystique alexandrin pour les voies et les états extraordinaires. — Assimilation du gnostique ou du parfait chrétien avec Dieu. — Restrictions de Clément. — Il serait absurde de vouloir chercher des vestiges de panthéisme chez un écrivain qui s'est élevé contre ce système avec la plus grande énergie. — Analogie des doctrines mystiques de Clément avec celles de saint Denis l'Aréopagite. — Place que tient Clément d'Alexandrie dans l'histoire de la science et des lettres chrétiennes.

Messieurs,

Conduire le fidèle jusqu'au sommet de la perfection chrétienne, tel est le but que se propose Clément d'Alexandrie dans les derniers livres des *Stromates*. C'est par là que cet ouvrage se distingue du *Pédagogue*, où il s'agissait tout simplement d'apprendre aux catéchumènes et aux néophytes les devoirs de la vie commune et ordinaire. Car, nous l'avons fait observer plus d'une fois, il y a dans l'enseignement du maître d'Origène une gradation bien marquée, tant pour la science morale que pour l'exposition dogmatique. De même qu'il prend le néophyte après son passage du paganisme à la foi, pour l'initier peu à peu aux mystères de la connaissance, ainsi cherche-t-il à exciter le sentiment de la charité parfaite dans l'homme pécheur, que la crainte et l'espérance ont commencé à détacher du mal et à porter au bien. Cet état de perfection, il l'appelle d'un nom dont il est impossible de se dissimuler l'étrangeté, celui de gnose. Le gnostique est pour lui l'homme spirituel ou le parfait chrétien ; et ce qui constitue l'essence de la vertu gnostique, c'est l'amour de Dieu devenu le mobile suprême de l'activité morale. Un tel amour, pour être parfait, doit-il bannir tout motif intéressé de crainte ou d'espérance ? Il y a des textes qui, pris isolément et au pied de la lettre, sembleraient l'indiquer. Mais, lorsqu'on réunit tous les passages qui se rapportent au même sujet, on arrive à une conclusion toute différente. Clément n'écarte de l'amour parfait que les motifs tirés de l'espoir d'un bien temporel, d'une récompense autre que Dieu lui-même ; mais cette exclusion ne s'étend pas jusqu'au désir de la béatitude céleste, lequel a Dieu pour objet : sinon, il faudrait admettre une contradiction flagrante dans les écrits du célèbre catéchiste. Mais notre intention n'est pas de revenir sur un point que nous croyons avoir suffisamment expliqué. Il y a dans ce brillant tableau de la perfection chrétienne d'autres traits qui appellent notre attention ; et nous ne saurions porter un jugement complet sur Clément d'Alexandrie, à moins d'avoir étudié avec soin ce que nous pouvons appeler la partie la plus mystique de ses œuvres.

Ici, Messieurs, et avant d'aller plus loin, je crois devoir faire une remarque générale dont vous aurez déjà pu comprendre la justesse. Lorsqu'il s'agit de connaître la véritable pensée d'un écrivain tel que Clément d'Alexandrie, on ne doit pas tirer aussitôt une conclusion définitive de quelque phrase ou expression isolée ; car les textes se complètent et s'éclaircissent l'un par l'autre. Si vous vous rappelez ce que nous avons dit du plan et du style des *Stromates*, cette observation vous paraîtra toute naturelle. Un auteur qui annonce lui-même le dessein d'envelopper ses idées sous un voile plus ou moins transparent, demande à être lu et étudié avec précaution. Si l'on ne tient pas compte du caractère particulier de sa composition, on risque fort de se méprendre sur son vrai sentiment. Quoi de plus facile que d'abuser d'un style hardi, poétique, chargé d'images et de métaphores ? On conçoit qu'une pareille diction ne se renferme pas toujours dans une juste mesure, et que le mot y dépasse quelquefois l'idée. Que sera-ce, quand cet écrivain, si peu timide de sa nature, s'engagera dans les hautes régions du mysticisme ? On sait que les mystiques, en général, n'ont pas l'habitude de garder une extrême réserve dans l'expression de leurs sentiments. On leur prêterait sans peine des énormités, si l'on voulait attacher un sens trop littéral à ce langage passionné de l'amour. Il va sans dire que ces locutions extraordinaires se corrigent par elles-mêmes, à moins que l'auteur ne ferme toute issue à une restriction quelconque. C'est la réflexion que faisait Bossuet à propos de Clément d'Alexandrie : « En général, disait-il, les grands mots exagératifs portent en eux-mêmes leurs restrictions dans leur propre excès, et l'on voit bien naturellement qu'ils demandent un correctif ; mais quand ce correctif est apporté par l'auteur même, le dénoûment est certain, et il n'est pas permis de s'y tromper [1]. » Cette maxime s'applique à merveille dans le cas présent ; et vous reconnaîtrez facilement que chaque formule insolite de Clément d'Alexandrie porte avec elle-même un correctif, qui lui ôte tout air d'exagération, pour lui donner son véritable sens.

Ainsi, par exemple, il est un endroit où Clément semble dire que le gnostique, une fois enraciné dans l'amour divin, ne peut plus déchoir de son état de perfection, en d'autres termes que sa vertu est inamissible. Oui, sans doute ; mais il s'agit de voir les conditions que l'auteur des *Stromates* met à cette persévérance :

« L'habitude devient naturelle à celui qui s'en fait, par

---

1. *Tradition des nouveaux mystiques*, p. 28, édit. de Vers., t. XXVIII.

l'exercice gnostique (parfait), une vertu qu'on ne peut plus perdre (inamissible) ; car comme la pesanteur est assignée et attribuée à la pierre, ainsi celui dont nous parlons acquiert-il la science inamissible, non pas malgré lui, mais de son bon gré, par la force de la raison, de la gnose et de la prévoyance. Il parvient à ne pouvoir perdre la vertu, parce qu'il ne peut perdre la précaution ; il arrive par la précaution à ne pécher plus, et par le bon conseil à rendre la vertu inamissible. La gnose (la connaissance pratique et parfaite de la vertu chrétienne) fournit, ce me semble, à qui la possède le bon conseil, en lui faisant discerner tout ce qui peut l'aider à se maintenir dans la vertu. La gnose (la connaissance) de Dieu est donc une très-grande chose, puisque par elle on conserve ce qui rend la vertu inamissible [1]. »

On voit par là combien Bossuet avait raison de soutenir que, chez Clément d'Alexandrie, les *grands mots exagératifs* portent avec eux leur restriction. Tout le passage se réduit à dire que la vertu devient pour le gnostique une seconde nature, qu'elle reste inamissible, tant que celui-ci use des précautions nécessaires pour la conserver : or, quoi de plus conforme à la doctrine catholique ? La persévérance dont parle l'auteur est purement conditionnelle, et ne ressemble en rien à l'inamissibilité de la justice, telle que l'admet Calvin. Cet hérésiarque prétend qu'en perdant la crainte de Dieu on ne perd pas la foi qui nous justifie, et par une conséquence nécessaire, que nul crime n'est capable de faire déchoir le fidèle de l'état de grâce [2]. Il n'y a pas de trace de cette doctrine révoltante dans les *Stromates*. Le gnostique ou le parfait chrétien conserve la justice, parce qu'il emploie les moyens indiqués dans l'Évangile, la vigilance et la prière : « Il demande au Seigneur, dit Clément, que sa vertu ne défaille point, pendant qu'il travaille de son côté à éviter toute chute [3] ; » il veille sur lui-même, se précautionne contre le

---

1. *Strom.*, VII, 7. Nous nous sommes rapproché, pour ces divers passages, de la traduction de Bossuet.
2. *Antid. Concil. Trid., in sess.*, VI, c. 16, *opusc.*, p. 288.
3. *Strom.*, VII, 7.

danger, et profite des secours que la foi lui procure. Aussi longtemps qu'il demeure dans ces dispositions, il ne saurait déchoir de l'état de grâce, et sa vertu est inamissible. L'écrivain mystique ne veut pas affirmer autre chose ; et quelque fortes que soient les expressions dont il se sert pour dépeindre l'immutabilité du gnostique, sa doctrine est irréprochable sur ce point.

J'en dirai autant, Messieurs, de l'impassibilité ou de *l'apathie* que le chef du Disdascalée envisage comme un caractère de la perfection chrétienne. Certes, on ne peut le nier, il place aussi haut que possible l'idéal du fidèle qui est parvenu à maîtriser tous les penchants de sa nature. Le gnostique de Clément ressemble par plus d'un côté au sage des stoïciens, avec cette différence que le disciple de l'Évangile ne se fie pas à ses propres forces, et que l'amour divin est le mobile suprême de son activité. Mais, tout en tenant compte de cette différence, qui à la vérité est capitale, on ne saurait méconnaître en maint endroit des *Stromates* un reflet des doctrines morales du Portique corrigées et perfectionnées par le christianisme. Déjà le mot *apathie* indique suffisamment une réminiscence stoïcienne. Comment ne pas se rappeler le *Manuel* d'Épictète, quand le disciple du stoïcien Pantène décrit de la sorte l'état d'imperturbabilité auquel arrive le vrai gnostique ?

« Celui qui, par la charité, est déjà investi des biens qu'il possédera un jour, comme ayant anticipé sur l'objet de l'espérance par la vertu gnostique, celui-là ne désire plus rien, puisqu'il possède, autant qu'il est en lui, ce qu'on peut désirer. Faut-il s'étonner dès lors que l'amour parfait sache se maintenir dans une inviolable immutabilité ? L'ardeur jalouse de ressembler à ce qui est beau ne tourmentera pas davantage le gnostique ; par la charité, il possède la beauté même. A quoi bon la convoitise ou le courage pour celui qui, inscrit par la charité au nombre des amis de Dieu, s'unit par elle à un Dieu impassible ? On comprend maintenant pourquoi nous devons retrancher de la perfection gnostique toute espèce de trouble et d'émotion naturelle. Car la connaissance porte à l'exercice : l'exercice produit la manière d'être ou la disposition, et cette disposition devenue constante engendre non plus seulement la modération dans la passion, mais l'absence de passion ou d'apathie. On recueille les fruits de cette apathie en coupant le désir dans ses dernières racines... Emporté vers Dieu sur les ailes de l'amour, le gnostique soustrait son âme à l'influence des passions ; il vit libre sur la ruine de toutes ses convoitises. Quant au corps, il ne s'en sert plus ; il lui permet seulement d'user des choses nécessaires, afin de n'en point occasionner la dissolution. Qu'a-t-il besoin de courage, n'étant plus dans les maux ? Absent d'ici-bas, il est tout entier avec celui qu'il aime ! Qu'a-t-il besoin de tempérance, puisqu'il n'a plus les convoitises pour la répression desquelles la tempérance est nécessaire ? Car de pareils mouvements sont le propre de l'homme qui, au lieu d'être entièrement pur, lutte encore avec les passions. Le courage n'est une arme que contre la crainte et la pusillanimité. Or, est-il convenable que l'ami de Dieu, celui que Dieu a prédestiné avant la constitution du monde pour être inscrit en tête des enfants d'adoption, soit battu par les coups de la crainte ou de la volupté, et occupé à réprimer les perturbations de l'âme[1] ? »

Je comprends, Messieurs, que les quiétistes, comme Molinos, par exemple, aient pu abuser de ces expressions pour appuyer leur faux mysticisme. Parmi les propositions de Molinos, condamnées par le pape Innocent XI, il s'en trouve deux, la 55e et la 63e, qui se rapprochent, du moins dans les termes, de la page que je viens de vous lire : « Par la voie intérieure on arrive, quoique avec beaucoup de peine, à purifier et à éteindre toutes les passions, de sorte qu'on ne sent plus rien, quoi que ce soit, pas le moindre aiguillon : on ne sent pas plus de révolte que si le corps était mort ; et l'âme n'est plus sujette à aucune émotion. — Par la voie intérieure

---

1. *Strom.*, VI, 9.

on parvient à un état toujours fixe de paix imperturbable [1]. »
Il n'est pas nécessaire de réfléchir bien longtemps pour se
convaincre que ces prétentions des quiétistes sont excessives.
Tant que l'homme reste dans l'état d'épreuve, il lui est impossible d'arriver à cette apathie ou à cette atharaxie complète. Que le calme et la tranquillité intérieure soient l'apanage de celui qui est parvenu à maîtriser et à gouverner ses
passions, personne ne le contestera. Plus il acquiert d'empire
sur lui-même, plus il éloigne de son cœur toute espèce de
trouble ou d'émotion fâcheuse. Ici encore, il faut distinguer
entre les actes isolés et l'état habituel. Nul doute que l'homme
uni à Dieu par la perfection de la charité ne soit capable de
conserver la sérénité de son âme au milieu des plus grands
malheurs : l'amour divin pourra le dominer au point de lui
communiquer une constance héroïque dans l'excès même
des tourments ; les martyrs en sont une preuve manifeste. Mais cette insensibilité relative n'est pas une impassibilité absolue. Il ne s'agit pas là d'un état toujours fixe et
permanent, où l'âme, devenue inaccessible au moindre
trouble, ne serait plus sujette à aucune émotion. C'est prendre
les choses de trop haut, que de chercher une pareille imperturbabilité dans un être comme l'homme, dont la partie sensible demeure nécessairement en présence de la partie
raisonnable : celle-ci doit gouverner celle-là, mais non l'absorber ni l'anéantir. Si la perfection consistait dans l'apathie
des quiétistes, il faudrait dire que le Sauveur n'a pas atteint
cet idéal, lui qui, au début de sa passion, commence à s'effrayer et à s'attrister : *cœpit pavere et tædere* [2]. S'il était

---

1. Bulle d'Innocent XI, du 20 novembre 1687.
1. S. Marc, xiv, 33. Clément semble dire que le Corps du Sauveur,
soutenu par une vertu supérieure, n'avait besoin ni de nourriture ni de
boisson ; et que si Jésus-Christ consentait à user d'aliments, c'était uniquement pour prouver la réalité de sa nature humaine. (*Strom.*, vi, 9.)
Si l'auteur a voulu dire au pied de la lettre que Notre-Seigneur n'avait
le sentiment ni de la faim ni de la soif, ni de la douleur ou de la
tristesse, ni de la frayeur, il s'est gravement trompé ; mais, comme l'a
fait observer Bossuet, en ôtant ces passions au Rédempteur, ce n'est pas

vrai que l'homme spirituel n'eût plus aucun mal à réprimer, pas même un mouvement de passion involontaire, il serait impossible de ranger saint Paul parmi les parfaits, lui à qui un ange de Satan faisait sentir l'aiguillon de la chair, pour le préserver de l'orgueil [1]. Bossuet en concluait à bon droit que le terme d'*apathie* n'est guère de saison en cette vie, et que les âmes les plus vertueuses étaient bien loin de se croire dans la perfection de l'impassibilité [2]. A quelque degré de sainteté que le chrétien soit arrivé, il a toujours besoin de faire des efforts pour s'y maintenir, de combattre la concupiscence qui n'est jamais complètement éteinte, qui reste en lui comme une source d'épreuves et une matière au mérite; il ne peut se dispenser, dans aucun cas, d'appeler à son secours la prière et les œuvres de mortification tant extérieure qu'intérieure, pour se préserver d'une chute toujours possible. Si donc Clément d'Alexandrie avait réellement professé la doctrine de l'apathie dans le sens absolu des quiétistes, jusqu'à exclure du gnostique la concupiscence avec les luttes qu'elle peut entraîner, il serait difficile de méconnaître chez lui les traces d'un mysticisme exagéré. Mais, sans vouloir approuver une terminologie qui prête à l'équivoque, il ne faut pas perdre de vue les tempéraments que l'auteur y apporte. Là-dessus, Messieurs, nous ne saurions mieux faire que d'écouter l'évêque de Meaux, qui a déployé une grande sagacité dans l'analyse de cette partie des *Stromates* :

« Au septième livre, saint Clément pousse au dernier degré de perfection l'idée du gnostique ; mais il faut entendre les correctifs qu'il y met en disant que « l'homme parfait a en sa puissance ce qui combat contre l'esprit [3]: » il n'en est

le sentiment que l'écrivain mystique veut lui ôter, mais la sujétion, la nécessité, en un mot l'involontaire. (*Tradit. des nouveaux mystiques*, p. 50.) En effet, Clément dit ailleurs que « le Fils de Dieu a pris dans le sein de la Vierge une chair *sensible* » τὸ αἰσθητὸν αὐτοῦ σαρκίον. (*Strom.*, VI, 15)

1. 2ᵉ *Ép. aux Cor.*, XII, 7.
2. *Instruction sur les états d'oraison*, l. VI, § 26.
3. *Strom.*, VII, 7.

donc pas entièrement délivré ; mais il le tient sous le joug. Un peu après : « L'homme parfait s'élève courageusement contre la crainte, se fiant en Notre-Seigneur : » c'est la posture d'un homme qui la combat. Et dans la suite : « Il fait la guerre à la malice, » à la corruption qu'on porte en soi-même : elle résiste donc, elle combat. Un peu après : « Il réprime et châtie sa vue quand il sent un plaisir dans ses regards [1]. » Et encore : « Il s'élève contre l'âme corporelle ; » c'est-à-dire, comme il l'explique, contre la partie sensitive de l'âme : « mettant un frein à la partie irraisonnable qui se soulève contre le commandement (de la raison), parce que la chair convoite contre l'esprit..... » On voit par là qu'en tout et partout saint Clément est opposé à nos faux parfaits ; et aussi n'a-t-il jamais dit que son gnostique fût inaltérable, imperturbable, impassible, sans apporter à ces grands mots ces correctifs nécessaires, *autant qu'il se peut, autant que l'état le permet* [2] ; ou ceux-ci : *Il tâche de l'être, il veut l'être* [3], fait tous ses *efforts* pour y parvenir [4].

Vous comprenez, Messieurs, la portée de ces restrictions : elles réduisent à leur juste valeur et ramènent dans la mesure du possible les termes emphatiques qu'emploie Clément à l'exemple des stoïciens, pour dépeindre le calme inaltérable du sage. A l'appui de son jugement, Bossuet cite un passage du *Pédagogue*, où le prêtre d'Alexandrie indique clairement dans quel sens il faut entendre la perfection qu'il attribue au gnostique :

« Pour moi, j'admire souvent l'audace de ceux qui osent s'appeler parfaits et gnostiques ; enflés d'un vain orgueil, ils se croient supérieurs à l'Apôtre. Voici, en effet, ce que disait Paul : « Non pas que j'ai atteint le but auquel je vise, ou que je sois déjà parfait ; mais je poursuis ma course afin de par-

---

1. Ibid., VII, 12.
2. *Stromates*, IV, 26, ὅσον δύναται, εἰς ὅσον δύναμις.
3. Ibid., VII, 14, ὅση δύναμις.
4. Ibid., VII, 7, ὡς ἔνι μάλιστα διάζεται. (*Instruction sur les états d'oraison*, VI, 19 et 21.)

venir là où Jésus-Christ veut me conduire. Non, mes frères, je ne pense pas être encore arrivé au but. Mais oubliant ce qui est derrière moi et m'avançant vers ce qui est devant, je ne fais que tendre au terme, prix de la vocation céleste dans le Christ Jésus. » L'Apôtre s'estime parfait relativement à sa vie antérieure, dont il a été délivré, et il en poursuit une meilleure, non pas comme étant parfait dans la connaissance (gnose), dans la spiritualité, mais comme désirant ce qui est parfait [1]. »

Ainsi, d'après Clément, le gnostique n'est jamais parfait dans le sens rigoureux du mot; il l'est par comparaison aux états inférieurs; il l'est, parce qu'il cherche à le devenir. Le portrait du parfait spirituel en cette vie équivaut à un idéal qui marque ce qu'on poursuit plutôt que ce qu'on possède. Avec cette explication, toute difficulté disparaît quant à la doctrine elle-même; l'exagération n'est plus que dans les mots, et le blâme se restreint à un certain nombre de formules stoïciennes dont le chef de l'école d'Alexandrie n'a pas fait un usage assez discret : il eût fallu les épurer au préalable et les éclaircir davantage. Ce style trop pompeux, pour être d'une exactitude théologique, nous le retrouverons également, si nous passons à la théorie de Clément sur l'oraison. Les quiétistes du XVIIe siècle n'ont pas manqué de chercher dans les *Stromates* leur système de la contemplation permanente, lequel exclut de la méditation tout acte discursif ou réfléchi, pour réduire l'oraison des parfaits à une admiration amoureuse, où le raisonnement et le travail de l'esprit n'entrent plus pour rien [2]. J'avoue qu'il est facile de signaler dans l'ouvrage du mystique alexandrin des endroits où il semble dire que le gnostique acquiert une puissance de contemplation inaltérable :

« La gnose, dit-il, ou la connaissance de la sagesse, par-

---

1 *Pédagogue*, l. I, c. VI.

2. Prop., 20, 21 et 34 de Molinos, condamnées par Innocent XI; — Prop., 15 et 16, tirées des *Maximes des saints de Fénelon* et condamnées par Innocent XII.

vient, par l'exercice, à une habitude de contemplation éternelle et immuable... L'entendre, par un continuel exercice, devient un toujours entendre, et le toujours entendre est l'essence ou la substance (οὐσία) du gnostique ou du spirituel, dont l'activité se tempère sans souffrir d'interruption ; et la perpétuelle contemplation demeure une vive substance [1]. »

Certainement, l'expression est forte, et même outrée. Mais, lorsqu'on y regarde de près, l'on n'a pas de peine à en saisir le véritable sens. En attribuant à la contemplation du gnostique le caractère de la permanence, Clément d'Alexandrie veut tout simplement marquer la force de l'habitude devenue, par l'exercice, une seconde nature ; il oppose la coutume déjà formée aux dispositions changeantes et incertaines des commençants. Les conditions d'une vie mortelle ne comportent pas l'acte permanent de la contemplation. Ce que l'âme peut et doit faire, c'est de conserver sans cesse, comme l'écrivain mystique le dit ailleurs, à l'égard des mêmes objets, *autant qu'il lui est possible*, les mêmes dispositions, les mêmes manières de voir : non pas qu'on puisse toujours y penser actuellement, mais parce que chaque fois qu'on y pense, on en juge toujours de même [2]. Clément a pris soin de nous dire comment il conçoit la possibilité d'une prière continuelle et qui n'admette pas d'interruption :

« La vie entière du gnostique est un long jour de fête. Ses sacrifices ordinaires sont ses prières elles-mêmes, les louanges de Dieu qu'il répète, les saintes Écritures qu'il lit avant ses repas, les psaumes et les hymnes qu'il chante, soit pendant qu'il est à table, soit avant de s'endormir, et enfin les prières de la nuit. Grâce à ces pratiques, il s'unit au chœur divin par la constante application de sa pensée, enrôlé qu'il est dans une contemplation indéfectible. Mais quoi ! le gnostique ne connaît-il pas d'autres sacrifices encore ? Ne fait-il pas à

---

1. *Strom.*, VI, 7 ; IV, 22, ζῶσα ὑπόστασις.
2. *Strom.*, IV, 22. « La ressemblance avec Dieu consiste à conserver dans son esprit, *autant qu'il est possible*, κατὰ δύναμιν, une seule et unique disposition à l'égard des mêmes choses. »

l'indigent l'aumône des vérités et des biens matériels qu'il possède ? Oui, certes, et dans une mesure abondante. Quant aux prières articulées, il s'abstient de tout discours verbeux, ayant appris du Seigneur à demander les véritables biens. Il priera donc en tout lieu, mais non pour attirer sur lui les regards de la multitude. Promenade, conversation, repos, lectures, œuvres que dirige la raison, c'est toujours la prière sous mille formes différentes [1]. »

Entendue de la sorte, la prière habituelle est parfaitement conforme à l'esprit de l'Évangile : c'est une disposition permanente de l'âme, mais non pas un acte continu. Malgré sa tendance à vouloir tout spiritualiser, Clément n'exclut pourtant pas la prière vocale, comme nous venons de le voir : ce qu'il blâme à la suite du Sauveur, ce sont les longues formules auxquelles le cœur n'a point de part ; c'est le sens grossier des païens qui s'imaginaient qu'à force de paroles ils seraient exaucés, lors même qu'ils n'honoraient Dieu que du bout des lèvres [2]. S'il dit, un peu auparavant, « que le gnostique ne loue pas Dieu dans une enceinte circonscrite, dans un temple privilégié, » ses paroles n'excluent point toute participation aux réunions du culte. Il veut uniquement faire entendre par là, comme il résulte du contexte, « que le parfait chrétien, bien loin de se borner à cet acte isolé, honore Dieu sa vie durant, en tout lieu et dans n'importe quelle circonstance. » Il dispense si peu l'homme spirituel des pratiques ordinaires de la religion, « qu'il lui fait un devoir de joindre ses prières à celles des néophytes, pour demander en commun ce qui est utile à tous. » Si la tradition a établi pour la prière certaines heures déterminées, telles que la troisième, la sixième et la neuvième, le gnostique suivra la même coutume ; mais, de plus, il devra étendre à toute la vie ce commerce intime de l'âme avec Dieu. Bref, il s'élève au-dessus de la condition générale des fidèles, sans négliger toutefois les moyens ordinaires à l'aide

1. *Strom.*, VII, 7.
2. S. Matth., VI, 7.

desquels la vertu se conserve et se fortifie. Pour dépeindre cet état de perfection, Clément emploie des couleurs trop fortes, j'en conviens ; mais le correctif se trouve toujours à côté d'une terminologie tant soit peu enflée. Ainsi, l'auteur des *Stromates* écrira quelque part : « C'est avec raison que le gnostique ne demande pas les choses nécessaires à la vie, parce qu'il sait que Dieu, à la providence de qui rien n'échappe, les donne aux gens de bien sans qu'ils les demandent [1]. » Qu'est-ce à dire, Messieurs ? Faut-il en conclure que le mystique alexandrin pousse le spiritualisme jusqu'à proscrire l'oraison dominicale, par laquelle nous prions Dieu de nous accorder le pain de chaque jour ? Évidemment non, puisqu'il suppose que son chrétien idéal assiste aux prières communes où l'Église demande les biens temporels : « Le gnostique, nous disait-il tout à l'heure, prie avec les néophytes lorsqu'il s'agit des affaires qu'ils ont à traiter tous ensemble avec Dieu, » c'est-à-dire sans le moindre doute des choses temporelles et spirituelles que l'on attend de sa grâce. Personne n'ira soutenir que l'oraison dominicale ait jamais été exclue des assemblées du culte. Si donc Clément affirme que le gnostique ne demande pas les biens temporels, c'est comme s'il disait que le parfait spirituel ne les demande pas comme un bien absolu, mais par rapport au salut, sous la condition expresse de la volonté de Dieu ; ce qui est plutôt demander la volonté de Dieu que ces biens mêmes [2].

En tout cas, Messieurs, ce que je vous prie d'observer, c'est que la théorie de Clément sur l'oraison n'a rien de commun avec la doctrine de Molinos et des quiétistes du xviie siècle. Ceux-ci prétendaient que le contemplatif pur doit se tenir dans un état de passivité complète, et résigner à Dieu son libre arbitre, sans lui exprimer aucun désir, ni formuler aucune demande [3]. Le gnostique de Clément, au contraire, produit des actes formels et explicites : « Il de-

---

1 *Strom.*, vii, 7.
2. Bossuet, *Instruction sur les états d'oraison*, vi, 18.
3. Prop., 12, 13 et 14 de Molinos, condamnées par Innocent XI.

mande l'accroissement et la permanence de la contemplation, à peu près comme l'homme vulgaire fait des vœux pour que sa santé demeure toujours florissante [1]. » Remarquons bien qu'il s'agit ici du chrétien arrivé au faîte de la perfection, ou du *gnostique coryphée*. Le chef du Didascalée ne réduit donc pas l'oraison parfaite à un état purement passif, où la contemplation exclut la demande. Loin de là, le *gnostique coryphée* « demande la stabilité de ce qu'il possède, l'aptitude aux biens qu'il attend, et l'éternelle durée de ceux qu'il recevra. Il prie, afin d'obtenir et de conserver les vrais biens qui sont ceux de l'âme [2]. » Voilà certes des actes directs, positifs ; et l'on ne saurait, sans injustice, confondre une pareille doctrine avec le faux mysticisme de Molinos qui fait consister la vie intérieure dans l'absorption de l'activité humaine par l'opération divine.

Disons-le cependant, il y a dans cette partie des *Stromates* une prédilection trop marquée pour les voies et les états extraordinaires. A force de vouloir pousser son gnostique jusqu'au sommet de la perfection, Clément d'Alexandrie ne sait pas toujours se défendre d'une apparence de dédain pour les vertus communes et ordinaires, celles qui après tout font le vrai chrétien. Ces mots *homme* ou *fidèle vulgaire*, *homme pathique*, sonnent mal aux oreilles de la foi et rappellent de loin les dénominations odieuses de *psychiques* et de *pneumatiques*, imaginées par les partisans de la fausse gnose. Le chef de l'école d'Alexandrie aurait mieux atteint son but s'il avait appuyé davantage sur la vertu d'humilité, encore plus nécessaire aux contemplatifs qu'au reste des fidèles. Sans doute il dit quelque part « que la sublimité de la connaissance ne doit pas jeter le gnostique dans la vanité, » mais ce qu'il dit en cet endroit, il ne le répète pas assez souvent, et on ne saurait trop le redire à ceux qui aspirent vers un état plus parfait que la condition générale des chrétiens.

---

1. *Strom.*, VII, 7.
3. *Strom*, VII, 7.

On méconnaîtrait à coup sûr les intentions de l'auteur des *Stromates* si on lui prêtait le dessein d'avoir voulu favoriser d'une manière quelconque l'orgueil de la science ; mais ces comparaisons si fréquentes entre les parfaits et les imparfaits ne demandaient-elles pas des correctifs mieux accentués, pour éloigner tout sentiment de vaine gloire ? Il est difficile de ne pas le penser, surtout lorsqu'on pèse les termes emphatiques dont Clément s'est servi pour décrire l'union ou l'assimilation du gnostique avec Dieu. C'est par là que nous terminerons l'examen critique de cette partie des *Stromates*.

Que l'union avec Dieu soit la fin dernière de l'homme, et qu'ici-bas déjà le chrétien doive réaliser cette union dans la mesure de ses forces, c'est un principe fondamental de la religion : la vision béatifique sera le terme de cette union, qui a la grâce pour principe. En élevant l'homme à l'état surnaturel, Dieu lui communique sa vie propre ; il le rend en quelque sorte participant à la nature divine, suivant l'expression de saint Pierre. Non pas que l'homme devienne par là immense, tout-puissant et infini comme Dieu. Il ne s'agit point d'une identité quant à la substance, mais d'une participation de ressemblance et de conformité. Pas plus que la grâce ou que l'Eucharistie, la vision béatifique n'absorbe la nature ou la personnalité humaine dans la nature ou dans la personnalité divine. L'homme reçoit par le baptême le principe d'une vie nouvelle, il contracte avec Dieu des liens d'un ordre supérieur, il acquiert des aptitudes pour une connaissance et un bonheur qui sont au-dessus de sa nature, il est placé dans un état de sainteté qui le rapproche de Dieu, qui l'unit intimement avec Dieu : telle est la signification précise de cette merveilleuse économie. Si donc nous lisons quelquefois dans les Pères de l'Église que l'homme est *déifié*, *divinisé* par le mystère de l'Incarnation, ces fortes expressions mettent en relief une double idée : la nature humaine est unie à la nature divine dans la personne du Fils de Dieu, et toute l'humanité régénérée dans le Christ participe à cette union par la grâce qui en est le fruit, par l'Eucharistie, par le don de la vie divine et de la béatitude céleste. D'un autre côté, plus l'homme étouffe en lui les affections purement terrestres, plus il se dégage des choses visibles pour s'accoutumer à converser dans le ciel, d'après la parole de l'apôtre ; plus il s'élève sur les ailes de la prière et de la contemplation au-dessus des conditions ordinaires de la vie, et plus il devient semblable à Dieu ou *déiforme*, suivant le langage des mystiques. C'est dans ce sens que Clément d'Alexandrie dira : « L'homme de bien devient *déiforme* et semblable à Dieu selon l'âme [1]. » Et ailleurs : « Il devient Dieu *en quelque manière*, d'homme qu'il était [2]. » Et enfin : « Il devient une troisième image divine qui, *autant qu'il est possible*, ὅση δύναμις, est assimilée à la seconde cause, à la vie réelle par laquelle nous vivons de la vie véritable [3]. »

Ici encore, Messieurs, je vous prie de remarquer ces restrictions : *en quelque façon, autant qu'il est possible, dans la mesure de ses forces,* etc., restrictions que l'auteur emploie en plus de cent endroits pour montrer qu'il ne s'agit pas d'une assimilation complète, d'une identification de l'homme avec Dieu quant à la substance ou à la personnalité. Certainement on ne peut pas dire que cet écrivain si hardi, si peu scrupuleux dans le choix de ses expressions, ait toujours usé d'une grande réserve sur le point qui nous occupe ; il me suffira de citer cette phrase : « Lors donc que le gnostique, exercé à la contemplation, vit dans un commerce pur avec Dieu, il se rapproche tellement de cette apathie habituelle et invariable, qu'il n'a plus la science, qu'il ne possède plus la connaissance ; il est la science, il est la connaissance [4]. » L'hyperbole saute aux yeux. A moins d'identifier la créature avec Dieu, on ne saurait prétendre que l'homme puisse jamais devenir la science elle-même. Eh bien, que

1. *Strom.*, VI, 9.
2. Ibid, VII, 16.
3. Ibid., IV, 6.
4. Ibid. 7

conclure de là? Faudra-t-il accuser Clément d'Alexandrie d'avoir professé le panthéisme? Le reproche serait absurde. On ne citerait guère d'écrivain qui se soit élevé avec plus de force contre la doctrine de l'unité de substance :

« L'on n'osera sans doute pas, dit-il, faire de l'homme une partie de Dieu ni un être qui lui soit consubstantiel. Je ne sais, en vérité, comment, avec la connaissance de Dieu, l'on pourrait entendre de sang-froid une pareille assertion, surtout après avoir jeté un coup d'œil sur notre vie et sur les maux dont elle est mêlée. Ainsi donc, Dieu pourrait pécher dans quelque partie de lui-même, puisqu'un tout se décompose en ses parties et que les parties recomposent le tout, sinon ce ne seraient plus des parties. Quel blasphème! Disons, au contraire, que Dieu est naturellement riche en miséricorde ; c'est par un effet de sa bonté qu'il veille sur nous, qui ne sommes ni ses parties, ni ses fils par nature. Et c'est bien là, certes, la plus grande preuve de la bonté de Dieu, que, malgré l'infériorité d'une nature qui lui est absolument étrangère, il ait cependant pris soin de nous. La tendresse des animaux pour leurs petits, ainsi que l'amitié née d'un commerce habituel entre des hommes qui partagent le même sentiment, sont fondées sur des relations naturelles ; mais la miséricorde de Dieu est généreuse envers nous sans que nous ayons avec lui aucun rapport ni d'essence, ni de nature, ni d'attribut, sinon que nous sommes l'œuvre de sa volonté [1]. »

Il serait difficile d'exclure le panthéisme avec plus d'é-

---

[1]. *Strom.*, II, 16. En disant que nous sommes *l'œuvre de la volonté divine*, ἔργον τοῦ θελήματος αὐτοῦ, Clément exprime très-bien le dogme de la création. Du reste, son sentiment sur ce point n'est pas douteux. Que le monde doive son existence à Dieu, que les éléments de la nature soient contingents et variables, c'est ce qu'il affirme en divers endroits des *Stromates*, (I, 11 ; VI, 16). S'il dit ailleurs que la bonté est naturelle à Dieu, comme la chaleur au feu, il a soin d'ajouter que Dieu communique ses dons *librement et volontairement*, ἑκούσιος μετάδοσις, tandis que le feu répand la chaleur par une nécessité de sa nature: ce qui exclut nettement la théorie orientale de l'émanation *(Strom.,* VII, 7).

nergie, et, par suite, de mieux expliquer dans quel sens l'on doit entendre l'assimilation du gnostique avec Dieu. Il n'est pas question d'une identité de nature, mais d'une union intime avec le Bien suprême, d'une communauté parfaite de pensées et de sentiments. En d'autres termes, Clément d'Alexandrie ne fait que reproduire exactement les doctrines de saint Denis l'Aréopagite, dont la *Théologie mystique* a pu servir de modèle à la dernière partie des *Stromates ;* et cette imitation devient un argument assez fort pour l'authenticité du document que je viens de citer. La ressemblance est frappante : toute la théorie de l'Aréopagite sur l'unification, sur la manière de contempler Dieu en éliminant ce qu'il y a d'imparfait dans les créatures, pour s'élever jusqu'à la simplicité de l'essence divine, toute cette mystique si profonde et si élevée se retrouve dans le VI⁰ et dans le VII⁰ livre des *Stromates*. Je ne sais, Messieurs, si vous vous rappelez ce que nous avons dit des œuvres du célèbre disciple de saint Paul, mais il est impossible de ne pas se reporter vers cet antique monument lorsqu'on lit dans Clément d'Alexandrie des pages telles que celle-ci :

« Les âmes véritablement gnostiques, qui, par la magnificence de leur contemplation, se mettent au-dessus de tous les degrés et de toutes les saintes manières de vivre, ces âmes auxquelles les tabernacles des dieux sont départis, une fois que leur sainteté les aura inscrites parmi les saints et qu'elles seront totalement transportées dans les lieux qui, de tous les lieux, sont les plus excellents, ces âmes n'embrasseront plus la divine contemplation dans des miroirs ou par des miroirs, mais avec toute la clarté possible et la plus parfaite simplicité ; elles seront nourries éternellement dans le festin éternel de cette vision dont les âmes transportées d'amour ne sont jamais rassasiées, jouissant d'une joie inépuisable pour les siècles éternels, et demeurant honorées de l'identité (de l'intime possession) de toute excellence [1]. »

---

[1]. *Strom*, VII, 3. En traduisant ce morceau à peu près dans les mêmes

Il est évident que l'auteur veut parler ici de la vision béatifique qui sera le partage des saints après cette vie ; mais, tout en réservant la vue de Dieu pour la béatitude céleste, il ne laisse pas d'admettre que le gnostique prélude à cette connaissance suprême par la contemplation. Or, telle est précisément la pensée de l'Aréopagite lorsqu'il fait consister la perfection dans l'oubli des choses créées et même de soi, dans un sublime élan vers la seule réalité véritable, dans une mystique et ineffable union avec la source même de toute grâce [1]. Vous trouverez peut-être ces rapprochements un peu vagues : c'est pourquoi je crois devoir vous montrer, par un exemple, qu'il est presque impossible de ne pas supposer un rapport d'influence entre les deux écrivains mystiques. Pour faire voir que, par la contemplation, l'homme s'élève vers Dieu plutôt qu'il n'attire Dieu à lui, Clément se sert de cette comparaison :

« Semblable à des marins qui, après avoir jeté l'ancre, se mettent en mouvement vers elle, bien loin de l'attirer à eux, ainsi le véritable gnostique, en s'efforçant par une vie parfaite d'attirer Dieu à lui, se pousse lui-même à son insu et se laisse conduire vers Dieu [2]. »

Cette belle image, qui marque si bien le mouvement de l'âme vers Dieu, saint Denis l'Aréopagite l'avait déjà employée pour exprimer la même idée :

« Si, montés dans un navire, nous tendions pour nous aider un câble fixé à quelque rocher, nous ne ferions pas mouvoir le rocher, mais bien plutôt nous irions à lui, et le navire avec nous : ainsi faut-il débuter par la prière, non pas afin d'attirer cette force qui n'est nulle part et qui est partout, mais pour nous abandonner et nous unir à elle par un souvenir et des invocations pieuses [3]. »

termes, Bossuet a très-bien saisi l'allusion que fait l'auteur au *Timée* de Platon (*Trad. des nouveaux mystiques*, p. 129).

1. Voyez *saint Irénée et l'éloquence chrétienne dans les Gaules*, leçons V, VI, VII.

2. *Strom.*, IV, 23.

3. *Des noms divins*, III 1.

Quand deux auteurs se rencontrent à ce point, non-seulement dans l'ensemble d'une doctrine, mais encore dans les détails et dans la forme, il est difficile de ne pas conclure à un rapport d'imitation ou d'origine. Vous vous souvenez peut-être du passage si remarquable où Clément d'Alexandrie s'élève à l'un et au parfait par l'élimination de l'imparfait et du multiple [1] : l'Aréopagite ne cesse de recommander cette *simplification* de l'esprit et du cœur à celui qui est initié aux mystères de la foi et qui tend vers la perfection chrétienne. Je sais ce qu'on pourrait m'opposer pour affaiblir la preuve que je tire de ces analogies en faveur de l'authenticité des œuvres de saint Denis. Il est possible, dira-t-on, que l'auteur de ces écrits ait imité les *Stromates* : dès lors, l'argument croule. Non, car un passage du livre de la *Hiérarchie céleste* apparaît déjà sous le nom de l'Aréopagite, dans une homélie d'Origène, ou du moins dans un discours de la même époque attribué à cet écrivain : ce qui prouve bien l'antériorité des ouvrages de saint Denis relativement aux *Stromates*. En tout cas, le maître d'Origène partage avec l'auteur de la *Hiérarchie céleste* et des *Noms divins* le mérite d'avoir frayé la voie aux écrivains mystiques des âges futurs. Obéissant à la tendance éclectique de son esprit, il a réuni dans son tableau du gnostique différents traits qui rappellent le sage des stoïciens, le thérapeute de Philon et l'initié de saint Denis l'Aréopagite. Tels sont les éléments qu'il a su fondre dans son œuvre, profitant ainsi des travaux du passé, pour corriger les uns et pour compléter les autres.

C'est donc par la théologie mystique que s'achève cette vaste synthèse à laquelle Clément d'Alexandrie est venu attacher son nom. Dès lors il nous est facile de mesurer le chemin que nous avons parcouru depuis l'*Exhortation aux Grecs* jusqu'au dernier livre des *Stromates*. Nous ne nous étions pas trompé, en disant que les œuvres de cet écrivain si fécond et si original embrassent toute la science chré-

---

1. *Strom.*, v, 11.

tienne, suivant une gradation ascendante et parfaitement logique. Cette hardiesse et cette largeur de vues suffiraient à elles seules pour assurer au disciple de saint Pantène un rang élevé dans l'histoire de la théologie et de l'éloquence sacrée. C'est chez lui que nous trouvons pour la première fois un plan systématique dans l'exposition des différentes parties de la doctrine. L'*Exhortation aux Grecs*, le *Pédagogue* et les *Stromates* forment une trilogie complète dont les membres se suivent et s'enchaînent dans une progression croissante. Critique des religions polythéistes, passage du paganisme à la foi, couronnement de la foi par la science, voilà pour l'ordre dogmatique ou intellectuel. Renoncement aux désordres de la vie païenne, purification de l'âme par la discipline évangélique, marche continue vers la perfection de la sainteté, voilà pour l'ordre moral ou pratique. L'homme qui essayait de construire l'édifice de la science religieuse sur de telles bases était sans nul doute un esprit supérieur : il traçait d'une main ferme les premiers linéaments de ces sommes théologiques où le travail des siècles allait résumer plus tard tout l'ensemble des connaissances divines et humaines.

Pour mener à bonne fin une pareille entreprise, il fallait joindre à une vaste érudition un coup d'œil pénétrant et sûr. Vous avez pu juger, Messieurs, si Clément d'Alexandrie était versé dans l'étude des religions, des philosophies et des littératures anciennes. On peut répéter hardiment après saint Jérôme qu'à cet égard il n'a pas trouvé son supérieur parmi les Pères de l'Église. Des citations empruntées à près de six cents écrivains de l'antiquité profane montrent assez combien cet infatigable esprit s'était rendu familier avec les productions littéraires du monde païen. Pour être juste, nous devons ajouter que la critique n'égale pas l'érudition chez le chef du Didascalée. Il ne se tient pas suffisamment en garde contre des pièces apocryphes dont le contenu aurait dû lui inspirer une juste défiance. Sous ce rapport, l'école juive d'Alexandrie a exercé sur lui, comme sur saint Justin, une influence fâcheuse. C'est à Aristobule, à Philon et aux autres représentants de cette école, qu'il emprunte tant de fragments composés par des juifs hellénistes et attribués à des poëtes ou à des historiens qui n'en sont pas les vrais auteurs. C'est sur le témoignage d'Aristobule et des faussaires alexandrins qu'il admet cette singulière thèse d'après laquelle tous les personnages les plus célèbres de l'antiquité païenne auraient puisé à pleines mains dans les livres de Moïse. C'est encore Philon qui prend pour guide ou qu'il imite, lorsqu'il pousse à l'extrême la méthode de l'interprétation allégorique appliquée aux livres de l'Ancien Testament. On ne saurait le nier : ces erreurs de critique, jointes à l'abus du symbolisme, déparent trop souvent ses ouvrages, et forment la matière des plus graves reproches qu'on puisse lui adresser.

Je ne reviendrai sur le mérite de Clément envisagé comme écrivain que pour rappeler en même temps les défauts qui viennent se mêler aux brillantes qualités de son style. Certes, on ne peut qu'admirer cette haute poésie de langage qui prête une couleur si vive à l'exhortation morale, et répand tant de charme sur les questions les plus abstraites de la métaphysique. Il est peu d'écrivains qui aient possédé au même degré l'art de donner du relief à l'idée, de présenter la doctrine sous une forme imagée et pittoresque. Quelle hardiesse et qu'elle originalité dans cette diction que le souffle de l'inspiration élève parfois jusqu'aux splendeurs de l'ode ou du chant sacré ! Pourquoi faut-il qu'on soit obligé de regretter trop souvent l'absence d'ordre et de clarté dans ces pages qui portent l'empreinte d'un esprit si vigoureux ? Nous avons fait voir que plusieurs causes ont contribué à engendrer ces deux défauts qui se montrent surtout dans les *Stromates* : un goût trop prononcé pour le langage métaphorique, l'habitude d'approprier au dogme chrétien une terminologie toute païenne, et une certaine affectation à ne vouloir être compris sur divers points que d'un petit nombre. Il en résulte que, si l'œuvre de Clément révèle dans sa totalité un plan régulier et bien suivi, elle est loin d'offrir la même symétrie quant à l'exécution des détails.

Mais ce qui domine dans cette large synthèse, ce qui lui donne son importance et son vrai caractère, c'est l'application de l'esprit philosophique à la doctrine. En imprimant cette forme particulière à son enseignement, le maître d'Origène a exercé une influence décisive sur les destinées de l'école d'Alexandrie, et par suite, sur le développement de la théologie en Orient. Avant lui, aucun défenseur de l'Église n'avait étudié avec autant de soin la question des rapports de la foi avec la raison, de l'ordre surnaturel avec l'ordre naturel. Nous avons vu sur quelles bases solides il établissait l'échelle des sciences, pour faire aboutir les arts libéraux à la philosophie, et la philosophie elle-même à la théologie, suivant les lois essentielles de l'esprit humain et l'enchaînement logique des vérités. Même travail pour l'ordre moral, où il classe les vertus d'après l'excellence de leur objet et de leur motif, partant ainsi de la crainte et de l'espérance pour s'élever jusqu'au pur amour ou à la charité parfaite. Cette haute et belle conception sera l'éternel honneur de Clément d'Alexandrie. Le chef du Didascalée a tracé le programme de la science chrétienne, depuis la philosophie de l'histoire jusqu'à la théologie mystique : ébauche inachevée, rudimentaire, j'en conviens, mais ferme et hardie dans ses grandes lignes. Qu'il ait hasardé des locutions peu précises sur quelques points de la doctrine ; qu'il ait rapporté de ses longues excursions à travers l'antiquité païenne certaines vues inexactes ; qu'il ne se soit pas suffisamment dépouillé d'opinions formées ou d'habitudes acquises dans les écoles de la Grèce, et qu'enfin dans son tableau du vrai savant et du parfait chrétien, il ait trop perdu de vue les conditions de la vie terrestre jusqu'à paraître mêler quelques traits imaginaires à l'idéal de la science ou de la sainteté, on ne saurait le nier après les preuves que nous en avons données. Mais lorsqu'on tient compte de l'époque où écrivait Clément, du rôle d'initiateur qu'il a rempli dans la science théologique, ces taches légères disparaissent derrière l'éclat qui environne son nom. Et maintenant, Messieurs, s'il fallait chercher, en dehors de ses œuvres, un dernier titre de gloire pour l'auteur des *Stromates*, nous le trouverions sans peine dans les résultats immédiats de son enseignement. Ce qui ajoute au mérite d'un chef d'école, c'est l'action durable qu'il a su exercer autour de lui, et la science des disciples qui prolongent son œuvre. Clément d'Alexandrie a eu cette bonne fortune. C'est sous sa conduite et par ses leçons que s'est formé le penseur le plus original et le plus étonnant des premiers siècles de l'Église ; et, pour résumer d'un mot la carrière oratoire et scientifique de l'homme dont nous venons d'étudier les écrits, il suffira de dire que, malgré tout son génie, son savoir et son éloquence, Origène n'a pu faire oublier son maître.

FIN.

TABLE ANALYTIQUE.

PREMIÈRE LEÇON

Coup d'œil général sur l'école chrétienne d'Alexandrie. — Rôle qu'elle a joué dans cet espace de temps qui sépare les Pères apostoliques des orateurs et des théologiens du IVe siècle. — L'école d'Alexandrie a pour mission d'établir les rapports de la science et de la foi, de montrer l'accord de la religion avec la vraie philosophie. — Influence du génie des races sur les productions de la science et de l'art. — En quoi les Alexandrins diffèrent des écrivains de l'Asie Mineure et des théologiens de l'Église d'Afrique. — Comment Alexandrie était devenue l'un des centres principaux du mouvement scientifique et littéraire dans le vieux monde. — Difficultés que rencontrera sur son chemin l'école chrétienne d'Alexandrie en voulant opposer la véritable science de la foi à la fausse gnose. — Action salutaire de l'Église de Rome au milieu du travail des esprits qui se manifeste dans les Églises de l'Asie Mineure, dans l'Église d'Afrique et dans celle d'Alexandrie. 5

DEUXIÈME LEÇON

Origines de l'Église d'Alexandrie. — Mission de l'évangéliste saint Marc dans la capitale de l'Égypte. — Races diverses qui se mélangeaient dans cette partie de l'empire. — Les Égyptiens ; la colonie grecque ; les juifs. — Établissement des Israëlites à Alexandrie. — Caractère particulier à la colonie juive fixée dans cette ville. — Persécution qu'elle venait de subir à l'arrivée de saint Marc. — Elle fournit à l'évangéliste un premier noyau de fidèles. — Les thérapeutes de Philon étaient-ils chrétiens ou Juifs ? — Commencements du Didascalée. — Dans quel sens peut-on attribuer à saint Marc la fondation de l'école catéchétique d'Alexandrie ? — Deux périodes bien distinctes dans l'histoire de cette institution. — Causes qui ont imprimé à l'école primitive des catéchumènes une direction scientifique. 25

TROISIÈME LEÇON

Premiers maîtres de l'école d'Alexandrie. — Liens qui rattachent Athénagore à cette institution. — Saint Pantène. — Sa vie et son enseignement. — Organisation du Didascalée à l'époque où Clément succède à Pantène, son maître, dans la direction de l'école. — Classification des écrits de Clément d'Alexandrie. — Œuvres perdues. — Trilogie dans laquelle se résume l'activité théologique et littéraire de Clément. — Marche à suivre pour l'étude de ses ouvrages. — Raisons que donne Benoît XIV pour justifier l'omission du nom de Clément dans le martyrologe romain. 47

QUATRIÈME LEÇON

La synthèse théologique de Clément. — Premier écrit: *L'Exhortation aux Grecs*. — Le chef du Didascalée cherche d'abord à détacher les gentils des erreurs et des vices du paganisme. — Préambule de la pièce. — Pour amener les païens à l'Évangile, Clément puise à pleines mains dans les trésors de la littérature ancienne. — Couleur poétique du morceau. — Après avoir pressé les Grecs d'accourir à l'école du Verbe fait chair, Clément se tourne vers le polythéisme dont il démontre la fausseté. — Critique des religions anciennes. — Vaste érudition de Clément dans cette partie de ses œuvres. — Appréciation de ses vues sur le caractère et les différentes formes du polythéisme 67

CINQUIÈME LEÇON

Conclusion de l'examen critique des religions anciennes. — Du polythéisme vulgaire, Clément passe à l'enseignement des écoles philosophiques. — Trois classes de philosophes. — Les matérialistes, les semi-matérialistes et les spiritualistes. — Jugement de Clément sur Platon et sur sa philosophie. — Mérite et défaut de cette appréciation. — Comment une thèse extrême en appelle une autre. — Clément soutient que les philosophes grecs ont pillé les livres saints. — Il prétend retrouver des emprunts analogues chez les principaux poëtes de l'antiquité païenne. — Discussion des textes sur lesquels il appuie son sentiment. — L'école juive d'Alexandrie l'a induit en erreur sur ce point, par la fabrication d'écrits apocryphes sous le nom des poëtes grecs. — Le monothéisme dans l'antiquité païenne 91

SIXIÈME LEÇON

Théorie de Clément sur les emprunts faits par la philosophie grecque aux livres de l'Ancien Testament. — Raisons qu'il allègue pour motiver son opinion. — L'antériorité des livres saints. — Les communications des philosophes grecs avec l'Orient. — Les emprunts qu'ils se sont faits réciproquement. — Les ressemblances qu'on observe entre leurs écrits et ceux des prophètes. — Examen de ces divers ordres de preuves. —

Limites dans lesquelles Clément aurait dû se renfermer pour déterminer l'influence de l'enseignement traditionnel sur la philosophie grecque. — Tout en faisant la part trop large à l'élément traditionnel dans la philosophie grecque Clément n'en reconnaît pas moins à la raison le pouvoir de s'élever par elle même à certaines vérités de l'ordre naturel. — Analyse des textes qui prouvent qu'il a tenu compte du travail de la réflexion en indiquant les sources des connaissances religieuses et morales de l'antiquité païenne. — Comme saint Justin, son devancier, Clément d'Alexandrie, n'est ni rationaliste ni traditionaliste . . . 111

SEPTIÈME LEÇON

Rôle de la philosophie grecque par rapport au christianisme. — Répulsion excessive de quelques esprits pour les spéculations helléniques. — Clément combat vivement cette tendance. — Il distingue entre la sophistique et la philosophie, pour condamner l'une et défendre l'autre. — Dans le plan de la Providence, la philosophie grecque devait servir d'introduction au christianisme et préparer les gentils au règne universel de la vérité sur la terre. — Développements que l'auteur donne à cette belle pensée. — Ses vues sur l'histoire religieuse du genre humain avant le Christ. — Comment il envisage la question du salut des païens. — Théorie singulière de Clément sur le but et les conséquences de la descente de Jésus-Christ aux enfers — Dans quel sens on doit interpréter la maxime : en dehors de l'Église il n'y a pas de salut 131

HUITIÈME LEÇON

Le traité du *Pédagogue*. — Après avoir détaché les païens des erreurs de leur passé, Clément veut les initier à la vie de la foi par l'action salutaire de la discipline évangélique. — La catéchèse ou l'instruction morale succédait, dans l'enseignement du Didascalée, à la critique des religions et des systèmes philosophiques du monde païen. — Le Verbe, précepteur de l'humanité. — Comment l'éducation du chrétien se fait dans l'Église, qui est la famille spirituelle du Verbe incarné. — Belle poésie de langage dans le premier livre du *Pédagogue*. — L'Église mère et vierge tout ensemble. — Elle nourrit les chrétiens du lait de la doctrine, et développe en eux la vie surnaturelle par le moyen des sacrements — Le premier livre du *Pédagogue* est l'une des productions les plus originales de l'éloquence chrétienne 152

NEUVIÈME LEÇON

II° et III° livre du *Pédagogue*. — Clément veut régler la vie des néophytes jusque dans les moindres détails. — Comment il s'approprie les formules stoïciennes qu'il corrige et dépouille de leur exagération. — La vie raisonnable en regard de la vie sensuelle. — Les rapports de l'âme et du corps, au point de vue de la moralité humaine. — La question des aliments. — Spiritualisme élevé qui éclate dans ces pages où Clément passe en revue les différents actes de la vie commune et ordinaire. — Critique du luxe de l'époque — En quoi consiste la véritable beauté. — Pourquoi les moralistes chrétiens tonnaient avec tant de force contre l'abus des jouissances matérielles. — L'Église a posé de tout temps les principes et indiqué les éléments essentiels du vrai progrès et de la vraie civilisation. 175

DIXIÈME LEÇON

Opuscule *sur le Salut des riches*. — Deux extrêmes à éviter dans la question des rapports du riche avec le pauvre. — Interprétation des paroles du Sauveur sur la difficulté du salut des riches. — Définition de la richesse comprise et entendue dans le sens chrétien. — Du véritable usage des biens de la terre.— La thèse de Clément n'a rien qui puisse porter atteinte au droit de propriété. — Idéal que le christianisme tend à réaliser sur la terre, autant que le permettent l'orgueil et les passions humaines. 198

ONZIÈME LEÇON

Suite de l'opuscule intitulé *Quel riche sera sauvé*. — Doctrine de Clément sur la nécessité des bonnes œuvres pour le salut. — L'action divine et la coopération humaine dans l'œuvre de la sanctification. — Sacrifices que demande l'Évangile en vue de la vie éternelle. — Comment l'auteur interprète les textes sacrés qui formulent cette obligation. — Les devoirs de famille et les droits de Dieu. — Une parabole de l'Évangile expliquée par Clément. — Origines de l'homélie et du sermon. — Développement de ces deux formes de l'éloquence sacrée dans les trois premiers siècles de l'Église 218

DOUZIÈME LEÇON

Prière qui termine le traité du *Pédagogue*. — Doctrine de Clément sur la consubstantialité du Verbe. — L'*Hymne au Christ Sauveur*. — Origines de la poésie chrétienne. — La première forme de la poésie chrétienne a dû être la forme lyrique, l'hymne ou le chant sacré. — Le lyrisme chrétien dans saint Paul. — La poésie religieuse, auxiliaire de l'éloquence sacrée. — Rythme particulier à l'*Hymne au Christ*. — Beautés poétiques de cette pièce. — *Épître dédicatoire au Verbe*. — Caractère et mérite de cette deuxième composition. — Clément d'Alexandrie envisagé comme poète. 237

TREIZIÈME LEÇON

Les *Stromates*, complément de l'*Exhortation aux Grecs* et du *Pédagogue*. — Idée et plan de l'ouvrage. — Comment l'auteur justifie la forme qu'il a cru devoir lui donner. — Les *Stromates* comparées aux *Pensées* de Pascal. — Puissante originalité de cette esquisse de philosophie chrétienne. — Analyse des sept livres dont se composent les *Stromates*. —

Style de l'ouvrage. — Terminologie singulière qu'emploie l'auteur en divers endroits 257

QUATORZIÈME LEÇON

La question des rapports de la foi avec la science, point capital des *Stromates*. — Définition de la foi. — Analyse de l'acte de foi. — Principe de la foi. — La foi, résultat d'une illumination et d'une impulsion divines. — La foi, acte de l'intelligence qui adhère à la vérité, et de la volonté qui détermine cette adhésion. — Motif suprême de la foi, la véracité divine. — L'Église, canal par lequel la révélation nous arrive pure et intacte — Objet de la foi : les vérités divinement révélées. — Le propre de ces vérités, c'est de s'appuyer sur l'autorité divine et non sur des preuves intrinsèques. — Comment les vérités de l'ordre naturel peuvent être comprises dans l'objet de la foi. — Sources de la foi : l'Écriture sainte et la Tradition. — Doctrine de Clément sur l'inspiration des livres saints. — Pour interpréter l'Écriture dans son véritable sens, il faut consulter la tradition vivante et orale de l'Église. — L'Église catholique et les sectes. — Résumé de cet enseignement 275

QUINZIÈME LEÇON

La question de la science, parallèle à celle de la foi. — Maxime fondamentale de Clément : il n'y a pas plus de foi sans science qu'il n'y a de science sans foi. — La foi peut devenir savante, mais à condition que la science restera fidèle — Les sciences humaines dans leurs rapports avec la théologie. — Rôle et importance de la philosophie. — L'enseignement de la philosophie dans l'école d'Alexandrie. — Fragment des *Hypotyposes*. — Ce traité de logique est une imitation des œuvres analogues d'Aristote — La psychologie et la métaphysique dans l'école d'Alexandrie. — L'éclectisme de Clément. — Dans quel sens et pour quelle fin l'auteur des *Stromates* emploie la méthode éclectique. . 298

SEIZIÈME LEÇON

Les sciences humaines sont autant de degrés d'ascension vers Dieu. — Rôle des autres sciences par rapport à la philosophie, et rôle de la philosophie relativement à la théologie. — Les sciences naturelles viennent aboutir à la philosophie comme à leur centre commun — La philosophie trouve à son tour dans la théologie son faîte et son couronnement. — Subordination de la philosophie à la théologie. — La certitude des vérités de la foi est plus haute que la certitude résultant des démonstrations rationnelles. — L'objet de la révélation est plus élevé que celui des connaissances purement humaines. Cette subordination des sciences humaines à la théologie n'empêche pas chacune d'elles d'avoir sa sphère propre, ses lois, sa méthode, ses attributions.

— Vraie et fausse liberté de la science. — Les sciences groupées autour de la foi aux trois époques les plus remarquables de l'histoire des peuples chrétiens 323

DIX-SEPTIÈME LEÇON

Théorie de Clément sur la science des Écritures et sur les différentes méthodes d'interprétation qu'on peut leur appliquer. — Son érudition biblique. — Valeur de son témoignage pour l'authenticité de l'Ancien et du Nouveau-Testament. — Dans quel sens et pour quelle fin il cite parfois des écrits apocryphes. — Clément use d'une assez grande liberté dans la reproduction du texte sacré. — Prédilection trop marquée pour le sens allégorique. — Idées de Clément concernant le symbolisme. — Influence de Philon et de l'école juive d'Alexandrie sur Clément pour l'interprétation allégorique des livres saints. — Le Décalogue expliqué dans le sens mystique. — Abus de cette méthode. 344

DIX-HUITIÈME LEÇON.

L'école d'Alexandrie a très bien compris les rapports qui existent entre l'ordre intellectuel et l'ordre moral. — Après avoir construit l'échelle des sciences, Clément fait la synthèse des vertus chrétiennes. — Le sentiment religieux, à son degré le plus intime, c'est la crainte. — Apologie de la crainte de Dieu contre les hérétiques. — La crainte purement servile, la crainte révérencielle et la crainte filiale. — Deuxième sentiment, plus élevé que celui de la crainte : la confiance. — Rang que Clément assigne à l'espérance dans la série des vertus religieuses. — La foi et l'espérance trouvent leur couronnement dans la charité. — Pour être parfait, le gnostique doit se déterminer par le mobile de l'amour divin. — Ce mobile exclut-il, dans la pensée de Clément, le motif de la béatitude ? — Controverse entre Bossuet et Fénelon sur le pur amour. — Comment l'un et l'autre s'appuyaient sur les *Stromates* dans ce grave débat 364

DIX-NEUVIÈME LEÇON

Les derniers livres des *Stromates* forment la partie la plus mystique des œuvres de Clément d'Alexandrie. — Principes généraux qu'il ne faut pas perdre de vue, lorsqu'on veut saisir la véritable pensée du maître d'Origène. — Dans quel sens il regarde comme inamissible la vertu du gnostique ou du parfait chrétien. — Doctrine de l'apathie ou de l'impassibilité. — Doit on la confondre avec le sentiment des quiétistes du XVIIe siècle ? — Chez Clément d'Alexandrie, l'exagération est dans les mots plutôt que dans les idées. — Théorie de la contemplation permanente. — Entendue dans le sens de Clément, la prière habituelle n'a rien que de conforme à l'esprit de l'Évangile. — Prédilection trop marquée du mystique alexandrin pour les voies et les états extraordinaires. — Assimilation du gnostique ou du parfait chrétien avec Dieu.

— Restrictions de Clément. — Il serait absurde de vouloir chercher des vestiges de panthéisme chez un écrivain qui s'est élevé contre ce système avec la plus grande énergie. — Analogie des doctrines mystiques de Clément avec celles de saint Denis l'Aréopagite. — Place que tient Clément d'Alexandrie dans l'histoire de la science et des lettres chrétiennes 389

FIN DE LA TABLE.

1688. — Abbeville. — Imprimerie Briez, C. Paillart et Retaux.